G B

한길그레이트북스

인 류 의 위 대 한 지 적 유 산

인류의 위대한 지적유산

에두아르트 베른슈타인

사회주의의 전제와 사민당의 과제

강신준 옮김

한길사

인류의위대한지적유산

*Die Voraussetzungen des Sozialismus
und die Aufgaben der Sozialdemokratie*

—

Eduard Bernstein

—

Translated by
Gang Shin – joon

Published by Hangilsa Publishing Co., Ltd., Seoul, Korea

에두아르트 베른슈타인(Eduard Bernstein, 1850～1932)

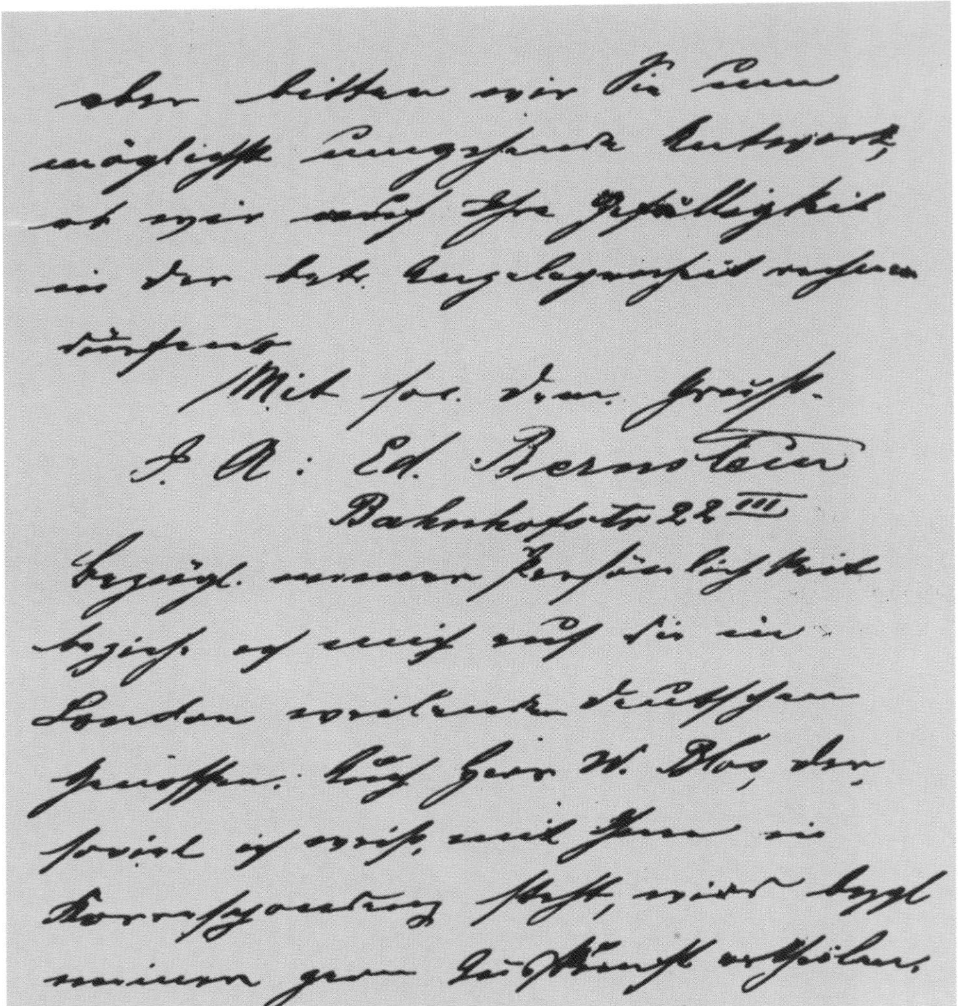

aber bitten wir Sie um
möglichst umgehende Antwort,
ob wir auf Ihre Gefälligkeit
in der betr. Angelegenheit rechnen
dürfen.
Mit [illegible] Gruß.
I. A.: Ed. Bernstein
Bahnhofstr. 22 III
bezügl. meiner Persönlichkeit
beziehe ich mich auf die in
London weilenden deutschen
Genossen. Auch Herr W. Blos, der
soviel ich weiß, mit Ihnen in
Korrespondenz steht, wird Ihnen
gern Auskunft ertheilen.
D. O.

엥겔스에게 최초로 보낸 베른슈타인의 친필 편지(1879년 6월 13일자) 끝부분

1893년 8월 12일 취리히의 어느 정원에 모인 사회주의자들.
왼쪽부터 페르디난트 시몬 박사, 프리에다 시몬, 클라라 체트킨, 프리드리히 엥겔스, 율리에 베벨,
아우구스트 베벨, 에른스트 샤트너, 레기나 베른슈타인(베른슈타인의 부인), 에두아르트 베른슈타인.

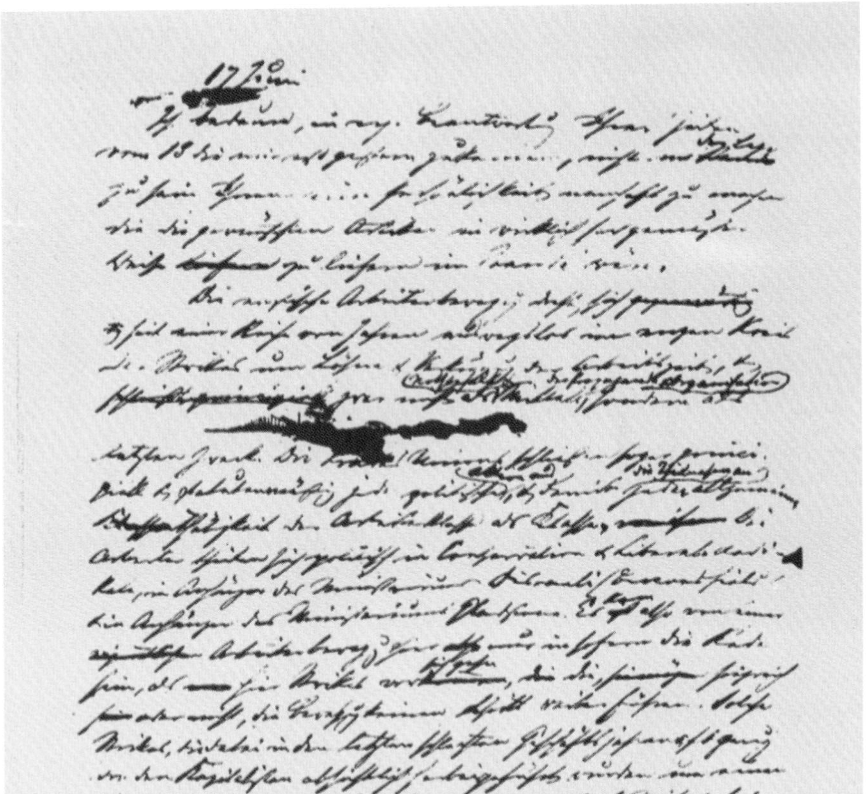

베른슈타인의 6월 13일자 편지에 대한 엥겔스의 답장 초안(1879년 6월 17일자)

(위) 에어푸르트 강령을 공동기초할 당시의 카우츠키(오른쪽)와 베른슈타인.
(아래) 사회민주노동자당의 창설자인 아우구스트 베벨.
베벨은 베른슈타인이 『조치알데모크라트』의 편집장이 되는 데 결정적으로 기여할 정도로
그의 오랜 친구이기도 하지만, 그의 수정주의에 대한 강력한 반대자로서 그를 탄핵하기도 하였다.

유리공장에서 작업을 하고 있는 아동노동자들.
1848년 혁명 때 프로이센에는 14세 이하의 아동노동자들이 3만 2천 명이나 있었고,
이들의 노동시간은 하루 15시간에까지 이르고 있었다. 법적으로 아동노동자들의 노동시간은
10시간으로 제한되었지만 그것이 지켜지는 경우는 거의 없었다.

19세기 함부르크 갱에지구의 열악한 노동자 주거지역.
당시 아름다운 정원을 갖춘 부르주아의 대저택들과는 심한 대비를 보여준다.

Manifest

der

Kommunistischen Partei.

Veröffentlicht im Februar 1848.

Proletarier aller Länder vereinigt euch.

London.

Gedruckt in der Office der „Bildungs-Gesellschaft für Arbeiter"
von J. E. Burghard.

46, LIVERPOOL STREET, BISHOPSGATE.

1848년 런던에서 출판된 『공산당 선언』 초판의 표지

(위) 독일 노동운동의 선구자로서 독일노동자동맹을 조직한 페르디난트 라살(1825~64).
(아래) 라살에 의해 독일 노동운동이 시작됨을 알려주는 역사적인 깃발.
이것은 브레슬라우 라살 분파의 깃발로서 노동자연대의 오랜 상징인 '자유 · 평등 · 형제애'를 깃발에 나타내고
있다. 이 깃발은 사회주의자탄압법 하에서 12년 동안 감추어져 있었고 다시 1933~45년까지 숨겨져 있다가
1945년 이후 침대시트 속에 감추어져 동독에서 서독으로 밀반출된 뒤 사민당에 전달되어 보존되고 있다.

독일 사민당의 대표적인 여성운동 지도자였던 클라라 체트킨(왼쪽)과 로자 룩셈부르크.
로자 룩셈부르크는 베른슈타인의 수정주의를 탄핵하는 선봉에 섰다.

제1차 세계대전의 발발을 앞두고 1907년 슈투트가르트에서 독일 노동자들에게
국제적 연대에 입각한 반전운동을 호소하는 프랑스 노동운동 지도자 장 조레스.

옮긴이 **강신준**(姜信俊)은 고려대학교 독문학과를 졸업한 후 같은 대학교

경제학과 대학원에서 석사 · 박사학위를 받았으며, 독일 프랑크푸르트 대학,

자유베를린 대학에서 독일 노동운동사와 마르크스 경제학을 연구하였다.

지금은 동아대학교 경제학과 교수로 있다.

주요 저서로는 『수정주의 연구 I』(1991), 『〈자본〉의 이해』(1994),

『일본 자본주의 분석』(공저, 1996), 『노동의 임금교섭』(1998), 『자본론의 세계』(2001),

『한국노동운동사 4』(공저, 2004), 『그들의 경제, 우리들의 경제학—마르크스 〈자본〉의 재구성』

(2010), 『마르크스의 자본, 판도라의 상자를 열다』(2012) 등이 있다.

주요 역서로는 한길사에서 펴낸 『프롤레타리아 독재』(K. 카우츠키, 2006)를 비롯해

『임금론』(M. 돕, 1983), 『마르크스냐 베버냐』(공편, 1984),

『자주관리제도』(B. 호르바트, 1984), 『자본』 2 · 3(K. 마르크스, 1989~91),

『자본』 1 · 2 · 3(K. 마르크스, 2008~10), 『데이비드 하비의 맑스 〈자본〉 강의』(2011)

등이 있다.

GB
한길그레이트북스

인류의 위대한 지적유산

에두아르트 베른슈타인

——

사회주의의 전제와 사민당의 과제

——

강신준 옮김

한길사

사회주의의 전제와 사민당의 과제 · 차례

노동운동에서의 이론과 실천의 문제—수정주의 논쟁

• 베른슈타인의 『사회주의의 전제와 사민당의 과제』

1. 시대적 배경과 베른슈타인에 대한 일반적 오해

  19세기말 유럽 사회는 세기의 전환을 앞두고 이른바 세기말적인 분위기에 휩싸여 있었다. 사람들은 새롭게 열리는 세기를 불안과 기대가 교차되는 느낌으로 기다리고 있었다. 그것은 전혀 생소한 느낌이었고 그런 느낌의 밑바닥에는 19세기 후반부터 지속적으로 전개되어 온 일련의 사회적 변화가 자리잡고 있었다. 그런 사회적 변화는 무엇보다도 유럽 자본주의의 발전에 따른 사회경제적 조건의 변화로부터 비롯된 것이었다. 즉 1840년대에 주요 유럽 국가들에서 완성을 보게 되는 산업혁명은 유럽에서 초기 자본주의적 특성을 마감하게 만들었고 그 결과 1850년대 이후 유럽 사회는 본격적인 산업화를 통해 자본주의적 발전의 길로 접어들었다. 이러한 산업화의 본격적인 진전은 유럽사회의 내부에 중요한 두 가지 방향의 변화를 가져왔다.

  첫째, 산업화의 본격적인 진전은 자본진영 내부에서 자본간 경쟁을 격화시키는 결과를 가져왔으며, 세기말에 이르러서는 필연적으로 자본의 집적과 집중을 통하여 '독점'이라는 이른바 '새로운 경향'을 나타내고 있었다.[1] 둘째, 그러한 산업화의 진전은 자본과 필연적인 대응관

계에 있는 노동진영 내부에도 변화를 가져왔다. 우선 산업화의 본
격적 진전은 당연히 노동자의 수적 증대를 가져왔고 그 결과 노동
자 계급은 이제 더 이상 소수가 아니라 다수의 대중을 이루게 되었
다. 게다가 유럽 사회 전반에 걸쳐 확산된 산업화는 그로부터 야기
되는 노동자들의 노동조건, 임금문제, 산업재해, 생활상태 등 노동문
제에서 유럽 각국 노동자들간의 차별성보다는 동일성을 증대시키는
경향으로 작용하였다. 노동자 계급의 다수 대중으로의 변모, 그리고
계급 내부의 동일성 증대 등은 노동운동의 대중운동으로의 발전조
건을 이루는 것이었고 그것은 세기말에 이르러 유럽 전역에서 노동
자 정당의 결성으로 나타나고 있었다. 1875년 독일, 1882년 이탈리
아, 1883년 러시아, 1884년 영국, 1885년 벨기에, 1887년 노르웨이,
1888년 오스트리아 및 스위스, 1889년 스웨덴 등의 순서로 사회민
주주의 정당이 속속 등장하고 있었고 이들은 마르크스, 엥겔스의
헌신적이고 탁월한 영도력 아래 제2인터내셔널을 통한 강고한 국제
적 연대를 이루고 있었다.[2] 그리고 이들 노동자 정당들은 제2인터
내셔널의 노선에서 드러나고 있듯이 명시적으로 정권의 획득을 목
표로 하고 있었고,[3] 그것은 곧 새로운 사회의 출현을 예고하는 것
이었다. 세기말적인 느낌은 바로 자본주의의 새로운 발전경향과 노
동자 계급에 의한 새로운 사회의 출현과 관련된 것이었고 이 양자

---

1) 산업화의 진전이 자본의 집적과 집중을 유발하게 되는 필연적 과정, 그리고
   그런 과정이 독점으로 발전하게 되는 일반적 경향에 대해서는 19세기말 사
   회주의 노동운동 진영 내에서 광범위하게 전개되었다. 이에 관한 논의가 가
   장 잘 집약된 글로는 V. I. Lenin, *Imperialism*(New York : International
   Publishers Company, Inc., 1933) 참조.
2) 제2인터내셔널의 성립과 발전과정에 대해서는 강신준, 「제2인터내셔널 시
   기의 마르크스주의」, 『이론』(1992년 겨울호)을 참조할 것
3) B. Gustafsson, *Marxismus und Revisionismus*(Frankfurt, 1972), 14쪽.

의 관련은 불안을 느끼고 있던 기득권층과 기대를 가지고 있던 노동자 계급 모두에게 지대한 관심을 불러일으키는 것이었다.

이런 상황에서 세기의 극적인 전환점이었던 1899년 3월 초에 발간된 200쪽 분량의 베른슈타인의 저작 『사회주의의 전제와 사민당의 과제』(*Die Voraussetzungen des Sozialismus und die Aufgaben der Sozialdemokratie* : 이하 『전제』로 약칭)는 바로 이러한 양자의 관련을 본격적으로 다룬 최초의 이론서였다. 그것은 자본주의적 발전의 '새로운 경향'이 새로운 사회의 출현에 미치는 영향을 노동운동의 입장에서 수용하고자 한 그의 오랜 고민의 산물이었다. 따라서 그것은 당시의 세기말적인 느낌들을 거의 온전히 담고 있었고 바로 그런 시대적 분위기의 이론적 결과물이기도 했다. 그런 점에서 이 책은 이론적으로 고전의 영역에 속한다.

그러나 이 고전적 저작은 지난 한 세기 동안 비교적 올바른 대접을 받지 못했다. 베른슈타인 자신이 이미 탄원하고 있듯이 그의 저작은 자신의 의도와는 명백히 위배되면서 반사회주의 진영에서는 마르크스주의 이론의 오류에 대한 가장 확고한 증거물로서 이용되었으며 사회주의 진영 내부에서는 사회주의의 전면적 포기로 간주되었다.[4] 그것은 상당 부분 그의 전술적 미숙함[5]으로부터 비롯되었으며 동시에 그가 독일 사회에서 아직 도래하지 않았고, 따라서 먼 미래의 목표에 불과하다고 주장하였던 사회주의 혁명이 1917년 러시아에서 성공함으로써 현실 역사의 권위에 의해 바로 그런 그의 미숙함이 일방적으로 단죄되면서 그에게 변호의 기회가 거의 제공

---

4) E. Bernstein, *Evolutionary Socialism*(New York, 1970), "Introduction," 20쪽.

5) "G. Vollmar an Bernstein 1899. 10. 28," in : B. Gustafsson, 앞의 책, 11~12쪽 참조.

되지 않았기 때문이다. 그의 고민은 새로운 사회적 변화에 대한 노동운동의 방향모색으로부터 출발한 것이었고 그것은 사실상 당시의 시대적 분위기의 올바른 반영에 지나지 않는 것이었지만[6] 그런 고민의 출발점과는 상관없이 그가 범한 신성모독——사회주의의 혁명적 이행에 대한 모독——은 그의 고민 전체를 한꺼번에 단죄해 버리기에 충분한 것이었다.

그는 사회주의 노동운동 내부에서 신성모독죄로 고발되었고(가장 선두에 선 고발인은 약관의 로자 룩셈부르크와 권위의 카를 카우츠키였다),[7] 판결은 유죄로 결말을 보았다. 그는 '배신자'로 규정되었으며 그의 고민들에는 '수정주의'라는 낙인이 찍혔다. 그리고 혁명적 이행을 모독했던 베른슈타인의 '배신행위'는 뒤이은 러시아 혁명의 성공에 의해 더 이상 항소의 기회를 잃고 말았다. 그리고 그러한 혁명이 정당화되던 거의 한 세기 동안 그에 대한 유죄판결은 흔들리지 않는 효력을 지니고 있었다. 그러나 한 세기가 경과하고 나서 이제 바로 그 러시아 혁명이 정당성을 위협받게 된 지금, 베른슈타인의 '배신행위'는 비로소 항소의 기회를 맞이하고 있는 느낌이다.[8] 그리고 그러한 베른슈타인의 항소에는 이제까지 그의 원고측

---

6) B. Gustafsson, 앞의 책, 10~13쪽. 베른슈타인 자신은 이 문제에 대해 스스로 다음과 같이 술회하고 있다. "이 글에서 얘기되는 거의 대부분——모두는 아닐지라도——은 사실상 이미 다른 사람들이 얘기한 것이거나 혹은 적어도 암시했던 것들이다. 그런 점에서 이 글의 정당성은 그것이 어떤 알려지지 않은 것들을 발견한 데 있는 것이 아니라 이미 발견된 것들을 인정하는 것에 있다"(E. Bernstein, *Die Voraussetzungen des Sozialismus und die Aufgaben der Sozialdemokratie*[Stuttgart, 1899], 51쪽).

7) R. Luxemburg, *Sozialreform oder Revolution?*(1899) : K. Kautsky, *Bernstein und das sozialdemokratische Programm. Eine Anti-Kritik*(1899).

의 논고에만 의존하고 있던 사람들에게는 의외로 가치 있는 부분
이 상당히 있으리라고 생각된다. 또 하나의 세기말인 지금 베른슈
타인의 이 저작이 번역되어 소개되는 의미는 바로 이 점에 있다고
하겠다.

2. 베른슈타인의 생애

베른슈타인은 1850년 아버지가 기관사였던 유태인 가정에서 일
곱번째 아이로 출생하였다. 경제적인 사정으로 16세에 김나지움을
중퇴한 그는 견습 은행원으로 직업전선에 뛰어들었으며 이후 정식
은행원이 된 1869년부터 1878년까지 은행에서 근무하였다.

1872년 그는 당시 베벨과 리프크네히트가 이끌던 사회민주노동
자당(Sozialdemokratische Arbeiterparte)[9]에 가입하였으며 1875년
고타에서 사회민주노동자당과 전국독일노동자동맹(ADAV)이 통합
전당대회를 치를 때 대의원으로 참석하였다. 이 시기에 그는 잠시
라살과 뒤링에게 심취하기도 하지만 1878년 엥겔스의 『반뒤링론』

---

8) 베른슈타인은 스스로 만년에 볼셰비즘과 자신 간의 적대적 관계를 숨기지
   않았다(Sidney Hook, "Introduction," in *Eduard Bernstein, Evolutionary
   Socialism*[New York, 1970], 16쪽). 그리고 그 볼셰비즘이야말로 그에게
   한 세기 동안이나 항소의 기회를 박탈하고 있던 족쇄였다. 따라서 베른슈타
   인이 만일 부활한다면 그는 오늘날 볼셰비즘의 붕괴에 가장 할 말이 많은
   사람 중의 하나가 될 것이다.
9) 라살이 이끌던 전국독일노동자동맹(Allgemeiner Deutscher Arbeiterverein,
   ADAV로 약칭)과 함께 당시 독일 노동자 조직의 양대 산맥을 이루고 있던
   조직으로서 일명 그것이 창립대회를 가진 장소의 지명을 따서 아이제나허
   분파라고도 부른다. SDAP로 약칭.

을 읽으면서 마르크스주의로 길을 바꾼다.

1878년 악명높은 비스마르크의 '사회주의자 탄압법'이 발효되자 그해 11월 그는 루가노(Lugano)를 거쳐서 취리히로 이주, 거기에서 카를 회히베르크(Karl Höchberg : 사민당원은 아니었지만 사민당에 우호적이어서 재정적 지원을 하던 부유한 독일인)의 비서로 일하였다. 1880년 취리히에서 그는 당시 '사회주의자 탄압법'으로 망명상태에 있던 독일 사민당의 유일한 기관지 『조치알데모크라트』(*Der Sozialdemokrat*)의 편집진에 참여하여 이 신문에 글을 기고하기 시작한다.

같은 해 그는 베벨을 따라 런던으로 건너가서 마르크스와 엥겔스를 처음으로 직접 만났다. 마르크스가 세상을 떠난 다음 해 1884년 그는 런던으로 건너가 엥겔스를 다시 만나게 되는데, 이때부터 그는 엥겔스와 깊은 교류관계를 맺게 된다. 1887년 베른슈타인은 취리히에서 차티스트 운동에 대한 책을 출판하였다(『영국에서의 차티스트 운동』(*Die Chartisten-Bewegung in Enland*)). 1888년 프로이센 정부가 베른슈타인에 대한 고발장 및 체포영장을 발부하고 스위스 정부에 이를 집행하기 위한 압력을 행사하자 그는 스위스를 떠나 런던에서 공식적인 망명생활을 시작하였다. 그는 런던에서 수년간 엥겔스의 집필활동을 도우면서 가장 가까운 비서로 일하게 된다. 그에 대한 엥겔스의 신임은 대단한 것이어서 그는 나중에 엥겔스의 유언을 집행하는 세 사람 가운데 한 사람으로 선임되었을 정도였다. 베른슈타인은 이후 1901년 프로이센 정부의 자신에 대한 고발장 및 체포영장이 기각될 때까지 영국에서 체류하면서 영국의 저명한 사회주의자들과 깊은 교우관계를 맺게 되며 그중에서도 특히 페이비언주의자들과 각별한 관계를 맺는다. 그리하여 이 체류기간 동안 그는 영국에서 이루어지고 있었던 사회주의 운동, 즉 혁명적 봉기에 의해 사회주의를 단숨에 실현하기보다는 민주주의를 쌓아가면서 점진적으로 사회개혁을 진행시키는 이른바 개량적 운동에 깊은 영향을 받게 되고, 이것이 그의 마르크스주의 '수정'의 중요한 토대를 제공하게 된다.

1896년부터 1898년까지 그는 자신의 이런 새로운 생각들을 『노이에 차이트』에 「사회주의의 문제들」이라는 제목의 연재 논문으로 게재하였다. 그의 논문은 독일 사민당 내에서 커다란 충격을 불러 일으켰으며 1898년 슈투트가르트 당대회에서 베벨은 그를 고발하는 연설을 하였다. 이른바 '수정주의 논쟁'이 시작된 것이었다. 그는 아직 수배 중이어서 이 대회에 참석할 수 없었으며 그의 오랜 친구인 카우츠키의 중재 아래 다음 해 당대회에 해명서를 제출하도록 요구받았다.

그러나 1899년 하노버 당대회에서 그는 이 책을 출판함으로써 자신의 견해에 대한 해명서를 대신하였다. 이 책에서 드러나 있듯이 그는 자신에 대한 고발에 추호도 변명하지 않았으며 오히려 더욱 확신에 찬 어조로 자신의 견해를 변호하였다. 논쟁은 당내에서 내로라하는 이론가들이 거의 모두 참여하는 사태로 확산되었고 급기야 제2인터내셔널에까지 번졌다. 그러나 모든 대회들에서 공식적으로는 그의 견해가 계속 부인되었지만 실제 독일 사민당과 유럽 사회주의 진영 내에서 그의 지지파는 늘어만 갔다. 그래서 논쟁은 언제나 얼버무려졌고, 그는 어디에서도 제명당하지 않았다.

1900년 친구들의 오랜 노력으로 드디어 그에 대한 프로이센 정부의 고발장 및 체포영장이 기각되었고 그는 1901년 베를린으로 귀환하였다. 이때부터 그는 『노이에 차이트』 상임 편집진에서 탈퇴하여 개량주의 노선의 『조치알리스티셰 모나츠헤프테』(*Sozialistische Monatshefte*)의 편집진에 참여한다. 활동에서의 노선전환이 표면적으로 이루어진 것이다. 1902년 그는 브레슬라우-베스트(Breslau-West) 선거구에서 제국의회 의원으로 당선되며 1918년까지 의원생활을 하게 된다.

　이후 그의 생활은 제국의회 의원으로서의 활동과 학자 및 이론가로서의 활동으로 이원화된다. 연구자로서 그는 1906년 이후 역사연구에 몰두하였으며 1913년에는 마르크스, 엥겔스 서한집을 베벨과 공동으로 발간하기도 하였다. 한편 정치인으로서 그는 사민당 내에서 프로이센의 군국주의에 대항하는 여러 가지 활동을 전개하였다. 즉 개전을 위한 군비법안에 반대하였으며 개전 이후에도 사민당 내에서 전쟁국채 발행에 반대하는 소수파로 남았다. 한때 이들 소수파와 함께 사민당을 탈당하여 독립사민당을 결성하기도 하지만 결국 다시 사민당에 합류하여 1920년부터 제국의회 의원으로 다시 활동을 재개한다. 1925년 그의 평생의 길에 가장 결정적인 영향을 미쳤던 엥겔스와 나눈 편지들을 모아 서한집으로 출판한 그는 1932년 12월 18일 고향 베를린에서 굴절많았던 생을 끝마쳤다.

3. 베른슈타인 이해의 전제, 일반적 오해의 문제점

　베른슈타인을 올바로 이해하기 위해서는 무엇보다도 이 저작을 둘러싸고 있는 일반적 오해들로부터 일단 해방될 필요가 있다. 그러기 위해서는 지금까지의 베른슈타인에 대한 고발들이 공통으로 지니고 있는 문제점들로부터 출발할 필요가 있다. 그의 유죄를 주장하는 고발내용은 1899년 독일 사민당의 하노버 대회에서의 최초의 고발로부터 지금까지 주로 그의 문제제기를 이론적인 문제로 국한시켜서 이해하는 경향을 띠고 있다. 즉 고발의 주된 내용은 마르크스, 엥겔스에 의해 이미 정식화되어 있던 사회주의의 혁명적 이행의 객관적 근거를 그가 부인했다는 점에 집중되어 있었고 따라서 논의는 주로 자본주의적 발전경향에 대한 마르크스 이론의 해석문제로 집약되었다.

　그는 세기말에 접어들면서 유럽에서의 자본주의적 발전경향의 새로운 양상들(자본의 집적 및 집중으로부터 야기되는 제반 양상, 이른바 위에서 얘기한 바의 ‘새로운 경향’)이 혁명적 이행의 조건들을 성숙시켜 나가기보다는 오히려 제거해 나가고 있다고 주장하였고 따라서 혁명이 가까워지고 있는 것이 아니라 멀어져 가고 있다고 주장했다. 그것은 독일 사민당의 강령에 신성불가침으로 규정되어 있던 사회주의 노동운동의 목표, 즉 사회주의로의 혁명적 이행 강령에 대한 모독으로 해석되었으며 따라서 신성을 옹호하기 위해서 그에게 가해진 비판은 그가 제기한 혁명의 조건들에 대한 주장을 반박하는 것이었다. 『전제』가 발간되고 나서 룩셈부르크와 카우츠키에 의해 이루어진 초기의 고발내용들은 자연히 자본주의적 발전경향에 대한 해석, 말하자면 이론적 설명의 과학성에 집중되어 있었다. 즉 세기말 유럽 자본주의의 발전과정에서 나타나고 있던 ‘새로운 경향’이 과연 마르크스의 자본주의 발전경향 이론과 일치하느냐의 여부로 논의는 집중되었고 따라서 고발은 이런 의미에서 베른슈타인의 문제제기의 이론적 정합성에 집중되었고, 그 결과 그의 문제제기는 이론의 오류로 재단되었다. 이런 경향은 지난 한 세기 동안 그에게 가해진 모든 공격들의 전형을 이루는 것이었다. ‘수정주의’는 이론적 이단으로 규정되어 왔던 것이다.

　그러나 이런 경향에는 하나의 강한 의문이 남는다. 왜냐하면 베른슈타인은 수정주의자로 낙인이 찍히기 전에 이미 당내의 가장 탁월한 이론가였으며 그런 반론들의 내용에 대해 누구보다도 정통해 있었다. 그런 반론들은 주로 마르크스, 엥겔스의 이론적인 권위에 의존하는 것들로서 그들 이론의 내용을 단순히 반복적으로 재구성하는 정도의 범위를 넘지 못하고 있었으며, 이런 논의는 그가 이미 수없이 당의 기관지들을 통해서 반복적으로 정연하게 설명해 오던 것이었다. 즉 엥겔스의 평가에서도 알 수 있듯이[10] 반론의 주된 내용을 이루던 마르크스, 엥겔스의 이론적 내용과 관련해서는 이미 그는 유럽에서 최고의 권위자였다. 이론가로서 그가 차지하고 있던 독일 사민당 내에서의 권위는 무엇보다도 독일 사민당 강령의 역사적 출발점을 이루는 에어푸르트 강령을 그가 카우츠키와 함께 공동 기초한 데서도 명백히 드러난다.[11] 따라서 이론가로서의 그의 자질을 미루어 짐작할 때 그의 『전제』는 적어도 마르크스 이론에 대한 그의 몰이해로부터 비롯된 것은 아니라는 사실을 알 수 있다. 그렇다면 『전제』가 지적받게 될 반론에 대해 정통한 이해를 가지고 있던 그가 『전제』를 집필하게 된 이유는 무엇일까? 바로 여기에 베른슈타인에 대한 새로운 해석의 필요성과 그 출발점이 존재한다.

이런 인식을 보다 분명히 해주는 근거는 다시 문제의 출발점을 이루는 『전제』에 나타난 베른슈타인 자신의 고백이다. 그는 『전제』의 영어판 서문에서 이 저작이 이론적 엄격성을 기해서 집필된 것이 아니었고 '때때로 급조하듯이 집필되었다'고 고백하고 있다. 그러나 그는 이런 결함에도 불구하고 '그것의 **기본적인 목적**(강조 필자)은 충분히 드러나고 있기' 때문에 『전제』를 추가적으로 개정할 필요를 느끼지 않는다고 밝히고 있다.[12] 이는 『전제』가 애초 이론적 '수정'을 목표로 집필된 것이 아님을 짐작케 한다. 그것은 고발자들의 주장처럼 새로운 이론의 정식화를 위해 집필된 것이 아니라 이

---

10) "Engels an Bebel 1885. 6. 22," *MEW*, Bd. 36, 336쪽.

11) 독일 사민당의 마르크스주의 정당으로서의 강령적 모태를 이루는 1891년의 에어푸르트 강령은 제1부 강령이 카우츠키에 의해 제2부 강령이 베른슈타인에 의해 기초되었다. 그리고 이 강령은 당대회에서 두 사람의 이론적 권위에 대한 당의 신뢰 속에 열렬한 박수로 통과되었다.

12) E. Bernstein, *Evolutionary Socialism*(New York, 1970), "Introduction," 10쪽 이하.

론이 아닌 다른 '기본적인 목적'을 위해 집필되었던 것이다.

결국 그의 이단행위는 마르크스, 엥겔스의 이론에 대한 몰이해, 혹은 오해로부터 비롯된 것이라기보다는 다분히 다른 목적을 가지고 의도적으로 행한 것으로 보인다. 따라서 문제는 바로 이 다른 목적이 무엇인가 하는 점이며 바로 여기에 베른슈타인 수정주의에 대한 올바른 이해의 실마리가 있다고 하겠다.

그렇다면 그의 의도된 반란을 사주한 배경, 즉 그의 '기본목적'은 무엇이었을까? 그 '기본목적'은 그 자신이 밝히고 있듯이 "그것은 독일어로 Gegenwartarbeit〔사회주의 정당의 일상적 과업〕라고 부르는 것에 대한 강조로서, 그런 과업이란 지금까지 많은 사람들이 다가올 거대한 변혁에 비해 매우 사소한 과업으로만 간주하고 따라서 대개는 거의 내켜하지 않고 마지못해서 겨우 수행하는 과업들로 여겨져온 것들"[13]이었다. 따라서 『전제』의 배경을 이루는 것은 이론적 회의가 아니라 노동운동의 과제와 관련된 것이었다. 그러므로 우리는 이제 베른슈타인에 대한 올바른 이해를 위해서 노동운동의 과제를 규정하는 당시 독일 사회주의 노동운동의 조건들을 검토해 보기로 한다. 그리고 그런 검토는 대체로 그의 입장이 이단으로 방향을 바꾸기 시작했던 것으로 보이는 1890년 초의 시기로부터[14] 출발해야 할 것이다.

---

13) 같은 책, 같은 곳.
14) 그가 구체적으로 입장을 변화시킨 시기에 대한 연구로는 P. Gay, *The Dilemma of Democratic Socialism. Bernstein's Challange to Marx*(New York, 1952) ; P. Angel, *Eduard Bernstein et l'évolution du socialisme allemand*(Paris, 1961).

4. 수정주의의 등장 배경, 농업논쟁[15]

베른슈타인이 엥겔스의 적극적인 신뢰 속에 이미 유럽 사회주의 노동운동 내에서 저명한 이론가로서의 위치를 탄탄하게 굳히고 있던 1890년, 독일 사회주의 노동운동은 중요한 변화의 계기를 맞고 있었다. 그것은 객관적인 조건의 결정적인 변화로부터 비롯된 것이었다. 그러한 변화는 두 가지 계기로 이루어져 있었다. 즉 독일 자본주의의 독점자본주의 단계로의 진입이라는 경제적인 변화와 더불어 독일 사민당이 새롭게 맞게 된 합법화의 계기가 곧 그것이었다. 그리고 이 두 계기 가운데 독일 사민당의 운명에 보다 결정적인 영향을 미친 것은 후자의 계기였다.[16]

비스마르크에 의해 1878년 만들어진 이후 12년간이나 독일 사회주의 노동운동을 불법화하면서 지속되어 오던 사회주의자 탄압법은 1890년 제국의회에서 연장승인을 거부당하였다.[17] 그리하여 사회주의자 탄압법은 더 이상 효력을 갖지 못하게 되었고 독일 사민당은 합법정당으로서 새롭게 탄생하게 되었다. 그리고 합법정당으로서 최초로 참여한 1890년 선거에서 독일 사민당은 약 20%의 득표율로 제국의회 내에서 제1당의 지위로 부상하였다.[18] 이 득표율은 대

---

15) 여기에서 요약되고 있는 농업논쟁의 자세한 내용에 대해서는 강신준, 『수정주의 연구 1』(이론과 실천, 1991) 참조.

16) 이 글에서 다루지 못하는 전자의 요인과 관련해서는 Jürgen Kuczynski, *Die Bewegung der deutschen Wirtschaft von 1800 bis 1946*, Berlin/Leipzig(o.J.) 참조.

17) 사회주의자 탄압법은 일종의 임시조치법으로서 4년마다 의회의 승인을 받아야만 효력을 갖는 한시적인 법이었다.

18) 이것은 독일 사민당이 제국의회 내에서 가장 많은 의석을 얻었다는 것을 의미하지는 않는다. 득표율과 의석수는 별개였기 때문이다. 자세한 것은

부분 도시지역으로부터 획득되었고 득표의 구성내용은 노동자들이 대부분을 차지하고 있었다. 이는 사회주의자 탄압법 때문에 사민당의 선전활동이 경제조직으로서 합법화되어 있던 노동조합을 통해서만 가능하였기 때문이었다. 따라서 제한된 도시지역으로부터의 득표만으로도 전국적인 20%의 득표를 하였기 때문에 각 도시들, 특히 함부르크나 베를린 등과 같은 북부 프로이센 공업도시들에서의 지역득표율은 거의 50%가 넘는 절대적인 수준이었으며 이는 사회주의자 탄압법 아래서 일체의 공개적이고 공식적인 선전활동을 수행할 수 없었던 조건을 감안할 때 참으로 경이로운 성과였다. 그리하여 선거결과는 탄압법 아래서도 꾸준히 성장해 온 독일 사회주의 노동운동의 자랑스러운 성과로 간주되었다. 독일 자본주의의 발전과 함께 수적으로 급격히 증가한 노동자들은 가혹한 탄압법 아래서도 대부분이 사민당의 우산 밑으로 들어가 있었던 것이다. 이제 독일 사민당은 탄탄한 노동자 계급의 지지를 바탕으로 권력의 획득을 먼 미래가 아니라 눈앞의 가능성으로 보게 되었다.

그런데 독일 사민당이 구체적으로 권력을 획득하기 위해서는 우선 자신의 지지지역을 확대할 필요가 있었다. 그것은 곧 지금까지의 비합법 조건 때문에 전혀 공개적인 선전활동을 수행할 수 없었던 농촌지역의 포섭이었다. 그리하여 독일 사민당은 권력 획득의 가능성을 현실로 실현하기 위하여 1890년 할레 당대회에서 대대적인 농촌선동을 결의하였다. 이미 탄탄하게 확보된 노동자들의 지지에다 당시 독일 전체 인구의 절반 이상을 차지하고 있던 농민 계급의 지지를 조금만 더하면 사민당의 권력획득은 명백한 것이었기 때문이다. 더구나 운동의 조건도 합법화되어 있었기 때문에 그것은 매우 손쉬운 것으로 보였다. 농촌선동은 1891년부터 본격화되기 시

강신준, 앞의 책, 72쪽 참조

작하여 1893년까지 사민당의 거의 모든 당력을 집중시킨 정력적인 형태로 수행되었다. 3년간 수행된 농촌선동의 결과는 1893년 제국 의회 선거에서 드러났다. 그러나 그렇게 희망적으로 간주되던 사민 당의 농촌선동은 1893년 제국의회 선거에 실패함으로써, 그해 가을 의 쾰른 당대회에서 당내 전반의 반성을 불러일으켰고 이로부터 기 회주의 논쟁으로 불리는 농업논쟁이 시작되었다.

농업논쟁은 그 복잡한 경과를 논외로 한다면 이론과 실천의 문제 를 단적으로 반영하는 것이었다. 논쟁의 핵심은 매우 단순한 것이 었다. 3년간 수행된 농촌선동 과정에서 현장의 실천적 운동가들이 계속 부딪쳐야 했던 문제는 사민당이 농민들을 대상으로 하는 아무 런 정책도 갖고 있지 못하다는 점이었다. 사실상 사민당은 사회주 의자 탄압법 아래서 아무런 공개적인 정치활동을 수행할 수 없었으 며 따라서 그 활동영역은 외견상 합법조직으로 용인되었던 도시 노 동조합들에 국한될 수밖에 없었다. 따라서 농촌은 사민당에게 그야 말로 완전히 생소한 '신천지'(Terra Incognita)[19]였다. 그 결과 사 민당은 당시 독일 농민들이 겪고 있던 여러 어려움들, 즉 농산물 가 격 하락에 따른 부채증가와 이농현상, 토지가격의 상승, 제반 토지 관련 세금의 과중 등의 문제에 대해 아무런 지식이나 정책도 준비 하지 못하고 있었고 이런 정책부재의 농촌선동은 농민들로부터 거 의 호응과 관심을 끌 수 없었다. 이런 문제의 절박성에 대해 가장 통감하고 있던 사람들은 당연히 현장의 실천가들이었다. 따라서 이 들의 문제제기는 농촌선동에서 농민들을 사민당의 우산 밑으로 끌 어들이기 위해서는 농민들에게 당장 무엇인가——구체적으로는 농

---

19) H. G. Lehmann, *Die Agrarfrage in der Theorie und Praxis der deu-tschen und internationalen Sozialdemokratie*(Tübingen, 1970), 제1장 참조.

민들의 이해를 구체적이고 직접적으로 반영하는 농업정책——를 사
민당이 내놓아야 하지 않느냐는 것이었다.

　그러나 1894년 프랑크푸르트 당대회로까지 이어진 이런 반성을
토대로 농업강령위원회가 구성되고 위원회에서 막상 농업강령 초안
이 제시되었을 때, 그것은 기존의 다른 사민당 정책들과 모순되는
것으로 나타났다. 왜냐하면 당시 독일의 농민들은 자영소농이 절대
다수를 이루고 있었고 사민당이 요구받던 농업정책은 바로 소자산
가 계급에 속하는 이들 자영소농에 대한 지원정책에 다름아니었다.
그것은 무산자 계급의 이해를 토대로 자산가 계급의 타도——즉 사
회주의 혁명——을 목표로 하고 있던 사민당의 기본원칙과 정면으
로 배치되는 것이었다. 그러나 그런 실천적인 대응이 없이는 또한
농민들로부터 아무런 지지를 얻을 수 없다는 것이 1893년 선거의
교훈이었다. 실천적 요구와 배치되는 목표, 즉 사회주의로의 혁명적
이행은 마르크스, 엥겔스에 의해 정립된 과학적 사회주의에서 객관
적 필연성으로 규정된 것이었고 그것은 사회주의 노동운동의 정당
성을 받쳐주고 있던 이론적 토대와 직접적으로 관련된 것이었으며
독일 사민당의 강령 속에 명시적으로 표방된 당의 목표 바로 그것
이었다.[20] 따라서 농촌선동을 통해서 부딪친 독일 사민당의 고민은
사실상 이론과 실천 간의 모순 문제였다.

　이런 현실적 모순에 대한 독일 사민당 내부의 견해는 두 갈래로
갈라졌다. 운동의 현장에서 운동과 직접 씨름해야 했던 당내 실천
가들은——이들의 주류는 농업인구가 지역인구의 대부분을 차지하
고 있던 남부 바이에른 지역당원들이었다——당의 정치적 실천의
중요성을 강조하고 따라서 당의 이념적 목표와 별도로 실천적 요구

---

20) 실제로 독일 사민당은 자신의 강령 속에 해마다 이런 이론적 토대를 명시
　　하고 있었다. 강신준, 앞의 책, 부록 참조.

들이 수용되어야 하며 그런 측면에서 농업강령의 채택을 강력히 주장하였다. 그러나 탄압법 아래서 당을 어렵게 유지해 오면서 당의 존립이 마르크스주의 이념에 기초한 일관된 통솔에 의한 것이었다고 간주하던 당 간부회는 실천적 요구의 수용이 곧 그것과 배치되는 이념적 목표의 해체를 가져오고 그것은 동시에 당의 와해까지를 함께 가져오리라고 믿었다. 따라서 당 간부회의 의견으로는 만일 농업강령의 수용이 당의 이념적 목표를 해친다면 그것은 당연히 재고되어야 할 문제였다. 그리하여 농업강령의 수용 여부를 놓고 독일 사민당은 당내 논쟁에 휩싸이게 되었다.

그러나 논쟁의 결과는 처음의 출발지점으로부터 벗어나 빗나간 형태로 전개되어 갔다. 1894년 프랑크푸르트 대회 이후부터 격화되기 시작한 논쟁은 당내의 복잡한 실상을 잘 모르고 있던 엥겔스의 개입에 의해 왜곡되면서 처음의 문제의식으로부터 벗어나기 시작하였다.[21] 즉 애초 당면한 실천적 과제들과 기존의 정식화되었던 이론 간의 모순으로부터 출발했던 논쟁은 당연히 그 모순의 해결, 다시 말해서 양자를 어떻게 조화시킬 것인가의 문제로 발전해야 했으나 논쟁이 진행되면서 그런 출발지점의 문제의식은 희석되면서 이 양자의 지위의 싸움으로 발전했다. 다시 말해 논쟁은 이론이 실천을 주도할 것인지, 실천이 이론을 주도할 것인지의 양자간의 대립

---

21) 문제가 된 엥겔스의 글은 F. Engels, "Die Bauernfrage in Frankreich und Deutschland," *MEW*, Bd. 22이며 엥겔스가 논쟁에 개입하게 되는 배경에 대해서는 H. Hesselbart, *Revolutionäre Sozialdemokraten, Opportunisten und die Bauern am Vorabend des Imperialismus*(Berlin, 1968), 202~212쪽 : F. Zimmermann, "Friedrich Engels' Hilfe für die deutsche Sozialdemokratie im Kampf gegen Opportunismus in der Bauernfrage in den 90er Jahren des 19. Jahrehunderts," *Beiträge zur Geschichte der Arbeiterbewegung*(Berlin, 1961), Sonderheft, 167~187쪽을 참조.

적이고 상호배타적인 택일의 문제로 발전했다. 그 결과 농민들의 요구를 수용하도록 종용한 남부 바이에른 사민당원들은 당내에서 이론의 지위를 격하시키려는 불순한 기회주의자로 탄핵을 받았고 독일 사민당은 농업정책을 반영하는 강령의 채택 여부를 상정한 1895년 브레슬라우 당대회에서 농업정책 그 자체의 완전한 폐기를 결의하고 말았다. 그 결과 독일 사민당은 농민들로부터 등을 돌리고 말았다. 그것은 농민의 지지 없이는 불가능할 수밖에 없던 권력의 획득에 대한 포기였으며, 나아가 제2인터내셔널에서 사회주의 노동운동이 공통으로 표방하고 있던 운동의 목표인 권력획득의 포기이기도 하였다. 따라서 농업강령의 포기는 이론적 목표의 수호를 위한 것이었지만 동시에 바로 그 이론적 목표의 포기이기도 한 것이었다. 그것은 출발점으로부터 벗어난 빗나간 논쟁이 가져온 필연적인 모순적 결과였다. 그리하여 논쟁의 변질과 더불어 독일 사민당이 당면하고 있던 '현재의 실천'(농업정책)은 위대한 '미래의 목표'(사회주의 혁명)와 조화될 수 없는 것으로 규정되고 따라서 그것은 '미래의 목표'에 의해 결박되고 말았던 것이다. 그것은 권력의 획득을 바로 눈앞에 두고 있던 유럽 사회주의 노동운동의 선두주자였던 독일 사민당의 이해할 수 없는 영웅적인 '자살'이었다.

5. 수정주의의 출발과정, 초기 논쟁들

베른슈타인의 수정주의로의 이탈은 바로 이런 독일 사민당의 실천적 고민과 그것의 파행적인 '자살'을 출발점으로 하고 있었다. 그것은 당이 당면했던 실천적 모순과 고민을 함께 안으면서 매우 서서히 시작되었고 처음부터 의도된 것이기보다는 다소 필연적인 발전적 산물이었다. 즉 그는 처음에는 당이 새롭게 당면한 실천문제를 이론의 지위와 무관한 독자적인 문제로, 즉 실천 그 자체의 문제로만 간주하고 그것을 솔직히 수용하도록 설득하고자 노력하였고, 그러한 설득이 당을 결박하고 있던 이론적 신앙 때문에 거의 불가능하다는 것을 알게 되면서는 실천문제의 해결을 위해 당의 이론적 신앙을 절단하고자 노력하였던 것이다. 물론 그러한 의도는 기존의 논쟁과정을 통해서 확인할 수 있었던 바와 같이 이론과 실천 간의 조화가 당내에서 어렵다는 인식을 전제로 하고 있었다. 따라서 베른슈타인의 수정주의는 이론적 회의가 아니라 실천적 고민의 산물이었으며 바로 그런 관련 아래서만 비로소 올바로 이해될 수 있다고 하겠다.

베른슈타인은 1890년부터 1895년에 이르기까지의 당의 자살과정을 망명 중인 런던에서 조용히 지켜보고 있었다. 당시 그는 독일 사민당의 기관지 『포어베르츠』(Vorwärts)의 통신원이자 당의 이론지 『노이에 차이트』의 편집인으로 활동하고 있었다. 그는 농업논쟁에는 직접적으로 참여하지 않았지만 당이 당면해 있던 실천적 고민을 잘 이해하고 있었고 그것의 해결방안을 나름대로 고민하고 있었다. 그는 이미 합법화가 이루어진 이후 당이 변화된 새로운 여건 아래서 더 이상 과거와 동일한 방식으로 대응해서는 안 된다는 생각을 키워가고 있었고 그런 그의 생각은 농업논쟁 과정을 지켜보면서 결정적인 것으로 굳어져갔다. 그는 당이 자살로 치닫는 것을 막고자 하였고 이미 당이 획득한 희망——권력획득의 가능성——을 어떻게든 살려야 한다고 생각하였다. 또한 당이 당면해 있는 문제가 이론의 문제가 아니라 실천의 문제임을 정확히 파악하고 있었고 따라서 당은 현실을 직시하고 실천의 문제에 주력해야 한다고 생각하였다. 당은 자신의 정당성——이런 정당성은 당의 존립이 부인당하고 있던 탄압법 아래서 당의 존립을 정당화시키기 위해서 필요한 것이었으며 따라서 당연히 그것은 오로지 이론에 의해서만 구원될 수 있었다——을 위협받고 있는 것이 아니라 이미 합법적으로 존재를 인정받고 있는 상황에서 그 현실적인 능력을 시험당하고 있었기 때문이다. 그러한 그의 생각은 먼저 농촌운동의 실패가 현실로 모습을 드러내고 있던 1893년 지방의회 참가논쟁을 통하여 조금씩 드러나고 있었다.

지방의회 참가논쟁은 당시 공개, 간접, 차별선거의 형태로 치러지고 있던 프러시아의 지방의회 선거에 사민당이 참여할 것인가의 여부를 놓고 전개된 논쟁이었다. 그러나 논쟁의 핵심은 선거참여 여부 그 자체보다는 사회주의에 대한 전망과 관련된 것이었다. 즉 지방의회 선거의 참여를 주장한 베른슈타인은 노동자들의 선거참여가 극히 제한되어 있던 지방의회 선거조건 때문에 선거참여 자체가 부르주아들과의 연대 없이는 불가능하다는 점을 전제로 사회주의의 실현이 아직 가까운 장래에는 불가능하기 때문에 현단계에서는 부르주아들과의 연대가 필요하다는 주장을 제기하였다. 그는 당이 아직 멀리 떨어져 있는 사회주의의 미래와 당면하고 있는 부르주아 사회의 현실을 구별해야 하며 미래를 현실로 착각해서는 안 된다는 점을 지적하였다.[22] 그래서 그는 미래에만 머물러 있는 당의 시선을 현실로 돌리고자 하였던 것이다. 그러나 그의 이런 생각은 엥겔스와 베벨에 의해 저지당하고 독일 사민당은 참여를 거부하였다. 그가 조금씩 느끼고 있던 당의 실천적 무력증은 그리 단순한 것이 아니었고 무엇보다도 마르크스, 엥겔스의 단단한 끈으로 결박된 것이었다.

1895년의 농업논쟁이 당의 자살로 결말지어지자 그는 당이 지닌 실천적 무력증의 원인을 제거하기 위한 최초의 시도를 감행한다.

---

22) E. Bernstein, "Die preussischen Landtagswahlen und die Sozial-demokratie," *Neue Zeit*, Bd. 11(1892/93), 173쪽 이하.

그는 당의 실천을 결박하고 있는 것이 바로 사회주의 이행의 혁명적 방식에 대한 맹목적인 당의 신앙이라고 생각하였고 그런 신앙은 마르크스, 엥겔스의 1848년 혁명과 1871년 파리코뮌 분석을 통해서 심겨진 것임을 포착하였다. 그리하여 그는 1895년 당의 포박을 절단하기 위해 1848년 혁명의 새로운 해석인 헤리티어의 『1848년 프랑스 혁명사』 독어판을 발간하고 그것의 주석 및 후기를 집필하였다.[23]

마르크스, 엥겔스에게서 1848년 혁명은 이전의 모든 정치적 혁명과는 확연히 구별되는 새로운 혁명이었다. 그것은 부르주아 계급과 노동자 계급 간의 대립에 기초한 최초의 계급전쟁이었고 자본주의의 미래를 분명하게 예견해 주는 혁명으로서 사회주의 이행의 본질과 필연성을 보여주는 것이었다. 그러나 그것은 사회주의 이행의 경제적 조건, 즉 자본주의의 발전이 아직 충분히 성숙하기 전에 발발한 혁명이었기 때문에 실패할 수밖에 없었다. 그리고 또한 바로 그렇기 때문에 그것은 자본주의적 발전이 충분히 성숙하고 나면 필연적으로 다시 살아날 수밖에 없는 혁명이었다. 말하자면 1848년 혁명은 마르크스, 엥겔스에게서 사회주의 혁명의 본원적인 전형을 제공하는 것이었다.[24]

그러나 베른슈타인은 그 혁명의 감동적인 내용보다는 그것의 결과에 주목하였다. 1848년 혁명은 영웅적인 것이긴 하였지만 그것이 가져다준 결과는 전혀 영웅적인 것이 아니었다. 그것은 반혁명을 유발하였고 보수반동의 강화에 기여하였을 뿐이었다. 혁명은 실질적으로 아무것도 이루지 못했던 것이다. 그리하여 그는 혁명적 노

---

23) L. Heritier, *Geschichte der französischen Revolution von 1848*(Stuttgart, 1895).

24) K. Marx, "Die Klassenkämpfe in Frankreich 1848~1850," *MEW*, Bd. 7.

력의 허구성을 신랄하게 비판하였다. 그는 혁명이 신화에 불과하며 현실을 이것과 혼동해서는 안 된다고 꼬집었다. 그것은 혁명의 신앙에 대한 그의 경고였다. 그러나 그의 이러한 입장은 자신의 희망에도 불구하고 당내에서 별로 주목을 받지 못하였다. 당은 아직 그의 충고에 의아해하고 있을 뿐이었다.

그리하여 베른슈타인은 이제 당의 결박을 끊기 위한 보다 광범위하고 본격적인 작업에 착수한다. 이제 그는 더 이상 실천문제에 대한 당의 단순한 각성을 촉구하는 데 그치지 않고 그러한 각성을 가로막고 있는 마르크스, 엥겔스의 권위 전체를 문제로 삼고자 결심한다. 즉 그는 당이 실천으로부터 달아날 수 있었던 도피처를 차단하기로 결심하였고, 그것은 그 도피처가 가진 권위를 훼손함으로써 가능하리라고 간주되었다. 그리하여 그의 작업은 1896년부터 『노이에 차이트』에 3년에 걸쳐 연재하게 되는 「사회주의의 문제들」(Probleme des Sozialismus)을 거쳐서 드디어 1899년 『사회주의의 전제와 사민당의 과제』로 종착역에 도달하게 된다.

6. 수정주의의 전면적 성립, 『전제』

베른슈타인 작업의 종착역이 되는 『전제』는 당의 실천적 무력증의 원인이었던 마르크스, 엥겔스 이론 전체를 대상으로 하고 있다. 그는 이제 당을 결박하고 있는 마르크스, 엥겔스의 신앙, 즉 이론들을 총체적으로 해부하고 그것을 의도적으로 훼손함으로써 당이 더 이상 이 이론들을 핑계로 실천으로부터 달아나는 일이 없도록 하고자 하였다. 그럼으로써 그는 당이 당면한 실천문제에 독자적인 지위를 부여하고 당을 실천문제로부터 구원해 내고자 하였다. 그의 이런 의도는 『전제』의 다음 구절에서 이미 뚜렷히 명시되고 있다.

즉 사민당의 영향력은 "만일 사민당이 현실적으로 이미 사문화되어 버린 문구들(Phraseologie)로부터 스스로 해방되고 오늘의 현실 속에 자리잡은 하나의 민주 사회주의 개혁정당(eine demokratisch-sozialistische Reformpartei)으로 스스로를 드러내보이고자 하는 용기를 갖는다면 현재보다 훨씬 더 증폭될 것이다"[25]라고 그는 밝히고 있다.

그런 의도를 가지고 그는 당이 결박되어 있는 매듭들을 순서대로 잘라나가기 위해 그 구조를 먼저 정리하였다. 그는 당을 결박하고 있던 족쇄를 세 가지로 파악하였다. 그 족쇄는 첫째, 역사발전 법칙에 대한 맹목적인 신앙, 둘째, 그러한 신앙의 내용을 이루는 사회의 혁명적 변화의 필연성에 대한 신앙, 세째, 그런 혁명적 변화를 가능하게 하는 경제적 조건의 필연성에 대한 신앙으로 정리되었다.

그는 먼저 당이 현재의 실천을 유보할 수 있도록 만든 미래에의 안이한 희망의 토대를 사적 유물론으로 규정하고 이를 그의 첫번째 논의대상으로 삼았다. 그는 유물론을 '인간 사회에서 일어나는 모든 일을 필연적인 것으로' 간주하는 입장으로 정리하고 따라서 '유물론자란 신을 갖지 않았을 뿐인 칼뱅주의자'[26]에 다름 아니라고 규정하였다. 왜냐하면 유물론자에게서는 항상 모든 사물의 움직임이 필연성에 의해 사전에 예정되어 있는 것으로 간주되고 그것은 예정조화로 이루어진 기독교적 신앙과 본질적으로 동일한 것이기 때문이다. 그러므로 진정한 의미에서의 과학적 사회주의는 바로 이런 미망의 신앙으로부터 벗어나야만 하는 것이다.

물론 이러한 베른슈타인의 유물론 해석은 마르크스의 사적 유물

---

25) E. Bernstein, *Die Voraussetzungen des Sozialismus und die Aufgaben der Sozialdemokratie*(Stuttgart, 1899), 165쪽.

26) 같은 책, 4쪽.

론을, 마르크스가 스스로 비판하였던 18세기의 기계적 유물론과 동일시하는 것이었다. 그리고 베른슈타인은 누구보다도 그런 마르크스의 본래적인 유물론을 잘 알고 있었다. 베른슈타인은 고의적으로 마르크스를 왜곡시키고 그럼으로써 그것의 권위를 훼손시키고자 했던 것이다. 그에게는 이미 세상을 떠난 마르크스와 엥겔스의 명예보다는 아직도 현존하고 있는 당의 자살을 막는 일이 더 중요한 일이었던 것이다.

사적 유물론에 이어 마르크스, 엥겔스 이론에 대한 베른슈타인의 훼손은 사적 유물론의 논리적 귀결인 계급투쟁으로 이어진다. 유물론적 역사관에 의하면 인류의 역사는 경제적 이해를 기초로 한 계급들간의 투쟁으로 파악되고 그러한 계급투쟁은 정치투쟁을 통해서만 비로소 완전한 형태를 띠는 것이었다. 경제적 해방은 정치적 해방을 통해서만 가능한 것이었고 따라서 경제적 이해에 기초한 계급투쟁은 정치투쟁과 통일적 연관을 이루는 것이었다. 그러나 베른슈타인은 마르크스가 통일적인 것이라고 주장한 이 양자간의 관련은 사실상 통일될 수 없는 것이며 따라서 마르크스 이론 내에서 이원화되어 있다고 주장하였다.[27] 즉 그는 마르크스의 계급투쟁 이론이 정치적으로 급진적인 블랑키주의와 경제적인 개혁주의의 엉성한 혼합으로서 양자는 서로 통일될 수 없는 것이라고 주장하였다. 즉 정치적 블랑키주의는 경제적으로 아무런 성과도 가져다주지 못한다는 것이었다. 그는 바로 그런 단적인 예가 1848년 혁명과 1871년 혁명으로 그들 블랑키적 혁명이 가져다준 것은 경제적 해방이 아니라 오히려 보수반동의 강화와 경제적 영락이었다고 주장하였다. 그리고 바로 그런 출구 없는 이원론에 매달린 독일 사민당은 풀 수 없는 수수께끼를 부둥켜안은 채 귀중한 실천적 계기를 낭비하고 있다

---

27) 같은 책, 60쪽 이하.

44

는 것이었다.

이어서 베른슈타인은 계급투쟁의 경제적 기초인 착취이론을 이루고 있는 마르크스의 잉여가치론을 비교적 짧게 비판하고 난 다음 결정적인 마지막 '수정'을 가한다. 그것은 자본주의적 발전경향에 대한 해석이다. 이것은 독일 사민당이 당면하고 있던 현실의 성격을 결정짓는 것으로서 베른슈타인의 본래적인 의도이자 주된 관심사와 직접적으로 관련된다. 즉 그것은 사민당이 과연 지금 당장 무엇을 할 것인가에 대한 물음이면서 동시에 대답이기도 하다.

마르크스에 의하면 자본주의적 발전은 계급의 분화를 촉진시킴으로써 계급투쟁을 심화시키는 동시에 생산의 사회화 경향을 통하여 사회주의로의 이행을 위한 물적 조건을 준비한다. 따라서 그것은 주관적으로 노동자 계급의 혁명적 역량의 증가와 객관적으로 혁명의 경제적 조건이 성숙하는 경향을 띰으로써 자본주의의 사회주의로의 혁명적 이행을 필연적인 것으로 만든다. 자본주의는 자신의 내부로부터 비롯된 발전경향을 통해서 필연적으로 붕괴의 길로 가게 되는 것이다. 베른슈타인은 마르크스의 이런 기본논리에 아무런 문제제기를 않고 그것을 모두 인정한다.[28]

그러나 그의 문제의식은 본질적으로 그런 마르크스의 과학적 교의의 진리성 여부에 있지 않았다. 그래서 그는 그러한 붕괴경향이 일반적 경향으로는 분명히 옳지만 문제는 거기에 있는 것이 아니라 그러한 발전이 진행되는 시간에 있다고 밝히고 있다.[29] 그러한 시간이란 이런 발전의 성숙된 정도를 규정하며 붕괴는 그러한 발전이 충분히 성숙한 다음에야 비로소 이루어진다는 것이다. 그런데 사민당이 당면해 있는 독일의 현실은 아직 그런 발전경향이 충분히 성

---

28) 같은 책, 6쪽.
29) 같은 책, 같은 곳.

숙해 있지 않으며 그런 증거로 그는 이른바 '새로운 경향'으로서
자산가들의 수적 증가와 특히 중산층의 증가, 독점과 주식회사 제
도에 의한 자본주의적 모순의 완화 경향, 농업 부문에서의 생산의
소규모화 경향 등을 지적하였다.[30]

　그렇다면 이제 문제는 붕괴의 조건이 아직 충분히 성숙해 있지
않고 따라서 사회주의 혁명의 조건이 아직 성숙해 있지 않은 지금
당장 사민당은 무엇을 할 것인가로 집약된다. 그것은 말하자면 사
민당의 이론적 목표의 문제가 아니라 당장의 현재적 과제의 문제로
귀착되는 것이다. 이러한 과제의 문제로 논의가 좁혀지면 이제 그
것은 당장의 실천의 문제로 논의가 옮겨오게 되며 베른슈타인의 기
본의도는 바로 이 부분에 있었던 것이다. 그리하여 그의 논의는 목
표로서의 혁명이 포기된 것은 아니지만 지금은 혁명의 조건이 성숙
해 있지 않고 따라서 이러한 조건 아래서는 혁명의 조건이 성숙할
때까지 팔장을 끼고 기다릴 것이 아니라 그것의 실현을 위해서 설
사 '혁명의 위대한 과업과는 거리가 있는 사소한 과업'[31]일지라도
무엇인가를 실천해야만 한다는 것으로 귀결된다. 말하자면 그의 문
제제기는 마르크스의 이론적 목표에 대한 논리가 맞다고 하더라
도──보다 정확하게 표현한다면 그에게는 그것이 맞느냐 틀리느냐
가 그리 중요하느냐는 것이지만──그것이 지금 당장 우리에게 무
슨 의미를 갖느냐는 것이다.

　사민당은 어떤 말의 진리 여부에 대한 토론을 일과로 삼는 스콜
라적 조직이 아니라 지금 당장 무엇인가를 해야 하는 현실의 운동
조직이기 때문이다. 그리하여 그는 더 이상 무의미한 이론적 목표
에 대한 논의를 중단하고 눈앞의 실천적 과제의 문제로 논의의 중

---

30) 같은 책, 82쪽 이하.
31) 같은 책, "Vorwort," 22쪽.

심을 옮기자는 것이었다. 그것은 이론의 결박으로부터 당을 해방시키고자 하는 것이었다.

7. 베른슈타인의 현재성

베른슈타인의 수정주의는 이처럼 이론적인 문제였다기보다는 실천적인 문제와 깊이 연루된 것이었다. 그리고 그런 실천적 문제의 본질은 새로운 객관적 조건의 변화로 말미암은 사회주의 노동운동에서의 이론과 실천 간의 모순이 조화로운 해소가 아니라 상호대립적인 관계로 변질되면서 운동의 총체적 파국의 위기로 발전해 가는 사태에 있었고 베른슈타인의 수정주의는 바로 그런 파국을 막고자 하는 사회주의 노동운동 내부로부터의 의식적인 노력의 결과물이었다. 당대의 가장 탁월한 이론가로서 마르크스, 엥겔스 이론의 신뢰받는 교사였던 베른슈타인의 이론적 탈선은 바로 이런 노력의 일관된 맥락 아래서 이루어진 것이었고 그런 그의 '기본의도'를 전제할 때만이 그의 명백히 의도적인 '배신행위'는 설명될 수 있을 것이다. 또한 그런 배경을 전제로 할 때만이 그가 자신의 문제제기를 정당화시키기 위해 고의적으로 엥겔스의 저작을 왜곡시켰던 점[32]과 당대 최고 수준의 이론가였던 그의 수정주의 이론이 이론적 완성을 보지 못하고 급조되고 불완전한 것으로 남았던 점[33] 등이 해명될 수 있을 것이다.

그런 점에서 베른슈타인의 수정주의가 가지는 진정한 함의는 그의 이론이라기보다는 그가 의도한 부분이라고 할 수 있을 것이다.

---

32) B. Gustafsson, 앞의 책, 367쪽.
33) 같은 책, 9쪽.

이제 만일 그에게 재심의 기회가 주어진다면 그것은 그의 의도에 대한 재검토일 것이고 그것은 변혁의 객관적인 조건이 실천적 전망을 흐리게 하는 방향으로 변화하는 상황에서 사회변혁을 지향하고자 하는 모든 사람들에게 이론과 실천에 관한 가치 있는 고민의 실마리를 제공해 줄 것으로 보인다.

새로운 사회적 발전경향이 사회변혁의 전망을 희석시키는 조건 아래서는 일반적으로 변혁운동의 목표와 당면의 실천 간에 모순이 발생한다. 그러나 그런 모순은 애초 변혁운동의 완성을 지향하면서 양자간의 조화로운 해결을 목표로 출발하지만 그것의 전개과정에서 양자간의 대립적 관계로 변질될 수 있는 가능성을 안고 있다. 그리고 이런 모순의 변질은 자칫 변혁운동 전체의 파행적 결과를 초래할 수도 있다는 것을 베른슈타인이 고민하던 19세기 말 독일의 사회주의 노동운동이 경험적으로 보여주고 있다. 베른슈타인의 수정주의는 바로 이런 역사적 조건 아래서 그런 시대적 고민의 산물로서 등장하였다. 그리하여 그는 자신에게 매도되는 수정주의라는 낙인을 전혀 개의치 않고[34] 이러한 모순의 변질에 대해 그것을 원래의 문제의식으로 되돌리고자 노력했던 것이다.

그러나 역사에서 보듯이 베른슈타인의 이러한 '기본의도'는 독일 사회주의 노동운동 내부에서 관철되지 못하고 만다. 그리고 바로 그러한 결과로서 독일 사회주의 노동운동은 이론과 실천 사이의 모순을 극복하지 못하고 내부적으로 가장 치욕적인 형태의 분열과 그

---

34) 『전제』의 영역판 서문에서 시드니 훅은 이 점을 다음과 같이 지적하고 있다. "베른슈타인은 공개적으로 자신을 '수정주의자'로 불렀고 그것은 상당히 특징적인 사실이다"(Sidney Hook, "Introduction," in *Eduard Bernstein, Evolutionary Socialism*〔New York, 1970〕, vii쪽) : "그〔베른슈타인〕는 결코 자신이 수정주의자임을 부인하지 않았고……"(같은 책, 8쪽).

것의 당연한 귀결로서 그 유명한 1914년의 파국을 맞이하게 된
다.[35]

베른슈타인의 문제제기가 사회주의 노동운동에서 갖는 함의는 이
미 독일 사민당 내에서 농업문제에 대한 반성이 제기되기 시작하던
1892년 당대회에서 남부 바이에른 사민당을 이끌고 있던 폴마어
(G. Vollmar : 그는 나중에 당내 기회주의 분파의 대표자로 지목당
한다)의 다음과 같은 언급 속에서 충분히 시사되고 있었고 이것은
나중에 독일 사회주의 노동운동의 운명을 예견하는 것이었다. "사
민당은 본래적인 의미에서 하나의 비판운동으로서 어떤 신조를 이
미 간직한 것이거나 어떤 강령원칙들을 신조로서 설정한 것이 아니
라 각각의 강령원칙들을 매일매일 새롭게 입증하고 수정할 수 있도
록 간주하는 과제를 가진 운동이다. 만일 그렇지 않다면 그것〔사민
당〕은 필연적으로 부패해 버릴 것이다."[36]

베른슈타인 수정주의의 현재적 함의는 바로 사회주의 노동운동을
하나의 고정된 신조로서가 아니라 끊임없이 변화해 가는 역동적인
것으로 파악하는 데 있으며 그런 역동성을 상실할 때 사회주의 노
동운동은 부패할 수밖에 없으며 그것의 종국은 파국뿐이라는 점을
상기하는 데에 있을 것이다. 그런 점에서 수정주의는 사회주의 노
동운동 내부의 문제로 계속 견지되어야 할 것이며 바로 그런 맥락
에서 그것의 현재적 의미가 존재한다고 간주되어야 할 것이다. 콜

---

35) 그것은 바로 제2인터내셔널에서의 결의를 배반하고 독일 사민당이 제1차
    세계대전의 도화선이 되는 프로이센의 전쟁국채안에 대한 제국의회에서
    의 승인을 의미한다. 자세한 내용에 대해서는 강신준, 「제2인터내셔널에서
    의 마르크스주의」, 『이론』(1992년 가을호) 참조.

36) *Parteitag 1892*, 206쪽 : A. Weiss, *Die Diskussion über den Historischen
    Materialismus in der deutschen Sozialdemokratie 1891~1918*(Wiesbaden,
    1965), 14쪽에서 재인용.

라코프스키의 신중한 지적처럼 수정주의란 마르크스주의적 전통이
확립되지 않은 곳에서는 나타나는 것이 아니기 때문이다.[37]

---

37) L. Kolakowski, *Main Currents of Marxism*, vol. 2(New York, 1978), 98쪽.

서문

  이 책은 본래 1898년 10월 3일부터 10월 8일까지 슈투트가르트에서 개최되었던 독일 사민당 전당대회에서 내가 공개서한[38]을 통해 밝혔던 견해들에 대해 그 논거를 제공하는 것이다.

  이 공개서한의 내용은 다음과 같은 것이었다.

  「사회주의의 문제들」이라는 일련의 논문을 통해서 내가 제기하였던 견해들에 대해서 사회주의 진영의 각종 신문들과 집회에서 끊임없이 설명을 요구해 왔고 급기야 그것은 독일 사민당 당대회에서 입장을 밝히도록 요구하기에 이르렀다. 이런 제반 사태와 당대회에서의 요구에 대하여 나는 다음과 같은 해명을 하고자 한다.

  집회에서의 표결이 아무리 높게 나타난다 하더라도 사회적 현상들의 검증을 거쳐 획득된 나의 견해를 바꾸어놓을 수 없는 것

---

1) 베른슈타인은 1896년 10월부터 3년에 걸쳐서 독일 사민당 기관지 『노이에 차이트』(*Die Neue Zeit*)에 「사회주의의 문제들」(Probleme des Sozialismus)이라는 긴 논문을 연재하게 되는데 이 논문이 연재되기 시작하자마자 독일 노동운동 내부에서는 이 글이 '기존 사회주의 이론에 대한 정면공격'이자 '선전포고'로 간주되었다. 급기야 베른슈타인에 대한 탄핵이 제기되었고 그는 이 탄핵에 대한 해명서를 1898년의 슈투트가르트 전당대회에 제출해야만 하였다. 이 공개서한이란 바로 그 해명서를 가리키는 것이다(옮긴이).

은 당연하다. 내가 『노이에 차이트』에서 밝혔던 것은 내 확신의 표현이며, 나는 그 확신을 본질적인 점에서 추호도 물릴 생각이 없다.

그러나 그렇다고 해서 내가 당대회의 표결이 어떻게 되어도 좋다고 생각하는 것은 물론 아니다. 그리고 바로 그렇기 때문에 나는 내 논지의 잘못된 해석과 그로 인한 잘못된 결론들에 대하여 내 자신을 방어할 필요를 느끼는 것이다. 직접 대회장에 나갈 수 없는 사정으로 인하여(프로이센 정부가 그에 대하여 발부해 둔 고발장과 체포영장이 아직 유효했기 때문이었다—옮긴이), 나는 이런 방어를 서면을 통해서 수행하고자 한다.

어떤 사람들은 내 논문으로부터 도출되는 실천적 결론이 정치적·경제적으로 조직된 프롤레타리아에 의한 정치권력의 획득을 포기하는 것이라고 주장하기도 한다.

이것은 완전히 자의적인 결론이며 나는 이런 주장에 대해 단연코 이의를 제기한다.

나는 부르주아 사회의 예상되는 붕괴가 이제 막 우리에게 임박했으며 사민당은 자신의 전술을 이런 임박한 사회적인 대파국의 전망 아래서 수립해야 하며 혹은 그런 전망에 의존해야 한다는 견해에 반대한다. 내가 주장하는 것은 전적으로 바로 이 점에 있다.

이런 파국론의 신봉자들은 본질적으로 『공산당 선언』의 서술에 의존해 있다. 그러나 그것은 어떤 점에 있어서 보더라도 잘못된 것이다.

『공산당 선언』에서 서술되고 있는 근대 사회의 발전과정에 대한 예측은, 이런 발전과정의 일반적 경향을 특징적으로 묘사한 것이라는 점에서만 옳다. 그러나 그것은 여러 가지 세부적인 결론들에서는 틀린 점도 있는데, 특히 이런 발전에 소요되는 기간을 추정하는 데서는 더욱 그러하다. 이 점은 『공산당 선언』의 공동 필자이기도 한 엥겔스도 『프랑스에서의 계급투쟁』 서문에서 솔직하게 인정하고 있는 부분이다. 그러나 경제발전 과정에 소요되는 기간이 애초에 〔『공산당 선언』에서〕 전제되었던 것보다 훨씬 길어졌다면 이러한 예측되지 못했고 또 예측될 수도 없었던 여러 가지 **형태들**이 받아들여지고 또 새롭게 정리되어야 하는 것은 당연한 일이다.

사회적인 관계들은 『공산당 선언』에서 묘사하였던 것처럼 그렇게 양극화되어 있지 않다. 이 사실을 감추려고 하는 것은 쓸데없는 일일 뿐만 아니라 또한 대단히 어리석은 일이기도 하다. 유산자의 숫자는 줄어들고 있는 것이 아니라 점점 더 늘어만 가고 있다. 엄청난 사회적 부의 증대와 함께 자본가 부호들의 숫자는 줄어들지 않고 있으며 오히려 여러 계층의 자본가들이 함께 늘어나고 있다. 중산층은 그 성격이 변화하긴 하였지만 사회적인 계급구성에서 사라지지 않고 있다.

산업 부문에서 이루어지는 생산의 집적은 결코 오늘날 모든 산업부분들에서 이루어지는 것과 똑같은 힘과 속도로 진행되고 있지 않다. 물론 상당히 다수의 생산 부문들에서는 사회주의 진영의 비판들에서 예언되고 있던 바대로 진행되고 있지만 아직 그렇게 진행되지 않고 있는 생산 부문들도 있는 것이다. 특히 농업 부문에서의 집적은 매우 느리게 진행되고 있다. 산업통계에서는 매우 특이한 기업규모별 양상이 나타나고 있다. 즉 어떤 규모의 기업들도 몰락하는 경향을 전혀 보이지 않고 있는 것이다. 기업들 내부구조에서의 현격한 변화와 기업들간의 상호 관계는 이런 사실을 더 이상 숨길 수 없는 일로 만들고 있다.

정치적으로 우리는 모든 선진국들에서 자본주의적 부르주아의 특권들이 점차로 민주적인 제도들에 의해 감소해 가는 것을 보고 있다. 이런 사태의 영향을 받아서, 그리고 날로 강력하게 성장해

가는 노동운동의 압력에 밀려서 자본의 착취적 경향——오늘날에
는 매우 조심스럽고 느리게 진행되고 있긴 하지만 여전히 엄연하
게 존재하면서 경제생활의 영역에서 지속적으로 그 영향을 미치
는 범위를 넓혀가고 있다——에 대항하는 사회적인 저항은 완전
히 자리를 잡았다. 공장법(오늘날 근로기준법의 모태가 되는 산업
화 초기의 노동자 보호법—옮긴이)의 입법, 각종 자치단체 행정의
민주화와 그 적용영역의 확대, 노동조합 및 협동조합의 활동을 제
약하던 각종 법률적 규제의 철폐, 공공관청에서 행하는 모든 사업
들에서의 노동자 조직에 대한 배려 등등은 이런 발전경향의 현단
계를 특징적으로 보여주고 있다. 독일에서는 이제 대다수의 사람
들이 노동조합을 억압하는 것이 독일의 정치적 발전에 도움이 되
는 것이 아니라 오히려 **후퇴**를 가져오는 것으로 생각하기에 이르
렀다.

그러나 근대 국가의 정치제도가 민주화되면 될수록 정치적인
대파국의 필연성과 기회는 점점 더 줄어든다. 그러므로 파국론을
고집하는 사람들은 이 이론의 줄기찬 옹호자들이 과거에도 늘상
그러했듯이 위에서 얘기한 발전들을 가능한 한 극복하고 저지하
고자 노력해야만 한다. 그러나 프롤레타리아에 의한 권력의 획득
이 반드시 이 권력을 정치적 파국에 의해서만 획득한다는 것을
의미하는 것일까? 그것이 반드시 비프롤레타리아 세계 전체에 대
항하여 프롤레타리아만에 의한 국가권력의 배타적인 점유와 행사
를 의미하는 것일까?

그렇다고 생각하는 사람들은 여기에서 다음의 두 가지 글을 기
억에서 떠올릴 필요가 있다. 1872년 마르크스와 엥겔스는『공산
당 선언』의 신판 서문에서 다음과 같이 얘기하고 있다. 즉 파리코
뮌이 특별히 우리에게 입증해 준 사실은 "노동자 계급이 이미 만
들어져 있는 기존의 국가기구를 그냥 점령하는 것만으로 그 국가

기구를 자신의 목적에 맞게 움직여나갈 수는 없다"는 점이다. 또한 1895년 프리드리히 엥겔스는 『프랑스에서의 계급투쟁』 서문에서 다음과 같이 상세하게 서술하고 있다. 정치적인 기습의 시기, 즉 '몇몇 의식화된 소수가 의식화되지 못한 다수의 대중 앞에서서 수행하던 혁명'의 시기는 이제 지나갔다. 다수 대중의 행렬을 군대와 충돌시키는 것은 사민당의 지속적인 성장을 저지하고 일시적이나마 후퇴시키고 말 것이다. 요컨대 사민당은 불법적인 사회전복의 방법보다는 합법적인 방법을 통해서 훨씬 더 번창하리라는 것이었다. 그리고 그는 이에 따라 당의 당면 과제가 "득표율을 끊임없이 높여나가는 데 있다," 즉 의회활동의 지속적인 선전에 있다고 지적하였다.

그렇지만 엥겔스는 그가 인용한 수치 예에서도 드러나듯이 이런 발전의 진행속도를 상당히 과대평가하고 있었다. 이제 우리는 그가 합법적인 선전활동에 의해 보장되는 지속적인 사민당의 발전을 포기하고 그 대신 정치적 파국을 선택하지 않았다고 해서, 노동자 계급에 의한 정치권력의 획득을 그가 포기하였다고 말할 수 있을까?

만일 우리가 그렇게 말할 수 없다면, 그래서 우리가 엥겔스의 논지에 동의한다면, 우리는 이성적으로 보건대 다음과 같은 설명에 아무런 이의도 제기할 수 없을 것이다. 즉 사민당은 오랜 기간에 걸쳐 대파국만을 꿈꾸며 앉아 있을 것이 아니라 "노동계급을 정치적으로 조직하고 민주주의를 위해 교육시켜 나갈 뿐만 아니라 국가 내에서 노동자 계급을 고양시키고 국가기구를 민주적인 내용으로 바꾸어나갈 수 있는 모든 개혁을 위해 싸워나가야 한다"는 것이다.

이것이 바로 쟁점이 되었던 논문 속에서 내가 밝혔던 것이며 또한 지금도 내가 견지하고 있는 바로 그 논지이다. 이 문제에 대

해서는 엥겔스의 글 속에 똑같은 내용이 들어 있다. 즉 민주주의
는 언제나 노동자 계급의 지배가 노동자 계급의 지적인 성숙도와 경
제발전 일반의 수준만큼 행사되는 것을 의미한다는 것이다. 또한 엥
겔스는 방금 인용한 자리에서 보다 명시적으로 다음과 같이 지적
하고 있다. 즉 그는 『공산당 선언』이 "전투적인 프롤레타리아의
가장 중요한 일차적 과제의 하나가 바로 민주주의의 쟁취라는 점
을 선언하고 있다"라고 말했던 것이다.

　요컨대 엥겔스는 파국에만 초점이 맞추어져 있는 전술이 이제
는 구식이 되어버렸다는 것을 확신하고 운동의 전통이〔전술을
수정하기에〕독일보다 아직 훨씬 더 유리한 다른 라틴계 국가들
에서도 이 전술의 수정이 필요하다고 생각했던 것이다. "국제전의
조건이 바뀌었다면 계급투쟁의 조건도 마찬가지이다"라고 그는
말했던 것이다. 사람들은 그것을 벌써 잊었단 말인가?

　노동자 계급이 민주주의를 쟁취해야 한다는 점에 대해서 의문
을 제기하는 사람은 아무도 없다. 문제가 되는 것은 붕괴론이며
또한 현재 독일의 경제발전 수준과 도시와 농촌에 있는 노동자
계급의 성숙도를 감안할 때 사민당이 급작스런〔독일 자본주의
의〕파국을 맞이할 가능성이 있느냐 하는 점이다. 나는 이 물음에
대해서 부정적인 입장이며 특히 끊임없이 이어져온 내 견해로는
〔독일 자본주의가〕지속적인 성공을 거둘 가능성이 파국을 맞이
할 가능성보다 더 크다는 점에서 더욱 그러하다.

　그리고 나는, 모든 나라의 발전에서 중요한 시기적 단계들이 생
략될 수 있는 것이 아니라는 굳은 확신을 가지고 있기 때문에 사
민당의 당면한 과제로서 노동자들의 정치적 권리를 획득하기 위
한 투쟁, 도시 및 각종 지방자치단체들에서 노동자 계급의 이해를
지키기 위한 노동자들의 정치적 활동, 그리고 노동자들의 경제조
직의 조직화 작업 등에 최고의 우선순위를 두고 있다. 바로 이런

의미에서 나는 예전에 다음과 같이 밝힌 적이 있다. 즉 나에게는 운동이 가장 중요한 것이며 사람들이 대개 사회주의의 최종목표라고 부르는 것은 전혀 중요하지 않다는 글이 바로 그것이었으며 나는 지금도 이 글을 그런 의미에서 쓰고자 한다. 이 글에서 내가 쓴 '대개'라는 말이 이 글을 제한적인 의미로 이해하지 말라는 뜻이긴 하지만 이 글이 가리키는 보다 분명한 뜻은 그것이 사회주의적 원칙을 궁극적으로 달성하는 자체에 대한 무관심을 표현하는 것이기보다는 사물이 궁극적으로 만들어지는 '방식'(Wie)에 대한 무관심 혹은 보다 잘 표현한다면 무신경을 표현하고 있다는 사실이다. 나는 미래에 대해서는 일반적인 원칙 이상의 관심을 한번도 기울여본 적이 없으며 따라서 미래에 대한 어떤 얘기도 끝까지 읽어볼 수는 더욱이 없었다. 나의 의식과 관심은 현재, 그리고 당장의 가까운 미래의 과제에만 쏠려 있으며 단지 이런 관점에서 합목적적인 행동을 하는 데 나에게 중요한 지침이 되는 경우에만 현재를 넘어서는 전망이 나에게 의미를 갖는 것이다.

노동자 계급에 의한 정치권력의 획득, 자본가 계급에 대한 몰수 등은 그 자체 최종목적인 것은 아니며 단지 일정한 목표나 계획을 달성하기 위한 수단일 뿐이다. 이것들은 그 자체로서 사민당의 강령을 이루고 있으며 여기에 대해서는 어느 누구도 이의를 제기하지 않는다. 이것들이 달성되기 위한 제반 조건들에 대해서는 한마디도 언급되지 않고 있으며 단지 이것들을 실현하기 위한 투쟁만이 문제되고 있다. 그러나 정치권력의 획득은 정치적인 **권리**에 속하는 문제이며, 내가 보기에 현재 독일 사민당이 해결해야 할 가장 중요한 전술적인 문제는 독일 노동자들의 **정치적 경제적 권리**를 확대할 수 있는 최선의 길을 찾는 데 있다. 이 문제에 대한 만족할 만한 답을 찾지 못하고서는 아무리 다른 것을 강조한다 하더라도 그것들은 모두가 결국 공허한 선언에 그치고 말 것이다.

이 해명서를 둘러싸고 나와 카를 카우츠키(Karl Kaustky) 사이에 짧막한 논쟁이 있었는데 이 논쟁에는 『비에너 아르바이터차이퉁』(*Wiener Arbeiterzeitung*)을 통해서 아들러(Viktor Adler : 오스트리아 사민당의 지도자 - 옮긴이)도 개입하였다. 이 논쟁 때문에 나는 1898년 10월 23일자 『포어베르츠』(*Vorwärts*) 지에 두번째 해명서를 게재하였다. 그 해명서의 일부를 여기에 옮기면 다음과 같다.

카를 카우츠키와 빅터 아들러는 내 논문 「정치권력의 획득」에 대한 회답들을 『포어베르츠』에 게재하면서 그들이 이전에도 이미 나에게 편지로 얘기한 바 있던 의견, 즉 「사회주의의 문제들」에서 내가 개진하였던 입장들을 책의 형태로 총괄적으로 서술하는 것이 바람직하다는 그 의견을 재차 밝혔다. 나는 지금까지 이들 친구의 충고를 받아들이지 않았는데, 그것은 내 생각에 이들 내 논문들의 경향이 사민당의 일반적 발전경향과 완전히 일치하고 있다고 보았기 때문이다(나는 지금도 이 생각에 변함이 없다). 그런데 이제 이들이 그 충고를 다시 공개적으로 반복하고 있고 다른 여러 친구들도 비슷한 희망을 전달해 오고 있어서 결국 나는 이들의 충고를 받아들여서 사민당의 목표와 과제에 대한 나의 견해를 하나의 글 속에 체계적으로 정리해 보기로 결심하였다.(……)

아들러와 함께 다른 사람들이 이의를 제기한 부분은 내가 민주적 제도의 발전과 함께 계급투쟁도 점차 완화되리라고 전망했던 부분이었고, 이들은 내가 이런 전망을 하게 된 것이 제반 사회적 관계를 영국의 잣대를 통해서만 보았기 때문이라고 생각하고 있다. 그런데 이 뒷부분의 얘기는 전혀 사실과 다르다. "보다 발전된 나라는 아직 덜 발전된 나라들에게 미래의 자기 모습을 보여주고 있다"라는 문장은 그 의미가 지나치게 확대 해석되었으며 대륙의 발전과 영국의 발전 사이에 현격한 차이가 있다는 사실을 나도 전혀 모르는 것이 아니다. 그러나 그런 점을 충분히 감안하더라도 내 견해의 근거가 된 것은 대륙의 제반 현상들로서 이들 현상은 사람들이 계급투쟁의 열기 속에서 대개 잠깐식 간과하고 있긴 하지만 결국은 얼마 지나지 않아 깨달을 수밖에 없는 것들이다. 우리는 선진국 도처에서 계급투쟁이 점차 완화된 형태를 띠어가는 것을 보고 있으며 미래에도 그것은 별로 변화될 조짐을 보이고 있지 않다. 물론 발전과정의 일반적 흐름에서 주기적인 후퇴가 있는 것도 사실이다. 그러나 예를 들어 독일에서도 부르주아 대중 가운데 파업에 대한 입장이 어떤 쪽으로 더 많이 쏠리고 있는지, 그리고 최근의 파업들이 과거 10년이나 20년 전에 비해 얼마나 다르고 신중한 방식으로 이루어지고 있는지를 생각해 본다면 우리는 이것을 진보라고밖에 얘기할 수가 없다. 비록 마르크스의 말대로 "내일 놀라운 일이 일어날 거야"라고 얘기하지 않더라도 내 생각으로는 사회주의 운동에서 파국론보다 훨씬 더 희망찬 길이 있으며 사회주의 투쟁가들의 열정과 에너지를 꺾을 필요는 없다고 본다. 이 점은 아들러도 틀림없이 나에게 이의를 제기할 수 없을 것이다.

내가 말하는 견해들이 당내에서 아무런 갈등도 불러일으키지 않던 시절이 있었다. 그런데 이제 그런 상황이 바뀌었다면 내가 보기에 그것은 일상적으로 진행되는 어떤 현상들에 대한 명백한 반동일 뿐이다. 그리고 이런 반동은 이들 일상적 현상들이 진행되면서 소멸하고 다음과 같은 새로운 인식으로 넘어가게 될 것이다. 즉 민주적 제도가 확대되면서 보다 인간화된 사고방식——이것은 우리의 다른 사회생활에서 매우 완만하지만 지속적으로 꾸준히 자리를 잡아나간다——은 중요한 계급투쟁에도 영향을 미쳐서 여기에서도 똑같이 중재라고 하는 보다 완화된 계급투쟁 형태를 만들어내게 되리라는 것이다. 100년 전 우리가 피의 혁명을 통해서나 달성할 수 있던 개혁들이 오늘날에는 투표용지, 시위, 그리고 이와 비슷한 압력수단들을 통해서 달성되고 있는 것이다.

런던, 1898년 10월 20일

이 책은 이상과 같은 논지에서 집필되었다.

나는 이 책이 마르크스와 엥겔스의 이론에서 주장되고 있는 견해들과 중요한 몇 가지 점에서 다른 입장에 있다는 점을 분명히 의식하고 있다. 이 두 사람, 그리고 그들이 집필한 글들은 나의 사회주의 사상에 가장 큰 영향을 미쳤고 특히 엥겔스는 죽을 때까지 자신의 개인적인 우정을 나에게 나누어주었을 뿐만 아니라 그의 장례에 대한 유언집행인으로 나를 지명함으로써 나에 대한 그의 큰 신뢰를 보여주었다. 이들과의 입장차이는 물론 갑자기 이루어진 것이 아니며 오랜 기간 동안 내가 그 증거를 확보하기까지 계속해 온 내적 투쟁의 산물이다. 그리고 이런 투쟁은 엥겔스에게도 전혀 비밀이 아니었다. 엥겔스는 무엇보다도 자신의 친구가 무조건 자신의 견해에 동조해야 한다고 생각하는 그런 편협한 사람이 아니었던 것이다. 어쨌든 내가 왜 지금까지 나의 입장차이에 대한 글들이 마르크스, 엥겔스 이론에 대한 비판의 형태로 비쳐지는 것을 가능한 한 피했는가 하는 것은 내가 방금 설명한 이유 때문인 것으로 이해될 수 있을 것이다. 더구나 이것은 또한 실천적인 문제와 관련하여 마르크스, 엥겔스 자신도 시간이 흘러감에 따라 그들의 견해를 상당히 바꾸어갔기 때문에 더욱 그러했다.

그런데 이제는 그것이 달라졌다. 나는 이제 나와 똑같이 마르크스, 엥겔스 학파 출신인 사회주의자들과 논쟁을 수행해야 하며, 이제 그들에 대항하여 만일 내가 내 견해를 옹호하고자 한다면 나는 내가 보기에 마르크스, 엥겔스의 교의가 틀렸다고 생각되는 점과 그것이 모순을 일으키고 있다고 보이는 점들을 지적해야만 할 필요에 직면해 있다.

나는 이 과제를 회피하지는 않지만, 이것은 앞에서 얘기한 개인적인 이유들 때문에 나에게 그리 쉬운 일은 아니다. 나는 독자들이 매우 소심하고 조심스럽게 서술되어 있는 제1장을 읽으면서 불안감을 갖지 않도록 이런 점들을 공개적으로 고백해 두는 바이다. 내가 쓴 것들에 대해서 나는 완전한 확신에 차 있다. 그러나 그러한 내 생각을 가장 첨예하게 표현하기 위하여 단언적인 서술형태나 논지를 펴는 것은 나에게는 정말로 체질에 맞지 않는 일이다. 그런 점에서 내 글은 동일한 문제를 두고 다른 시각에서 출판된 많은 다른 책들에 비해 매우 뒤떨어진다. 제1절에서 몇몇 누락된 부분들은 마지막 장에서 보충되었다. 또한 책의 출판이 약간 늦어지는 바람에 협동조합에 대한 장에서는 몇 개의 보론이 추가되었고 이들 보론에서는 다소 내용이 중복되는 것을 피할 수 없었다.

그 밖에 이 책에 대해서 따로 설명할 부분은 없을 것이다. 나는 앞서 이미 내가 썼던 논문들에 대해서 반대하는 사람들을 이 책이 단번에 돌려놓을 수 있으리라고 기대할 만큼 그렇게 순진하지는 않다. 또한 나는 원칙적으로 나와 같은 입장에 있는 사람들에게 내가 여기에서 얘기하는 모든 부분에 대해서 동의하기를 요구할 만큼 그렇게 어리석지도 않다. 사실 이 책에서 가장 우려되는 부분은 그것이 너무 많은 내용을 포괄하고 있다는 점이다. 나는 현재의 과제에 대해서 얘기를 할 부분에 이르러서는 이 문제를 보편성 속에서만 허우적대며 얘기해서는 안 된다는 생각에 온갖 개별 사안들에 대해서 자세히 언급해야만 하였다. 그러나 이런 개별 사안들이란 아무리 똑같은 생각을 가진 사람들이라 할지라도 모두 의견이 제각각 다르게 마련이다. 게다가 내게는 책의 경제성도 요구되어서 나는 몇 가지 핵심사항들에 대해서는 강조하는 것으로만 그쳐야 했는데, 따라서 이런 사항들은 차근차근 논증되기보다는 단지 암시되는 정도에 그쳐야만 하였다. 그렇지만 나에게 있어서 모든 개별 사안들에 대해서 사람들이 전부 나에게 동의해 주는 것은 별로 중요하지 않다. 나에게 정말 중요한 것은 이 책의 주된 목적을 이루는 부분으로서, 사회주의 이론에 남아 있는 공상적 사유방식의 잔재들과 싸움으로써 사회주의 운동 내에 이념적인 요소 못지않게 현실적인 요소들도 똑같이 강화될 수 있도록 만드는 데 있다.

런던, 1899년 1월
에두아르트 베른슈타인

제1장
마르크스 사회주의의 기본명제

1. 마르크스주의의 과학적 요소

> 사회주의는 그것들〔유물론과 잉여가치론〕을 갖춤으로써 과학으로 되었다.
> 그리고 이제 이 과학에서 중요한 것은 그것들의 세부항목들과 상호연관들
> 을 보다 깊이 연구하는 일이다.
> • 프리드리히 엥겔스, 『오이겐 뒤링의 과학혁명』

  오늘날 독일 사민당은 그들 활동의 이론적 토대가 마르크스, 엥겔
스에 의해 만들어져서 과학적 사회주의라고 불렸던 사회이론임을 인
정하고 있다. 이것이 의미하는 바는 사민당이 투쟁적 정당으로서
일정한 이해와 경향을 옹호하고 자신이 설정한 목표를 위해서 싸우
는 한편, 이런 목표를 결정하는 데 결국 궁극적으로 단지 경험과 논
리만을 객관적인 증거자료로 삼아 그 목표가 이 경험과 논리에 일
치한다는 것을 객관적으로 입증할 수 있는 인식에 따른다는 것이
다. 왜냐하면 그런 입증능력을 갖추지 못한 것은 더 이상 과학이 아
니며 주관적인 기분이나 단순한 소망 혹은 생각에 토대를 둔 것일

뿐이기 때문이다.

우리는 모든 과학을 순수이론과 응용이론으로 나눌 수 있다. 순수이론은 관련 경험들 전체로부터 도출되며 따라서 보편타당한 것으로 간주될 수 있는 인식명제들로 이루어진다. 그것들은 이론에서 불변적인 요소를 이룬다. 이들 명제를 개별 현상이나 실천적인 개별 사안들에 적용함으로써 응용과학이 만들어진다. 즉 이런 적용과정에서 얻어진 인식들을 이론명제로 정리한 것이 바로 응용과학의 명제들인 것이다. 이것들은 학문체계에서 가변적인 요소를 이룬다.

그러나 가변적이라거나 불변적이라고 하는 말은 여기에서 제한된 의미로만 이해되어야 한다. 순수과학의 명제들도 비록 대부분의 경우 한정된 형태이긴 하지만 변화를 겪기도 한다. 인식의 진보와 더불어 이전에는 절대적으로 타당한 것으로 여겨지던 명제들이 제한적인 것으로 인식되기도 하며 또한 이런 타당성을 제약하는, 그러나 동시에 순수과학의 영역을 확대하기도 하는, 새로운 인식명제들에 의해 보충되기도 한다. 역으로 응용과학에서 개별 명제들이 어떤 특정한 경우에 지속적인 타당성을 갖기도 한다. 농화학이나 전기공학의 어떤 명제들은, 일반적인 실험을 거친 경우 그 명제를 받쳐주던 전제들만 회복되면 언제나 타당한 명제로 남는다. 그러나 이 전제요소들과 그들 간의 결합가능성은 매우 다양해서 그런 명제들을 무한히 다양하게 만들어가고 동시에 서로간의 관계에서도 끊임없이 변동을 불러일으킨다. 실천은 언제나 새로운 인식소재들을 계속 만들어내고 그에 따라 전체 모습은 그야말로 매일매일 변화하며 한때는 새로운 성과였던 것이 끊임없이 낡은 방법의 꾸러미 속으로 옮겨지는 것이다.

마르크스 사회주의의 순수과학을 그것의 응용과학 부분으로부터 분리시키는 체계적인 작업은 그것을 위한 중요한 사전작업들이 부족했던 것이 아님에도 불구하고 아직까지 시도된 적이 없다. 이 작업에서 가장 중요한 자료로는 『경제학 비판』 서문에서 마르크스가 행한 자신의 역사관에 대한 유명한 설명과 프리드리히 엥겔스의 『사회주의의 공상으로부터 과학으로의 발전』 제3절을 첫번째로 손꼽을 수 있다. 위의 서문에서 마르크스는 자신의 역사철학 혹은 사회철학의 일반적 특징을 특수한 개별 현상이나 개별 형태들로부터 완전히 분리시켜 어떤 다른 곳에서보다 더 순수한 형태의 엄밀하게 규정된 문장으로 설명하고 있다. 거기에는 마르크스 역사철학의 본질적인 사상이 빠짐없이 담겨 있다.

엥겔스의 저작은, 일부는 마르크스 명제들을 보다 알기 쉽게 일반화시킨 것들이며 일부는 그것을 확대시킨 것이다. 여기에는 마르크스가 부르주아적인 것으로 특징지었던 사회발전의 특수현상들이 간간히 언급되고 있으며 그 사회의 계속되는 발전과정이 보다 상세하게 묘사되고 있어서 이미 응용과학이라고 부를 만한 곳이 여러 군데 드러나고 있다. 그래서 여기에서는 이미 근본사상을 해치지 않고도 개별적인 요소들을 추려낼 수 있을 정도이다. 그렇지만 주요 명제들의 설명은 아직 매우 일반적인 수준으로 행해지고 있어서 마르크스주의의 순수과학으로 분류될 만하다고 보인다. 이런 해석은 마르크스주의가 단지 추상적인 역사이론 이상의 것이고자 한다는 사실과 동시에 근대 사회와 그것의 발전이론이고자 한다는 사실에 비추어볼 때 그럴 만하고 또 그럴 필요도 있다고 생각된다. 만일 우리가 엄밀하게 구분하고자 한다면, 이들 개별적인 요소가 돌출된 부분들은 응용원리들로 분류할 수도 있다. 그러나 그것들은 마르크스주의에서 완전히 본질적인 응용이어서 이것 없이는 마르크스주의가 정치과학으로서 거의 모든 의미를 상실하고 말 정도이다. 따라서 근대 사회에 대한 이들 설명의 일반적 명제 혹은 주요 명제들은 마르크스주의의 순수이론으로 분류되어야 할 것이다. 만일 법적으로 사유재산과 자유경쟁에 기초해 있는 현재의 사회제도를 인류 역사에 비추어보면 그것은 특수한 경우에 해당할 것이지만 현재의 문명세계에 비추어보면 그것은 또한 일반적이며 불변의 경우에 해당한다. 따라서 부르주아 사회와 그것의 발전과정의 특징들에 대한 마르크스의 서술들 가운데 국가나 지방별 특성들과 무관하게 무조건적인 타당성을 주장하는 것들은 모두 순수이론의 영역에 속할 것이며, 반면에 시간적으로나 공간적으로 특수한 현상 혹은 추측들과 관계된 모든 것들, 즉 발전의 모든 특수형태들은 응용과학의 영역에 속할 것이다.

최근 얼마 전부터 마르크스 이론에 보다 분석적으로 접근하는 태도는 스콜라적[탁상공론적]이라는 말로 멸시받는 것이 유행처럼 되어 왔다. 그러나 이런 상투적인 말들은 매우 무책임한 말들이며 따라서 대단히 조심해야 한다. 개념에 대한 연구, 그리고 우연적인 것을 본질적인 것으로부터 떼어내는 일 등은 개념들이 변질되고 추론들이 맹목적인 교조로 굳어버리는 것을 막기 위해서 언제나 지속적으로 필요한 일이다. 스콜라 철학은 개념적으로 지나치게 사소한 부분에까지 집착하고 정교(正敎)의 맹목적인 수문장 역할을 하기도 했지만 동시에 신학의 교의들을 개념적으로 분석함으로써 교조주의를 극복하는 데 매우 큰 기여를 하기도 하였다. 그들은 정교의 교의들이 자유로운 철학적 연구를 가로막으면서 세워놓았던 그 벽을 허물어뜨렸던 것이다. 스콜라 철학이 개척해 놓은 이런 토양 위에서 데카르트와 스피노자의 철학이 자라났다. 스콜라 철학에는 여러 종류가 있으며 이들은 크게 변호론과 비판론으로 나누어진다. 바로 이 후자가 오래 전부터 모든 정교의 증오의 대상이었다.

마르크스 이론체계의 각 요소들을 위에서 언급한 방식대로 분류하게 되면 우리는 전체 체계에 대한 개별 명제들 각각의 위상을 평가할 중요한 척도를 얻을 수 있다. 순수과학의 명제들은 하나하나가 토대의 한 부분을 이루고 있기 때문에 만일 그것이 하나라도 치워져버리면 전체 이론체계의 대부분이 그 버팀목을 잃어버려서 무너져버릴 것이다. 그러나 응용과학의 명제들에서는 사정이 다를 것이다. 이들 명제는 토대를 조금도 동요시키지 않고도 치워질 수 있다. 실제로 응용과학의 명제 전체는 어느 것이나 이론체계의 다른 부분에 영향을 미치지 않고 제거될 수 있다. 단지 이런 경우는 다른 부분과의 연결부분에 어떤 결함이 있었다는 것이 입증되어야 할 것이다. 물론 그런 결함이 입증되지 못할 경우에는 불가피하게 토대에 결함이나 틈새가 있었다는 결론으로까지 발전하게 될 것이다.

여기에서 그런 체계적인 분류를 매우 세밀한 항목까지 수행하는 것은 이 책의 범위를 벗어나는 것이다. 왜냐하면 마르크스 이론을 남김없이 논의하고 비판하는 것이 이 책의 목적은 아니기 때문이다. 내가 목표로 하는 것은 이미 언급한 바 있는 **사적 유물론**의 개요, (이미 그 속에 중요한 단초들이 포함되어 있는) **계급투쟁**의 일반이론 및 부르주아와 프롤레타리아 간의 특수형태의 계급투쟁 이론, 그리고 부르주아 사회의 생산양식과 거기에 기초한 이 사회의 발전경향에 대한 이론을 포함한 **잉여가치론** 등을 마르크스주의 순수과학의 이론체계를 형성하고 있는 주된 요소로서 다루는 것만으로 충분하다. 물론 순수과학의 명제들도 응용과학의 명제들과 마찬가지로 전체 체계 내에서 각기 서로 다른 위상을 갖는다.

그런 맥락에서 마르크스 이론의 토대 가운데 가장 중요한 부분, 즉 전체 체계를 관통하는 기본법칙이 대개 사적 유물론이라는 이름으로 불리는 그의 독특한 **역사이론**이라는 점에 대해서는 어느 누구도 이의를 제기하지 않을 것이다. 원칙적으로 마르크스주의는 바로 이 이론과 성패를 함께 나누며 이 이론이 제약을 받는 정도에 따라 마르크스 이론의 나머지 부분도 함께 영향을 받게 되어 있다. 그러므로 마르크스주의의 정당성에 대한 모든 연구는 이 역사이론이 타

당한지 혹은 어느 정도까지 타당한지에 대한 물음으로부터 출발하
여야 한다.

2. 유물론적 역사관과 역사적 필연성

> 우리는 적들에 대항하여 그들이 부인하였던 주요원리(경제적인 측면)를 강
> 조하지 않으면 안 되었다. 그리고 이 원리와 상호작용을 주고 받는 다른 계
> 기들에 대해서도 올바로 그것들을 다룰 시간이나 장소 그리고 기회들이 없
> 었다.
> • 프리드리히 엥겔스, 「1890년의 편지」, 『조치알리스티셴 아카데미커』
> (*Sozialistischen Akademiker*) 1895년 10월호.

유물론적 역사관의 정당성에 대한 물음은 역사적 필연성의 정도
에 대한 물음이다. 유물론자가 된다는 것은 무엇보다도 모든 사건
의 필연성을 주장한다는 것을 의미한다. 유물론에 따르면 물질의
운동은 필연성으로 규정된 법칙을 따라 움직이며 그것의 필연적 작
용이 미치지 않는 원인이란 없으며 또한 물적 원인이 작용하지 않
는 일도 존재하지 않는다. 또한 물질의 운동은 이념의 형성과 의지
의 방향을 결정하므로 결국 인간세상의 모든 일도 필연적인 것으로
된다. 그러므로 유물론자는 신만 갖지 않은 칼뱅주의자와 같다. 즉
그는 비록 신에 의한 예정조화를 믿지는 않지만 언제나 잇따라 일
어나는 모든 일들이 기존의 물질 전체와 그 부분들 간의 힘의 관계
에 의해서 미리 결정된다고 믿으며 또한 믿어야만 하는 것이다.
　그러므로 유물론을 역사해석에 적용한다는 것은 처음부터 모든
역사적 사건과 진행과정의 필연성을 주장한다는 것을 의미한다. 유
물론자에게 문제가 되는 것은 인류 역사에서 필연성이 어떤 방식으
로 관철되는지, 어떤 힘의 요소나 요인이 결정적인 작용을 하는 것
인지, 여러 힘의 요인들간의 상호관계는 어떤 것인지, 그리고 역사

에서 자연이나 경제, 법제도, 이념 등에 대해 부여되는 역할들은 무엇인지 등에 대한 것들이다.

마르크스는 앞서 언급한 글에서 이들 물음에 대한 답을 다음과 같이 제시하고 있다. 즉 그는 결정적인 요인으로 인간의 **물적 생산력**과 **생산관계**를 지적하였던 것이다. "물적 생활의 생산양식은 사회적, 정치적, 정신적 생활과정 전체를 규정한다. 인간의 의식이 인간의 존재를 결정하는 것이 아니라 거꾸로 인간의 사회적 존재가 인간의 의식을 결정하는 것이다. 사회의 물적 생산력은 그 발전의 일정 단계에 이르면 기존의 생산관계 혹은 그것의 법률적 표현일 뿐인 사적 소유관계——생산력은 바로 이 속에서 지금까지 움직여왔다——와 모순을 일으킨다. 이 생산관계는 생산력의 발전형태 때문에 생산력의 족쇄로 변한다. 그리하여 드디어 사회혁명의 시대가 도래한다. 경제적 토대의 변화와 함께 엄청난 상부구조 전체(일정한 사회적 의식형태에 조응하는 법적 정치적 제도들)가 서서히 혹은 급속하게 변화한다. ……하나의 사회구성체는 모든 생산력이 충분히 발전하기 전에는 결코 멸망하지 않는다. 그리고 보다 높은 새로운 생산관계도 낡은 사회의 품안에서 새로운 물적 존재조건이 스스로 깨어나기 전에는 결코 자기 자리를 차지하지 못한다. ……부르주아적 생산관계는 사회적 생산과정의 마지막 적대적 형태이다. ……그러나 부르주아 사회의 품안에서 스스로 발전해 나간 생산력은 동시에 이 적대적 성격을 해소하기 위한 물적 조건을 만들어낸다. 그러므로 이 사회형태와 함께 인류 역사의 전사(前史)가 막을 내린다"(『경제학 비판』, 서문).

먼저 미리 지적해 두어야 할 점은, 마지막 문장의 내용과 그 앞 문장의 '마지막'이라는 단어는 입증될 수 있는 것이 아니라 어느 정도 확신에 근거한 추측들이라는 사실이다. 그렇지만 이런 추측들은 마르크스 이론체계에 비추어보더라도 비본질적인 것일 뿐만 아

니라 차라리 응용과학의 영역에 속하는 것이므로 여기에서 다루지
않고 넘어가도 될 것이다.

그 밖의 문장을 살펴보면 무엇보다도 '서서히 혹은 급속히'(물론
여기에는 매우 많은 의미가 담겨 있다)라는 말을 제외하고는 대단
히 단언적인 표현들이 눈에 두드러진다. 인용된 두번째 문장에서
'의식'과 '존재'는 매우 첨예하게 대립되어 있어서 그 결과 인간이
란 것은 단순히 역사적인 세력들의 살아 있는 대리인일 뿐이어서
자신의 의식이나 의지와 무관하게 과업을 수행한다는 결론에 거의
접근해 있다. 이런 함의는 부수적으로 바로 다음에 이어지는 문장
속에서 사회적 변혁을 생산과정에서의 물적 변화와 이 갈등을 인간
이 의식하고 극복하고자 하는 '이데올로기적인 형태들'을 구별할
필요성을 강조함으로써 단지 부분적으로만 수정되고 있다. 전체적
으로 볼 때 인간의 의식과 의지는 물적 운동에 매우 종속된 요인으
로 나타나고 있는 것이다.

『자본』제1권 서문에서 다시 우리는 이에 못지않게 결정론적 입
장을 가진 구절을 만날 수 있다. 여기에서 마르크스는 자본주의적
생산의 '자연법칙'과 관련하여 '문제가 되는 것은' '강철같이 단단
한 필연성으로 작용하면서 스스로를 관철해 나가는 경향이다'라고 서
술하고 있다. 그러나 그러면서도 여기에서 보듯이 마르크스는 바로
그 법칙을 이야기하면서 결론부에서는 이 완고한 개념 대신에 보다
신축적인 개념인 경향이라는 개념을 집어넣고 있다. 그리고 바로 다
음 페이지에서는 자주 인용되는 유명한 구절이 나오는데, 즉 사회
는 당연히 거쳐야 할 발전국면들을 밟아나가는 데 따른 진통을 '단
축하거나 완화시킬 수 있다'라고 서술하고 있다.

생산관계에 대한 인간의 종속성이 훨씬 더 제한적인 형태로 서술
되고 있는 것은 엥겔스가 마르크스와 합작하여 집필한 뒤링의 사적
유물론에 대한 반론서 안에서다. 거기에서는 다음과 같이 서술되고

있다. '모든 사회적 변화와 정치적 변혁의 **궁극적인 원인은**' 인간의
머릿속이 아니라 '생산양식과 교환양식의 변화 속에서' 찾아져야만
한다. 그러나 '**궁극적인 원인**'이란 그것과 함께 작용하는 다른 하위
의 원인들, 즉 2차적인 원인, 3차적인 원인 등등을 포함하는 것이고
그런 원인들의 하위계열이 크면 클수록 궁극적인 원인의 결정력은
질적으로 양적으로 더욱 더 제한될 것이 분명하다. 물론 궁극적인
원인이 결정적으로 작용한다는 사실은 그대로 남지만 사물의 완전
한 형성과정이 그것에만 의존하는 것은 아니다. 어떤 작용이란 여
러 힘들의 상호 힘겨루기의 결과라고 할 수 있으므로 그것의 크기
는 여기에 관계하는 모든 힘들이 정확하게 알려져 있고 또한 이들
힘 각각의 완전한 가치가 계산될 경우에만 비로소 산정될 수 있다.
모든 수학자들이 잘 알고 있듯이 아무리 낮은 하위등급의 힘 하나
라도 무시되면 그 산정결과는 매우 빗나갈 수 있기 때문이다.

　엥겔스는 후기 저작들에서 생산관계의 결정력을 더욱 더 제한하
고 있다. 가장 대표적인 것으로는 『조치알리스티셴 아카데미커』
(*Sozialistischen Akademiker*) 1895년 10월호에 게재된 두 개의 편
지를 꼽을 수 있는데, 이 편지 중 하나는 1890년에, 다른 하나는
1894년에 씌어졌다. 이들 편지에서는 '여러 법률적 형태들,' 정치
학, 법학, 철학 등의 이론들, 종교적인 견해 내지는 교의 등등이야말
로 역사적인 투쟁과정에 영향을 미치고, 많은 경우 '이들 투쟁의 형
태들을 **주로** 결정하는' 요인들이라고 들고 있다. 그리고 그는 이어
서 "이것들은 서로 교차하는 무수히 많은 힘들로서 말하자면 힘의
평행사변형들의 무한한 결합체를 이루고 있으며 바로 이 결합체로
부터 역사적 사건이라고 하는 결과물이 만들어지는데 이 결과물은
그 자체로는 의식이나 의지도 없이 하나의 전체로서 작용하는 힘의
산물로 간주될 수도 있다. 왜냐하면 모든 개별적인 힘들이 원하는
것은 다른 힘들에 의해 방해를 받으며 따라서 **결국 최종적으로 만들**

어지는 결과물은 아무도 원하지 않았던 그런 것으로 되어버리기 때문이다"(1890년 편지)라고 말하고 있다. "정치, 법, 철학, 종교, 문학, 예술 등등의 발전은 모두 경제의 발전에 토대를 두고 있다. 그렇지만 이들 모든 요소들은 서로간에는 물론 경제적 토대에도 함께 영향을 미친다"(1895년 편지). 우리는 이런 글들이 처음 인용된 마르크스의 글과는 다른 뉘앙스를 가지고 있다는 것을 알게 된다.

물론 마르크스와 엥겔스가 비경제적 요인들이 역사과정에 영향을 미쳤다는 사실을 한시라도 간과했다고 주장해서는 안 된다. 그들의 초기 저작에는 무수히 많은 곳에서 그런 주장에 반하는 구절들이 발견되고 있다. 그렇지만 여기에서 우리가 문제로 삼는 것은 어디까지나 정도의 문제이지, 이데올로기적 요인들이 인정되느냐 않느냐의 문제는 아니다. 즉 역사에서 이들 요인이 얼마만큼의 영향이나 중요성을 차지하고 있는지가 문제인 것이다. 그리고 이런 관점에서 본다면 마르크스와 엥겔스가 원래부터 비경제적 요인들이 사회발전에 미치는 영향이나 생산관계에 되미치는 영향들을 나중의 그들 후기저작에서와 마찬가지로 이들 초기저작에서도 매우 미미한 것으로 평가했다는 점에는 전혀 논란의 여지가 없을 것이다.

이것은 모든 새로운 이론의 자연스러운 발전경로에 비추어보아도 당연한 것이다. 그런 새로운 이론들은 처음에는 항상 단호하고 확연한 형태를 갖추어서 등장한다. 이들 이론은 자신의 세력을 새롭게 구축하기 위하여 기존의 낡은 이론들의 취약성을 공격하게 되는데, 이 투쟁과정에서 일방적인 입장이나 다소 과장된 입장도 취하게 되는 것이다. 이 절의 서두에서 내가 모토로 인용했던 문장 속에서 엥겔스는 바로 이런 점을 솔직하게 인정하고 있다. 그리고 그에 덧붙여서 그는 다음과 같이 지적하고 있다. "그러나 불행히도 사람들은 주요 명제를 체득하고 나면 이제 자신이 새로운 이론을 완벽하게 이해하였으며 즉각 그것을 사용할 수 있다고 믿는 경우가 허

다하다……." 오늘날 사적 유물론을 적용하고자 하는 사람들은 누구나 그것을 가장 잘 가공된 형태로, 즉 원래의 형태가 아닌 모습으로 적용해야 할 의무가 있다. 다시 말해서 그는 생산력과 생산관계의 작용이나 발전과정 이외에도 법적 도덕적 개념들, 모든 시기의 역사적 종교적 전통들, 그리고 인간 자신의 본성과 정신적 소양까지도 포괄하는 지리적 요인이나 기타 자연요인들을 모두 감안해야 할 의무가 있는 것이다.[1] 이 점은 특히 지나간 역사 시기의 순수한 연구에서만 중요한 것이 아니라 사적 유물론을 미래의 이정표로서 사용해야 하는 다가올 발전의 예측에서도 매우 중요하다는 사실로서 잊지 말아야 한다.

인간의 본성을 어떤 주어진 불변의 것으로 다루는 이론들에 반대하는 비판 속에서 사회주의는 인간의 본성이 지리적 차이나 시간적 차이에 따라 얼마나 커다란 변화를 보이는지, 그리고 동일한 시기라 할지라도 인간이 다른 관계 속에 놓이게 되면 금방 변화를 드러

---

1) 아마도 추측하건대 주로 자의적인 상상에만 의존하여 유물론적 역사관을 과장하는 논자들을 반박하고자 하는 필요에 따라서 벨포르-박스(Belfort-Bax)는 새로운 역사관을 고안해 내었는데, 그는 이것을 종합적(synthetisch) 역사관이라고 이름붙였다. 그래서 그는 과장으로 흘러갈 가능성이 있는 단어의 자리에 완전히 개념이 없는 단어를 대신 바꾸어넣었다. 종합적——총괄하는——이라고 하는 것은 순전히 방법의 형식적 개념이며 연구를 수행하는 관점에 대해서는 아무것도 말해주지 않는다. 위에서 지적한 바와 같이 사적 유물론도 물적, 이데올로기적인 여러 힘들의 총괄을 포함한다. 그러나 만일 박스가 오해를 불러일으킬 가능성이 있는 단어 대신에 전혀 무의미한 표현을 선택했다면 다른 측면에서 플레하노프(G. Plechanow)는 박스를 능가한다. 그는 『유물론의 역사에 대하여』에서 마르크스의 역사관에 대해서 '일원론적'(monistisch)이라는 표현을 사용하였던 것이다(227쪽). 차라리 왜 똑같은 의미인 '단순한'(simplistisch)이란 표현을 쓰지 않았을까?

내는 능력에 대해서 지적한다. 실제로 인간의 본성은 새로운 자연
조건이나 새로운 사회환경에 대한 적응능력에 관한 한 매우 신축적
이다. 그러나 여기에서 우리가 잊어서는 안 되는 점이 하나 있다.
오랜 세월 동안의 발전을 통해 형성된 생활관습을 가진 근대 국민
들과 같은 다수 대중의 경우에는 상당한 정도의 커다란 소유의 변
혁조차도 이들 대중의 인간 본성을 급속하게 변화시키리라고 예상
하는 것은 어려운 일이라는 점이다. 이는 경제관계 및 소유관계가
인간의 성격에 결정적으로 영향을 미치는 사회환경의 극히 일부분
만을 이루기 때문이다. 여기에서도 많은 다른 요인들이 함께 고려
되어야 하는데 사적 유물론이 중점을 두는 생산 및 교환 양식에도
우선 이들 양식에 의해 제약되긴 하지만 일단 주어지고 나면 다시
독자적인 영향을 되미치는 요인들이 부가되어야 한다. 이런 부가적
요인으로는 특히 지리적인 집단관계 혹은 밀집관계, 요컨대 지역적
인 인구의 배분과 교통제도를 들 수 있다.

　1890년 10월 27일에 콘라트 슈미트(Conrad Schmidt)에게 보낸
한 편지에서 엥겔스는 경제발전의 산물로서 형성된 **사회적인 제도들
이 독자적인 운동**을 하는 사회적 세력으로 독립하여 이제 거꾸로 경
제발전에 영향을 되미치고 때에 따라서 그것을 촉진시키기도, 저지
하기도, 혹은 다른 길로 방향을 바꾸게 할 수도 있다는 것을 탁월한
방식으로 서술하였다. 이에 대한 가장 대표적인 예로 그는 국가권력
을 들고 있는데 여기에서 그는 자신이 주로 지금까지 계급지배와
억압의 기구로 내리고 있던 국가의 정의에다 국가가 사회적 분업에
되미치는 영향을 보충하고 있다.[2] 이처럼 사적 유물론은 정치적 이
데올로기적 힘들의 독자적인 운동을 완전히 부인한 것은 아니고,
단지 이런 독자적인 운동의 절대적 성격에 대해서만 반대하면서 사
회생활의 경제적 토대의 발전──생산관계와 계급발전──이 결국
이들 힘들의 운동에 보다 강력한 영향력을 행사한다는 것을 보이고

자 하는 것이다.

그러나 어떤 경우에도 많은 다양한 요인들이 함께 존재한다는 사실은 분명하고 이들 요인들간에 서로 작용하는 관련들을 세밀하게 밝혀내어서 그때그때마다 보다 강력하게 작용하는 요인이 무엇인지를 정확하게 찾아낸다는 것은 언제나 결코 쉬운 일이 아니다. 순수한 경제적 요인들은 일차적으로 일정한 이념을 받아들일 수 있는 토대를 만들 뿐이며 이들 이념이 어떻게 등장하여 확대되는지, 그리고 그것이 어떤 형태를 취하는지의 문제는 모든 요인 전체의 상호작용에 의존한다. 만일 우리가 순수하게 경제적인 성격을 갖지 않은 다른 요인들을 결정적인 요인으로 강조하는 행동이나, 생산기술과 그것의 예견된 발전 이외의 다른 경제적인 요인들을 중요하게 고려하는 태도를 모두 절충주의(Eklektizismus)라고 아예 거부해버린다면 그것은 사적 유물론에 이로운 일이 아니라 오히려 그것을 훼손하는 일에 속할 것이다. 절충주의——이것은 현상에 대한 설명이나 그것을 다루는 방법을 하나가 아니라 다양한 것들로부터 선택하고자 하는 입장을 의미한다——란 대개 하나로부터 모든 것을 끌어내고 하나의 동일한 방법에만 의존하여 현상을 다루고자 하는 교조적인 충동에 대항하여 자연스럽게 나타나는 반작용일 뿐이다. 이런 교조적인 충동이 지나치게 커지면 언제나 절충주의적 정신이 곧장 자연스럽게 불가항력적으로 그것을 제어하는 새로운 돌파구를 열어나가게 되는 것이다. 말하자면 그것은 모든 교조 속에 내재하는 성향, 즉 생각에 '족쇄를 채우려는' 그런 성향에 대항하여 냉정

2) 『가족의 기원……』에서도 또한 사회적 분업이 국가의 등장을 필요로 하는 과정에 대해서 상세한 설명이 이루어지고 있다. 그러나 엥겔스는 나중에 『반뒤링론』과 같은 저작에서는 국가 등장의 이런 측면을 완전히 내버리고 국가를 결국 정치적 억압기구로만 다루고 있다.

76

한 이성이 제기하는 반란인 셈이다.[3]

  그런데 순수하게 경제적인 힘 외에 다른 힘들이 사회생활에 영향을 보다 많이 미치면 미칠수록 우리가 역사적 필연성이라고 부르는 것의 지배력도 그만큼 함께 변화한다. 이런 관점에서 우리는 근대 사회에서의 두 가지 큰 흐름을 구분해야 한다. 하나는 발전법칙, 즉 경제발전법칙에 대한 인식이 점차로 증가하고 있다는 사실이다. 그리고 또 하나는 이런 인식과 함께 그런 인식증가의 원인이기도 하고 동시에 결과이기도 한 것으로서 이 경제발전을 **주도**할 수 있는 능력이 또한 증가하고 있다는 사실이다. 물리적인 자연력과 마찬가지로 경제적인 자연력도 그 본질이 인식되는 정도에 따라서 점차 인간에 대한 지배자의 위치로부터 봉사자로서의 위치로 옮겨가고 있다. 사회는 이전에 비해 경제적인 추동력으로부터 이론적인 면에서 더 자유로워졌으며 단지 사회구성원들 사이의 이해——사적 개

---

3) 그러나 그렇다고 해서 절충주의가 천박화되는 경향을 갖고 있다는 점, 그리고 사물에 대한 통일적 해석을 향한 노력이 이론적으로나 실천적으로 커다란 가치를 갖는다는 점을 부인해서는 안 될 것이다. 이런 노력이 없다면 어떤 과학적 사고도 존재할 수 없기 때문이다. 그러나 삶이란 모든 이론을 다 합친 것만큼이나 포괄적인 것이다. 그래서 완고한 교조적 이론도 언제나 절충을 통해 삶의 넓은 정원을 이리저리 기웃거리는 경박스런 사람들로부터 비밀리에 그 다양성을 차용해 왔다가 나중에 가서는 결국 자신의 주장이 '근본적으로는 역시' 이렇다느니 저렇다느니 하는 식으로 설명함으로써 차용사실을 간접적으로 고백할 수밖에 없는 것이다.
    "로크와 데카르트 같은 뛰어난 철학자의 머리로도 떠올리지 못한 것을
    재능과 가슴이 이루어냈도다.
    이 두 사람에게서도 역시
    바로 그럴 가능성이 입증되리라"
    이에 대한 좋은 예를 사회과학의 역사에 있어서 협동조합의 이론과 실천에 대한 역사가 보여주고 있다.

인의 힘——와 집단이해 간의 대립만이 이런 이론적 자유가 실천적 자유로 완전히 옮겨가는 것을 방해하고 있을 뿐이다.

그런데 여기에서도 보편적 이해는 사적 이해에 비해 점차 세력이 커져가고 있으며 그것이 커져가는 만큼 그것이 진행되는 모든 영역에서는 경제적인 힘들의 기본적인 지배력이 사라지고 있다. 이런 발전은 점차로 가속도가 붙어서 갈수록 급속도로 쉽게 이루어지고 있다. 그리하여 개인들과 전체 민중은 점점 그들 삶의 더욱 많은 부분을 그들의 의지가 아예 반영되지 않거나 혹은 그들의 의지에 반하여 관철되는 필연성에 의해 영향을 받고 있는 것이다.

그러나 사람들은 경제적인 요인들에 점점 더 큰 주의를 기울이기 때문에 오늘날 경제적인 요인이 과거에 비해 더 큰 역할을 수행한다고 보기 쉽다. 그러나 이것은 그렇지 않다. 이런 착각이 생겨나는 것은 단지 경제적인 동인이 과거에는 온갖 종류의 지배관계와 이데올로기에 의해 은폐되어 있었으나 오늘날에는 자유로워졌기 때문일 뿐이다. 경제의 영향 혹은 경제적인 힘으로 작용하는 자연의 영향을 받지 않는 이데올로기는 이전 사회에 비하여 근대 사회에서 오히려 더 풍부하다.[4] 과학이나 예술, 그리고 많은 사회적 관계들은 오늘날 과거 어느 때보다도 경제에 덜 종속되어 있다. 혹은 오해를 피하기 위해서 말한다면 오늘날 도달해 있는 경제발전 상태는 이데올로기적 요인, 특히 윤리적 요인에 대해서 과거에 비해 훨씬 더 넓은 자립적 활동공간을 허용하고 있다. 그 결과 기술적 경제적 발전

---

[4] 이것이 모순된다고 여겨지는 사람들은 인구의 대부분을 차지하는 계급이 근대 사회에 이르러서야 비로소 위에서 논의한 의미에서의 자유로운 이데올로기에 끼여들었다는 사실을 상기할 필요가 있을 것이다. 근대 사회 이전까지 농민과 노동자는 한편으로는 경제적인 목적에 따라 법적으로 속박되어 있었으며 다른 한편으로는 인간에 대한 자연의 지배를 반영하는 이데올

과 기타 다른 사회제도의 발전 간의 인과관계는 점차로 간접적인
것으로 되어가며 따라서 후자의 형성에 작용하는 전자의 자연필연
성도 점차로 덜 결정적인 것으로 되어가고 있다.

  '역사의 강철 같은 필연성'은 그래서 제한을 받게 되는데, 앞질러
말한다면, 이런 제한은 사민당의 실천적 과제에서 그 사회정책적
과제를 감소시키는 것이 아니라 오히려 **증가시키고 질적으로 심화시**
키는 것을 의미한다.

  결국 우리는 유물론적 역사관을 원래 그것의 창시자들이 그렸던
모습과는 다른 모습으로 보고 있는 것이다. 유물론적 역사관은 창
시자들 자신에게서도 발전을 거듭해 왔으며 또한 그들 자신에 의해
서 절대적 의미에 제한이 가해졌던 것이다. 그것이 바로 우리가 보
아왔듯이 모든 이론의 역사이다. 그러므로 엥겔스가 콘라트 슈미트
에게 보낸 편지와 『조치알리스티셴 아카데미커』에 게재한 편지들에
서 유물론적 역사관에 대하여 부여한 그 성숙된 형태로부터 초기의
정의로 복귀한 다음, 이에 근거하여 유물론적 역사관에 '일원론적'

  로기의 영향 아래 놓여 있었다. 후자는 잘 알려져 있다시피 원시민족의 이
데올로기(미신)의 특징이기도 하다. 그러므로 벨포르-박스(Belfort-Bax)가
「종합적 유물론적 역사관」(『조치알리스티셰 모나츠헤프테』(*Sozialistische
Monatshefte*), 1897년 12월호)이라는 자신의 논문에서 문명시대에는 경제
적인 요인이 거의 언제나 결정적으로 작용하는 반면 선사시대에는 '인간의
생각과 느낌의 법칙'이 결정적이었으므로 경제적 요인이 사변적 신앙에 직
접적으로 미치는 영향이 더 적었다는 점을 인정하고 있는 것은 그가 순전
히 표면적인 차이에 근거하여 사태의 본말을 전도시킨 것이다. 선사시대 사
람들에게서 그들을 둘러싸고 있는 **자연은 결정적인 경제적 힘**이며 그 자체
그들의 생각과 느낌에 가장 큰 영향을 미치는 요인이다. 그러므로 박스의
사적 유물론 비판은 무엇보다도 그가 애초부터 자신의 비판대상인 사적 유
물론을 대부분 과장된 형태의 극단적인 교조적 방식으로 제시함으로써 언
제나 목표를 비켜가고 있는 것이다.

의미를 부여한다는 것은 엄청난 퇴보가 되고 말 것이다. 오히려 초기의 정의는 이들 편지에 의해서 보완되어야 한다. 이론의 기본 사상은 이를 통하여 통일성을 상실하는 것이 아니라 오히려 이론 그 자체의 과학성을 얻어나간다. 유물론적 역사관은 이런 보완을 통해서야 비로소 참으로 과학적인 역사해석의 이론으로 되어간다. 초기의 형태로서 유물론적 역사관은 마르크스의 수중에서 역사발견의 위대한 지렛대 역할을 할 수 있었다.

그러나 마르크스의 그 천재성으로도 이런 초기 형태의 유물론적 역사관으로는 여러 잘못된 결론들이 이끌어져나왔다.[5] 하물며 마르크스만한 천재성이나 지식도 갖추지 못한 다른 모든 사람들에게는 이런 오류가 얼마나 클 것인가. 사회주의 이론의 과학적 토대로서 유물론적 역사관이 오늘날 아직 그 타당성을 유지하려면 위에서 얘기했던 바와 같이 그 의미를 확장함으로써만 가능하다. 그리고 앞서 설명된 바의 물적인 힘과 이데올로기적 힘 사이의 상호작용이 아예 고려되지 않거나 혹은 불충분하게만 고려된 상태에서 이루어지는 모든 유물론적 역사관의 적용은 그것이 이 이론의 창시자에 의해

---

5) 자주 인용되는 『자본』의 한 구절 속에서 마르크스는 다음과 같이 말하고 있다. "안개 속에 숨겨진 종교적 형상으로부터 세속적 이해관계의 핵심을 분석해 내는 일은 역으로 일상적인 현실의 생활관계로부터 그것의 종교적 형태를 발전시키는 일보다 훨씬 쉬운 일이다. 바로 이 후자의 일이야말로 유일한 유물론적 방법이며 따라서 과학적인 방법이다"(『자본』, 제1권, 제2판, 386쪽). 그런데 이 대비에는 커다란 과장이 있다. 만일 종교적 형태를 미리 알고 있지 못하다면 위에서 기술하고 있는 바와 같이 세속적 형태로부터 그것으로 발전시켜 나간다는 것이 자의적인 짜맞추기로 되어버릴 것이며 만일 그것을 미리 알고 있다면 그렇게 발전시켜 나가는 작업은 단지 과학적 분석의 수단인 것이지, 분석적 작업과 대립되는 과학적 작업은 아닐 것이기 때문이다.

서 이루어진 것이든 혹은 다른 사람들에 의해서 이루어진 것이든 상관없이 이런 확장된 의미에 맞추어서 적절한 형태로 고쳐져야만 한다.

지금까지 서술된 것들은 볼프강 하이네(Wolfgang Heine)의 논문 「파울 바르트(Paul Barth)의 역사철학과 마르크스주의에 대한 그의 반론」이 실린 1898년 『도이첸 보르트』(*Deutschen Worte*) 10월호가 내 손에 도착하기 전에 이미 씌어진 것이다. 하이네는 이 논문에서 유명한 라이프치히의 강사[파울 바르트]가 마르크스의 역사관이 물질의 개념을 기술적 경제적인 것으로 한정하고 있어서 그의 역사관을 차라리 경제적 역사관으로 이름붙이는 것이 적당하다고 주장했던 것에 반대하여 마르크스를 옹호하고 있다. 그는 바르트의 지적에 대한 반론으로서 앞서 인용된 1890년대 엥겔스의 편지들을 제시하고 다시 여기에 이데올로기의 생성과 발전, 그리고 작용력과 마르크스주의의 개별적인 논거들에 대한 자신의 매우 주목할 만한 독자적인 견해를 보충하고 있다. 그에 의하면 마르크스주의 이론은 자신의 사상적 통일성을 상실하지 않고도 이데올로기에 대해서 과거에 비해 더 넓은 자리를 허용할 수 있으며 또한 사실을 올바로 인정하는 이론으로 남기 위해서는 바로 그런 허용을 해야만 하는 것이다. 중요한 것은 마르크스주의적 저술가가 전통적인 이념과 새로운 경제적 사실의 영향 사이에 있는 부인할 수 없는 관련성을 여러 모로 고려하고 있거나 혹은 그런 관련성을 충분히 강조하고 있느냐의 여부가 아니라 오히려 이런 그의 인식이 충분히 유물론적 역사관의 체계 속에 반영되느냐의 여부인 것이다.

원칙적으로 이 문제제기는 무조건 옳은 것이다. 그렇지만 궁극적으로 모든 과학에서와 마찬가지로 여기에서 중요한 것은 한계의 문제이다. 카우츠키도 자신의 논문 「유물론적 역사관은 무엇을 수행할 수 있는가?」에서 이런 의문을 제기하고 있다. 그러나 우리가 알고 있어야 하는 것은 카우츠키의 이 문제제기가 애초 역사에서 기술경제적 요인의 결정력을 제한하고자 하는 문제의식에 있었던 것이 아니라 오히려 그것에 거의 무제한적 결정력을 부여하고자 하는 것이었다.

하이네는 결국 논쟁의 중심이 역사에서의 결정적 요인들간의 양적 비율로 귀착된다고 말하면서 그런 비율을 결정하는 것이 '이론적으로보다는 실천적으로 중요한' 일이라고 덧붙이고 있다.

나는 그의 이 말에서 '……보다는'이라는 말 대신에 '……와 마찬가지로'라는 말을 넣으며 어떨까 생각한다. 그렇지만 물론 나도 그것이 실천적으로 매우 중요하다고 생각한다. 역사에서 기술경제적 결정요인을 과도하게 부각시켜 정식화한 명제들을 다른 요인들에게서 드러난 양적 비율에 따라서 고치는 것은 실천적으로 중요한 의미를 갖는다. 실천이 이론을 바로잡는 것만으로는 충분하지 않으며, 더 나아가 이론이——만일 그것이 일반적으로 어떤 가치를 갖는다고 한다면——이런 정정의 중요성을 인정하는 데 대해 이해할 수 있어야 한다.

그렇다면 이제 마지막으로 남은 문제, 즉 만일 우리가 앞서 언급한 방식대로 다른 요인들을 끼워넣음으로써 유물론적 역사관을 계속 확장해 나간다면 사적 유물론이라는 이름을 계속 붙일 수 있는 것이 도대체 어느 지점까지인가 하는 문제가 제기된다. 사실 앞서 언급된 엥겔스의 논의들은 순수하게 유물론적이지도 않고 더욱이 순수하게 경제적이지도 않다. 나는 이름과 사물이 전적으로 일치하지 않는다는 사실을 부인하는 것은 아니다. 그러나 나는 진보라는 것이 개념을 흐리게 만들어가는 데 있는 것이 아니라 명확하게 만들어가는 데 있는 것이라고 생각한다. 그래서 역사이론의 이름을 붙이는 데 무엇보다도 중요한 것은 그것을 다른 것과 구별할 수 있도록 하는 것이기 때문에 나는 바르트의 논문제목에 붙여진 '경제적 역사관'이라는 명칭에 반대하지 않고 여러 문제점에도 불구하고 그 것을 그냥 마르크스 역사관의 적절한 명칭으로 생각한다.

이 역사관은 그것이 경제에 부여하는 비중에 있어서 그 의미를 가지며, 또한 경제적 사실에 대한 인식과 평가를 통해서 역사과학에 커다란 업적을 남기고 있는 것이며, 그럼으로써 역사학이라고 하는 인간 지식의 분야를 보다 풍부하게 만드는 것이다. 경제적 역사관이란 단지 경제적인 힘들, 즉 경제적 동인들을 인정하는 것만을 의미할 필요는 없고 경제가 언제나 역사의 거대한 운동의 축, 즉 결정적인 힘을 이룬다는 것을 의미한다. 유물론적 역사관이란 말에는 처음부터 유물론이라는 개념 전반과 관련된 온갖 오해들이 결합되어 있다. 철학적 유물론 혹은 자연과학적 유물론은 결정론적이지만 마르크스주의적 역사관은 그렇지 않다. 왜냐하면 그것은 민중생활의 경제적 토대가 그것의 형성에 무조건적인 결정적 영향을 미친다고는 생각하지 않기 때문이다.

3. 계급투쟁과 자본진화에 대한 마르크스의 이론

계급투쟁 이론은 유물론적 역사관의 토대 위에 서 있다. 엥겔스는 『반뒤링론』에서 다음과 같이 말하고 있다. "지금까지의 **모든** 역사는[6] 계급투쟁의 역사였으며 이들 서로 투쟁하는 계급들은 언제나 그때 그때의 생산 및 교환 관계, 즉 한마디로 말해서 그 시대의 경제적 관계의 산물이라는 것이다"(제3판, 12쪽). 근대 사회에서 계급투쟁이란 생산수단의 자본가적 소유자와 자본을 갖지 못한 생산자, 즉

---

6) 『사회주의의 유토피아에서 과학으로의 발전』 제4판에서는 이 말에 '원시시대를 제외하고'라는 단서가 붙어 있다.

임노동자간의 계급투쟁이며 이것이 바로 근대 사회의 특징을 각인하는 것이다. 전자의 계급에 대해서 마르크스는 부르주아라는 표현을 썼으며 후자의 계급에 대해서는 프롤레타리아라는 표현을 썼는데 이 용어는 프랑스어로부터 차용한 말로서 마르크스가 자신의 이론을 만들고 있을 당시 프랑스 사회주의자들이 이미 즐겨 사용하던 말이었다. 부르주아와 프롤레타리아 간의 이 계급투쟁은 오늘날의 생산관계 내의 대립, 즉 획득양식의 사적 성격과 **생산양식의 사회적** 성격 간의 대립을 인간에게로 옮겨놓은 것이다. 생산수단은 개별 자본가들의 소유이며 이들이 생산의 성과를 획득한다. 그러나 생산 그 자체는 **사회적** 과정으로 이루어지는데, 말하자면 노동의 계획적인 분업과 조직에 기초하여 다수의 사람들에 의해서 재화가 생산되는 것을 의미한다. 그리고 이 대립 속에는 그 자체로서 혹은 그것을 보충하는 또 다른 대립이 존재한다. 즉 생산장소(작업장, 공장, 공업단지 등)의 내부에 편제된 계획적인 노동의 분업과 조직이 시장에서의 생산물의 무계획적인 판매와 대립하는 것이다.

자본가와 노동자 간의 계급투쟁의 출발점은 전자에 의한 후자의 노동가치증식의 본질로부터 비롯되는 이해대립이다. 이런 가치증식 과정의 연구는 잉여가치의 획득에 관한 **가치론** 및 생산론으로 이어진다.

자본주의적 생산과 그에 기초한 사회제도에서 특징적인 것은 인간들이 그 자본주의적 경제관계 내에서 철저하게 구매자와 판매자로 서로간에 대립하게 된다는 점이다. 이런 경제관계는 경제생활에서 법적인 형식적 예속관계가 아니라 단지 실질적인 예속관계, 즉 순수한 경제적 관계들(소유의 차별성, 임금관계 등)로부터 비롯되는 예속관계를 만들어낸다. 노동자는 자본가에게 자신의 노동력을 일정한 기간 동안 그리고 일정한 조건 아래 일정한 가격, 즉 임금을 받고 판매한다. 자본가는 노동자의 도움을 받아서 생산하였거나, 혹은 자신이 고용한 노동자들이 직접 생산한 생산물들을 모두 상품시장에 내다파는데 이때 그 상품의 판매가격은 대개 그의 사업이 유지되기 위한 조건으로서 그 상품을 생산하는 데 들어간 비용을 넘는 잉여를 포함한다. 그런데 이 잉여란 것은 도대체 무엇인가?

마르크스에 따르면 이것은 노동자들이 수행한 노동의 **잉여가치**이다. 상품은 시장에서 하나의 가치로 교환되며, 이 가치는 거기에 들어간 노동에 의해 결정되는데, 이 노동의 양은 시간에 의해서 측정된다. 자본가가 생산에서 원료, 부자재, 기계소모, 임차료, 기타 비용 등의 형태로 과거의 노동——죽은 노동이라고도 부를 수 있다——에 투입한 것은 가치량의 변동없이 생산물의 가치에 그대로 다시 반영되어 나타난다. 그러나 살아 있는 노동이 사용된 부분에서는 그렇지 않다. 이 노동에 대해서 자본가는 **임금**을 지불하는데, 이 노동은 자본가에게 임금을 초과하는 수익, 즉 노동**가치**의 현재가치를 가져다준다. 노동가치는 생산물 속에 들어간 노동량의 가치이며 임금은 생산에서 소비된 노동력의 구매가격이다. 노동력의 가격 내지 가치는 노동자의 생계비에 의해 결정되며 이 생계비는 역사적으로 형성된 생활관습에 따른다. 노동가치의 현재가치(수익)와 임금 사이의 격차가 **잉여가치**이며 이것을 가능한 한 높이고 어떤 경우에도 떨어지지 않도록 유지하려고 하는 것이 자본가들의 자연스러운 노력이다.

그러나 상품시장에서의 경쟁은 끊임없이 상품가격을 압박하기 때문에 판매를 증대시키는 방법은 언제나 생산비용의 절감을 목표로 할 수밖에 없다. 자본가는 이런 비용절감을 세 가지 방식으로 지향한다. 임금의 인하, 노동시간의 연장, 노동생산성의 증대가 바로 그것이다. 앞의 두 가지 방법은 언제나 일정한 한계를 갖기 때문에 자본가의 노력은 항상 마지막 방법에 집중된다. 작업조직의 개선, 노동강도의 강화, 기계의 개량 등은 선진자본주의 사회에서 생산비용

을 절감하는 우선적인 수단이 된다. 이들 수단이 사용되는 모든 경
우 그 결과는 마르크스가 말하던 이른바 **자본의 유기적 구성의 변화**
를 가져온다. 원료 노동수단 등에 지출되는 자본 부분의 비율이 높
아지고 임금에 지출된 자본 부분의 비율이 낮아지는 것이다. 동일
한 양을 생산하는 데 더 적은 노동자가 소요되며 과거의 노동자수
나 혹은 그보다 적은 수의 노동자만으로도 더 많은 양이 생산된다.
임금에 지출된 자본부분에 대한 잉여가치의 비율을 마르크스는 **잉
여가치율** 혹은 **착취율**이라고 불렀으며 생산에 들어간 총자본에 대한
잉여가치의 비율을 **이윤율**이라고 불렀다. 이상의 언급에서 알 수 있
는 것은 이윤율이 하락하더라도 동시에 잉여가치율은 상승할 수 있
다는 사실이다.

　우리는 생산 부문의 성질에 따라 자본의 유기적 구성이 매우 달
라진다는 것을 알고 있다. 엄청나게 큰 자본 부분이 노동수단, 원료
등에 지출되고 임금 부분에는 매우 적은 부분만이 지출되는 기업이
있는 있는 반면, 임금이 자본지출 부분에서 가장 큰 비중을 차지하
는 기업도 있다. 전자의 기업에서는 자본의 유기적 구성이 높게 나
타나고 후자의 기업에서는 낮게 나타난다. 만일 획득한 잉여가치와
임금의 비율이 대체로 계속 같다면 당연히 이 후자의 생산 부문의
이윤율이 전자의 생산 부문보다 많은 경우 몇 배나 더 높아야 할
것이다. 그러나 이것은 실제로는 그렇지 않다. 실제로는 선진 자본
주의 사회에서 상품들이 가치대로 판매되는 것이 아니라 **생산가격**
에 따라 판매되는데, 이 생산가격이란 지출된 생산비용(임금 더하
기 지출된 죽은 자본)에 일정한 부가액을 더한 것으로 구성된다. 이
때 이 부가액은 사회적 총생산의 평균이윤율 혹은 자본의 유기적
구성이 지출된 다른 자본에 대한 임금자본의 평균비율을 나타내는
그런 산업 부문의 이윤율에 해당하는 것이다. 그래서 상품의 가격
은 서로 다른 산업 부문들에서는 결코 그 가치에 따라서 그대로 움

직이지 않는다. 어떤 산업 부문에서는 상품가격은 지속적으로 가치보다 훨씬 이하에서 움직이고 또 어떤 산업 부문에서는 끊임없이 가치 이상에서 움직이며 단지 자본의 유기적 구성이 평균적인 산업부문에서만 그것은 가치에 근접해서 움직인다. 생산자들의 의식 속에는 가치법칙이 완전히 지워져 있으며 그것은 단지 장기간에 걸쳐 평균이윤율의 크기를 규제함으로써 이들 생산자들의 등 뒤에 숨어서 작용할 뿐이다.

불가피한 경쟁의 법칙과 갈수록 증가하는 자본의 사회적 부는 끊임없이 이윤율을 하락시키는 방향으로 작용한다. 이런 이윤율 하락은 역방향으로 작용하는 힘들에 의해 가끔씩 지체되기는 하지만 완전히 멈추는 법은 없다. 자본의 과잉생산은 노동자들의 과잉상태를 유발한다. 공업, 상업, 농업 부문에서 자본의 집중은 더욱 심화되고 소자본가들에 대한 대자본가들의 수탈은 더욱 커진다. 대중의 과소소비와 결합한 생산의 무정부성에 의해 일어나는 주기적인 공황은 보다 격렬하고 파괴적인 형태로 나타나고 무수히 많은 소자본가들의 파멸을 통해 자본의 집중과 수탈과정은 더욱 촉진된다. 한편에서는 노동과정의 형태가 집단화(협업화)하는 경향이 보다 더 큰 규모로 그리고 보다 심화된 형태로 일반화되어 가고 다른 한편에서는 "대자본가의 숫자가 지속적으로 감소하는데, 이들 대자본가들은 이런 변화과정에서 생겨나는 온갖 이익들을 수탈하고 독점한다. 그리고 이와 함께 대중의 빈곤과 억압, 예속, 타락, 착취 등이 보다 증가하는 반면 동시에 자본주의적 생산과정 자체로부터 훈련받고 통합되고 조직화되면서 그 숫자도 갈수록 늘어나는 노동자 계급의 등장도 본격적으로 이루어진다." 그리하여 이러한 발전경향은 드디어 자본독점이 그와 함께 번성했던 생산양식의 질곡으로 변해버리고 생산수단의 집중과 노동의 사회화가 그들을 둘러싸고 있던 자본주의적 외피와 더 이상 맞지 않는 점으로까지 치닫게 된다. 그 점에

도달하고 나면 이 자본주의적 외피는 파괴되고 착취자와 수탈자는 민중에 의해 역수탈되고 자본주의적 사적 소유는 사라진다.

이것이 마르크스가 얘기한 자본주의적 생산양식 내지는 획득양식의 역사적 경향이다. 자본가 계급에 대한 역수탈과 자본가적 소유를 공공의 소유로 전환하는 과제를 수행하도록 부여받은 계급은 임노동자 계급, 즉 프롤레타리아이다. 이를 위하여 프롤레타리아는 계급정당으로 조직되어야 한다. 이 계급은 주어진 시기에 국가권력을 장악하고 "일단 생산수단을 국가소유로 전환해야 한다. 그러나 이와 함께 프롤레타리아는 프롤레타리아로서의 자신을 지양하고 그럼으로써 모든 계급차별과 계급대립, 그리고 국가로서의 국가를 지양하게 된다." 갈등과 착종으로 얼룩져 있는 개별적 현존재를 위한 투쟁은 종식되고 국가는 더 이상 아무것도 억압할 수 없으며 '사멸하게 된다' (엥겔스, 『사회주의의 유토피아에서 과학으로의 발전』).

이것은 가능한 한 간결하게 마르크스 이론 가운데에서 우리가 거기에 기초한 사회주의의 순수이론으로 간주할 수 있는 부분들의 주요 명제들을 요약한 것이다. 이 부분들은 유물론적 역사이론과 마찬가지로 혹은 그것보다 더, 처음부터 완전한 형태로 그 창시자들에 의해 만들어졌던 것이 아니다. 여기에서는 주요 관점의 확정에서 처음에 확고하게 정립되었던 명제들을 점차로 제한해 나가는 그런 이론적 발전과정이 유물론적 역사이론의 경우보다 더 두드러졌던 것이다. 이론의 이런 변화는 어느 정도는 마르크스와 엥겔스 자신들에 의해서 직접 이루어졌다. 『자본』(1867) 서문에서, 『공산당 선언』(1872) 신판 서문에서, 『철학의 빈곤』(1884) 신판 서문과 주에서 그리고 『프랑스 혁명에서의 계급투쟁』(1895) 서문 등에서 해당되는 여러 문제들에 대한 마르크스, 엥겔스의 관점이 시간이 지나가면서 변화해 가는 것이 몇 가지 드러나고 있다. 그러나 이론의 각 부분들과 전제들에 대하여 이들 문헌이나 다른 문헌들에서 확인되고 있는 변화들이 이들 이론을 나중에 마무리지을 때 모두 **빠짐**없이 고려되고 있지는 않은 것으로 나타나고 있다.

한 가지 예만 들어보도록 하자. 『공산당 선언』의 신판 서문에서 마르크스와 엥겔스는 이 책에서 논의되는 혁명강령에 대해서 다음과 같이 얘기하고 있다. "지난 25년간의 거대산업의 비약적인 진보와 그와 함께 진보한 노동자 계급의 정당조직, 그리고 두 번의 실천적 경험들, 즉 첫째는 2월 혁명, 둘째는 프롤레타리아가 최초로 2개월간 정치권력을 장악했던 **파리코뮌** 등의 일련의 사태에 비추어본다면 이제 이들 강령은 여기저기 시대에 뒤떨어진 부분들이 있다. 즉 파리코뮌은 '노동자 계급이 이미 만들어져 있는 기존의 국가기구를 그냥 점령하는 것만으로 그 국가기구를 자신들의 목적에 맞게 움직여나가는 것이 불가능하다'는 증거를 제공해 주었다." 이 신판 서문은 1872년에 씌어졌다.

그러나 다시 5년이 지나서 뒤링에 대한 반론서 속에서는 이런 입장이 재빨리 원래 자리로 되돌아가 있다. "프롤레타리아는 국가권력을 장악해서 우선 생산수단을 국가소유로 전환한다"(제1판 233쪽, 제3판 302쪽). 그리고 1885년 『공산주의자 재판 사건에 대한 폭로』의 서문에서 엥겔스는 초기의 인식에 기초해서 작성된 1848년 혁명강령과 비슷한 의미에서 함께 작성된 공산주의자동맹 집행위원회의 회람문을 그대로 옮겨실으면서 전자에 대해서는 "오늘날에도 아직 배울 점이 많다," 그리고 후자에 대해서는 "여기에서 얘기되고 있는 많은 것들이 오늘날에도 아직 적용 가능하다"라고만 짧막하게 언급하고 있다(14쪽). 물론 이런 글들 속에 나오는 '우선,' '많다,' '많은'이란 말들을 빌미로 이 명제를 제한적인 것으로만 이해해야 한다고 해명할 수도 있다. 그러나 이제 다시 얘기하겠지만 그런다고 해서 사정이 나아지는 것은 아니다. 마르크스와 엥겔스는 그들이 인정했던 사태의 변화와 이런 사태에 대한 인식의 개선이 이론을 완성하고 적용하는 데 미칠 영향들을 전반적으로 매우 암시적으로만 얘기하거나 혹은 몇몇 부분적인 개별 사안들과 관련해서만 확정적으로 얘기하는 데 그쳤던 것이다. 또한 그나마 확정적으로 얘기한 개별 사안들의 경우도 모순적인 부분들이 없는 것은 아니다. 이론 내에 통일성을 다시 회복시키고 이론과 실천 간의 통일성을 확립하는 과제는 이들이 자신들의 후계자들에게 남겨두었던 것이다.

그러나 이 과제는 이론의 균열부분과 모순들을 숨김없이 드러낼 때에만 해결될 수 있다. 달리 말해서 마르크스 이론의 계속적인 발전과 완성은 그것에 대한 비판과 더불어 출발해야 하는 것이다. 오늘날 사람들은 마르크스와 엥겔스로부터 모든 것을 입증할 수 있다고 생각하는 경향이 있다. 그것은 마르크스 이론의 옹호자들 혹은 글이나 떠벌리는 사람들에게는 매우 편한 생각일 것이다. 그러나 조금이라도 이론적인 냄새를 가지고 있는 사람이라면, 그리고 설사 사회주의의 과학성이라는 것이 "축제 때나 가끔씩 장식장에서 꺼내어 쓸 뿐 다른 때에는 아예 신경조차 쓰지 않는 은촛대와 같은 장식품에 불과하다"고 생각하는 사람일지라도, 그가 이러한 모순들을 알게 된다면 그 모순을 제거해야 할 필요를 느낄 것이다. 마르크스, 엥겔스 제자들의 과제는 바로 여기에 있는 것이지 그들 스승의 말을 영원히 앵무새처럼 되풀이하는 것에 있는 것이 아니다.

뒤에 이어지는 마르크스 이론의 몇 가지 요소들에 대한 비판은 바로 이런 의미에서 씌어진 것이다. 그리고 무엇보다도 노동자들이 읽을 책이라는 점에서 적당한 부피를 유지하고자 하는 바람과 불과 수주일 내에 완성해야 할 시간적 촉박함 때문에 모든 논의가 철저하게 이루어지지는 못하였다는 점을 밝혀두고자 한다. 동시에 여기에서 또 하나 분명하게 해둘 점은 결코 내가 독창적인 비판을 제기하려 하지 않았다는 사실이다. 비록 모두는 아니지만 아래에 서술되고 있는 것들의 대부분은 이미 다른 사람들이 논의한 것들이거나 혹은 적어도 암시했던 것들이다. 이 책의 의미는 과거에 몰랐던 것을 밝혀내는 데 있는 것이 아니라 이미 알려진 것들을 인정하는 데 있는 것이다.

그러나 그것도 역시 필요한 작업이다. 내가 믿는 바로 마르크스는 언젠가 이론의 운명에 대하여 "무어인의 연인은 무어인 자신에 의해서만 죽을 수 있다"(셰익스피어의 비극 『오셀로』의 주인공인 오셀로가 무어인임을 빗대어 얘기한 것으로서 마르크스의 별명이 바로 무어인이었다 - 옮긴이)라고 쓴 적이 있는데 이것은 바로 마르크스 자신에 대한 얘기였다. 그래서 어떤 이론의 오류는, 그 이론을 옹호하는 사람이 오류로서 인정할 때에만 비로소 극복된 것으로 간주할 수 있다. 이런 인정은 이론의 종말을 의미하는 것이 아니다. 오히려 오류로 인정된 것을 해결함으로써──라살의 비유를 사용한다면──마르크스에 제대로 반대할 수 있는 사람은 결국 마르크스 자신이다라는 사실이 밝혀질 것이다.

제2장

마르크스주의와 헤겔 변증법

1. 헤겔 변증법적 방법의 함정

> 종종 밤을 새우기까지 한 오랜 논쟁 과정에서 나는 그에게 헤겔주의를 감
> 염시키는 커다란 상처를 입혔다.
> • 프루동에 대한 마르크스의 논평

마르크스주의 역사관과 그에 기초한 사회주의 이론은 1844년부
터 1848년 사이에 그 최초의 형태가 만들어졌는데, 이 시기는 서부
및 중부 유럽이 거대한 혁명의 소용돌이 속에 빠져 있던 시기이다.
그것은 이 시기의 가장 급진적인 산물로 부를 수 있다.

그 시대는 독일에서 부르주아 자유주의가 강화되던 시기였다. 다
른 나라들에서와 마찬가지로 이 나라에서도 기존 질서에 대항해서
싸우는 계급을 변호하는 이데올로기가 이 계급의 실천적 요구를 훨
씬 넘어서고 있었다. 봉건적 관계에도, 임금관계에도 모두 속하지
않는 계급들을 포괄하는 광범위한 계층으로 이해될 수 있는 부르주
아는 아직 반봉건적 상태에 있던 절대주의 국가에 대항해서 싸우고

있었고 그들의 철학적 기조는 절대성의 부정으로부터 출발하여 국가의 부정으로 끝나고 있었다.

이런 측면에서 막스 슈티르너(Max Stirner)를 가장 급진적인 대표자로 손꼽을 수 있는 철학적 흐름은 헤겔 철학의 급진좌파로 알려져 있다. 마르크스와 마찬가지로 한때 이 학파의 흐름 속에 몸담았던 엥겔스에게서 그대로 드러나고 있듯이 이 학파의 대표자들은 헤겔 체계를 거부하면서도 그것의 변증법에는 점차로 빠져들어가서 결국 한편으로는 기성종교에 대항하는 실천적 투쟁 때문에(이것은 당시 가장 중요한 정치투쟁의 형태였다), 또 다른 한편으로는 루트비히 포이어바흐(Ludwig Feuerbach)의 영향 때문에 확고하게 유물론을 인정하기에 이르렀다. 그러나 마르크스와 엥겔스는 포이어바흐에서와 같이 근본적으로 자연과학적인 유물론에 머물지 않고 변증법으로부터 그 신비적 성격을 벗겨내어 이를 응용하고 또 프랑스에서——영국에서는 더욱 강력하게 나타나고 있었다——나타나고 있던 부르주아와 노동자 계급 간의 계급투쟁으로부터 영향을 받아 그들의 사적 유물론을 발전시켜 나갔다.

엥겔스는 이 이론의 성립에 변증법적 방법이 크게 기여하였다는 점을 힘주어 강조하였다. 그는 헤겔의 방법에 따라 사물에 대한 형이상학적 고찰과 변증법적 고찰을 구별하고 전자가 사물 혹은 사고의 형상(Gedankenbilder), 즉 개념을 개별화된 형태의 불변의 것으로, 말하자면 언제나 주어진 대상으로 다루는 반면 후자는 이들 사물들간의 연관과 변화, 그리고 추이 등을 고찰하는데, 이런 변화들에서는 적극적인 것과 소극적인 것과 같은 대립의 양극이 그 대립성에도 불구하고 상호간에 영향을 미친다고 설명하였다. 그러나 헤겔이 변증법을 개념의 자기진화 과정으로 파악하는 데 반해 마르크스와 엥겔스는 개념의 변증법을 현실세계의 변증법적 운동이 의식에 반영된 것으로 파악함으로써 헤겔의 변증법을 '거꾸로 서 있

던 상태에서 도로 뒤집어 세웠던 것이다.'

엥겔스는 이런 내용을 자신의 책 『루트비히 포이어바흐와 독일 고전철학의 종말』에서 쓰고 있다.

그러나 변증법을 '도로 뒤집어 세운다는' 것이 그처럼 간단한 일은 아니다. 아무리 사물이 현실 속에서 움직인다 하더라도 우리가 경험적으로 확증된 사실들의 영역으로부터 벗어나 그것을 넘어서는 사고를 하게 되면 우리는 곧바로 엉뚱한 개념들의 세계로 빠져들어 가고 만다. 그리고 만일 우리가 헤겔이 만들어놓은 변증법의 법칙을 따라가면 우리는 미처 깨닫기도 전에 우리가 다시 '개념의 자기 진화 과정'이라는 함정에 빠져버린 것을 깨닫게 된다. 바로 여기에 헤겔의 모순 논리학이 갖는 커다란 과학적 위험이 도사리고 있다. 헤겔의 명제들은 경우에 따라서 실재하는 대상들의 관계와 발전과정을 설명하는 데 매우 유용할 수 있다.[1] 그것은 과학적 문제의 정식화에 매우 유용할 수도 있으며 중요한 발견들을 이끌어내는 데 유인으로 작용할 수도 있다.

그러나 이 명제들에 기초하여 진화과정을 연역적으로 도출하기

---

1) 그러나 이 경우에도 실제 사태의 진상은 이들 명제 때문에 더 뚜렷하게 해명되기보다 오히려 불투명해지는 일이 종종 있다. 즉 어떤 대상을 구성하는 각 구성요소들간의 양적 비율이 변동하여 그 대상의 속성을 변화시켜 버린 사태가 있을 때 이것이 '양에서 질로의 전환'이라는 명제 때문에 최소한 매우 왜곡되거나 피상적으로만 표현되기도 하는 것이다.

나는 엥겔스가 정의한 형이상학적 고찰방식과 변증법적 고찰방식의 개념에 대해서, '형이상학적,' '변증법적'이라는 형용사에 부여된 의미를 단지 이들간의 대비적 의미로서만 간주해야 한다는 단서를 달아서 해석하도록 언급해 두고자 한다. 왜냐하면 내 생각으로는 사물에 대한 형이상학적 고찰과 사물을 개별화된 불변의 것으로 고찰하는 것은 완전히 서로 다른 두 개의 사안이기 때문이다.

시작하면 그때부터 이미 그것을 자의적으로 짜맞출 위험도 함께 시작된다. 이 위험은 진화과정의 논의대상이 복잡해질수록 더욱 커진다. 어느 정도 단순한 대상들에서는 대개 경험과 논리적인 판단력만으로도 우리는 '부정의 부정'과 같은 유추명제를 통해서 개연성과는 거리가 먼 잘못된 변화가능성을 결론으로 내릴 위험을 피해갈 수 있다. 그러나 대상이 점점 복잡해지고 그것을 구성하는 요소들의 숫자가 점점 많아지고, 그것의 성질과 역관계가 더욱더 다양해지면 질수록 그런 명제의 진화과정에 대해서 우리가 말할 수 있는 가능성은 더욱 줄어든다. 왜냐하면 그 명제에 갇혀 있으면 있을수록 그만큼 평가기준도 모두 사라져버리기 때문이다.

그렇다고 헤겔의 변증법이 아무런 공헌도 없다고 말해서는 안 된다. 오히려 그것이 역사기술에 미친 영향에 대해서 말한다면 랑게(Fr. A. Lange)가 자신의 책 『노동자문제』(*Arbeiterfrage*) 속에서 얘기했던 것이 가장 적합한 평가일 것이다. 랑게는 거기에서 헤겔 역사철학의 근본사상, 즉 대립과 조정의 진화론을 '거의 인류학적인 발견으로 부를 수 있다'고 썼던 것이다. 그러나 또한 랑게가 "개인의 삶에서와 마찬가지로 역사에서도 대립을 매개로 한 진화과정은 머릿속에서 짜맞춘 것처럼 그렇게 쉽지도, 또 철저하지도, 정교하지도, 균형잡힌 것이지도 않다"(제3판, 248~249쪽)고 덧붙이고 있는 부분은 '거의' 그것의 아픈 곳을 건드린 것이기도 하다. 과거에 관한 한 이 말은 오늘날 어떤 마르크스주의자들도 동의할 것이

마지막으로 여기에서 또 하나 얘기하고 싶은 것은 헤겔 자신을 여기에서 비판하거나 더욱이 이 중요한 사상가가 과학에 미친 그 커다란 기여를 논란으로 삼고자 하는 것은 전혀 나의 의도가 아니라는 사실이다. 나는 단지 여기에서 그의 변증법이 사회주의 이론에 어느 정도 영향을 미쳤는지에 대해서만 언급하고자 했던 것이다.

다. 그러나 단지 미래에 관한 한, 특히 매우 가까운 미래에 관한 한, 마르크스주의 이론의 입장에서는 이 말에 동의할 수 없을 것이다. 1847년 『공산당 선언』에서는 이렇게 말하고 있다. 독일에서 이미 그 전야를 맞고 있는 부르주아 혁명은 프롤레타리아의 발전정도와 유럽 문명의 선진적 조건에 비추어볼 때 '단지 프롤레타리아 혁명의 직접적 전주곡에 불과할 수 있다.'

어떤 최고의 정치적 몽상가도 거의 따라갈 수 없을 정도의 이런 역사적인 자기기만을 이미 그 당시 진지하게 경제학을 연구하고 있던 마르크스가 범하고 있었다는 것은 만일 이것이 그에게 아직 남아 있던 헤겔의 모순변증법의 잔재의 산물이라는 점을 감안하지 않는다면 도저히 이해하기 어려운 부분일 것이다. 그러나 마르크스는——엥겔스도 마찬가지였다——이 헤겔의 잔재로부터 평생 동안 완전히 자유로울 수는 없었으며 이것은 또한 당시와 같은 전반적인 격동의 시기에는 그에게 그만큼 더 어쩔 수 없는 숙명적인 것이기도 하였다. 우리는 그에게서 정열적인 지도자들이 돌발적으로 저질러서 때에 따라서는 갑작스런 성공을 거두기도 하는 그런 정치적 행동의 전망이 지나치게 과대평가되고 있는 것을 볼 수 있을 뿐만 아니라 아직 가장 어린 싹도 채 피우지 못하고 있는 **경제적 사회적** 발전의 성숙정도를 순전히 사변적인 어림짐작으로 예단하고 있는 것을 볼 수 있다. 몇 세대를 거쳐야만 겨우 실현가능한 것들이 그에게서는 대립을 매개로 하는 진화의 철학이라는 불빛 아래서 정치적 변혁에 의해서 단숨에 이루어지는 직접적인 결과물로 간주되고 있는데, 사실 그 정치적 변혁이란 이제 겨우 부르주아 계급에게만 그것이 발전해 나갈 여지를 열어줄 뿐이었다.

마르크스와 엥겔스가 『공산당 선언』을 집필하고 난 2년 후에——공산주의자 동맹이 분열하던 시기——그들의 반대진영에 대해서 '독일의 프롤레타리아는 아직 미성숙한 상태'라고 싸잡아 비난하고 사람들이 '프롤레타리아라는 말을 신성시하는'(『쾰른의 공산주의자 재판』, 21쪽) 것에 이의를 제기해야 할 필요를 느낀 것은 단지 그들이 잠깐 동안 정신을 차린 일시적인 결과였을 뿐이다. 그래서 실제의 성숙수준과 머릿속에서 그려낸 성숙수준 사이의 바로 그 모순은 다른 형태로 계속 여러 번 더 반복되어야 했다.

여기에서 다루는 문제는 내 생각에 마르크스, 엥겔스 이론에서 가장 치명적인 부분이므로 아주 최근의 예를 하나 들어보기로 하자.

남독일 사민당 지방지와의 한 논쟁에서 프란츠 메링(Franz Mehring)은 『라이프치거 폴크스차이퉁』(Leipziger Volkszeitung)지에 엥겔스의 저작 『주택문제에 관하여』 제2판 서문의 한 구절을 그대로 옮겨 실었는데 여기에서 엥겔스는 독일 사민당 내에 '일종의 소부르주아적 사회주의가 존재'하고 있음을 얘기하면서 이들이 '제국의회 의원단 내에까지' 진출해 있다고 밝히고 있다. 엥겔스는 여기에서 소부르주아적 노선의 성격을 다음과 같이 규정하였다. 즉 근대 사회주의의 기본 견해는 정당한 것으로 인정하지만 그것이 실현되기까지는 아직 오랜 시간이 남아 있어서 "현재로서는 당장의 잡다한 사회적 문제들을 처리하는 것이 필요하다"는 입장을 가리키는 것이다. 엥겔스는 이런 노선이 독일에서 충분히 있을 수 있는 것이라는 점을 인정하지만 독일 노동자들의 '놀랄 만큼 건강한 의식'에 비추어보면 위험한 것으로 간주된다고 설명하고 있다. 메링은 엥겔스의 이 논의를 증기선 보조금 문제를 둘러싼 논쟁과 결부시켰는데, 이 논쟁은 그 보조금 법안이 독일 사민당 내에서 작성되기 직전에 벌어졌으며 메링은 이 논쟁을 "'실천적 정책'과 '프롤레타리아적 혁명적 전술'을 두고 당내에서 벌어진 최초의 커다란 논쟁"으로 내세웠다. 엥겔스가 위에서 얘기한 구절들에서 말하고 있던 것은 엥겔스 자신도 포함되는데, 프롤레타리아적 혁명적 노선을 주장하던 사람들이 '의도하고 원했던' 바로 그것, 즉 '소부르주아적 사회주의자'라고 부를 만한 사람들과의 논쟁이었다.

메링이 엥겔스의 그 구절들을 올바로 해석하였다는 점은 부인할 수 없는 사실이다. 엥겔스는 당시에(1887년 1월) 사태를 제대로 알고 있었던 것이다. 그리고 15개월 전에 그는 『공산주의자 재판사건의 폭로』 신판에 1850년 3월과 6월에 그가 마르크스와 함께 작성한 두 개의 회람문을 첨부하였는데 여기에서 그는 혁명적 프롤레타리아의 정책이 '영구혁명'이라고 선언하고 다시 서문에서는 이들 회람문에서 얘기되고 있는 많은 것들이 곧 닥쳐올 '유럽의 지각변동'에도 맞는 것들이라고 얘기하고 있다. 그런 지각변동의 가장 최초의 사건으로는 1870, 1871년 전쟁을 들 수 있지만 그 뒤로도 유럽에서의 혁명의 시기는 우리 세기에 15년에서 18년 동안이나 더 계속되었다.

그것은 1885년에서 1887년 동안에 씌어졌다. 그런데 이로부터 몇 년 후 독일 사민당 내에서는 이른바 '융겐'(Jungen : 독일 사민당 내의 급진좌파 그룹을 가리키는 말임 - 옮긴이)과의 갈등이 발생하였다. 이 갈등은 이미 오랫동안 잠복해 오다가 1890년 메이데이 행사를 휴일에 거행할 것인지 여부를 놓고 결국 터져나온 것이었다. 당시 '융겐'의 다수파는 자신들이 엥겔스가 말한 의미에서의 제국의회 의원단 내의 '기회주의'와 싸운다고 굳게 믿었으리라는 것은 오늘날 누가 보더라도 명백한 사실이다. 그들이 제국의회 의원단 다수를 '소부르주아적'이라고 공격했을 때 그것이 엥겔스가 아닌 다른 누구의 권위에 의존했겠는가? 바로 이들 의원단이 증기선 보조금 문제에서 기회주의적 다수를 이루었던 그 사람들이었던 것이다.

그러나 당시 『젝시셰 아르바이터차이퉁』(*Sächsische Arbeiterzeitung*)지의 편집자가 이들 '융겐'의 견해에 대한 엥겔스의 입장을 묻자 정작 그의 답변은 메링도 알다시피 앞서 메링이 인용했던 구절과는 전혀 다른 뜻을 담고 있었다. 엥겔스는 융겐의 행동을 단지 '문필가나 학자들의 반란' 정도로만 해석하면서 그들을 '매우 심하게 왜곡된 마르크스주의'라고 비난하고 그들이 하는 방식으로 대의원단을 비난하는 것은 그들이 아무리 그래보았자 쓸모 없는 일에 지나지 않는다고 주장하였던 것이다. 아마도 엥겔스의 답변을 통해서 『제히시셰 아르바이터차이퉁』은 사민당 내의 실리주의적 의회주의 노선이 독일 노동자들의 건강한 의식으로 극복되길 가능한 한 희망했지만 엥겔스는 사실 그들의 이런 희망에 동조하지 않았고 무엇보다 당내에 그런 다수파가 있다는 사실을 중요하게 생각하지 않았다.

엥겔스가 이 글을 쓰면서 철저하게 자신의 확신에만 의존했다는 사실은 이 글을 쓰고 있는 필자만큼 잘 아는 사람도 없다. 그에게는 '융겐'의 운동이——이들의 운동도 그 자체로서는 노동자들의 운동이며 특히 사회주의자 탄압법(1878~1890년까지 독일에서 지속되었던 법으로서 사회주의를 표방하는 모든 노동자 운동을 불법화시켰던 악명높은 법－옮긴이) 아래서 가장 활동적인 당의 선전가들로 이루어진 운동이긴 하지만——단지 급진화된 문필가들에 의해 획책된 반란으로만 비쳐졌으며 이들이 주장하는 정책은 당시로서는 극히 해로운 것으로서 이들에 비하면 제국의회 대의원단 내의 '소부르주아 분파'의 해악이란 것은 사실상 거의 무시해도 좋을 만한 것이었다.

그러나 1890년 9월 13일 『조치알데모크라트』(Sozialdemokrat)지에 게재된 이 '답변서'는 정치적으로는 기여한 바가 컸지만 엥겔스가 '융겐'의 손을 이런 방식으로 떨쳐버린 것이 전적으로 옳은 것이냐에 대해서는 의구심이 남는다. 왜냐하면 만일 그가 『공산주의자 재판사건에 대한 폭로』의 서문에서 제기했듯이 유럽의 혁명이 임박해 있고——이 글이 씌어지고 난 이후 혁명의 시기는 어느덧 끝나가고 있었다——회람문에서 얘기되었던 전술이 원칙적으로 아직 유효했다면 융겐은 전체적으로 바로 엥겔스 자신의 피와 살을

나눈 혈육이었을 것이기 때문이다. 그러나 만일 그게 아니라면 잘
못은 '융겐'에게 있는 것이 아니라 앞서 언급된 부록과 이중으로
해석될 소지를 가진 보론으로 이루어진 1885년~1887년의 선전문
에 씌어진 글들에 있을 것이다.

　그런데 엥겔스의 성격과는 거의 어울리지 않는 이런 이중성은 실
상 헤겔에게서 물려받은 변증법에 그 뿌리를 두고 있다. 즉 '긍정,
긍정 및 부정, 부정' 대신 '긍정, 부정 및 부정, 긍정'이라는 형태의
대립의 종합, 양에서 질로의 전환, 그리고 다른 많은 변증법의 요소
들이라는 것이 인식된 변화가 미치는 영향들을 모두 토로해 내는
것을 계속 방해했던 것이다. 원래 헤겔식으로 구성된 발전법칙을
견지하려면 현실은 재해석되어야 하며 추구하는 목표까지의 경로를
측정하는 데도 실제 현실적 조건들이 그대로 계산되어서는 안 된
다. 바로 그렇기 때문에 사회의 경제구조에 대한 연구에서 천재적
인 근면성이라고 부를 만한 지나칠 정도의 꼼꼼한 태도와 너무도
명백한 사실들을 믿기 어려우리만치 쉽게 외면해 버리는 태도가 함
께 나타나는 모순, 그리고 경제가 물리적 강제력으로서 결정적으로
작용한다고 출발했던 이론이 물리적 강제력이야말로 창조적인 힘을
갖는다는 것을 놀랄 만큼 신봉해 버리는 것으로 끝나버리는 모순,
이론적으로 사회주의를 과학으로 끌어올리는 것이 종종 모든 과학
을 발전경향에 종속시키려고 하는 것으로 '변질되어' 버리는 모순
등이 나타나는 것이다.

　정치가나 이론가가 자신의 입장을 단지 사회발전의 속도에 대한
견해에만 의존해서 결정한다면 그것은 다른 것을 전혀 고려할 필요
도 없이 단연코 비과학적인 것이다. '프롤레타리아적'이라는 개념
을 곧바로 대립을 직접적으로 지양하는 것과 동일한 개념으로 생각
하는 것은 이 개념을 매우 낮은 수준에서 해석하는 것이다. 그런 해
석에서는 '프롤레타리아적'이라는 말이 거칠고 조야하고 저속하다

는 것을 의미하게 될 것이다. 만일 가까운 장래에 혁명적 파국이 곧 오리라는 믿음이 프롤레타리아 혁명 사회주의자를 만든다면 무엇보다도 폭동적 혁명가야말로 가장 먼저 이 이름을 붙여야 할 사람들일 것이다. 그러나 과학적 이론에서는 한쪽 극단의 몽상가와 다른 한쪽 극단의 소부르주아 사이에서 일정한 위치를 판별할 수 있는 어떤 최소한의 합리적인 기준이 있어야만 한다. 그렇지만 이런 판별 자체는 두말할 필요도 없이 자의적인 것이다. 어떤 사물을 관찰하는 데는 거리를 멀리 둘수록 그것이 점점 작게 보이는 법이므로 실천에서 언제나 다음과 같은 사실이 현저하게 드러난다. 즉 그 자신 노동자 계급에 속하고 현실의 프롤레타리아 운동에도 깊숙하게 관여하는 사람들 중에도 위에 얘기한 바의 '소부르주아적' 견해를 갖는 사람들이 있는 반면 부르주아 계급에 속하거나 혹은 부르주아적 관계에서 살아가면서 노동세계와는 아무런 접촉도 없이 노동세계를 단지 처음부터 일정한 색깔을 띤 정치적인 집회를 통해서만 알고 있는 그런 사람들 중에도 프롤레타리아 혁명적 감정이 넘쳐나는 사람들이 있다는 것이다.

엥겔스는 만년에 이르러 『프랑스에서의 계급투쟁』 서문에서 마르크스와 그가 사회 정치적 발전과정의 기간을 계산하면서 범한 오류를 솔직히 시인하였다. 사실상 자신의 정치적 유언장이라고 불러도 좋을 이 저작을 통해서 그가 사회주의 운동에 기여한 공적은 아무리 높이 평가해도 지나치지 않을 정도이다. 이 저작에는 단순히 서술된 것 이상의 내용이 간직되어 있다. 그러나 이 서문은 그가 자신의 솔직한 고백으로부터 도출되는 모든 논지를 제기할 수 있는 자리가 아니었으며 더욱이 엥겔스가 그런 새로운 논지의 제기를 통해서 이론 자체의 필요한 수정들을 행하리라고 기대할 수도 없는 일이었다. 만일 그가 그렇게 했다면 그것은 설사 명시적으로는 표현하지 않는다고 할지라도 내용적으로는 사실상 헤겔 변증법과의 관계를 청산해야 하는 것이었다. 헤겔 변증법은 마르크스 교의에서 이율배반적인 것이었으며 사물을 올바로 관찰하는 것을 방해하는 함정이었다. 그러나 엥겔스는 그것을 극복할 수 없었으며 극복하려고도 하지 않았다. 그는 획득된 인식으로부터 단지 정치투쟁의 일정한 방법 및 형태와 관련해서만 함의를 도출하고자 하였다. 그러므로 그가 이런 관점에서 아무리 중요한 것을 말한다 하더라도 그것은 단지 이제 우리가 제기한 문제의 영역들 가운데 단지 일부분만을 얘기하고 있을 뿐이다.

예를 들어 마르크스와 엥겔스가 논문을 통해서 다루었던 정치투쟁은 오늘날 그들의 시각과는 다소 다른 시각에서 고찰되지 않으면 안 된다는 것이 분명하다. 당파나 인물들에 대해서 그들이 내렸던 판단은 매우 현실적인 관찰방식에도 불구하고 사건의 진행에 대한 자기 기만 때문에 전적으로 옳은 것으로 되지 못하였으며 그들의 정책도 마찬가지로 항상 옳을 수는 없었다. 만일 사회주의의 역사기술, 특히 근대에 관한 역사기술에서 전통이란 것이 그렇게 중요한 역할을 수행하지 않았다면, 그리고 또 다른 한편 이들 전통에서의 초기 투쟁들이 모범사례로 계속 환기되지 않았다면 사후적인 수정에도 불구하고 이들 역사자료들은 아무런 실천적 의미를 가질 수 없었을 것이다.

그러나 엥겔스의 서문에 따라 이루어져야 할 수정 가운데 보다 중요한 것은 근대에 관한 사회주의 역사기술에 대한 수정보다는 투쟁과 사민당의 과제에 대한 전체 견해에 대한 수정이다. 그리고 이를 위해서는 우선 지금까지 거의 언급되지 않았던 점, 즉 원래 마르크스주의와 블랑키주의 간의 내적 관련과 이 내적 관련의 해체 문제를 다루어야 한다.

2. 마르크스주의와 블랑키주의

> 국민적 자원은 이미 고갈되어 버렸고 국가의 생산과 유통도 정지되어 버렸
> 으며 클럽의 정책과 국영공장의 휴업으로 낙담한 노동자들은 단지 목숨을
> 연명하기 위하여 군인이 되고자 할 그런 때에……오오 바로 그런 때에야말
> 로 동조자들이 선동하고 예술가들이 참가하고 소설가와 시인이 앞장서는
> 그런 혁명이 어떤 것인지를 당신들은 보게 될지니 졸음에서 깨어나라, 그
> 대들 산악파, 쾨양파, 코르들리에파, 왕당파, 얀센파, 바뵈프주의자들이여!
> 그대들은 6주가 지나기 전에 내가 그대들에게 일러주는 이 사태를 맞게
> 되리라.
> • 프루동, 『인민의 대표자』(1848년 4월 29일)

헤겔 철학은 많은 필자들로부터 프랑스 대혁명의 반영으로 불리
는데, 사실 그것은 이성의 대립적 진화와 함께 헤겔이 얘기하였던
'인간이 머리 위에, 즉 사유 위에 서게 되었던' 대투쟁들의 이데올
로기적 반사물로서 불릴 수 있다. 물론 헤겔 체계에서 정점을 이루
는 것은 반동시대 프로이센의 계몽적 경찰국가에서의 정치적 이성
의 진화에 있다. 그러나 헤겔이 사망하기 1년 전 프랑스에서는 반
동이 이루어져 부르주아 왕정이 수립되었으며 이로 인해 유럽에는
다시 급진적 열기가 휘몰아쳤고 이는 결국 이 반동체제와 그 체제
를 추종하던 계급, 즉 부르주아 계급을 향한 격렬한 공격으로 이어
졌다. 새로운 시대의 급진적 대표자들에게 제정과 반동체제는 이제
단지 대혁명을 향한 도도한 발전과정을 가로막는 장애물로만 여겨
졌다. 부르주아 왕정과 더불어 과거의 발전경로로의 전환이 이루어
졌는데, 이제 이 경로에는 변화된 사회적 조건 때문에 더 이상 프
랑스 대혁명의 진전을 가로막았던 그런 장애물은 존재할 수 없을
것이었다.

프랑스 대혁명의 가장 급진적 산물은 바뵈프의 운동과 '평등주의
자들'의 운동이었다. 이들의 전통은 프랑스에서 혁명적 비밀결사에
의해 이어졌으며 이런 비밀결사는 루이 필리프 치하에서 생겨나서

후일 블랑키 당파를 낳았다. 그들의 강령은 폭력적 수탈을 통한 프롤레타리아에 의한 부르주아의 전복이었다. 1848년 2월혁명에서 클럽 혁명가들은 종종 '바뵈프주의자,' 혹은 '바르베 당'(Partei Barbès)이라고 불렸는데 이들의 정신적 지주가 된 사람은 오귀스트 블랑키(Auguste Blanqui)였다.

독일에서는 마르크스와 엥겔스가 급진적인 헤겔 변증법에 기초하여 블랑키주의와 거의 완전히 비슷한 이론을 이루어내었다. 즉 부르주아의 상속자로 될 수 있는 자는 오로지 그것의 극단적인 대립물인 프롤레타리아, 즉 부르주아 경제의 독자적인 사회적 산물뿐이라는 것이다. 이들은 오늘날 부당하게 과소평가되고 있는 오언, 푸리에, 생시몽 학파들의 사회비판적 작업들과 연계하여 경제유물론적인 토대를 세우고 다시 유물론에서는 헤겔적인 방법을 적용하였다. 근대 프롤레타리아는 생시몽주의자들에 의해 이미 지난 세기의 루소학파의 이론에서 농민이 차지하던 것과 똑같은 역할을 부여받고 있었는데, 마르크스와 엥겔스는 다시 이 계급을 그것의 역사적 가능성과 또한 그것의 소질과 경향에 의거하여 자신들의 이론에서 완전히 이념화시켰다. 이런 방식으로 이들은 심오한 철학적 학습에도 불구하고 바뵈프주의 비밀결사들과 똑같은 정치적 견해에 도달하였다. 국지적인 혁명은 공상일 뿐이며 가능한 것은 프롤레타리아 혁명뿐이다라고 마르크스는 『독불연보』(Deutsch-Französiches Jahrbücher)(논문 「헤겔 법철학 비판」을 참고할 것)에서 추론하고 있다. 이 견해는 블랑키주의와 곧바로 통하는 것이었다.

독일에서 블랑키주의는 비밀결사와 정치적 폭동의 이론으로만 이해되고 있다. 즉 의식화된 소수로 조직되고 잘 다듬어진 계획에 따라 움직이는 혁명정당에 의해 혁명을 주도하는 교의로 이해되고 있는 것이다. 그러나 이것은 순전히 표면적인 것에만 머무른 고찰이며 기껏해야 블랑키주의의 아류에나 해당될 수 있는 얘기이다. 블랑키주의는 방법론 이상의 것이며, 오히려 그 방법이란 것은 그것의 보다 심오한 정치이론의 산물로서 바깥으로 드러난 것에 불과하다. 이 정치이론은 단적으로 말하자면 혁명적인 정치적 물리력과 그것의 표현인 혁명적 수탈이 갖는 무한한 창조력에 대한 이론이다. 방법이란 어느 정도 상황에 따라 달라질 수 있는 문제이다. 즉 결사와 출판의 자유가 없는 상황에서는 비밀결사가 저절로 나타나게 되며, 혁명적 봉기가 일어난 상황에서 1848년까지의 프랑스에서처럼 정치적 중심이 실질적으로 나라 전체를 지배하고 있을 경우에는 폭동이라는 것도 어느 정도 경험적 범위 내에서는 독일 사람들이 생각하는 것처럼 그렇게 불합리한 것만은 아니다.[2] 그러므로 폭동이라는 수단을 포기한다고 해서 그것이 곧바로 블랑키주의로부터의 해방을 의미하는 것은 아니다. 이것은 공산주의자 동맹 시기 이후의 마르크스와 엥겔스의 저작들을 연구해 보면 분명하게 드러난다. 그들의 저작에는 폭동이라는 수단을 포기한 점 이외에는 끊임없이 블랑키주의 내지는 바뵈프주의적 정신이 침투해 있다. 『공산당 선언』에서는 모든 사회주의 문헌들 가운데 유난히도 바뵈프의 글만이 비판되지 않은 채로 남겨져 있다. 바뵈프에 대해서는 단지 그가 대혁명 시기에 '프롤레타리아의 요구를 밝혔다'라고 하면서 이것이 당시의 시류를 거스르는 것이었음을 지적하고 있을 뿐이었다. 『공산당 선언』의 혁명적 행동강령은 철두철미하게 블랑키적이다. 『프랑스에서의 계급투쟁』과 『브뤼메르 18일』, 그리고 특히 공산주의자 동맹의 『회람문』에서 블랑키주의자들은 **바로 그 프롤레타리**

---

2) 블랑키주의는 결코 계속 패배만 한 것은 아니었고 동시에 매우 중요한 일시적 성과도 거두었다. 1848년과 1870년의 공화정 선포는 상당 부분 블랑키주의자 사회혁명가들의 공격 덕택이었다. 반대로 1848년 6월과 1871년 5월은 궁극적으로 블랑키주의의 패배였다.

아 당파——1850년 6월의 『회람문』에서 이것은 '본래적인 의미에서의 프롤레타리아 당파'를 의미한다——로 얘기되고 있는데 이것은 단지 그것이 혁명주의이기 때문에 그런 것이지, 이 당파가 내세우는 사회적인 구상의 내용에 근거한 것은 결코 아니었다. 그러므로 프랑스의 프롤레타리아 당파는 1848년 '룩셈부르크' 주변에 모여 있던 노동자들을 의미하는 것이었다. 이런 기준은 차티스트 진영 내에서 싸우던 분파들을 분류하는 데에도 똑같이 적용되었다.[3] 『프랑스에서의 계급투쟁』과 『브뤼메르 18일』에서는 프랑스에서의 사태의 진행에 대한 서술과정에서 실제의 현장세력들에 대한 분석 속에 블랑키주의자들의 이야기가 매우 강렬한 형태로 잘 묘사되어 있다.

그러나 어디에서도 1850년 3월 공산주의자 동맹의 『회람문』에서만큼 그렇게 블랑키주의 정신이 예리하고 제약없이 표현된 곳은 없다. 이 글에서는 곧 닥쳐올 혁명의 발발에 대비하여 공산주의자들은 그 혁명을 '영구혁명'으로 만들기 위해 전력을 다해야 한다고 자세히 지시하고 있다. 그리하여 근대 경제의 본질에 대한 모든 이론적 통찰, 독일 경제발전의 현재 수준——독일은 같은 시기에 마르크스가 썼듯이 '산업부르주아에 대항하는 산업노동자들의 투쟁이 이제야 겨우 국지적인 사실을 이루고 있던' 프랑스의 당시 경제발전 수준보다도 훨씬 뒤져 있었다——에 대한 모든 지식 등 어떤 해박한 경제적 이해도 단 하나의 강령 앞에서 단번에 사라져버리는데, 이 강령은 아무리 최고의 클럽혁명가라도 더 이상 그렇게 공상

---

3) 『회람문』에서는 '영국'의 상황에 대하여 '(공산주의자) 동맹의 대의원'들이 차티스트 내의 혁명분파와 온건분파를 갈라놓는 데 중요한 촉진제 역할을 하였다고 약간 만족스럽게 단언하고 있다. 그러나 만일 이런 분열이 없었다면 차티즘의 완전한 몰락을 피할 수 있었을지 그것은 매우 의심스럽다. 어쨌든 다행히 분열이 이루어졌다고 만족스럽게 생각하는 것은 분명히 블랑키적인 것이다.

적으로 만들 수 없는 것이었다.

6개월 뒤 마르크스는 빌리히-샤퍼(Willich-Schapper)를 비판하면서 이 강령을 공격하게 되지만 아직 이 『회람문』에서는 스스로 엥겔스와 함께 이 강령을 선언하고 있다. 즉 그들은 혁명의 원동력이 현실적 관계들보다는 '단적인 의지'에 있다고 보았다. 여기에서 근대 경제생활의 욕구들은 완전히 무시되고 있으며 계급들간의 역학관계와 발전수준들도 전적으로 도외시되고 있다. 프롤레타리아 테러리즘은 독일의 상태를 감안하건대 그 자체 파괴적인 형태로만 나타날 수 있을 뿐이며 따라서 그것이 이런 파괴적인 방식으로 부르주아 민주주의에 대항하여 실제로 수행되면 그것은 곧바로 정치적으로 그리고 경제적으로 반동적인 결과를 초래할 것이 틀림없음에도 불구하고 여기에서는 그것이 생산관계를 높은 발전수준으로 끌어올림으로써 사회를 사회주의로 전환하게 만드는 전제조건을 형성하게 될 놀라운 힘으로 얘기되고 있다.

물론 이 『회람문』을 비판하는 데서 감안해야 하는 것은 마르크스가 이 글을 쓴 시점이 반동의 승리로 그의 감정이 배가되어 최고조에 도달해 있던 망명기간 중이었다는 점도 빼놓을 수 없다. 그러나 이런 점까지 감안한다 하더라도 이런 격앙된 감정이 혁명의 발발——마르크스와 엥겔스가 매우 가까운 장래에 일어나리라고 기대하였던 것——이 이루어질 시점을 다소 과장되게 추정하고 서술내용들에서 다소 무리한 부분이 있게 만든 점은 이해가 되지만 현실과 강령 사이의 현격한 모순은 이것으로 설명되기 어렵다. 그 모순은 일시적인 기분의 산물이 아니었다. 만일 이 모순을 그런 일시적 감정의 탓으로 돌려버린다면 그것은 이 『회람문』의 저자에 대한 올바른 역사적 평가가 아니다. 그것은 지적 오류의 산물이었으며 그의 이론이 갖는 이원론(Dualismus)의 산물이었던 것이다.

우리는 근대 사회주의 운동을 커다란 두 개의 흐름으로 나눌 수 있는데, 이들 두 흐름은 각기 다른 시기마다 그때그때 다른 옷으로 바꾸어 입고 서로 대립해서 나타나고 있다. 그 중 하나는 사회주의 사상가들에 의해 만들어진 개혁안과 결합되어 있으며 이들은 본질적으로 건설을 지향하고 있다. 그리고 다른 하나는 혁명적 대중운동의 영향을 받아서 본질적으로 파괴를 지향하는 것이다. 시기적인 조건에 따라 전자는 공상적이고, 분파적이고 평화적-진화론적인 형태로 나타날 수 있으며 후자는 음모적이고 선동적이고 테러리즘적 형태로 나타날 수 있다. 최근으로 올수록 이들 양자 가운데 한쪽에서는 경제조직을 통한 해방을 그리고 다른 한쪽에서는 정치적 강제력에 의한 해방을 주장하는 표어가 더욱 선명해지고 있다.

세기초에는 전자의 노선은 주로 개별적인 사상가들에 의해서 대표되고 후자는 불규칙하게만 나타나는 대중운동에 의해 대표되었다. 그러나 세기의 중반에 접어들 무렵 이들 양자는 이미 지속적인 활동을 수행하는 집단으로 발전해 있었다. 전자는 사회주의 분파로서 여러 종류의 노동조합을 이루었으며 후자는 갖가지 유형의 혁명적 결사를 이루었던 것이다. 양자를 통합하려는 노력이 없었던 것은 아니었고 양자간의 대립이 그렇게 절대적인 것도 아니었다. 그러므로 프랑스의 푸리에주의자들이 그곳의 개량주의자들에 대항하여 싸우고 있으며, 영국의 오언주의자들이 차티스트들에 대항하여 싸우고 있다고 하는 『공산당 선언』의 구절들은 양쪽 모두 극단의 경우에만 완전히 맞는 얘기이다. 오언주의자들의 다수는 철저히 정치적 개혁을 지지하였지만——이것은 로이드 존스(Lloyd Jones) 같은 사람들만 생각하면 된다——그러나 급진적 차티스트들, 즉 이른바 '완력파'(physical force man)들처럼 폭력예찬에는 반대하였으며 이들 완력파들이 우세할 때에는 뒤로 물러나 있었다. 프랑스에서 푸리에의 추종자들의 경우도 이와 비슷하였다.

마르크스의 이론은 이들 두 흐름의 핵심을 결합하고자 하였다. 그것은 혁명가들로부터는 노동자들의 해방투쟁을 정치적 계급투쟁으로 이해하는 견해를 물려받았으며 사회주의자들로부터는 노동자 해방의 경제적 사회적 전제조건들에 대한 통찰을 물려받았다. 그러나 이러한 결합은 양자간의 대립을 지양하는 것이 전혀 아니었고 오히려 타협에 더 가까운 것이었다. 그것은 엥겔스가 『영국 노동자 계급의 상태』에서 영국의 사회주의자들에게 제안했던 바로 그 타협, 즉 사회주의의 고유한 요소들을 정치적-급진적, 사회적-혁명적 요소들의 뒤로 물려세우도록 하는 타협과 같은 것이었다. 그리고 마르크스 이론이 그후에 아무리 발전하고 나서도 그 근저에는 언제나 이런 타협적 성격 내지는 이원론이 변치않고 그대로 그 속에 담겨 있었다. 이런 이원론으로부터 우리는 마르크스주의가 아주 짧은 기간 동안에 본질적으로 완전히 상이한 얼굴을 번갈아서 보이는 이유를 설명해야 할 것이다. 여기에서 우리에게 중요한 것은 어떤 투쟁하는 당파들에게서나 똑같이 나타나는 바와 같이 조건의 변화에 따라 함께 달라지는 전술적 요구들의 차이가 아니라 불가피하게 강제되는 외부의 필연성과는 무관하게 내면에서 자발적으로 나타나는 차이, 즉 내적 모순의 산물로서의 차이인 것이다.

마르크스주의는 한 측면(방법의 한 측면)에 있어서만 블랑키주의를 극복하였다. 그러나 블랑키주의의 다른 측면, 즉 근대 사회의 사회주의적 변혁을 위한 혁명적 폭력의 창조력을 과대평가한 그 부분에서는 마르크스주의는 블랑키주의적 견해로부터 결코 완전하게 벗어나지 못하였다. 마르크스주의가 블랑키주의에 대해서 가했던 수정은, 즉 예를 들어 혁명역량의 강력한 중앙집중에 대한 이념과 같은 것은 본질적인 것이라기보다는 형식적인 것에 불과한 것이다.

우리가 이 장의 도입부에서 몇 구절을 인용했던 논문에서 프루동은 자신의 방식에 따라 1848년 6월혁명을 거의 정확하게 예언하고 있는데 거기에서 그는 클럽을 통해서 의식화된 노동자들에게 다음과 같은 훈계를 하고 있다. 즉 19세기의 경제적 혁명은 18세기의 그것과 근본적으로 다르기 때문에 클럽에서 그들이 계속해서 교육받았던 1793년의 그 전통이란 것은 새로운 시대상황과 전혀 맞지 않는다는 것이었다. 그는 계속해서 1793년의 공포는 인구의 대다수의 생존조건에 전혀 위협이 되지 않았다고 말하면서 그러나 1848년의 공포정치는 생산물의 유통과 교환관계에 생존이 걸려 있는 양대계급의 충돌을 가져올 것인데, 이 충돌은 모두의 파멸을 의미하게 되리라는 것이었다.

물론 이것은 프루동식으로 과장되게 표현된 것이긴 하지만 그러나 당시 프랑스의 경제상황에 대한 인식으로는 사실 정곡을 찌르는 것이었다.

1789년에서 1793년 동안 프랑스에서 생산과 교환은 열에 아홉이 지방시장에 국한되어 있었으며 전국적 단위에서의 경제분화가 아직 낮은 상태에 있었기 때문에 전국적 국내시장은 극히 보잘것없는 역할에 머물러 있었다. 따라서 아무리 심한 공포가 엄습해 오더라도 이 공포는 산업적 계급과 관련된 개인이나 혹은 때때로 지방산업들에 대해서만 모두 파멸로 몰아갔고 전국적 경제생활에는 매우 간접적으로만 영향을 미쳤다. 생산과 상업에 종사하는 계급들의 어떤 분파도 이 공포에 의해 직접적으로 위협을 받는 경우는 없었으며 따라서 국가는 상당기간 동안 이 공포를 견뎌낼 수 있었고 그것으로부터 받은 상처도 신속하게 치유할 수 있었다.

그러나 1848년에는 임시정부의 구성과 전능한 것처럼 보이는 클럽들의 발호로 인해 빚어진 불안이 바로 생산업체들의 휴업증가와 상업과 교역의 정체를 의미하는 것이었다. 이런 상태가 점점 심화되고 하루하루 연장됨에 따라서 그것은 계속 새로운 파멸을 가져왔고 새로운 실업을 낳았으며 도시에서 생업에 종사하는 모든 사람들을 위협하고 심지어 평온한 농촌사람들에게도 부분적으로는 극심한

피해를 입혔다. 대자본과 소자본 생산자들에 대한 사회정책적 수탈
은 전혀 문제가 될 수 없었다. 왜냐하면 아직 그것이 문제가 될 정
도로 산업이 충분히 발전해 있지도 않았고 그들을 대신할 새로운
기구도 아직 제대로 준비되어 있지 않았기 때문이다. 그러므로 이
런 수탈이라야 기껏해서 개인을 다른 개인이나 다른 개인들의 집단
으로 바꾸는 정도에 그칠 수밖에 없을 것이며, 따라서 이 정도의 사
태로는 국가의 사회적 기본질서는 전혀 변화할 수 없었고 경제상황
도 개선될 수 없을 것이었다. 그리고 경험이 많은 사업가들의 자리
에는 아마추어리즘의 많은 약점을 안고 있는 풋내기가 앉게 될 것
이었다.

요컨대 1793년의 공포정치를 본딴 정책은 우리가 생각할 수 있
는 범위 내에서 가장 무의미하고 가장 잘못된 것이었다. 그리고 그
것이 그처럼 잘못된 것이었기 때문에 1793년에 걸쳤던 옷을 다시
입는다던가 1793년에 하던 말들을 다시 반복하거나 혹은 과장하는
것은 더할 나위 없이 어리석은 일이었다. 또한 그것이 바로 정치적
혁명 속에서 이루어진 일이란 점에서 그것은 하나의 범죄행위였다.
왜냐하면 그것의 대가로 수천 명의 노동자들이 곧바로 자신들의 생
명과 자유를 희생당해야 했기 때문이다. 그러므로 상당히 기묘한
과장이 섞여 있긴 했지만 '소부르주아' 프루동의 경고는 온갖 혁명
적 언어가 난무하는 시기에 깊은 통찰과 도덕적 용기를 보여준 것
이었다. 이로 말미암아 프루동은 '프롤레타리아-혁명적' 머리띠를
불끈 동여매고 새로운 '프레리알'(Prairial : 혁명력 제9월. 프랑스
혁명이 이루어지고 나서 혁명정부는 새로운 월력체계로 혁명력을
창시하였다. 이것은 바로 그 혁명력의 9월에 해당하는 것으로 우리
가 오늘날 사용하는 양력, 즉 율리우스력으로는 5월 20일부터 6월
18일까지에 해당한다-옮긴이)을 갈망하던 문필가와 예술가 및
기타 부르주아적 집시들 가운데 정치적으로 우뚝 선 인물로 평가

된다.

마르크스와 프루동은 거의 같은 시기에 전자는 『프랑스에서의 계급투쟁』에서 후자는 『한 혁명가의 신앙고백』에서 2월혁명의 경과를 하나의 역사적 과정으로 묘사하고 있는데, 이들은 모두 혁명의 실패를 글 속에서 비중 있게 다루고 있다. 그러나 프루동과는 달리 마르크스는 반혁명의 등장을 곧바로 혁명적 진보로 간주하였다. 그는 바로 이 반혁명과의 투쟁을 통하여 봉기를 주도한 당파가 비로소 진정한 혁명적 당파로 성숙해 간다고 썼던 것이다. 마르크스는 이 글에서 자신이 정세단계의 평가를 잘못했다는 것을 곧 알게 되지만 그러한 정세판단의 전제가 서 있던 부분에 원칙적 오류가 있었다는 점은 결코 인식하지 못했던 것처럼 보이며, 이 점에서는 엥겔스도 『프랑스에서의 계급투쟁』의 서문에서 보이듯이 마찬가지였다.

엥겔스와 마르크스는, 내용이 아무리 다르더라도 외견상으로는 언제나 17세기나 18세기의 혁명과 비슷한 과정을 밟는 혁명의 전제로부터 출발하였다. 즉 우선 진보적인 부르주아의 급진적 당파가 권력을 잡고 혁명적 노동자들은 비판적인 압력세력으로서 그 뒤에 자리를 잡는다. 이들 집권세력이 몰락하고 나면 즉시 보다 급진적인 부르주아 내지는 소부르주아 당파가 권력을 장악하는데, 이들은 사회주의 혁명에게 길을 완전히 터주고 프롤레타리아의 혁명적 당파에 의해 권력이 장악될 순간을 준비한다. 이런 생각은 1850년 3월의 『회람문』에서 드러나고 있는데 1887년 『공산주의자 재판사건의 폭로』의 서문에서도 다시 확인되고 있다. 즉 거기에서는 다가올 유럽혁명에서 독일은 "**무조건 소부르주아 민주주의가 권력을 장악해야 한다**"고 말하고 있는 것이다. 여기에서 말하는 '무조건'이란 말은 객관적 평가에 근거한 것이 아니라 오히려 사민당이 정권을 잡기 위해서 **필요하다**고 생각되는 발전과정을 나타내는 것이다. 엥겔스가 글이나 말로 표현한 것들은 이런 판단에 추호의 의심도 남기지 않고 있다. 게다가 이런 일련의 생각들은 일단 그 전제가 주어지기만 하면 수미일관하게 합리적인 것이기도 하다.

그러나 바로 그 전제에 문제가 있는 것이다. 모든 상황을 감안할 때 부르주아의 급진적 당파에게 권력을 가져다주었던 정치혁명은 유럽의 선진국가들에서는 과거에나 있던 일이라는 점이 분명하게 드러나고 있는 것이다. 근대 혁명은 일반적으로 가능한 집권분파 가운데 가장 급진적인 분파에게 초기에 권력을 가져다주는 경향이 있다. 1848년 프랑스의 경우가 바로 그런 경우이다. 당시 임시정부는 비록 과도적이긴 했지만 프랑스에서 가능한 정부 가운데에서 가장 급진적인 정부였다. 블랑키도 그것을 알고 있었고 그래서 그는 2월 26일 자신의 추종자들이 '배신한 정부'를 즉시 축출하고 순수한 혁명적 정부로 바꾸자고 했던 것을 단호하게 반대하였다. 마찬가지로 그는 5월 15일에도 혁명적 민중이 의회로 난입하여 그와 다른 혁명가들 및 사회주의자들로 구성된 정부의 설립을 외쳤을 때 의협심에 가득찬 바르베의 추종자들처럼 시청을 설치한다든가 한 것이 아니라 곧바로 조용히 집으로 돌아갔던 것이다. 그의 예리한 정치적 시각이 그의 혁명 이데올로기를 이겼던 것이다. 1848년과 비슷하게 1870년 공화정의 선포가 있었을 때 블랑키주의자들은 공화정의 수립을 강요했으나 정부는 부르주아 급진파가 장악했을 뿐이었다. 반면 1871년 3월 블랑키주의 사회주의 혁명가들의 영향을 받아 국민의회가 접수한 정부에 반대하는 봉기가 파리에서 발생하여 코뮌이 선포되었을 때에는 다른 현상이 나타났다. 즉 부르주아 및 소부르주아 급진파들은 물러나고 사회주의자들과 혁명가들이 그 자리를 대신하고 정치적 책임까지 모두 넘겨받았던 것이다.

이것은 선진 각국들에서 가까운 시기에 발생할 모든 봉기가 이런 형태를 취할 것이라는 사실을 그대로 말해준다. 그런 봉기에서 부르주아 계급은 더 이상 혁명적이지 않으며 노동자 계급은 그들이 투쟁하여 승리를 획득한 봉기 이후에 단지 비판적 반대파로만 남아 있기에는 이미 세력이 너무 강력하다. 특히 독일에서는 기존 당파들의 발전과정을 감안하건대 혁명 이후에 사민당 정부 이외의 다른 정부가 들어선다는 것은 명백히 불가능할 것이다. 순수한 부르주아 정부는 단 하루도 존립할 수 없을 것이며 부르주아 민주주의자와 사회주의자가 함께 구성된 타협정부란 것은 실질적으로는 전자 가운데 몇몇이 사회주의 정부 속에 장식품처럼 끼어 있거나 혹은 반대로 사민당이 부르주아 민주당에 굴복해 있는 것을 의미할 것이다. 혁명의 시대에는 이런 결합이 결코 있을 수 없을 것이 분명하다.

엥겔스가 『프랑스에서의 계급투쟁』 서문에서 이전에는 결코 보이지 않았던 결연한 태도로 보통선거권과 의회활동을 노동자 해방의 수단으로서 찬사를 보내고 기습적인 혁명에 의한 정치적 권력의 획득과 결별을 고한 데에는 바로 이와 같은 통찰이 함께 작용했으리라는 것을 우리는 받아들여야 할 것이다.

엥겔스의 이 글은 비록 블랑키주의자적인 생각이 근대화된 것이기도 하지만 그것을 거부하는 것이기도 하였다. 그러나 엥겔스에게서 연구의 중심은 여전히 정치적 당파로서 사민당의 역할 범위에 관한 것으로만 한정되어 있다. 변화된 전술적 조건에 근거할 때 의식화된 소수에 의한 봉기의 가능성은 적은 것으로 입증되고 있으며 사회제도가 어떻게 완전히 변혁되어야 할 것인지를 잘 깨우친 대중들의 참여가 바로 이런 변혁을 수행하는 데 필수적인 전제조건이라는 점이 강조되고 있다. 그렇지만 그것은 단지 외형적 수단과 의지, 즉 이데올로기에만 관계하고 있다. 사회주의 혁명의 물적 조건은 연구되지 않은 채 남겨져 있고, '생산수단 및 교환수단의 획득'이라는 낡은 공식은 변하지 않은 것처럼 보이며, 위대한 혁명적 행동에 의해 생산수단이 국가소유로 전환하기 위한 경제적 조건에는 어떤 변화가 있는지 없는지 단 한마디의 언급도 보이지 않고 있다. 단지 정치권력의 획득 방법에 대한 것만이 바뀌었을 뿐 정치권력의 경제적 이용가능성에 관해서는 여전히 1793년과 1796년의 글에서 썼던 그 낡은 이론에 머물러 있다.

이런 견해와 완전히 같은 맥락에서 마르크스는 1850년 『프랑스에서의 계급투쟁』에서 다음과 같이 쓰고 있다. "공적 신용과 사적 신용은 혁명의 강도를 측정할 수 있는 경제적 바로미터들이다. 그것들이 하락하면 그만큼 혁명의 열정과 생명력은 상승하는 것이다" (31쪽). 이것은 완전히 헤겔적인 것이며 또한 헤겔적 분위기에 익숙한 사람들에게는 매우 명백한 문장이다. 그러나 언제든지 이런 열정이 생명력을 막아버리고 단지 파괴적이고 황폐화하는 방향으로만 작용하게 되는 그런 점이 존재한다. 열정이 이 점을 넘어버리면 그때부터 더 이상의 발전은 없으며 퇴보가 시작되며 원래의 목표로부터 멀어지게 된다. 이것이 바로 역사에서 블랑키주의적 전술이 초기에는 성공을 거두더라도 언제나 결국 좌초하게 되는 그 점이다. 그것의 가장 큰 약점은 폭동이론에 있는 것이 아니라 바로 여기에 있는데, 이 점은 마르크스주의 진영에서 아직 한 번도 비판을 받아본 적이 없다.

이것은 전혀 우연이 아니다. 왜냐하면 이 점과 관련한 블랑키주의의 비판은 마르크스주의의 자기 비판이기 때문이다. 특히 이 자기 비판은 단지 몇 개의 외면적인 사항들에 대한 것이 아니라 그의 이론의 본질적인 구성요소들에 대한 것이다. 그것은 무엇보다도 우리가 여기에서 다시 한번 보게 되겠지만 바로 그것의 변증법이다. 경제를 사회발전의 토대로 삼아 출발했던 이론이 폭력의 숭배를 극단적으로 추구하는 이론 앞에서 항복하는 것을 보면서 우리는 그때마다 거기에서 헤겔의 명제와 마주치게 된다. 이런 헤겔의 변증법적 명제들은 아마 단지 비유로만 사용된 것이겠으나 그래서 그것은 더욱더 나쁜 상황을 초래하고 있다. 헤겔 변증법의 크나큰 기만은 그것이 완전히 틀렸다고는 결코 말하지 않는다는 점이다. 그것은 도깨비불이 진짜불을 똑바로 보지 못하듯이 진리를 똑바로 보지 않는다. 그것은 스스로 모순되는 법이 없는데 이는 이것에 의할 경우 모든 것이 그 내부에 모순을 안고 있기 때문이다. 경제가 차지하고 있던 자리에 폭력을 대신 앉히는 것이 모순인가? 아니다, 왜냐하면 폭력은 그 자체로 '경제적인 힘'이기 때문이다.

어떤 이성적인 사람도 이 마지막 문장이 상당 부분 옳다는 사실에 이의를 제기할 수는 없을 것이다. 그러나 만일 우리가 그 폭력이 언제 어떻게 경제적인 힘으로 작용하여 우리가 원하는 결과를 만들어낼 수 있을 것인가 하는 문제에 부딪치게 되면 헤겔 변증법은 그 순간 우리를 저버릴 것이며, 만일 이때 우리가 커다란 실패를 각오하지 않는다면 우리는 구체적인 사실들과 엄밀하게——형이상학적으로——정의된 개념들을 받아들이지 않으면 안 될 것이다. 헤겔주의의 논리적인 반전들은 급진적이며 재치 있는 색깔을 띠고 있다. 도깨비불과 마찬가지로 그것은 우리에게 피안의 모습을 매우 흐릿한 모습으로 보여준다. 그러나 막상 우리가 그것을 믿고 길을 선택하게 되면 우리는 반드시 진창에 빠지게 된다. 마르크스와 엥겔스가 달성한 위업은 헤겔 변증법의 도움으로 달성한 것이 아니라 오히려 그것을 거스름으로써 달성한 것이다. 한편 그들이 블랑키주의의 가장 큰 결함을 부주의하게 간과해 버린 것은 무엇보다도 그들 자신의 이론 속에 헤겔적 요소가 섞여 있었기 때문이었다.

제3장
근대 사회의 경제적 발전

1. 마르크스 가치론의 의의에 대하여

> 부수적으로 얻어지는 교훈은 노동자들에게 인기를 끄는 '노동수익 모두를'
> 이라는 요구가 스스로의 발목을 붙잡는 것일 때가 많다는 것이다.
> • 엥겔스, 『오이겐 뒤링 씨의 과학의 변혁』

우리가 이미 본 바와 같이 마르크스 이론에 따르면 자본주의 사회의 경제의 요체는 잉여가치이다. 그러나 잉여가치를 이해하기 위해서는 먼저 가치가 무엇인지부터 알아야 한다. 그래서 마르크스는 자본주의 사회의 본질과 발전과정에 대한 서술을 가치의 분석으로부터 시작하고 있다.

마르크스에 의하면 근대 사회에서 상품의 가치는 그것을 생산하는 데 소비된 사회적 필요노동이며 이것은 시간으로 측정된다. 그러나 이 가치의 척도는 일련의 추상화와 환원론에 의해서 만들어진다. 먼저 순수한 교환가치가 추출되어야 하는데, 이는 개별 상품들의 특수한 사용가치로부터 추상화되어서 만들어진다. 그런 다음——

일반적 추상적 인간노동의 개념을 구성하기 위하여——개별적인 유형의 노동들의 특수성들이 추상화된다(보다 고도의 복합적인 노동이 단순하고 추상적인 노동으로 환원된다). 여기에서 노동가치의 척도로서 사회적 필요노동을 구하기 위해서는 개별 노동자들의 근면성, 숙련도, 설비 등의 차이가 추상화되어야 하며 더 나아가 가치의 시장가치 혹은 가격으로의 전화를 위해서는 개별 단위상품에 요구되는 사회적 필요노동 시간이 추상화되어야 한다. 그러나 그렇게 얻어진 노동가치도 다시 새로운 추상화를 필요로 한다. 발전된 사회에서 상품들은 앞에서 이미 말한 바와 같이 자신의 개별가치 대로 판매되는 것이 아니라 자신의 생산가격에 따라 판매된다. 말하자면 실제 비용가격에 평균이윤율을 더한 가격으로 판매되는 것이다. 그리고 이때 평균이윤율의 크기는 사회적으로 생산된 총가치에 생산 및 교환에 소비된 인간 노동력의 총임금을 나누어서 결정하며 또한 여기에서는 그 총가치로부터 지대가 공제되고 다시 자본이 산업자본, 상업자본, 은행자본으로 나누어지는 것 등이 모두 고려되어야 한다.

이런 방식으로 가치는 개별 상품 혹은 개별 상품범주들에서 모든 구체적인 내용을 상실하고 순수한 사유의 구성물로 된다. 그런데 이런 조건 아래서 '잉여가치'는 어떻게 되는 것인가? 마르크스 이론에 따르면 그것은 생산물의 노동가치와 그것을 생산하는 데 소비된 노동력에게 지불된 것 간의 차이로 이루어진다. 따라서 노동가치가 단지 사유의 공식 혹은 과학적 가설이라고 주장된다면 그 순간 잉여가치도 단지 하나의 공식으로, 즉 가설에 의해 지탱되는 공식으로 되어버릴 것이다.

잘 알려진 바대로 프리드리히 엥겔스는 1895, 1896년 『노이에 차이트』에 실린 유고를 통해서 이 문제는 역사적인 경과를 고찰함으로써 해결해야 한다고 지적한 바 있다. 그에 따르면 가치법칙은 직접적으로 현실에서 타당한 것이며, 자본주의 경제 이전의 상품교환 시기에는 상품교환을 직접적으로 지배했던 법칙이다. 생산수단이 생산자 자신의 소유일 경우, 즉 예를 들어 원시공동체에서 생산물의 잉여를 교환하거나 자급적 경제를 꾸려가고 있는 농부나 수공업자가 자신의 생산물을 시장에 내다 팔 경우, 이 생산물의 가격은 자신의 노동가치로 수렴된다. 그러나 실제 생산자와 소비자 사이에 자본이 끼여들면, 즉 처음에는 상업의 혹은 상인의 선대자본으로서 그리고 다음에는 매뉴팩처 자본으로서 그리고 결국은 대산업자본으로서 자본이 끼여들면, 노동가치는 점점 표면으로부터 사라지고 전면에는 생산가격이 등장한다. 앞서 언급한 추상화란 사실 역사에서 이미 일어났던 일이며 오늘날에도 아직 영향을 미치고 있어서 일정한 경우와 형태로 현실에서 반복되어 나타나는 그런 실제과정들이 사유로 반복되는 과정이다. 노동가치는 비록 더 이상 직접 가격운동을 지배하지는 않지만 실재하는 것으로 남아 있는 것이다.

엥겔스는 경제사와 손을 맞잡고 『자본』 제3권의 한 구절에 결부시켜 이것을 입증하려고 노력하였다. 그러나 그는 이윤율의 성립과 형성에 대해서는 잘 설명했지만 가치의 문제를 다루는 곳에서는 확고한 입증력을 결여하고 있다. 엥겔스의 설명에 따르면 마르크스의 가치법칙은 5천 년에서 7천 년 동안, 즉 생산물이 상품으로 교환되던 처음 시기부터(바빌로니아, 이집트 등) 자본주의 생산의 등장에 이르기까지 일반적인 경제법칙으로 지배한다. 파르부스(Parvus)는 이미 이런 견해에 반대하여 같은 해 『노이에 차이트』에 몇몇 정확한 반론을 제기하였는데, 이 반론은 생산자들의 노동시간에 기초한 일반적 노동가치의 형성을 방해하는 일련의 사실들(봉건적 관계, 분화되지 못한 농촌경제, 춘프트, 독점 등)을 열거하고 있다. 전적으로 명백한 사실로서, 노동가치에 기초한 교환은 교환을 위한 생산이 경제단위의 부차적인 부문, 즉 잉여노동을 사용하는 부문이고,

교환에 참여하는 생산자들이 근본적으로 다른 조건에서 생산을 수행하는 한에 있어서는 일반적인 규칙이 될 수 없다는 것이다. 교환가치를 이루는 노동의 문제, 즉 가치와 잉여가치의 문제는 어떤 경제발전 단계에 있어서도 오늘날처럼 그렇게 명료하지는 않다.

그러나 그 시기에도 오늘날보다 더 명확하게 드러나 있던 것은 **잉여노동**이란 사실이었다. 고대나 중세에 잉여노동이 수행될 경우 거기에서는 아무런 기만도 이루어지지 않았으며 가치의 표상이란 것을 통하여 그 잉여노동을 혼란스럽게 만드는 일도 없었다. 노예는 만일 그가 교환을 목적으로 생산에 종사하고 있을 경우 순수한 잉여노동의 기계이며 농노나 예농이 수행하는 잉여노동은 공개적인 형태의 부역이나 현물공납 내지는 십일조였다. 춘프트 장인의 휘하에 있던 직인은 자신의 노동이 얼마나 장인에게 바쳐지는지, 그리고 그렇게 바쳐진 노동이 고객에게 얼마의 가격으로 매겨지는지를 모두 쉽게 알 수 있었다.[1] 이러한 임금과 상품가격 간의 관계의 투명성은 자본주의 사회의 초기만 해도 아직 지배적인 현상이었다. 당시의 경제정책적 저술들 속에는 부를 산출하는 유일한 원천으로서 잉여노동과 노동을 지적하는 구절들이 많아서 우리를 놀라게 하는데 이것은 바로 그런 관계의 투명성 때문이었던 것이다.

오늘날 우리가 보기에 사물에 대한 심오한 고찰의 결과라고 생각되는 것들이 당시에는 거의 흔한 일이었다. 물론 그 시대의 부자들에게는 그들의 부가 그들 자신의 노동의 성과라고 생각되는 일이

---

1) 전(前)자본주의적 영업방식이 현재에도 그대로 이어지고 있는 경우 그런 곳에서는 잉여노동이 오늘날에도 여전히 감춰지지 않은 채로 그대로 드러나 있다. 자신의 장인을 위하여 어떤 고객에게서 노동을 수행하고 있는 소(小)미장이 장인의 조수는 그에게 지불되는 시간제 급료가 실제로 자신의 장인이 고객으로부터 지불받는 시간제 급료보다 얼마만큼이나 적은지를 잘 알고 있다. 이것은 출장 재단사나 출장 정원사의 경우에도 사정이 비슷하다.

아예 있을 수 없었다. 노동을 그제서야 비로소 일반화되기 시작하는 (교환)가치의 척도로 간주하는 이론은 매뉴팩처 시기의 초기에 등장하게 되는데, 이 이론은 노동을 부의 유일한 원천으로 간주하는 생각과 결합하여 가치를 전적으로 구체적인 것으로 이해하였지만 그러나 또한 잉여노동의 해석에서는 그것을 해명하기보다는 더욱 혼란스럽게 만드는 데 기여하기도 하였다. 그후 애덤 스미스가 이들의 이론에 기초하여 이윤과 지대를 노동가치로부터 파생되어 나온 것으로 설명하고 리카도가 다시 이들 가치론을 더욱 발전시키고 사회주의자들이 부르주아 경제학에 대항하여 이 가치론을 배우게 되는 모든 과정들은 마르크스가 자세히 서술해 놓고 있다.

그러나 애덤 스미스에게서도 이미 노동가치는 기존 현실의 추상화로서 이해된다. 노동가치가 완전한 현실성을 갖는 것은 자본축적과 토지의 점유가 아직 이루어지기 전, 즉 사회발전 단계가 아직 초기이며 성숙하기 전에만 그러하며 또한 낙후된 산업 부분에서만 그러하다. 반면 자본주의 세계에서는 스미스에게서 가치 가운데 노동과 임금 이외에 이윤과 지대를 구성하는 부분이 따로 있어야 하며, 노동가치는 단지 노동생산물의 분배, 즉 **잉여노동**이라는 현상을 밝히기 위한 '개념'으로서만 사용된다.

마르크스의 체계에서도 원칙적으로 이와 다를 것은 없다. 단지 마르크스는 스미스에 비해 노동가치의 개념을 훨씬 엄격하고 동시에 추상적으로 파악하여 이를 굳게 지켰을 뿐이다. 그러나 마르크스학파——여기에는 필자와 마르크스주의에 대한 신봉자들도 함께 포함된다——가 이 체계에서 가장 근본적으로 중요한 점이 노동가치에서 '사회적으로 필요한 노동시간'이라는 속성이 단지 해당 상품의 생산**방법**하고만 관련되는 것인지 혹은 이 상품의 생산량과 유효수요 간의 비율과도 관련이 있는 것인지를 둘러싼 격렬한 쟁점에 있다고 생각하고 있는 동안에 마르크스의 책상 위에는 이미 하나의

122

해답이 마련되어 있었는데, 이 해답은 다른 것과 마찬가지로 이 문제에서도 완전히 다른 모습과 다른 영역, 그리고 다른 길을 밟아가는 것이었다. 개별 상품 혹은 각종 상품들의 가치는 그 상품들이 생산가격——생산비에 이윤율을 더한 것——에 판매됨으로써 이제는 완전히 이차적인 것으로 되어버린다. 중요한 것은 **사회의 총생산가치**와 이 가치에서 노동자 계급의 총임금액을 공제한 나머지 잉여의 가치이다. 즉 개별적 잉여가치가 아니라 **사회 전체 규모의 총잉여가치**가 중요한 것이다. 일정 시점에서 노동자 전체가 자신들에게 배분된 몫 이상으로 생산한 것은 사회적 잉여가치를 이루는데, 이 사회적 생산의 잉여가치는 다시 개별 자본가들에게 그들이 각자 경제적으로 사용한 자본의 크기에 따라 거의 같은 비율로 배분된다.

그러나 이 잉여생산물은 총생산이 총수요 혹은 시장의 구매력과 일치하는 범위 내에서만 실현된다. 이런 관점, 즉 총생산의 관점에서 본다면, 각 개별 상품품목들의 가치를 결정하는 노동시간은 정상적인 생산조건 아래서 시장의 구매력, 말하자면 구매자 전체가 구매할 수 있을 만큼의 양을 생산하는 데 필요한 노동시간을 의미하게 된다. 그러나 바로 여기에서 얘기하는 상품들에 대해서 실제로 사회적 총수요를 측정할 수 있는 척도란 사실 존재하지 않는다. 그래서 이것도 앞서 얘기하였던 가치라는 개념과 마찬가지로 순수한 사유의 산물이며 고센(Gossen), 제번스(Jevons), 뵘바베르크(Böhm-Bawerk) 학파에서 말하는 한계효용과 별로 다르지 않은 것이다. 두 학파는 모두 현실적 관계에 토대를 두고는 있으나 모두 추상화를 통해서 이론을 구성하고 있는 것이다.[2]

---

2) 노동가치에 구체적인 내용을 부여하고자 하면서 노동가치를 이론적으로 측정가능한 크기로 변형시키고자 하였던 흥미로운 시도로서 레오 폰 부흐(Leo von Buch)의 『노동강도, 가치 및 상품의 가격』(*Intensität der Arbeit, Wert*

und Preis der Waren)(Leipzig : Duncker & Humbolt, 1896)을 들 수 있다. 집필할 당시 『자본』 제3권을 아직 읽지 못했을 것이 분명한 이 책의 저자는 노동가치의 크기를 측정하는 척도로서 노동의 **한계강도**(Grenz-dichtigkeit, Limitarintensität)를 제시하고 있는데 이 한계강도는 매일매일의 실제 노동시간과 8시간 노동일 간의 비율과 실제 임금과 노동생산물 가치 간의 비율(착취율)로부터 얻어진다. 실제 노동시간이 짧아질수록 그리고 착취율이 낮아질수록 노동강도는 증가하고 따라서 생산물의 노동가치도 상승한다. 그러므로 부흐에 따르면 노동가치에 근거한 착취는 발생하지 않는다. 착취는 가격에 기초해 있는 생산물의 시장가치와 노동가치 간의 비율로부터 비로소 발생한다. 그리고 부흐는 이 시장가치에 대해서 **교환가치**(Tauschwert)라는 말을 버리고 **평가가치**(Schätzungswert)라는 말을 사용하였는데, 교환가치란 말은 직접적인 교환이 더 이상 이루어지지 않는 오늘날에는(오늘날에는 모든 교환이 화폐를 매개로 이루어지는 것을 의미한다) 무의미한 말이기 때문이다.

이 이론은 얼핏 보기에 낯설어 보이지만 나름대로의 의미는 있다. 즉 부흐는 노동가치와 시장가치를 근본적으로 구별함으로써 어떤 개념적 이원론도 피할 수 있었으며 그 결과 전자의 개념을 훨씬 더 엄밀하고 순수한 형태로 다룰 수 있었던 것이다. 단지 문제가 될 수 있는 것은 노동가치를 결정할 때 후자의 '가치'를 미리 감안하는 일이 있느냐 하는 점이다. 부흐가 원했던 것은 시장가치에 대립되는 노동가치에게 하나의 **생리학적** 근거를 부여하고자 했던 것이며 그는 실제로 지불된 임금을 측정요소로 삼음으로써 사실상 그렇게 할 수 있었다. 그런데 마르크스에게서는 '노동과정과 가치증식 과정'의 장에서 임금과 노동가치와의 관계가 근본적으로 거부되고 있는 것이 눈에 띄고 있다. 즉 거기에서는 다음과 같이 서술되고 있다. "그런데 이 힘(노동력)의 가치가 더 커지면 그것은 더 많은 노동으로 나타나고 따라서 같은 시간 동안에 상대적으로 더 많은 가치로 나타나게 된다"(제1권 제2판, 186쪽). 위에서 언급한 부흐의 글은 그의 책 가운데 단지 앞부분 일부에 지나지 않기 때문에 보다 상세한 논의는 나중의 적절한 기회로 미루겠지만 그의 이 글은 내가 보기에 상당히 날카로운 분석을 담고 있는 것이며 결코 완전히 해명될 수 없는 문제에 대한 주목할 만한 기여를 남기고 있는 것으로 보인다.

물론 이런 추상화는 복잡한 현상들을 고찰하는 데 불가피한 것이다. 그러나 그것이 어느 정도까지 허용되어야 하는가 하는 문제는 전적으로 연구의 대상과 목적에 따라 달라져야 할 것이다. 이 문제에 대해서 원래 마르크스가 허용하고 있는 것은 상품의 특성을 최종적으로 단순한 인간의 노동량으로 환산할 수 있는 것까지였는데 이것은 뵘바베르크-제번스 학파가 상품특성 가운데 그것의 효용성만을 남기고 나머지는 모조리 사상해 버렸던 것과 마찬가지의 것이었다. 그러나 이들 양자의 추상화는 모두 단지 일정한 논증목적에만 사용되도록 허용되어 있는 것으로서 거기에서 발견된 명제에 기초하여 단지 일정한 범위 내에서만 적용될 필요가 있는 것이다.

어떤 품목의 상품에 대한 어떤 시점의 총수요를 측정할 수 있는 확실한 척도는 결코 존재하지 않는다. 그러나 실제로 보면 일정 기간 동안에 모든 상품의 수요와 공급은 거의 균형을 이루는 것으로 나타나고 있다. 또한 현실에서는 상품의 생산과 배분(Zustellung)[3]에 참여하고 있는 사람들은 사회 전체의 일부분에 지나지 않는 반면, 다른 많은 사람들은 생산과 직접적인 관련이 없는 용역을 통해서 소득을 얻거나 혹은 전혀 아무런 노동을 하지 않고도 소득을 획득하고 있는 것으로 나타나고 있다. 그래서 생산에서 만들어진 총노동에 의해서 생산에 직접 참여한 사람들의 수보다 훨씬 더 많은 사람들이 먹고 살고 있다. 게다가 소득에 대한 통계를 보면 총생산물 가운데에서 생산에 직접 참여하지 않은 사람들이 차지하는 비율이 생산에 직접 참여한 사람들이 차지하는 비율보다 훨씬 높다는 것이 잘 드러나고 있다. 이 생산에 직접 참여한 사람들의 잉여노동은 **경험적인**, 즉 **경험**을 통해서 입증가능한 사실로서 전혀 연역적

---

3) 이 말은 오해되기 쉬운 용어인 '분배'(Verteilung)라는 말보다 낫다.

입증이 필요하지 않은 것이다. 마르크스의 가치론이 옳으냐 그르냐 하는 문제는 잉여노동의 입증과는 완전히 무관한 일이다. 그런 점에서 이 가치론은 논증이 문제가 되는 주제가 아니라 분석과 예증의 수단일 뿐이다.

그러므로 마르크스가 상품생산의 분석에서 개별 상품이 그 가치대로 판매된다고 가정하고 있는 것은 그가 총생산의 관점에서 실제로 드러나고 있는 현상을 이론적인 개별 사례로 재구성하여 이를 예증하고 있는 것으로 보아야 한다. 상품 전체에 대해서 사용된 노동시간은 위에서 얘기한 의미에 따르면 그것의 사회적 가치이다.[4] 그리고 이 사회적 가치가 완전히 실현되지 않는다 하더라도——왜냐하면 국지적인 과잉생산으로 끊임없이 상품의 가치절하가 발생하므로——그것이 사회적 잉여가치나 잉여생산물의 존재사실에 대해서 원칙적으로 어떤 영향을 미치지는 못한다. 이 잉여가치량은 증가세가 때때로 변동하기도 하고 혹은 완만해지기도 하지만 그러나 완전히 멈춘 적은 한 번도 없으며 특히 그 양이 감소한 적은 근대 국가의 성립 이후 한 번도 없었다. 잉여생산물은 어디에서나 증가하고 있으며 단지 임금자본의 증가에 대한 증가비율은 오늘날 선진 국가들에서 감소하고 있다.

마르크스는 여기에서 말한 총상품가치의 이론틀을 개별 상품단위

---

4) "실제의 가치법칙은……단지 모든 개별 상품들에서 필요노동시간이 소비된다는 것뿐만 아니라 사회적 총노동시간 가운데 각 생산집단들에서 소비되는 필요노동시간이 동일한 비율로만 이루어진다는 것을 의미한다. 왜냐하면 조건을 이루는 것은 여전히 사용가치이며……사회적 수요, 즉 사회적 범위에서의 사용가치는 사회적 총노동시간 가운데 상이한 각각의 생산영역에 할당되는 비율에 따라서 정해지는 것처럼 보이기 때문이다"(『자본』 제3권, 176~177쪽). 이 정도의 문장만으로는 몇 가지 뛰어난 표현방식은 있지만 고센-뵘바베르크의 한계효용 이론을 뛰어넘기는 불가능하다.

로 이전하면서 이미 잉여가치의 형성이 생산영역에서만 이루어지고 이 생산영역에서 그 가치를 생산하는 것이 바로 산업 임노동자라는 것을 보여주고 있다. 근대 경제생활에서 활동하는 다른 모든 요소는 생산의 보조요소들일 뿐이다. 이들은 예를 들어 상인이나 은행가 혹은 그들이 고용한 사람들 등으로서 이들이 아니면 산업기업가들이 직접 수행해야 할 일들을 그들이 대신 덜어주고 그럼으로써 이들 산업기업가들의 비용을 감소시켜 줌으로써 **간접적으로** 잉여가치를 **증가시키는** 데 도움을 주는 요인들이다. 도매상들과 그들의 점원들 등은 형태만 바꾸고 기능만 분화된 산업자본가들의 분신에 불과하며 그들의 이윤도 산업자본가들의 비용이 형태만 바뀌어 나누어진 형태일 뿐이다. 이들 상인과 임금관계에 있는 점원들은 상인을 위해 잉여가치를 창출하지만 그러나 그것은 사회적 잉여가치는 아니다. 왜냐하면 그들 주인의 이윤은 그들 자신의 임금과 함께 산업부문에서 생산된 잉여가치로부터 **공제된 부분**이기 때문이다. 단지 이런 공제부분의 크기는 여기에서 우리가 말하는 이들 기능들의 분화가 있기 전보다는, 혹은 이런 기능분화가 없는 상태보다는 더 적을 것이다. 이런 분화는 생산의 대규모 발전과 산업자본의 회전속도의 증가를 비로소 가능하게 한다. 일반적으로 분업이 그렇듯이 이 분화는 산업자본의 생산성을 높이고 또한 산업에 직접 고용된 노동의 생산성도 높인다.

지금까지 우리는 『자본』 제3권에 기술되어 있는 상품거래자본(다시 그로부터 화폐거래자본의 분화가 기술되어 있다)과 상업이윤에 대한 논의를 간단하게 개괄해 보았다. 이로부터 분명해진 것은 마르크스 체계에서 잉여가치를 창출하는 노동이 매우 협소한 제약을 갖는다는 점이다. 지금까지 얘기한 기능은 여기에서 더 이상 설명하지 않은 기능들과 마찬가지로 그 본질상 근대 사회제도에서는 필수불가결한 것이다. 그것의 형태는 물론 변할 수 있는 것이며 의심의 여지없이 앞으로도 변해갈 것이다. 그러나 그러한 기능 자체는 인류가 소규모의 폐쇄된 경제단위로 해체되고 그리하여 다시 이런 소규모 경제단위마저도 일부는 아예 폐기되고 일부는 더욱더 작은 최소규모로 축소되지 않는 한 그대로 남을 것이다. 그러나 현존 사회에 적용되는 가치론에서 이들 기능에 돌아가는 전체 지출 부분은 단지 잉여가치의 공제분으로서만, 일부는 '비용'으로서, 일부는 착취율의 한 구성부분으로서, 나타나고 있다.

여기에서 이 기능들을 평가하는 데에는 어떤 자의성이 개입하고 있는데, 그것은 실제로 현존하는 것이 아닌 머릿속으로 그려낸 바의 공동체적으로 운영되는 사회를 상정하고 있는 것을 의미한다. 이것은 가치론의 모든 부분을 해명할 수 있는 열쇠이다. 가치론은 이 틀을 통해서만 명확하게 이해될 수 있다. 우리는 총경제를 상정함으로써만 잉여가치를 실재적인 것으로 파악할 수 있다는 것을 앞에서 이미 보았다. 마르크스는 그의 이론에서 상당히 중요한 계급에 관한 장을 완전히 마무리짓지 못하였다. 만일 그가 이 장을 마무리하였다면 거기에서 그는 노동가치가 다름아닌 바로 그 절대적인 열쇠라는 것을, 즉 생기를 불어넣은 원자와 마찬가지로 사유의 산물이라는 것을 극명하게 보여주었을 것이다.[5] 이 열쇠는 마르크스

---

5) 우리는 우리가 사유하고 있다는 것을 안다. 또한 우리가 어떤 방식으로 사유하고 있는지도 잘 알고 있다. 그러나 그런 우리의 사유가 어떻게 진행되는지는 결코 알지 못할 것이다. 즉 외부로부터의 인상이나 신경계의 자극에 의해서 혹은 우리들 뇌세포 속의 원자들이 위치를 바꾸거나 상호작용함으로써 우리의 의식이 어떻게 발생하는지는 결코 알 수 없을 것이다. 그래서 단자론의 관점에서 원자에 일정한 정도의 의식능력과 생명력을 부여함으로써 이를 설명하고자 노력하기도 하였다. 그러나 그것은 사유의 산물일 뿐으로 세계를 통일적으로 파악하고 싶어하는 우리의 욕구와 우리의 추론방식이 빚어낸 하나의 가설일 뿐이다.

128

내가 이 사실을 환기시킴으로써 순수한 유물론은 결국 관념론이라고 지적한 논문을 쓰자 플레하노프(Georgi Plechanow)는 이것을 나에 대한 공격의 절호의 기회로 삼아 『노이에 차이트』(제44권, 16년차, 제2부)에서 내가 전반적으로 매우 무식하며 특히 엥겔스의 철학적 세계관에 대해서는 전적으로 몰이해하고 있다고 비난하였다. 플레하노프는 이 글에서 내가 전혀 건드리지도 않았던 사안들을 자기 마음대로 내 말과 결부시키고 있는데 이 부분은 여기에서 더 이상 다루지 않기로 한다. 다만 여기에서 나는 그의 논문이 다음과 같은 설명을 하고 있다는 사실만을 확인해 두고자 한다. 즉 엥겔스가 어느 날 플레하노프에게 "당신은 우리의 스피노자가 '사유와 연장은 다름아닌 동일한 실체의 두 가지 속성이다'라고 했던 말이 옳다고 믿습니까"라고 물었을 때 그는 "그렇습니다. 우리의 스피노자가 전적으로 옳았습니다"라고 대답했다는 것이다.

그런데 스피노자에게서 이 두 가지 속성을 동시에 가진 실체란 바로 신이다. 물론 스피노자는 신을 자연과 동일시함으로써 바로 그 때문에 일찍이 신을 부정하는 자로 낙인찍혔으며 그의 철학은 무신론으로 비난받았다. 그러나 그의 이론은 자연 바깥에 존재하는 인격적 신을 주장하는 이론에 대해서 무신론의 탈을 쓰고 있긴 하지만 형식적으로는 범신론의 모습을 띠고 있다. 스피노자는 앞서 언급되었던 속성들과 그 밖에 여기에서 자세히 언급되지 못한 다른 속성들을 가진 무한한 실체로서의 신의 개념을 순수한 사변적 경로를 통해서 얻어냈던 것이다. 그에게 합법칙적인 사유와 존재는 동일한 것이었다. 그런 한에서 그는 다른 유물론자와 합치하고 있지만, 그렇다고 해서 바로 그를 철학적 유물론자로 부른다는 것은 지나치게 자의적인 해석이 될 것이다. 만일 우리가 유물론에 대해서 어떤 규정성을 부여하고자 한다면 그것은 단지 물질을 사물의 궁극적이고 유일한 근원으로 간주하는 이론으로 규정할 수 있을 것이다. 그러나 스피노자는 그가 말한 실체인 신을 명시적으로 비물질적인 것이라고 표현하고 있다. 스피노자주의자가 되는 것은 누구에게나 자유이겠으나 스피노자 자신은 결코 유물론자가 아니다.

나는 엥겔스가 『루트비히 포이어바흐와 독일 고전철학의 종언』에서 유물론에 관하여 위에서 말한 것과는 다른 두 가지 정의를 내렸던 것을 알고 있다. 하나는 단지 자연을 원천으로 생각하는 모든 것을 유물론으로 싸잡아라는 명인에 의해 사용되어서 자본주의 경제의 작동원리에 대한 폭로와 서술로 이어졌는데, 그것은 이전에는 볼 수 없었던 상세함과 논리성, 그리고 투명성을 갖추고 있었다. 그러나 그것은 일정한 점을 넘어서면서 이런 내용들을 잃기 시작하였고 따라서 마르크스의 거의 모든 제자들에게 치명적인 것으로 되어갔다.

노동가치론은 무엇보다도 노동가치가 계속해서 자본가들에 의한 노동자들의 착취의 척도로서 나타난다는 점에서 오류로 빠지고 있는데, 여기에는 무엇보다도 잉여가치율을 착취율로 표현하는 등의 잘못이 작용하고 있다. 잉여가치율이 그 자체 이런 척도로는 옳지 않다는 것에 대해서는 우리가 이미 앞의 논의에서 사회 전체로부터 출발하여 임금총액과 나머지 다른 소득총액을 대비시켜 본 결과 드러난 바와 같이 명백한 사실이다. 가치론은 노동생산물의 분배가 정당하냐 정당하지 않느냐를 판단하는 기준을 제공해 주는 것이 아니다. 이는 원자론이 어떤 조각품의 아름다움과 추함을 판단하는 기준을 제공해 주지 못하는 것과 마찬가지이다. 오늘날 우리는 매우 높은 잉여가치율을 가진 바로 그런 산업 부문에서 최고의 지위에 있는 노동자, 즉 '노동귀족'의 일부를 만나기도 하며 동시에 매우 낮은 잉여가치율을 가진 그런 산업 부문에서 극히 천대받고 내

버리는 것이고 다른 하나는 '자연의 고유한 구조로 파악되는 사실들과 일치하지 않는' '모든 관념적 망상들을 포기하는 것'을 유물론으로 부르는 것이다. 이런 정의는 유물론이라는 말에 지나치게 광범위한 의미를 부여함으로써 모든 규정성을 상실해 버리고 심지어 반유물론적인 것까지를 포함하고 있다. 여기에서 다시 한번 확인되고 그래서 플레하노프도 어쩔 수 없이 인정하였던 점은 '유물론적'이라는 말을 받쳐주고 있는 지지대가 과학적인 근거라기보다는 정치적인 것이라는 사실이다. 사유하는 물질을 신봉하지 않는 자는 정치적 이단자로 의심받으며 이것이 그의 논문이 말해주고 있는 교훈이다. 내가 이런 정치적 파문을 어떻게 견뎌낼 수 있을까?

버려진 노동자들을 만나기도 한다. 임노동자가 자기 노동의 생산물을 모두 갖지 못한다는 사실만으로는 사회주의나 공산주의의 과학적 근거가 관철될 수 없다. 프리드리히 엥겔스는『철학의 빈곤』서문에서 다음과 같이 쓰고 있다. "마르크스는 자신의 공산주의적 요구의 근거를 여기에 둔 것이 결코 아니었고 바로 눈앞에서 매일 점차로 심화되어 가고 있던 자본주의적 생산양식의 붕괴에 두었다."

그것이 무엇을 의미하는 것인지를 이제 보기로 하자.

2. 근대 사회에서 소득의 움직임

> 축적은 한편으로는 집적의 증가로……또 다른 한편으로는 많은 개별 자본들 상호간의 반발로 나타난다.
> • 마르크스,『자본』, 제1권, 제4판, 590쪽.

마르크스 이론에 따르면 잉여가치는 자본가들의 숙명이다. 자본가들은 이윤을 얻기 위해서 잉여가치를 생산해야 하는데, 단지 살아 있는 노동으로부터만 이 잉여가치를 뽑아낼 수 있다. 자신의 경쟁자들로부터 시장을 지키기 위하여 그는 생산비용을 낮추고자 노력하는데 그의 이런 노력은 그가 임금인상 압력을 거절하고 노동생산성의 증가를 이룩함으로써만, 즉 노동인력의 절감과 기계의 완전한 개량을 이룸으로써만 열매를 거둘 수 있다. 그러나 노동인력의 절감을 통해서 그는 잉여가치를 생산하는 노동을 몰아내게 되며 이는 결국 그에게 황금알을 낳는 암탉을 때려죽이는 결과를 가져온다. 그 결과 이윤율이 점차 하락하게 되는데 이 경향은 이것을 상쇄하는 요인들에 의해 일시적으로 저지되기도 하지만 결국은 다시 진행하게 된다. 바로 여기에 자본주의적 생산양식의 새로운 내적 모순이 있다.

이윤율은 자본이 생산적으로 사용될 수 있는 유인이며 그것이 일정한 수준 이하로 하락하게 되면 생산적인 기업활동의 유인은 무력해진다. 이것은 특히 기존에 축적된 자본량 가운데 일부로서 시장에 등장하는 신규 자본의 경우 더욱 그러하다. 그리하여 자본 그 자체가 자본주의적 생산의 장애요인으로 나타난다. 생산의 지속적인 발전은 중단된다. 한쪽에서는 활동 중인 모든 자본이 자신의 이윤을 거두어들이고 증대시키려고 온갖 노력을 기울이며 생산에 열중하고 있는 반면, 다른 한쪽에서는 생산의 확장에 장애가 발생하는 것이다. 이것은 단지 사용가치의 시장에서 상대적 과잉생산으로부터 공황으로 발전해 가는 과정의 다른 쪽 모습일 뿐이다. 상품의 과잉생산은 동시에 자본의 과잉생산으로 나타난다. 이윤율의 경우와 마찬가지로 여기에서도 공황은 일시적인 균형을 창출한다. 자본의 엄청난 파괴와 가치저하가 발생하고 경기침체의 영향 아래 노동자계급의 일부는 평균 이하로의 임금인하를 감수하지 않으면 안 되는데, 이는 노동력 시장에서 자본이 사용할 수 있는 산업예비군이 넘쳐나기 때문이다. 잠깐의 시간이 지나고 나면 수익성 있는 자본투자의 조건이 새롭게 만들어지고 춤은 다시 시작되지만 지금까지 서술되었던 내적 모순은 보다 심화된 단계에서 계속 진행된다. 즉 보다 대규모의 자본의 집중과 기업들의 집적, 보다 높아진 착취율 등이 진행되는 것이다.

그런데 이 모든 것이 맞는 것일까?

그렇기도 하고 아니기도 하다. 무엇보다도 경향에 있어서 그것은 맞다. 위에서 얘기한 힘들은 실제로 존재하는 것이고 또 위에서 얘기된 방향으로 작용한다. 그리고 그 과정들도 현실에 근거한 것이다. 이윤율의 저하는 사실이며 과잉생산과 공황의 등장, 주기적인 자본의 파괴와 산업자본의 집적과 집중, 잉여가치율의 상승 등 모두가 사실이다. 이런 것들에 관한 한 위에서 서술된 것들은 원칙적으로 흔들릴 필요가 없다. 만일 서술된 것이 현실과 일치하지 않는

132

다면 그것은 서술된 것이 틀려서가 아니라 그것이 불완전하게 서술되어 있기 때문이다. 위에서 서술된 모순들을 제약하는 상쇄요인들은 마르크스에게서 완전히 무시되고 있으며 때에 따라서 감안되는 경우에도 나중에 확정된 사실들을 다시 요약하고 대비하면서 결국은 배제되고 있는데, 이는 결국 자본주의의 적대적 성격을 실제보다 훨씬 강력하고 직접적인 것으로 나타내는 결과를 낳고 있다.

이런 서술방식은 마르크스가 『자본』 제1권(제23장 제2절)에서 분할을 통한 새끼자본의 형성('많은 개별 자본들 상호간의 반발')을 서술하는 데서도 나타나고 있는데, 그는 여기에서 자본의 축적과 함께 이런 분화의 결과로서 자본가들의 숫자는 '다소 증가한다'(제4판 589쪽)라고 처음에는 지적하고 있다. 그러나 뒤 이은 논의에서 그는 다시 이런 자본가들의 숫자의 증가를 완전히 무시하고 주식회사를 단지 자본의 집중과 집적의 관점에서만 다루고 있다. 위에서 얘기했던 '다소'라는 말 한마디로 이 사안은 없어져버린 것처럼 보인다. 제1권의 끝부분에 가면 단지 '끊임없이 감소하는 대자본가들'이라는 말만 나오고 제3권에 가서도 이 문제는 원칙적으로 더 이상 변화가 없다. 이윤율과 상인자본을 다루는 부분에서 자본들의 분화와 관련된 사실들이 언급되지만 그것은 우리가 말하는 점과는 아무런 연관이 없이 언급되고 있다. 독자들은 자본 소유자들의 숫자가 지속적으로——절대적으로는 아니라 하더라도 노동자 계급의 증가비율에 비해서 상대적으로는——감소하고 있다는 인상을 받을 것이다. 따라서 사민당 내에서도 산업기업들의 집적이 자산의 집적과 병행되는 것이라는 생각이 지배적으로 되어 있거나 혹은 끊임없이 그런 생각이 상기되고 있다.

그러나 그것은 전혀 그렇지 않다. 주식회사는 기업의 집중에 의한 자산의 집중이라는 경향에 대해서 상당한 정도로 반대방향으로 작용한다. 그것은 기존에 집적된 자본의 광범위한 분할을 가능하게 하며 개개의 대자본가들이 산업기업들의 집적을 목적으로 대규모로 자본을 획득하려 하는 것을 불필요하게 만든다. 사회주의자가 아닌 경제학자들이 이 사실을 기존의 사회질서를 옹호할 목적에 사용한다고 해서 바로 그것 때문에 사회주의자들이 이것을 감추거나 말하지 않을 이유는 없다. 오히려 이런 사실을 현실에서 확장시키고 그것의 의미를 인식하는 것이야말로 더욱 중요한 일이다.

애석하게도 일반주 우선주 등의 배분에 대한 수치자료는 전혀 존재하지 않는다. 왜냐하면 영국에서는 예외적으로 이름이 기록된 주식이 대부분이고 그렇게 확정된 주주들의 명부를 국가의 등기소에서 누구나 열람할 수 있지만 그 밖에 대부분의 나라들에서는 주식이 무기명(말하자면 다른 유가증권과 마찬가지로 언제 어디서나 소유주가 바뀔 수 있는 것이다)이기 때문에 오늘날 그렇게 광범위하게 공모된 주식회사의 주식지분들에 대해서 주식소유자들의 자세한 통계를 작성한다는 것은 너무나 엄청난 일에 속하므로 아무도 이일을 해볼 엄두를 내지 않았기 때문이다. 이런 주식지분의 수치에 대해서는 단지 개개의 회사들에 대해 실시된 몇몇 조사들에 기초하여 대강 추정할 수 있을 뿐이다. 그렇지만 여기에 대해서 우리가 가지고 있는 생각이 얼마나 터무니없는 것인지, 그리고 자본주의적 집적의 가장 최근의 두드러진 형태인 '트러스트'가 자산의 배분에서 멀리서 보는 것과는 실제로 얼마나 다른 내용으로 되어 있는지를 보여주기 위해서 쉽게 증명될 수 있는 몇 가지 수치를 여기에서 다음과 같이 들어보기로 한다.

약 1년 전에 설립된 영국의 **봉제사-트러스트**에는 12,300명 이상의 주주가 있다. 그 내역은 다음과 같다.

평균자본 1,200마르크의 일반주 소유자　6,000명

평균자본 3,000마르크의 우선주 소유자　4,500명

평균자본 6,300마르크의 채권 소유자   1,800명

세사(細絲)방적 트러스트도 상당한 숫자의 주주를 가지고 있는데, 그 수는 5,454명이다.

평균자본 6,000마르크의 일반주 소유자   2,904명
평균자본 10,000마르크의 우선주 소유자   1,870명
평균자본 26,000마르크의 채권 소유자   680명

면사-트러스트인 피앤티 코츠(P & T Coats)사의 경우도 이와 비슷하다.[6] 대(大)맨체스터 운하회사의 주주 수는 약 40,000명에 달하고 대식품회사인 립턴(T. Lipton)사의 주주 수는 74,262명에 달한다. 최근 자본 집적의 예로서 자주 인용되는 창고회사인 런던의 스파이어 앤 폰드(Spiers & Pond)사는 2,600만 마르크의 총자본에 4,650명의 주주가 있는데 이 가운데 10,000마르크 이상의 주식소유자는 550명뿐이다. 이것은 집중된 기업들의 자산이 분산되는 경향에 대한 몇 가지 예이다. 그래서 이제 주주라고 해서 모두 당연히 자본가라고 이름붙일 수 있는 만큼 큰 것은 아니라는 것을 알게 되며, 많은 경우 동일한 크기의 자본가가 숱한 회사들에서 소주주로서 여러 번 등장하는 것도 보게 된다. 그러나 그럼에도 불구하고 주주들의 숫자와 이들의 주식소유 평균액수는 급속하게 증가하고 있는 것을 알 수 있다. 전체적으로 영국의 주식소유자 수는 100만 명을 훨씬 넘어서고 있는데, 이것은 1896년 현재 영국의 주식회사 수

---

6) 이들 모든 트러스트에서는 트러스트에 가입한 공장들의 기존의 소유주들은 트러스트의 주식의 일부를 인수해야만 했는데, 이 부분은 위의 통계에서 계산되지 않았다.

가 21,223개이며 불입자본금만도 222억 9천만 마르크에 이르고 있다는 사실을 생각할 때——이것은 영국 내에서 거래하지 않는 해외 기업들과 국채 등은 포함하지 않은 것이다[7]——과도한 것으로 보이지 않는다.

많은 경우 국민적 잉여 생산물이라고도 불리는 국부의 이러한 분배는 소득통계 수치에서도 다시 나타나고 있다.

영국에서 1893, 1894 회계연도에 (최근 내가 입수한 보고서에 따르면) 항목 D와 E에 해당하는 (회사수익으로부터의 배당소득, 고급 관료직으로부터의 소득 등) 3,000마르크 이상의 소득을 올리는 사람들의 수는 727,270명이었다. 그러나 여기에는 다시 토지(지대, 소작료), 주택임대, 과세대상 자본투자 등으로부터 소득을 얻는 납세자들의 수가 추가된다. 이들 추가되는 소득집단은 전체적으로 총액에서 앞의 소득집단과 거의 같은 액수의 세금을 내는데, 즉 이들은 앞의 소득집단의 소득 총액 70억 마르크와 거의 비슷한 60억 마르크의 소득을 올리고 있는 것이다. 그리고 이들 추가되는 소득집단의 수는 3,000마르크 이상의 소득집단에 속하는 사람들의 수보다 거의 두 배에 달할 것으로 보인다.

1897년 5월 2일자 『브리티시 리뷰』(*British Review*)에는 1851년부터 1881년까지의 영국에서의 소득증가를 알리는 몇 가지 수치가 실려 있다. 여기에 따르면 영국 가계에서 150파운드에서 1,000파운드까지의 소득을 올리는 가계(중소 부르주아와 최고소득의 노동귀족)의 수가 1851년 약 300,000가구에서 1881년에는 약 990,000가구로 늘어나고 있다. 이 30년 동안 전체 인구는 27에서 35의 비율로, 즉 약 30% 증가하였는 데 반해, 이 소득집단의 수는 27에서 90

---

7) 현재 외국에 투자된 영국자본은 430억 마르크에 달하며 이것은 매년 평균 1억 1,400만 마르크씩 증가하고 있다!

의 비율로, 즉 233⅓% 증가하였다. 기펜(Giffen)에 의하면 현재 이들 소득집단은 150만 가구에 달할 것으로 추산되고 있다.

다른 나라들에서도 원칙적으로 이와 다른 양상은 나타나지 않고 있다. 멀홀(Mulhall)에 따르면 프랑스에서는 총 8,000,000가구 가운데 1,700,000가구가 대부르주아 및 소부르주아 집단(평균소득 5,200마르크)에, 6,000,000가구가 노동자 집단에 속하고 있으며 나머지 160,000가구는 대부호에 속하고 있다. 프로이센에서는 라살(Lassalle)의 책에서 이미 알려진 대로 1854년 현재 전체 인구 1,630만 명 가운데 1,000탈러(Taler : 옛날의 화폐단위로 약 3마르크에 해당―옮긴이) 이상의 소득을 가진 사람이 겨우 44,407명에 불과하였다. 그러나 1894, 1895년에는 전체 인구 3,300만 명 가운데 3,000마르크 이상의 소득을 올리고 있는 사람이 321,296명에 달하고 있으며 다시 1897, 1898년에는 이 숫자가 347,728명으로 증가하고 있다. 전체 인구가 2배 가량 늘어날 동안 유복해진 사람들의 숫자는 거의 7배 가량 늘어난 것이다. 1866년 병합된 주들에서 부유층의 숫자가 구프로이센 지역보다 훨씬 많았다는 점과 생활수단의 가격이 이 기간 동안 상당히 상승했다는 점을 감안한다 하더라도 최소한 유복해진 사람들의 증가비율은 전체 인구의 증가비율에 비해 2 : 1을 훨씬 넘을 것이다.

좀더 최근의 예를 든다면 1876년에서 1890년까지의 14년 동안에 총납세자의 숫자는 20.56% 증가한 반면 2,000마르크에서 20,000마르크의 소득을 얻는 납세자들(부유한 소부르주아)은 442,534명에서 582,024명으로 증가하여 31.52%가 증가하였다. 본격적인 의미의 자산가 계급(6,000마르크 이상의 소득)은 같은 기간 동안 66,319명에서 109,095명으로 증가하여 58.47%의 증가를 보였는데, 이 증가분 가운데 6분의 5는, 즉 38,776명의 증가분 가운데 33,226명의 증가분은 6,000마르크에서 20,000마르크의 소득집단인 중산층이 차지하고 있다. 독일 가운데 가장 산업화된 작센(Sachsen) 주의 경우에

도 이 비율은 별로 차이가 나지 않는다. 거기에서 1879년부터 1890
년까지 1,600마르크에서 3,300마르크 사이의 소득자 수는 62,140명
에서 91,124명으로 증가하였고 3,300마르크에서 9,600마르크 사이
의 소득자 수는 24,414명에서 38,841명으로 증가하였다.[8] 독일의
다른 각 주들의 경우도 이와 비슷하다. 물론 소득이 높은 사람이
모두 다 '자산가'는 아니다. 그러나 그들 가운데 어느 정도가 자산
가인가 하는 것은 다음의 통계로부터 잘 알 수 있다. 즉 1895,
1896년 프로이센에는 과세대상인 6,000마르크 이상의 순자산을
소유한 납세자 1,152,332명에게 부가세가 부과되었다. 그 가운데
약 절반인 598,063명은 20,000마르크 이상의 순자산을 소유하고
있었고 385,000명은 32,000마르크 이상의 순자산을 소유하고 있
었다.

근대적 생산양식의 가장 큰 특징은 노동생산력의 대폭적인 상승
이다. 그 결과는 생산의 적지않은 대폭적인 증가로서, 즉 소비재의 대
량생산이다. 이 부는 어디에 있는가? 혹은 단도직입적으로 문제의
핵심을 압축하여 묻는다면 산업 임노동자가 자신의 임금에 의해 제
약되어 있는 자기 자신의 소비 이상으로 생산한 그 잉여생산물은
어디에 있는가? 자본가 부호들이 시중의 풍자가 말하고 있는 것처

---

8) 이 후자의 소득계층은 1890년에서 1892년 사이에 다시 2,400명이 더 늘어
나서 39,266명으로 되었다. 그러나 나는 전자의 소득계층에 대한 1892년의
절대수치 통계는 입수하지 못하였다. 그래서 단지 800마르크에서 3,300마
르크 사이의 소득계층(중간 지위의 노동자와 소부르주아)에 대한 통계만
얘기하자면 이 소득계층의 수는 작센 주에서 1890년에서 1892년 사이에
227,839명에서 439,948명으로 늘어나서 전체 납세자에서 차지하는 비중이
20.94%에서 30.48%로 증가하였다. 여기에서 참고로 얘기해 둘 사실은 프
로이센과 작센의 관련통계들은 일부는 국가학 사전에서, 일부는 쇤베르크
사전에서 발췌한 것들이다.

럼 보통 사람들보다 10배나 큰 배를 가지고 있고 또 현재 그들이 거느리고 있는 것보다 10배나 많은 하인들을 거느린다고 하더라도 그들의 소비는 연간 국민총생산량에 비한다면——자본주의적 거대 생산은 무엇보다도 대량생산이라는 점을 잊지 말아야 한다——저울 위에 얹힌 깃털에 지나지 않을 것이다. 혹시 사람들은 이들 자본가 부호들이 이 잉여부분을 수출한다고 말할지도 모른다. 좋은 말이다. 그러나 외국의 구매자가 수입대금으로 지불하는 것은 결국 언제나 상품의 형태를 띨 수밖에 없다. 세계무역에서는 금속통화의 역할이 점차로 사라지고 있다. 어떤 나라의 자본이 풍부하면 할수록 그 나라로의 상품유입도 더욱 커지는데, 이는 화폐를 빌린 나라가 대체로 상품 이외의 형태로 그 이자를 지불할 수 없기 때문이다.[9]

그렇다면 자본가 부호들과 그들의 하인들이 소비하지 못한 나머지 상품들은 어디로 갔는가? 만일 그것이 어떤 방식으로든 프롤레타리아에게 흘러들지 않는다면 그것은 다른 계급에 의해 흡수되어야 할 것이다. 자본가 계급의 숫자가 상대적으로 계속 감소하고 프롤레타리아의 생활상태가 개선되고 동시에 중간 계급의 숫자가 늘어나는 것, 이것이 생산의 지속적인 증가를 가능하게 하는 유일한 대안인 것이다. 공황이나 군대 등에 대한 비생산적 지출이 상당 부분 흡수를 할 수 있으나 최근에는 그것도 전체 잉여생산물 가운데 아주 작은 부분만을 흡수하고 있을 뿐이다. 만일 노동자 계급이 '자본'이 중간 계급을 세상에서 완전히 없애버릴 때까지 기다리고자 한다면 그는 정말로 오랜 잠을 자야만 할 것이다. 자본은 이 중간 계급을 일면 착취하면서도 다른 한편으로는 계속 다시 살려내고 있기 때문이다. 경제에서의 이 기생 계급을 흡수할 사명을 가진 것은

---

9) 영국은 밀린 이자들을 20억 마르크 이상의 수입초과형태로 지불받고 있는데 이들 대부분은 대량소비품목들이다.

'자본'이 아니라 노동자 계급 자신이다.

맨체스터 학파(1830년대 자유무역주의를 신봉하던 영국의 경제학파－옮긴이) 저자들은 근대 사회에서의 부가 유동적인 소비재의 증가로 나타나고 있다는 사실에 근거하여 현재의 상태를 온갖 미사여구로 찬양하였다. 이것이 당시 거의 모든 사회주의자들로 하여금 극단적인 반대 견해를 불러일으키게 하였고 사회적인 부를 고정된 부로서, 즉 '자본'의 아류로서 점차 신비화시킨 것으로서만 인식하게 만들었다. 아무리 영리한 사람들의 머리도 이 '자본'이라는 표상에 가로막히면 곧장 건강한 판단을 잃어버리고 만다. 마르크스는 언젠가 자유주의 경제학자 세이(J. B. Say)에 대해서 그가 공황에 대해서 경솔한 판단들을 내리고 있는 이유가 그는 상품이 생산물이라고 알고 있었기 때문이라도 말한 적이 있다. 오늘날 많은 사람들은 그들이 기업자본이라는 특수한 형태를 말하면서 사회적 부에 대해서 모든 것을 말했다고 믿고 있다.

내가 슈투트가르트 당대회에 보낸 서한에서 밝힌 명제, 즉 사회적 부의 증가는 자본가 부호들의 수를 감소시키는 것이 아니라 모든 규모의 자본가들의 수를 증가시킨다고 했던 명제에 대하여 『뉴요커 폴크스차이퉁』(*New Yorker Volkszeitung*)지는 반대하는 사설을 싣고 있다. 이 사설은 나의 명제가 적어도 미국에 관한 한 틀렸다고 하면서 왜냐하면 미합중국 센서스에 의하면 이 나라의 생산이 전체 생산액의 증가율에 비해 갈수록 그 수가 감소해 가는 신디케이트('콘체른')들에 의해 지배되어 가고 있기 때문이라는 것이다. 이게 무슨 기막힌 반론인가. 이 비판가는 내가 일반적인 **계급분화**에 대해서 말하고 있는 것을 **산업기업**들의 분화에 관한 것으로 반박할 수 있다고 생각하고 있다. 그것은 마치 노동자가 과거에는 개인별로 흩어져 있다가 오늘날에는 **노동조합**의 형태로 조직되어 있다는 사실을 근거로 근대 사회에서 프롤레타리아의 수가 계속 감소한다고 주장하려는 것과 마찬가지이다.

물론 이 사설에는 이어서 다음과 같은 설명이 덧붙여져 있다. 즉 중요한 것은 기업들간의 관계이며 주주들 사이에서 새로운 무위도식 계급이 형성되느냐 않느냐는 중요하지 않다는 것이다.

그러나 이것은 무엇보다도 강조된 사실에 대한 의견일 뿐이며 그것을 반박하는 증거는 아니다. 사회를 분석하는 데서 하나의 사실은 다른 사실과 꼭 마찬가지의 중요성으로 고찰된다. 어떤 사실이 특정의 관점에서 볼 때 보다 덜 중요한 것일 수도 있지만 문제는 그런 상대적 중요성에 있는 것이 아니라 과연 그 사실이 옳으냐의 여부에 있다. 기업의 집중에 대해서 내가 실제로 그것을 전혀 모르는 것이 아니라 내 자신도 그 뒷 문장에서 이것을 말하고 있다. 나는 두 가지 사실을 언급하였는데, 사설의 필자는 그 가운데 한 가지 사실만을 중요하다고 설명하고는 그것으로 다른 한 가지 사실의 오류를 입증하였다고 믿고 있는 것이다. 이 사설의 필자와 또 다른 사람들의 눈을 흐리게 하고 있는 그 허깨비를 깨부수는 데 내가 성공할 수 있기를 바랄 뿐이다.

앞서 언급된 내 애기와 관련하여——슈투트가르트 대회에서도 그랬다——카를 카우츠키도 나에게 반대하였는데 그는 만일 자본가가 증가하는 반면 무산자는 증가하지 않는 것이 사실이라면 자본주의는 더욱 공고해지고 우리 사회주의자들은 목표에 도달하지 못할 것이 아니냐는 것이었다. 그래서 그는 자본의 증가가 또한 프롤레타리아의 증가를 의미한다는 마르크스의 말은 여전히 진리라고 주장하였다.

이것은 방향이 약간 다르고 정도에서 약간 덜할 뿐이지 역시 동일한 혼동에서 비롯된 것이다. 나는 어디에서도 프롤레타리아가 증가하지 않는다고 애기한 적이 없다. 내가 모든 규모의 자본가들이 증가한다는 것을 강조하면서 말했던 것은 기업가가 아니라 단지 그냥의 사람을 얘기했던 것이다. 그러나 카우츠키는 명백히 '자본'이라는 개념에만 얽매여 있었고 그래서 자본가의 상대적 증가가 반드시 프롤레타리아의 상대적 감소를 의미해야 하는 것으로 추론하였다. 그러나 이것은 나의 이론과 다른 것이다. 그리고 그는 앞서 언급된 마르크스의 얘기를 나에 대한 반론으로 제기하였던 것이다.

나는 이미 위에서 카우츠키가 인용하였던 것과 약간 다른 의미를 갖는 마르크스의 명제에 대하여 언급한 바 있다. 카우츠키의 오류는 자본을 자본가 혹은 유산자와 직접적으로 동일시한 데 있다. 나는 여기에서 카우츠키의 반론을 무력화시킬 수 있는 약간 다른 얘기를 지적해 두고자 한다. 그것은 마르크스가 유기적(자본의 유기적 구성, 즉 불변자본에 대한 가변자본의 비율을 의미한다 -옮긴이)이라고 이름붙였던 산업자본의 발전과 관련된 것이다. 만일 자본의 구성이, 불변자본이 증가하고 가변자본이 감소하는 형태로 변화하게 된다면, 이것은 해당기업 내에서 자본의 절대적 증가가 프롤레타리아의 상대적 감소를 의미하는 것으로 된다. 그런데 마르크스에 따르면 바로 이것이 근대적 발전의 특징적 형태이다. 자본주의 전체 경제에 대해서 말한다면 이것은 사실이다. 즉 자본의 절대적 증가는 프롤레타리아의 상대적 감소를 의미하고 있다. 변화된 자본의 유기적 구성에 의해 과잉상태에 놓인 노동자는 언제나 그들을 고용할 새로운 자본이 시장에 나타남으로써만 다시 일자리를 얻는다. 카우츠키가 문제를 제기했던 바로 그 점에서는 내 얘기와 마르크스의 이론은 일치하고 있다. 노동자의 수가 증가하면 자본은 상대적으로 더 빨리 증가할 것이 틀림없다는 말은 바로 마르크스 추론의 귀결이다. 나는 카우츠키가 이 점을 곧바로 인정하리라고 생각한다.

지금까지의 논의에서는 증가된 자본이 단지 기업 **자본금**으로서의 자본소유(자산)인지 혹은 그것이 기업 **배당금**으로서의 자본소유(자산)인지의 여부에 대한 것만이 문제로 다루어졌다.

만일 이런 기준만을 적용한다면 여섯 명의 직인과 몇 명의 도제를 거느리고 자신의 사업을 수행하는 최고의 열쇠 장인 파제발크(Pasewalk)는 자본가이지만, 수십만 마르크를 금고 속에 가지고 있는 이자 생활자 뮐러(Müller)나 혹은 지참금으로 상당한 액수의 주식을 손에 넣은 그의 사위 엔지니어(모든 주식 소유자가 무위도식자는 아니다) 슐체(Schulze)는 무산자일 것이다. 이런 계급 분류가 잘못된 것임은 명백하다. 자산은 그것이 유동적인 것이든 고정적인 것이든 자산이다. 주식은 자본이다. 뿐만 아니라 단지 그것은 가장 완성된 형태의 자본이기도 하며 우리는 그것을 자본의 순화된 형태라고 부를 수도 있다. 주식은 국민경제 혹은 세계경제의 잉여생산물의 한 구성부분을 가리키는 말이며 직업활동의 온갖 비천함과는 무관한 말로서 우리가 역동적인 자본이라고도 부를 수 있는 것이다. 그리고 모든 주식소유자가 하나도 빠짐없이 놀고 먹는 이자소득자로서 살아간다 하더라도 점차로 증가하는 이들의 수는——오늘날 우리는 이들을 개미군단 주주들이라고 부를 수 있다——이미 그들의 단순한 존재사실, 즉 그들의 소비행태와 그들의 사회적 추종자의 수만으로도 이들이 사회의 경제생활에 강력한 영향력을 행사하는 세력임을 보여주고 있다. 주식은 기업들의 집적을 통해서 산업 내에서 생산의 지도자로서의 지위를 빼앗긴 중간층들을 다시 사회계급 내에서 재건하고 있다.

그런데 이런 집적에는 다시 나름대로의 사정이 있다. 우리는 그것을 좀더 자세히 살펴보기로 하자.

3. 생산에서의 경영규모와 사회적 부의 확산

유럽에서 자본주의적 발전이 가장 앞서 있는 나라로 간주되는 영국에서는 산업의 경영규모에 대한 전반적인 통계가 없다. 다만 공장법에 따라서 정해진 일정한 생산영역들과 각 지역별 통계만이 존재한다.

1896년 공장감독관 보고서에 따르면 공장법의 적용을 받는 공장 및 사업장들에 고용된 사람들의 수는 모두 4,398,983명이다. 이 수는 1891년 센서스에서 산업활동인구로 집계된 사람들의 절반에도 채 미치지 못하는 숫자이다. 센서스에서 집계된 수는 운수업을 제외하고 9,025,902명이었다. 보고서에서 집계된 숫자와의 차이인 4,626,919명 가운데 4분의 1에서 3분의 1까지는 해당산업 부문의 자영업자들과 공장법의 적용을 받지 않는 몇몇 대사업장들과 중간규모 사업장들로 볼 수 있다. 나머지 약 3백만 명은 사무직 노동자와 영세사업장에 소속된 세공사들이다. 공장법의 적용을 받는 4백만 명의 노동자들 가운데 160,948명은 사업장당 평균 27명에서 28명 규모의 사업장들에 소속되어 있다.[10] 공장과 작업장을 다시 나눈다면 76,279개소의 공장에 3,743,418명의 노동자들이, 그리고 81,669개소의 작업장에 655,565명의 노동자들이 소속되어 있어서 평균적으로 공장 1개소당 49명의 노동자가, 등록된 작업장 1개소당 8명의 노동자가 소속되어 있다. 공장당 평균 49명의 노동자라는 통계가 이미 보여주고 있는 것은——이것은 통계표를 자세히 살펴보면 금방 확인이 되는 것이다——적어도 공장으로 등록된 기업의 3분의 2가 노동자를 6명에서 50명 가량 거느리고 있는 중간규모 기업의 범주에 속한다는 사실로서 이는 결국 50명 이상의 노동자를 거느리고 있는 나머지 대기업이 20,000개 내지 25,000개로서 모두 약 3백만 명의 노동자들을 포괄하고 있다는 것을 의미한다.

---

10) 1931년에 등록된 공장들과 5,624개 사업장들은 보고서가 완료될 때까지 통계표가 수거되지 않았다. 이들 통계표가 수거되었다면 사업장당 노동자 수는 더 줄어들었을 것이다.

한편 운수업에 종사하는 1,171,990명 가운데에서는 잘하면 4분의 3정도가 대기업에 소속되어 있는 것으로 볼 수 있다. 따라서 이 수를 앞의 범주에 포함시켜 계산하면 전체적으로 350만 명에서 400만 명 가량의 노동자와 보조인력들이 대기업에 종사하고 있는 것으로 추산되며 반면 550만 명 이상의 사람들은 중소기업에 종사하고 있는 것으로 볼 수 있다. 그러므로 '세상의 작업장'은 사람들이 생각하는 것보다는 훨씬 덜 대기업의 수중에 들어가 있다. 오히려 제조업 부문의 기업들은 영국의 경우에도 극도의 다양성을 보이고 있으며 어떤 규모의 기업들도 통계표에서 사라진 것이 없다.[11]

앞에서 얘기한 수치들을 1895년 독일 공업통계의 수치들과 비교

---

11) 영국으로 이주한 독일 노동자가 나에게 여러 번 얘기한 바에 따르면 영국의 목재, 금속, 가공산업들에서는 기업의 분화가 놀라운 정도로 이루어지고 있다는 것이었다. 현재 면화 산업에서 나타나고 있는 수치는 마르크스가 집필하던 시기 이후 기업의 집적이 별로 드러나지 않을 정도로만 증가되었다는 것을 보여주고 있다. 여기에서 마르크스가 마지막으로 얘기하였던 수치와 그것을 비교해 보기로 하자.

	1868년 마르크스의 수치	1890년 통계	증감
공장	2,594	2,538	-0.43 %
역직기	379,329	615,714	+62%
방추	32,000,014	44,504,819	+39%
노동자	401,064	528,795	+32%
공장당 노동자 수	156	208	+33%

그렇게 심한 기술적 변화를 겪은 22년 동안 이들 산업에서는 별로 두드러진 집적현상이 드러나지 않고 있다. 물론 역직기는 62%가 증가하고 있지만 방추의 숫자는 고용된 노동자들의 수에 비해 매우 완만하게 증가하고 있다. 노동자들의 수에서는 1870년 이후 여성노동자와 아동노동자에 비해 성인 남성노동자가 보다 큰 증가를 보이고 있다(『자본』, 제1권, 제4판, 400쪽과 1878년부터 1892년까지의 영국 통계개요를 참고). 섬유산업의 다른 부문에

해 보면 이것도 영국의 그것과 대부분 같은 양상을 보이고 있다는 것을 우리는 알게 된다. 1895년 독일의 대공업은 생산에서 이미 1891년의 영국과 비교해서 거의 같은 위치에 도달해 있었다. 1895 년 프로이센에서는 제조업 노동자의 38%가 대공업에 속해 있었다. 대기업으로의 발전은 프로이센과 다른 독일 지역 모두에서 놀라운 속도로 진행되었다. 여러 산업 부문들(여기에는 섬유산업도 포함된 다)은 아직 영국에 뒤지고 있었지만 다른 산업 부문들(기계와 작업 도구 부문)은 평균적으로 영국의 수준에 도달해 있었고 몇몇 산업 부문들(화학산업, 유리산업, 인쇄산업의 일부분, 아마 전기기술 부문 도 포함된다)은 영국을 앞지르고 있었다. 그러나 독일에서는 아직 산업에 종사하는 대부분의 사람들이 중소기업에 속해 있었다. 1895 년 현재 산업에 종사하는 전체 1,025만 명의 사람들 가운데 대기업 에 속하는 사람들이 약 300만 명을 약간 넘고 있었고 250만 명은 중기업(6인에서 50인 규모)에, 475만 명은 소기업에 속해 있었다. 그 밖에 **수공업** 장인이 따로 125만 명 더 있었다. 이들 장인들의 수

서는 집적이 더욱 미미하게 이루어지고 있다. 1870년부터 1890년까지 모직 공장 및 모사공장은 2,459개소에서 2,546개소로 증가하였고 여기에 고용된 노동자들은 234,687명에서 297,053명으로 증가하여 공장당 고용노동자 수 가 95명에서 117명으로 증가하였다. 면직산업의 경우와 달리 이 부문에서 는 역직기보다 방추의 수가 훨씬 더 급속하게 증가하여 역직기의 숫자는 112,794대에서 129,222대로 증가하였다. 이는 고용된 노동자들의 증가율보 다 떨어지는 증가율인데, 이런 사실을 감안한다면 결국 집적은 방적에서만 이루어지고 있다고 말할 수 있을 것이다.

1896년 공장감독관 보고서에는 대영제국 전체의 섬유산업 공장 수가 9,891 개소로 집계되고 있으며 이들 공장은 7,900개의 기업에 속하면서 1,077,687 명의 노동자들을 고용하고 있는 것으로 보고되고 있다. 반면 1870년에는 5,968개 공장에서 718,051명의 노동자가 고용되어 있어서 이 기간 동안 공 장당 노동자 수는 120.3명에서 136.4명으로 증가한 것으로 나타나고 있다.

는 1895년을 즈음하여 5개 직종에서 절대적으로나 상대적(인구의 증가에 비하여)으로 모두 증가하였고 9개 직종에서는 단지 절대적으로만 증가하였고 11개 직종에서는 절대적으로도 상대적으로도 모두 감소하였다.[12]

프랑스에서는 공업이 농업에 비하여 양적 규모에서 상당히 뒤져 있다. 즉 1894년 4월 17일 실시된 센서스에 따르면 공업 부문의 인구는 전체 인구 가운데 겨우 25.9%를 차지하고 있으며 농업은 거의 두 배에 가까운 47.3%를 차지하고 있다. 오스트리아도 이와 비슷한 비율을 보이고 있어서 공업 부문의 인구가 25.8%인 데 반해, 농업 부문의 인구는 55.9%를 보이고 있다. 프랑스에서는 공업 부문에서 330만 명의 피용자에 대해 100만 명의 자영업자가 있으며 오스트리아에서는 225만 명의 노동자 및 일용노동자에 대하여 60만 명의 자영업자가 있다. 이들 비율에서도 양상은 이처럼 매우 비슷하다. 이들 두 나라는 모두 상당히 발전된 산업들(섬유산업, 광산업, 야금산업 등)을 가지고 있어서 기업 규모에서 선진국들과 견줄 만하지만 국가경제 전체로 본다면 그것은 단지 부분적인 현상에 불과한 것이다.

스위스에는 공업 부문에 127,000명의 자영업자와 400,000명의 노동자가 고용되어 있다. 앞서 언급되었던 『뉴요커 폴크스차이퉁』지의 기고가의 말로는 세계에서 가장 발전된 자본주의 국가라는 미국의 경우 1890년 센서스에 따르면 공업 부문의 기업당 평균노동자수가 비교적 높게 나타났는데, 즉 거기에서는 355,415개소의 제조업 기업들에 350만 명의 노동자가 고용되어 있어서 기업당 10명의 노동자 비율을 보이고 있다. 그러나 여기에서도 영국의 경우와 마

---

12) 칼버(R. Calwer), 「수공업의 발전」(Die Entwicklung des Handwerks), 『노이에 차이트』, ⅩⅤ, 2, 597쪽 참조.

찬가지로 가내수공업과 영세사업장들은 전부 빠져 있다. 만일 우리가 프로이센의 수치들을 위에서 훑어내려온다면[가내수공업과 영세사업장들을 제외한다면] 미국의 센서스에서 나타난 것과 거의 동일한 평균수치를 얻게 될 것이다. 그리고 미국의 『통계개요』에서 센서스에 잡힌 산업들의 내역을 보다 자세히 살펴보면 우리는 기업당 평균 노동자 수가 5명 미만인 제조업 부문을 무수히 만나게 된다. 즉 바로 그 첫 페이지에도 910개 공장에 30,723명의 노동자가 고용된 농기계 부문, 35개 공장에 1,993명의 노동자가 고용된 군수품 부문, 251개 공장에 3,638명의 노동자가 고용된 인조모피 및 조화 부문, 59개 공장에 154명이 고용된 의족 부문, 581개 공장에 2,873명이 고용된 범포 및 천막 부문 등이 나열되어 있다.

만일 부단한 기술진보와 기업집중 현상이 점차로 더 많은 산업 부문으로 확산되고 있는 것이 사실이라면, 그리고 이런 사실이 아무리 완고한 반동가로서도 더 이상 부인할 수 없을 만큼 뚜렷한 현상이라면, 제조업 전 부문에서 중소기업이 대기업들과 어깨를 견주면서 생존할 수 있다는 사실도 적지않게 분명한 사실이다. 공업 부문에서도 모든 업종에 똑같이 천편일률적으로 적용될 수 있는 그런 발전이란 존재하지 않는다. 철저히 관행에 의해서 경영되는 사업들은 중소산업으로 남은 반면 소규모 기업이 안전하다고 여겨지던 공예산업 부문은 어느새 속절없이 대기업의 수중에 떨어져버렸다. 가내공업과 중간도급산업의 경우도 비슷하다. 스위스 취리히 주에서는 견직산업에서 가내직물공장은 오래 전에 이미 쇠락해 버렸지만 1891년에서 1895년 사이에 가내직조공은 24,708명에서 27,800명으로 증가하였으며 기계견직 부문에서는 생산직 노동자와 사무직 노동자가 11,840명에서 14,550명으로 증가하였다. 가내직조공의 이런 증가를 경제적으로 놀라운 현상으로서 찬사를 보내야 할지 어떨지는 전혀 별개의 문제이고 여기에서는 단지 사실을 확인하는 것에만

주의를 기울이면 된다.

중소기업들이 이처럼 계속 존속하고 새롭게 발흥하는 원인으로는 대체로 다음과 같은 세 가지 요인이 크게 정리된다.

첫째, 많은 수의 업종이나 산업 부문들이 대기업은 물론 중소기업에도 똑같이 적합한 부문들이 존재하며 대기업이 중소기업에 비해 우월한 이점이란 것들이 그다지 큰 것이 아니라서 원래부터 소규모 기업에 유리한 이점들을 상쇄할 만한 것이 못 된다는 것이다. 이런 조건이 해당되는 산업 부문으로는 특히 목재, 피혁, 금속가공 등의 산업이 잘 알려져 있다. 혹은 분업구조가 대기업이 절반이나 4분의 3의 반제품을 공급하고 소기업들이 최종 완성공정을 담당하는 경우에도 이런 조건이 성립한다.

둘째, 생산물이 소비자 가까이에서 만들어져야 하는 경우 이는 소기업의 생산에 적합한 부문이 되는데, 가장 대표적인 것으로는 제빵업이 바로 그런 부문이다. 기술적인 측면만 본다면 제빵업은 오래 전에 이미 대기업에 의해 독점되었을 부문이다. 왜냐하면 많은 이윤을 벌어들이고 있는 제빵공장들의 예로 보건대 이 부문을 대기업이 운영하면 큰 성공을 거둘 수 있다는 것이 잘 드러나고 있기 때문이다. 그러나 점차로 시장을 지배해 가고 있는 이들 제빵공장 및 제과공장들에도 불구하고 이들과 함께 중소 제빵업자들은 소비자들과 직접 접촉하는 자신들의 이점을 통해서 그들만의 시장을 확보하고 있는 것이다. 제빵장인은 자본주의적 기업들과의 경쟁관계만 생각한다면 아직도 상당 기간 동안 안전하게 명맥을 유지할 수 있을 것이다. 1882년 이래 그들의 증가세는 인구증가와 같은 보조를 취할 정도는 아니지만 그러나 여전히 언급할 가치를 가질 만한 정도는 유지하고 있다(74,283개 소에서 77,609개 소로 증가).

그러나 제빵업은 단지 하나의 대표적인 예에 지나지 않는다. 이런 사정은 전 업종에 걸쳐서, 예를 들어 생산적 노동과 서비스 노동이

혼재된 업종의 경우에도 마찬가지이다. 여기에서 다시 편자 제조 및 달구지 제작업종의 예를 들어보기로 하자. 미국의 센서스에 따르면 28,000개의 편자 제조 및 달구지 제작업종 업체에 모두 50,867명의 사람들이 종사하고 있는데 이중 꼭 절반을 자영업자가 차지하고 있다. 그리고 독일의 통계에서는 62,722명의 선철 및 편자 제조장인이 있는데 이들은 증기나 기타 동력에 의해서 작동되는 자동기계가 이들의 명맥을 끊고——자전차에서 보여주고 있듯이—— 새로운 소작업장을 부활시킬 때까지 상당 기간 존속할 것이다. 재단업종, 제화업종, 마구제조업, 목공업종, 가구업종, 시계업종 등과 같이 고객의 주문에 따르는 업종이나(그리고 각종 수리업종) 소매업종 등에서도 이와 비슷하게 자영업의 형태가 계속 명맥을 유지하고 있는데, 이들 업종의 전부는 아니라도 상당수의 많은 부분은 단지 프롤레타리아적 수준의 수입만으로 유지된다.

마지막으로 적지않은 부분을 차지하는 것이 대기업 자신에 의한 요인이다. 즉 대기업은 한편으로는 대량의 생산과 그에 상응하는 작업재료(보조자재, 반제품)의 비용절감을 위하여, 그리고 또 다른 한편으로는 자본간 경쟁과 노동자들의 '방출'을 통해서 중소기업을 스스로 창출해 내는 것이다. 대규모의 형태이든 소규모의 형태이든 새로운 자본은 가치증식을 추구하면서 시장에 끊임없이 반복적으로 나타나고, 사회적 부의 증가와 함께 새로운 품목에 대한 이 시장의 수요도 함께 지속적으로 증가한다. 여기에서는 앞서 언급되었던 주식소유자들이 상당히 중요한 역할을 수행한다. 사실상 시장은 한줌밖에 안 되는 백만장자들——설사 그들의 '손'이 수천 개의 손가락을 가지고 있다 하더라도——의 힘으로는 결코 영위될 수 없다. 그런데 시장에는 이미 수십만의 부자들과 유복한 사람들이 한마디씩 참견을 하고 있다. 이들 계층에 의해 수요되는 거의 모든 사치품목은 처음에는, 그리고 훨씬 더 많은 것들은 뒤에 가서도, 중소기업에서 만들어지는 것들인데, 이들 중소기업은 점차로 고가의 재료를 가공하거나 값비싼 기계를 사용함에 따라 제대로 된 자본주의적 기업으로 되어갈 수도 있다(보석제작, 귀금속세공, 아트인쇄 업종 등이 해당된다). 그러나 대기업들이 이들 업종을 직접 인수하여 작업 재료의 비용을 절감함으로써 이런저런 종류의 사치품들을 '대중적으로 보급'하기까지는 아직 오랜 세월이 지나야만 할 것이다.

그래서 산업의 업종편성이나 기업들의 편제에서 끊임없는 변화가 있음에도 불구하고 전체적으로 보면 오늘날 나타나고 있는 모습은 대기업이 지속적으로 중소기업을 흡수하는 것이 아니라 단지 그들과 함께 나아가고 있는 양상으로 정리된다. 단지 영세기업만은 절대적으로나 상대적으로나 모두 쇠퇴하고 있다. 그러나 중소기업에서는 그것은 증가하고 있으며 이는 다음 표에서 보듯이 독일에서 종업원을 고용한 기업의 수치를 통해 그대로 드러나고 있다. 다음의 표는 노동자 수를 나타내고 있다.

	1882년	1895년	증가율
소기업(1~5인)	2,457,950	3,056,318	24.3%
소규모 중기업(6~10인)	500,097	833,409	66.6%
대규모 중기업(11~50인)	891,623	1,620,848	81.8%

그런데 이 기간 동안 인구는 단지 13.5% 증가했을 뿐이다.

이 기간 동안 대기업은 자신의 종업원을 더욱 늘렸는데(88.7%), 이는 단지 소기업을 흡수한 경우와 같이 특수한 경우에만 의미를 갖는 것일 뿐이다. 실제로 많은 경우 대기업과 소기업 간에는 경쟁이 한 번도——그리고 또한 더 이상은——일어나지 않았다(대규모 기계제작 및 교량제작 부문을 생각할 수 있다). 여기에서 자주 언급되는 섬유산업의 예는 많은 점에서 혼란을 불러일으킬 수 있다. 구식 방추를 기계식 방추로 교체함으로써 나타나는 생산력의 증가는 단지 가끔씩만 반복적으로 나타나는 현상이다. 매우 많은 대기업들은 중소기업에 비해서 사용되는 노동의 생산력 때문에 우월한 것이 아니라 단지 기업규모 때문에 우월하며(조선산업), 그 사업영역도 전부 혹은 대부분이 서로 부딪치지 않는다. 1895년 프로이센의 대기업들에 고용된 노동자들은 1882년에 비해 거의 두 배나 증가하여 전체 경제활동 노동자 가운데 이들 대기업 노동자가 차지하는 비중이 1882년 28.4%에서 1895년에는 38.0%로 늘어났다는 사실을 들은 사람들은 누구나 소기업이 이제 사실상 과거의 그늘로 사라지고 경제에서 자신의 역할을 다했다고 생각하기 쉬울 것이다. 그러나 이 통계수치는 대기업이 비약적으로 확대되고 증대되었다는 경제발전의 한 측면만을 보여주는 것일 뿐이다.

상업 부문에서도 사정은 공업 부문과 마찬가지이다. 대규모 백화점의 급격한 신장에도 불구하고 중소 규모의 소매점들은 잘 버티고 있다. 물론 여기에서 상업 부문의 기생적 요소, 즉 중개상업을 논의하는 것은 중요한 문제가 될 수 없겠지만 이 부분에 대해서도 상당한 과장이 있다는 점을 지적할 필요는 있다. 대규모 생산과 꾸준히 증가하는 세계무역으로 시장에는 끊임없이 보다 많은 양의 소비재가 공급되고 있으며, 이들 소비재는 어떤 방식으로든 소비자에게 도달하고자 하고 있다. 이것이 보다 적은 노동과 비용으로 이루어지기 위해서는 현재와 같은 중개업에 의하지 않고는 불가능하다는 사실을 누가 부인하려 하겠는가? 그래서 중개업에 의한 것보다 더 적은 노동과 비용이 이루어지지 않는 한에서는 중개업도 여전히 살아남을 것이다. 대기업이 가까운 장래에 중소기업들을 비교적 무시할 수 있을 정도로까지 소멸시키리라고 기대하는 것이 환상인 것과 마찬가지로 자본주의적 대규모 백화점들이 중소상점들을 상당 부분 흡수해 버리리라고 기대하는 것도 역시 공상적이다. 대규모 백화점들은 개별 소매상들에 손해를 입히거나 때때로 여기저기서 소매점 전체를 혼란에 빠뜨리기도 한다. 그러나 시간이 조금 흐르면 이들 소매점들은 대기업들과 경쟁하면서 지리적인 점에서 그들에게 유리한 여러 이점들을 활용할 수 있는 길을 찾아내게 된다.

새로운 사업의 특화와 새로운 사업의 결합들이 발달해 나가고 그에 따라 새로운 형태와 방법을 갖춘 기업도 발전해 간다. 대규모 백화점은 기생적인 소매업을 소멸시키는 도구로 작용하기 보다는 상품량이 엄청나게 증가하면서 만들어진 시대적인 산물이다. 또한 그것은 소매업을 근절시키기보다는 소매업들의 낡은 관습들을 뒤흔들고 독점적 관행들을 부숴버리는 방향으로 작용한다. 상점의 수는 꾸준히 증가하고 있어서 영국의 경우 1875년에서 1886년 사이에 그 수가 295,000개에서 366,000개로 증가하였다. 상업 부문에서 종사하는 사람들의 수는 더욱 급속히 증가하고 있다. 1891년 영국의 통계는 이 수치의 작성에서 1881년과 다른 방식을 사용하였으므로[13] 여기에서는 프로이센의 통계를 따라 살펴보기로 하자.

프로이센에서 상업 및 교통업(철도와 우편 부문은 제외)에 종사하는 사람들의 수는 다음과 같다.

	1885년	1895년	증가율
2명 이하의 점원을 거느린 업체	411,509	467,656	13.6%
3~5명의 점원을 거느린 업체	176,867	342,112	93.4%
6~50명의 점원을 거느린 업체	157,328	303,078	92.6%
51명 이상의 점원을 거느린 업체	25,619	62,056	142.2%
	771,323	1,174,902	

증가율로 본다면 대기업 부문의 증가율이 가장 크게 나타나고 있

13) 이들 통계에 나타난 바 그대로 따르면 이 10년 동안에 50% 이상이 증가하였다.

지만 이 부문은 전체에서 차지하는 비중이 5%를 겨우 넘고 있을 뿐이다. 소기업들과 살인적인 경쟁을 벌이는 것은 대기업이 아니며 소기업들은 그들 상호간에 각자의 능력에 따라 경쟁적으로 사업을 영위하고 있다. 그러나 경쟁에서 탈락하는 기업들의 수는 매우 소수에 머무르고 있다. 기업들은 각 규모별로 별다른 손상 없이 각자 그대로 존속하고 있다. 특히 소규모 중기업은 가장 강력한 증가세를 보이고 있다.

마지막으로 농업 부문을 살펴보면 우리는 경영규모에서 오늘날 유럽 전역은 물론 부분적으로는 이미 미국에서도 과거에 사회주의 이론에서 얘기하였던 것과는 모든 점에서 모순되는 양상들을 만나게 된다. 공업과 상업에서는 대기업으로의 진행이 생각했던 것보다 완만하게 진행되는 양상이 나타났지만 농업에서는 경영규모가 대형화되는 경향이 정체 혹은 곧바로 후퇴하는 양상이 나타나고 있다.

우선 독일을 보면 1895년에 조사된 영농규모에서는 1882년에 비해 중농계층(5~10헥타르)의 수가 상대적으로 가장 급속하게 증가하여 거의 8%의 증가를 보이고 있으며, 이들 계층이 차지하는 토지면적에서는 더욱 급속한 증가, 즉 거의 9%의 증가율이 나타나고 있다. 이 계층 다음으로 급속한 증가를 보이고 있는 계층은 소농계층(2~5헥타르)으로 이들은 농가수에서는 3.5%의 증가를, 토지면적에서는 8%의 증가율을 보이고 있다. 영세농(2헥타르 미만) 계층은 농가수에서 5.8%의 증가를, 토지면적에서는 12%의 증가율을 보이고 있지만 이들 토지 가운데 실제 경작면적은 약 1%가 감소한 것으로 나타나고 있다. 1%에도 채 미치지 못하는 증가율을 보이고 있는 것은 임업의 경우에는 업종 전체가 그러하며 부분적으로 자본주의적 성격을 띠는 대농(20~100헥타르)이 또한 해당되고 기업농(100헥타르 이상)의 경우에는 0.3%의 증가에도 채 못 미치고 있다.

여기에서 1895년 통계 중 해당 수치들을 살펴보면 다음과 같다.

영농규모	농가 수	경작면적	전체 토지면적
영세농(2ha 미만)	3,236,367	1,808,444	2,415,414
소농(2~5ha)	1,016,318	3,285,984	4,142,071
중농(5~20ha)	998,804	9,721,875	12,537,660
대농(20~100ha)	281,767	9,869,837	13,157,201
기업농(100ha 이상)	25,061	7,831,801	11,031,896

전체 토지면적 가운데 3분의 2 이상을 3개의 영농계층이 차지하고 있으며 기업농은 약 4분의 1을 차지하고 있다. 프로이센에서는 농가경영[비기업농]이 차지하는 비율이 좀더 높아서 경작면적 가운데 이들이 차지하는 면적은 전체 32,591,000헥타르에 대하여 22,875,000헥타르로 거의 4분의 3에 달하고 있다.

프로이센에서 인근의 네덜란드로 눈을 돌려보면 다음과 같은 통계를 보게 된다.

영농규모	농가 수		증감	비율
	1884년	1893년		
1~5 ha	66,842	77,767	+10,925	+16.2
5~10ha	31,552	94,199	+62,647	+198.5
10~70ha	48,278	51,940	+3,662	+7.6
50ha 이상	3,554	3,510	- 44	- 1.2

여기에서 대농은 직접적으로 감소하고 있는데 소규모의 중농은 3배나 증가하고 있다.[14]

벨기에의 경우 반데르벨데(Vandervelde)[15]에 따르면 토지소유와 영농규모 모두 계속적인 분산경향을 보이고 있다. 최근의 일반적 통계에 따르면 **토지소유자의** 수는 1846년 201,226명에서 1880년 293,524명으로 증가하였으며 임차농의 수는 371,320명에서 616,872명으로 증가하였다. 벨기에 전체의 경작면적은 1880년 2백만 헥타르에 채 미치지 못하고 있는데 이 가운데 3분의 1 이상이 토지소유자에 의해 직접 경작되고 있다. 이 나라에서의 영세한 영농구조는 중국의 영농구조를 연상케 한다.

프랑스의 영농구조는 1882년 현재 다음과 같다.

	농가 수	면적
1ha 미만	2,167,767	1,083,833ha
1~10ha	2,635,030	11,366,274ha
10~40ha	727,088	14,845,650ha
40~100ha	113,285	
100~200ha	20,644	22,266,104ha
200~500ha	7,942	
500ha 이상	217	
	5,672,003	48,478,028ha

40에서 100헥타르의 영농계층이 약 1,400만 헥타르의 경지를 차지하고 200헥타르 이상의 영농계층이 8백만 헥타르의 경지를 차지하고 있어서 전체적으로 보면 이들 기업농이 전체 경지면적 가운데 5분의 1에서 6분의 1을 차지하고 있다. 그리하여 중소대농농가들이

---

14) 플리겐(W. H. Vliegen), 「네델란드 사민당의 농업강령」(Das Agrar-programm der niederländischen Sozialdemokratie), 『노이에 차이트』, XVII, 1, 75쪽 이하 참조.

15) 「벨기에의 농업사회주의」(Der Agrarsozialismus in Belgien), 『노이에 차이트』, XV, 1, 752쪽.

프랑스 전체 경지면적 가운데 거의 4분의 3을 차지하고 있다. 1862
년에서 1882년 사이에 5~10헥타르의 농가 수는 24%, 10~40헥타
르의 농가 수는 14.28% 증가하였다. 1892년 농업통계에서는 전체
농가 수가 30,000호 증가한 것으로 나타나고 있지만 위의 마지막
범주의 농가 수는 33,000호 감소하고 있어서 영농규모가 더욱 하향
하고 있음을 보여주고 있다.

그런데 자본주의적 대토지 소유와 자본가적 영농형태에서 고전적
인 전형을 보이고 있는 나라 영국의 상황은 어떠한가? 우리는 때때
로 영국에서의 토지소유의 집적을 보여주는 실례로서 신문을 통해
서 공개되는 대토지 소유자들의 명단을 알고 있다. 또한 우리는
150명의 토지소유자가 전체 영국 토지의 절반을, 그리고 12명의 토
지소유자가 스코틀랜드 토지의 절반을 소유하고 있다고 주장한 존
브라이트(John Bright)의 얘기가 틀리지 않았다고, 마르크스가 자신
의 저서 『자본』에서 얘기하였던 구절도 잘 알고 있다(『자본』, 제1권,
제4판, 615쪽). 그러나 영국의 토지는 아무리 그것이 집중된다 하다
라도 브라이트가 얘기했던 정도로까지는 되지 않는다. 브로드릭
(Brodrick)의 『영국의 토지와 영국의 지주』에 따르면 1876년 현재
둠즈데이 북(Domesday Book, 영국 잉글랜드의 토지대장 - 옮긴이)
에 등재된 잉글랜드 및 웨일스의 토지 3,300만 에이커 가운데 약
1,400만 에이커는 1인당 3,000에이커(1,200헥타르) 이상을 소유한
대토지소유자 1,704명이 소유하고 있었다. 나머지 1,900만 에이커
는 1에이커 이상을 소유한 약 150,000명의 토지소유자와 무수히
많은 영세지주들이 소유하고 있었다. 멀홀(Mullhall)은 1892년 현재
영국 전체에서 10에이커 이상을 소유한 지주들(전체 토지면적의
10, 11을 이들이 차지하고 있다)의 수를 176,520명이라고 집계하고
있다. 그러면 이들 토지는 어떻게 경영되고 있을까? 여기에서 1885
년과 1895년의 대영제국(아일랜드를 제외한 잉글랜드, 웨일스, 스코

틀랜드를 모두 포함)의 통계를 보기로 하는데 보다 쉽게 비교하기
위해서 영농규모별 분류는 헥타르를 기준으로 환산하기로 한다.[16]
통계는 다음과 같다.

영농규모	1885년	1895년	증감
2~20ha	232,955	235,481	+2,526
20~40ha	64,715	66,625	+1,910
40~120ha	79,573	81,245	+1,672
120~200ha	13,875	13,586	-307
200ha 이상	5,489	5,219	-270

　여기에서도 대농과 기업농계층은 감소를 보이고 있고 중소농계층
은 증가를 보이고 있다.
　그런데 이 수치는 경지면적에 대해서는 우리에게 아무것도 말해
주지 않고 있다. 그래서 각 영농규모 계층별 토지면적 수치를 여기
에 보충해 보자. 이것은 우리에게 매우 놀라운 결과를 보여주고 있
다. 이에 대한 1895년 대영제국의 수치를 보면 다음과 같다.

	1에이커=40아르	전체 면적대비 비율(%)
2ha 미만 농가	366,792	1.13
2~5ha 농가	1,667,647	5.12
5~20ha 농가	2,864,976	8.79
20~40ha 농가	4,885,203	15.00
40~120ha 농가	13,875,914	42.59
120~200ha 농가	5,113,945	15.70
200~400ha 농가	3,001,184	9.21
400ha 이상 농가	801,852	2.46
	32,577,643	100.00

이 통계에 따르면 대영제국의 경지면적 가운데 27~28%가 고유한 의미에서 기업농이며 거대기업농은 2.46%에 불과하다. 반면 66% 이상은 **중대농**의 영농형태를 보이고 있다. 영국에서 이들 자영농의 비율은(물론 이들 자영농들 가운데서는 이미 자본주의적 대농의 비중이 우세하다) 독일에 비해 평균적으로 훨씬 높다. 잉글랜드 지방만 한정해서 보더라도 5~120헥타르의 영농계층이 전체 경지면적의 64%를 차지하고 있으며 200헥타르 이상의 영농계층이 차지하는 경작면적은 겨우 13%에 머물고 있다. 웨일스 지방에서는 영세농을 제외하면 2~120헥타르의 영농계층이 이런 경작면적의 92%, 스코틀랜드 지방에서는 72%를 차지하고 있다.

경작면적 가운데 460만 에이커의 토지는 61,014호의 자작농에 의해 경작되고 있으며 19,607호의 농가는 반자작농으로서 부분적으로 임차된 농지를 경작하고 있고 439,405호의 농가는 임차된 농지에서만 경작하고 있다. 아일랜드에서는 소농과 영세차지농이 거의 주류를 이루고 있다는 사실이 잘 알려져 있다. **이탈리아**의 경우도 역시 이와 마찬가지이다.

이상의 모든 사실을 종합해서 보건대 서유럽 전 지역과 미국의 동부지역에서 모두 농업 부문에서는 중소규모의 영농형태가 증가하고 있으며 대농과 거대기업농은 감소하고 있다는 사실에 추호도 의심의 여지가 없다. 또한 중농이 종종 매우 뚜렷한 자본주의적 영농을 하고 있다는 사실에도 의심의 여지가 없다. 경영의 집적은 마르크스가 보았듯이(『자본』, 제1권, 제4판, 643쪽 각주 참고) 개별 영농단위의 토지면적이 계속 늘어나는 형태로 이루어지는 것이 아니라

---

16) 1에이커 40아르의 비율로 환산하였는데 이것이 완전히 정확한 것은 아니지만 비교를 위해서는 필요하다고 생각된다. 수치들은 농지소유에 대한 청서(靑書, Blue Book)에서 발췌한 것이다.

단지 영농의 집약화라는 형태로, 즉 단위면적당 투입되는 노동량이 증가하거나 혹은 보다 고급화된 축산의 형태로 영농방식이 변화하는 형태로만 이루어지고 있다. 이런 경향은 상당 부분(전부는 아니지만) 해외 농업국가들과 동유럽 농업국가들 혹은 동유럽 농업지역들 간의 농업경쟁의 결과로 알려져 있다. 또한 이들 나라나 지역들이 앞으로도 상당 기간 동안 곡물과 기타 다른 토지생산물들을 매우 값싼 가격으로 유럽 시장에 공급해야 하는 처지에 있기 때문에, 이러한 발전경향이 당분간 근본적으로 바뀔 가능성은 별로 없어보인다는 것도 잘 알려진 사실이다.

그리하여 선진공업국가들의 소득통계표가 부분적으로 근대 경제에서 자본이 끊임없이 불안정하게 동요하고 또 소멸과 출생을 반복하는 상태를 그대로 보여주고 있다고 할지라도, 그리고 이 통계표에 기록된 소득이나 자산이 갈수록 장부상의 액수를 키워가고 있지만 사실은 그런 액수란 것이 힘껏 바람이 한번 불기만 해도 단숨에 날아가버릴 수 있는 것임에도 불구하고, 이런 소득통계에서의 계층분류가 공업과 상업과 농업에서의 각 경제단위들의 서열과 근본적으로 상충되는 것은 결코 아니다. 소득의 서열과 경영규모의 서열은 매우 뚜렷한 비례관계를 보이고 있는데, 특히 중간계층의 경우에는 더욱 그러하다. 우리는 이들 중간계층이 감소하는 것은 어디에서도 볼 수 없으며 오히려 거의 어디에서나 현저하게 증가하고 있는 것을 볼 수 있다. 이들 중간계층은 한편으로는 상위계층으로 방출되는 부분을 하위계층으로부터 흡수하여 보충하며, 다른 한편 하위계층으로 방출되는 부분을 상위계층으로부터 보충받기도 한다. 만일 근대 사회의 붕괴가 사회적 피라미드의 정점과 바닥 사이에 있는 중간계층의 소멸에 의해 이루어지는 것이라면, 그리고 만일 이 붕괴의 조건이 이들 중간계층이 상위계층과 하위계층으로 양극화됨으로써 소멸하는 것이라면, 이런 붕괴는 오늘날 영국, 독일, 프랑스에서 19세기 초에 비해 별로 더 다가서 있지 못하다.

그러나 건물은 겉으로 보기에 견고하게 잘 지어진 것처럼 보이더라도 만일 건물자재인 돌이나 돌의 성분이 무른 것이면 금방 허물어질 수 있는 법이다. 어떤 회사의 견실함이란 매우 어려운 시기에 확인되는 것이며 따라서 우리에게는 아직 근대적 생산제도에 고유한 경제공황들의 상태가 어떠한지, 그리고 이 공황들 직후에 나타나는 현상들과 후유증들이 어떤 것인지를 연구할 과제가 남아 있다.

4. 공황과 근대 경제의 적응능력

> 자본주의 사회 운동의 모순적 성격은 근대 산업이 겪는 주기적 순환의 부
> 침을 통해서 현실의 부르주아에게 가장 결정적인 느낌을 안겨주며 그 모순
> 의 정점은 일반적 공황이다.
> • 마르크스, 『자본』 제2판 서문

근대 사회의 경제공황, 그리고 그 원인과 치유방법을 둘러싼 논쟁은 병리학적 위기나 인체의 질병상태를 둘러싼 논쟁만큼이나 대단히 뜨거운 것이다. 이 두 논쟁을 비교해 보고자 하는 사람은 누구나이 두 현상을 둘러싸고 제기되는 다양한 이론들 사이에 상당히 유사한 점들이 쉽게 비교된다는 사실을 발견하게 될 것이다. 예를 들어 그런 사람은, 우선 세이(J. B. Say)를 추종하는 극단적인 자유주의자들의 무리들에게서 이들이 경제공황을 단지 경제조직의 자기치유 과정으로 간주하고 있으며 이는 이른바 자연치유 요법의 추종자들의 사고방식과 매우 유사하다는 것을 발견할 수 있을 것이다. 그리고 그는 또한 인간의 질병을 다루는 갖가지 의료행위들을 주장하는 여러 의학 이론(대증요법, 체질개선 요법 등) 속에서 경제공황의

원인과 현상에 대하여 온갖 종류의 국가정책들을 처방으로 주장하는 각종 사회이론들과의 연관성을 발견하게 된다. 그러나 만일 그가 이런저런 방식을 주장하는 이런 사람들을 보다 자세히 살펴보면 그는 다음과 같은 주목할 만한 사실을 발견하게 된다. 즉 천재적인 역사심리학자는 사람들의 사고경향이 통일성을 띠고 있다고 말하지만 실제로는 종종 그런 통일성을 지키지 못한다는 것이며, 유명한 의사와 그의 처방에 대한 깊은 신뢰가 맨체스터 경제학파에 대한 그 고루한 믿음과 매우 유사한 것이며 이들간에는 **반대**의 경우도 성립한다는 사실이다.

　경제공황에 대해서 사회주의 학파 내에서 가장 유명한 설명은 과소소비론이다. 그러나 이 이론은 프리드리히 엥겔스가 여러 번 첨예하게 반대하였던 이론이다. 엥겔스의 비판 가운데 가장 대표적인 것으로는 그 유명한 『반뒤링론』의 제3장 제3절을 들 수 있는데 여기에서 엥겔스는 대중의 과소소비는 '공황의 전제조건'이기는 하지만 그것이 과거에 공황이 존재하지 않았던 사실을 설명하지 못하는 것과 마찬가지로 오늘날 공황이 존재한다는 사실도 설명하지 못한다고 말하고 있다. 엥겔스는 여기에서 이와 관련하여 1877년 영국의 면직산업의 예를 들면서 "면사와 면직물들의 현재와 같은 총체적인 판매부진을 영국 면직 공장업자들의 과잉생산이 아니라 영국 대중의 과소소비로부터 설명"(제3판, 308～309쪽)[17]하려고 하는 것은 터무니없는 억지주장에 불과하다고 말하고 있다.

---

17)　이 글의 각주에서 엥겔스는 다음과 같이 덧붙이고 있다. "과소소비로부터 공황을 설명하는 것은 시스몽디(Sismondi)에서 유래한 것이며, 그에게서 그것은 아직 약간의 의미를 가지고 있었다." 로트베르투스(Rodbertus)는 이 과소소비론을 시스몽디에게서 빌려왔으며 뒤링은 다시 이를 로트베르투스에게서 베껴썼다. 엥겔스는 『철학의 빈곤』 서문에서도 비슷한 방식으로 로트베르투스의 공황 이론을 비판하고 있다.

마르크스도 때때로 과소소비로부터 공황을 설명하려는 추론을 강력하게 반대하였다. 『자본』제2권에서 그는 "공황을 소비자들의 지불능력의 부족으로부터 설명하고자 하는 것은 동어반복에 불과한 것이다"라고 말하고 있다. 만일 이런 동어반복의 보다 깊은 근거로서, 노동자 계급은 자신의 생산물 가운데 매우 적은 부분만 받기 때문에 그들이 그들의 몫으로 더 많은 부분을 받게 된다면 공황의 위기를 해결할 수 있을 것이라고 그럴 듯하게 설명하려는 하는 사람이 있다면 그런 주장에 대해서는 다음과 같은 점이 지적될 필요가 있을 것이다. 즉 "공황은 언제나 임금이 전반적으로 상승하고 노동자 계급이 연간 생산물 가운데 소비되도록 정해진 부분에 대해서 실질적으로 보다 많은 몫을 차지하는" 바로 그런 시기에 준비된다는 것이다. 따라서 자본주의적 생산은 "싫든 좋든 자신의 의지와는 무관한 조건들을 포함하고 있으며 노동자 계급의 그런 상대적인 번영을 언제나 잠깐동안만 허용하는데, 특히 그것을 공황의 전조로서만 허용하는 것이다"(앞의 책, 406~407쪽) 여기에 엥겔스는 다시 다음과 같은 각주를 덧붙이고 있다. '로트베르투스 공황이론의 신봉자들이 유의해야 할 사항들임.'

그런데 『자본』제3권 제2부에는 이런 모든 구절들과 극히 모순되는 내용이 서술되고 있다. 즉 마르크스는 거기에서 공황에 대하여 다음과 같이 말하고 있다. "모든 경제공황의 궁극적인 원인은 언제나 자본주의적 생산의 추동력에 대한 대중의 빈곤과 소비의 제약에 있는데 이 자본주의적 생산에서는 사회의 절대적 소비능력만이 생산력 발전의 한계를 이룬다"(앞의 책, 21쪽). 이것은 로트베르투스의 공황이론과 특별히 다르지 않는데, 왜냐하면 로트베르투스에게서도 공황설명의 기준이 대중의 과소소비에서만 추론되는 것이 아니라 위에서 본 바와 같이 마르크스가 말하고 있는 노동생산력의 증가와도 결부되어 있기 때문이다. 그런데 마르크스에게서 인용된 부분에서도 생산의 무정부성——일시적인 전반적 경기침체를 불러 일으키는 각 생산 부문간의 생산의 불비례와 가격변동——과 대립 되는 대중의 과소소비가 **실제로 발생하는 모든 공황의** 궁극적인 원 인으로 지적되고 있는 것이다.

앞에서 우리가 인용한 제2권의 구절에서 표현되고 있는 것과 방 금 위의 글 사이에 존재하는 본질적 차이를 우리가 여기에서 밝힌 다면, 그것은 이 두 글이 집필된 시점의 차이로 설명되어야 할 것이 다. 이 두 글 사이에는 13년에서 14년의 적지않은 시차가 있으며 특히 『자본』 제3권의 구절은 먼저 씌어진 것이다. 이 구절은 이미 1864년에서 1865년에 집필된 것인 반면, 제2권은 적어도 1878년 이후에나 집필된 것이다(여기에 대해서는 엥겔스가 쓴 『자본』 제 2권 서문을 참고할 것). 전체적으로 보면 제2권이 마르크스의 연구 작업 가운데 가장 나중의 것으로서 가장 성숙한 성과들을 포함하고 있는 것이다.

이미 1870년에 씌어진 제2권의 또 다른 곳에서는 공황의 주기적 인 특징이——거의 10년의 생산주기를 따라서——(기계 등에 투자 된) 고정자본의 회전기간과 관련하여 설명되고 있다. 자본주의적 생산은 한편으로는 고정자본의 가치액과 내구연한을 확대시키고, 다른 한편으로는 생산수단의 끊임없는 변혁을 통해서 그 내구연한 을 단축시키는 발전경향을 갖는다. 따라서 이런 고정자본 부분의 '도덕적 마모'는 그것이 '물리적인 수명을 다하기' 전에 이루어진 다. "자본이 자신의 고정자본 부분에 의해서 겪을 수밖에 없는 자본 회전들이 서로 연관되면서 수년에 걸쳐 진행되는 이들 순환을 통해 서 주기적인 공황의 물적 기초가 만들어지는데, 이 공황을 통해서 경 기는 불황, 회복, 호황, 공황을 주기적으로 거쳐가게 된다"(제2권, 164쪽). 자본이 투자되는 주기는 제각기 매우 다르며 분산적으로 이루어지지만 그럼에도 불구하고 공황은 언제나 대규모 신규투자의 출발점을 이루고, 따라서——사회 전체적 관점에서 본다면——'다음 순환을 위한 새로운 물적 기초를 어느 정도'(165쪽) 형성하게 되는 것이다.

이런 생각은 같은 책 안에서 자본의 재생산(즉 사회적 단위에서 생산과 소비를 목적으로 자본을 끊임없이 갱신하는 과정)을 다루면서 다시 확인되고 있으며 거기에서는 노동생산력과 생산규모가 불변인 상태에서의 재생산에서도 그때그때 나타나는 고정자본의 사용연수의 차이(예를 들어 어떤 해에는 고정자본 가운데 마모되는 부분이 지난해보다 더 많을 수 있다)로 인하여 생산공황이 결국 발생할 수밖에 없다는 것을 상세히 논의하고 있다. 해외무역은 이런 공황을 벗어나는 데 도움을 주긴 하지만 그것이 자본요소를——그리고 그 가치액에서도——단지 보충하는 것으로만 그치지 않는 한 그것은 '단지 모순을 보다 넓은 영역으로' 옮겨놓는 것에 불과하며 '공황의 발발영역을 보다 넓히는 것'에 지나지 않는다.

공산주의 사회에서는 지속적인 상대적 과잉생산을 통해서 이런 교란이 예방될 수 있는데 이는 공산주의 사회란 것이 '자신의 재생산에 필요한 물적 수단들을 사회가 통제하는 것'을 의미하기 때문이다. 그러나 자본주의 사회 내에서는 이런 과잉생산이 무정부적 상태에 있다. 단지 고정자본의 사용연수의 차이 때문에 교란이 발생하는 이런 예는 바로 그런 사정을 그대로 보여주는 것이다. "생산에서 고정자본과 유동자본의 불비례는 경제학자들이 공황의 원인을 설명하는 데 즐겨 사용하는 요인이다. 단지 이런 불비례가 고정자본을 단순히 유지만 하는 경우에도 발생할 수 있고, 또 발생할 수밖에 없다는 것은 이들 학자들에게 약간 새로운 내용일 것이다. 즉 그런 불비례가 기존에 이미 사용되고 있는 사회적 자본의 단순재생산의 경우에도, 말하자면 이상적인 정상생산의 경우에도 발생할 수 있고 또 발생할 수밖에 없다는 것은 새로운 내용이라는 것이다"(같은 책, 468쪽).

　　축적과 확대재생산을 다루는 장에서는 과잉생산과 공황이 앞에서
서술한 과정들과 결합될 경우 당연히 나타나는 결과로서 단지 부수
적인 사항으로서만 다루어지고 있다. 그러나 여기에서는 다시 ‘과
잉생산’이라는 개념이 매우 강력하게 부각되고 있다. 마르크스는
499쪽에서 다음과 같이 쓰고 있다. “따라서 만일 풀라턴(Fullarton)
이 예를 들어 일상적인 의미에서의 과잉생산을 전혀 알려고 하지
않고 오로지 자본의 과잉생산, 즉 화폐자본의 과잉생산에만 주의를
기울인다면 이것은 아무리 최고의 부르주아 경제학자라 할지라도
부르주아 경제의 메커니즘에 대해서 너무도 모른다는 사실을 그대
로 보여주는 사례에 해당한다.” 그리고 다시 524쪽에서는 자본축적
과정에서 이따금씩 나타날 수 있는 현상, 즉 소비재 산업 부문에 투
자된 불변자본의 크기가 생산재 산업 부문의 임금자본〔가변자본〕
플러스 잉여가치의 크기보다 더 커질 경우 생산재 산업 부문에서는
과잉생산이 발생할 것이고, “이런 과잉생산은 거대한 공황을 통해
서만 조정될 것이다.”

　　지금까지 논의한 바와 같이 시장의 확대가 자본주의 경제의 모순
을 확대된 영역으로 옮기고, 따라서 그 모순을 더욱 심화시킨다는
그런 생각을 엥겔스는 『자본』 제3권에서 여러 번 새로운 현상들을
설명하면서 사용하고 있다. 특히 이 책의 제1부 97쪽과 제2부 27쪽
의 주는 그런 점에서 두드러지고 있다. 후자의 주는 전자의 주에서
얘기된 것을 개괄하면서 보충하고 있는데, 마르크스의 집필시기 이
후 나타난 교통수단의 엄청난 발달을 얘기하면서 이것이 비로소 사
실상의 세계시장을 성립시켰다고 서술하고 있다. 또한 거기에서는
끊임없이 새로운 산업국가들이 영국과의 경쟁에 돌입하고 유럽 과
잉자본의 투자대상 지역이 끝없이 확대되어 감으로써 이것이 과거
대부분의 공황의 진원지들과 공황발생의 원인들을 없애 버리거나 급격

히 약화시켜 버리는 요인이라고 지적되고 있다.

그러나 또한 그는 카르텔과 트러스트를 국내시장에서의 경쟁의 제한수단으로서, 영국 이외의 세계시장을 둘러싸고 있는 보호관세제도를 '세계시장에서의 지배권을 결정하게 되는 마지막 총력전으로서의 산업전쟁에 대비한 무장'으로서 설명하면서 결국 최종적으로 다음과 같이 말하고 말하고 있다. "과거의 공황이 반복되는 것을 가로막는 모든 요인은 그 속에 보다 강력한 미래의 공황을 맹아로 간직하고 있다." 엥겔스는 세계무역의 유아기(1815년에서 1847년까지)에는 거의 매 5년마다, 그리고 1847년에서 1867년까지는 10년마다 주기적으로 나타나던 산업순환이 새롭게 확장된 것은 아닌지, 또한 우리가 '아직 한 번도 경험하지 못했던 격렬한 세계공황의 준비기에 들어서 있는 것'은 아닌지 의문을 제기하면서 동시에 과거에 나타나던 10년 주기의 순환과정의 보다 심화된 새로운 형태로서 '경기순환이 여러 나라들에서 보다 만성적이고 다양한 시기별로 분산되어 나타나는 양상'을 이런 의문에 대한 답변으로 들고 있는데, 이런 경기순환에서는 "경기하락은 상대적으로 장기간에 걸쳐서 완만한 형태로 진행되고 경기상승은 상대적으로 짧고 미약한 형태로 진행된다"고 서술하고 있다.

이 글을 집필하고 나서 상당 기간이 경과한 이후에도 엥겔스가 제기한 이 문제는 여전히 미해결 상태로 남아 있었다. 미증유의 엄청난 세계 경제공황이 발발하리라는 징후도 아직 없었으며 그 사이에 있었던 경기회복이 특별히 단기적인 것이라고 보기도 어려웠다. 오히려 여기에서는 제3의 의문이 제기되는데, 이 의문은 이미 위에서 마지막에 언급되었던 구절 속에 일부가 포함되어 있다. 즉 통신 및 운송에 소요되는 시간의 획기적인 단축과 함께 이루어진 세계시장의 엄청난 공간적 확대가 각 생산 부문간 불비례를 조정해 줄 가능성을 더욱 키운 것은 아닌지, 그리고 근대 신용제도의 탄력성 및 산업 카르텔의 등장과 함께 유럽 산업국가들에서 엄청나게 증가한 부로 말미암아 지역적 개별적으로 발생한 불비례들이 전반적인 경기상황에 미치는 영향력이 매우 약화되어 적어도 앞으로 상당 기간 동안 과거에 보았던 그런 종류의 경제공황은 발생할 가능성이 거의 없게 된 것은 아닌지 하는 의문이 바로 그것이다.

이 의문은 사실 내가 사회주의 붕괴론을 다룬 논문에서 제기했던 것인데 온갖 종류의 반론들과 부딪쳤다. 특히 로자 룩셈부르크(Dr. Rosa Luxemburg)는 1898년 9월 『라이프치거 폴크스차이퉁』 (*Leipziger Volkszeitung*) 지에 게재한 그녀의 연작 논문을 통해서 자본주의의 신용제도와 적응능력에 관한 강의를 나에게 해주었다. 이 논문은 다른 몇몇 사회주의 신문에도 실렸는데, 오류투성이이면서도 동시에 대단한 재능으로 잘 다루어진 변증법의 진정한 표본이기 때문에 여기에서 짤막하게나마 다룰 필요가 있다고 보인다.[18]

---

18) 이 논문의 제목은 「사회개혁이냐 아니면 혁명이냐?」(Sozialreform oder Revolution)이다. 그러나 룩셈부르크는 과거에 사민당 내에서 통상적으로 제기되던 그런 문제를 제기한 것은 아니었다. 즉 그것은 사회주의의 실현을 위한 경로의 선택을 둘러싼 문제제기가 아니었고 오히려 반대로 단지 하나의 길──그녀의 견해에 따르면 그것은 혁명이었다──만이 목표에 도달할 수 있는 길이라는 것을 제기한 것이었다. 그녀에 따르면 자본주의 사회와 사회주의 사회를 가로막고 있는 벽은 민주주의와 같은 사회개혁적 발전에 의해 그것이 허물어지는 것이 아니라 오히려 거꾸로 더욱 공고해지고 더 높게 쌓여간다는 것이다. 그러므로 사민당은 만일 스스로 자신의 과업을 어렵게 만들 의사가 없다면 사회개혁이나 민주주의 제도의 확대가 가급적 이루어지지 않도록 방해하지 않으면 안 되는 것이다. 이런 결론으로 이어지는 논문에 대해서는 내가 콘라트 슈미트 박사와 함께 사회주의 발전에 대해서 제기하였던 명제, '외부세계를 의식에 반영하자'는 지적을 해두는 것이 필요하다. 그녀는 다음과 같이 외치고 있다. "작센 주의 헌법을 개정하고 그 대신 제국의회의 보통선거권을 포기함으로써 사회개혁을

룩셈부르크의 주장에 따르면 신용은 공황에 반작용을 미치는 것이 아니라 오히려 공황을 최고의 정점으로 몰아나가는 수단이다. 그것은 자본주의적 생산의 무한한 확대를 가능하게 하며 상품교환과 생산과정의 순환을 보다 촉진시킴으로써 생산과 소비 간의 불비례를 가능한 한 자주 공황으로 발발하게 하는 수단으로 기능한다. 그것은 자본가들로 하여금 타인의 자본에 대한 처분권을 부여하고 그럼으로써 극히 무모한 투기의 수단으로 기능하기도 한다. 그러나 불경기가 도래하면 그것은 급격히 스스로를 수축시킴으로써 공황을 심화시킨다. 그리하여 신용의 기능은 모든 자본주의적 관계에서 안정성을 깡그리 없애버리고 자본주의의 모든 잠재력을 최대한 팽창적이고 상대적이고 예민한 것으로 만드는 데 있다는 것이다.

그런데 이런 모든 것은 일반적인 사회주의 문헌이나 특별히 마르크스주의적 사회주의 문헌을 약간이라도 알고 있는 사람들에게는

통해 사회주의를 도입하자는 이론, 그것은 포자도프스키의 시대(Ära Stumm-Posadowsky : 빌헬름 2세 치하에서 내무장관이었던 포자도프스키 베너 백작(Graf Posadowsky Wehner)의 주도 아래 노동법을 비롯한 광범위한 사회보장법이 실시되는 시기를 가리킨다 - 옮긴이)에 생산과정에 대한 노동조합의 통제를 통해서 하자고 했던 바로 그 이론이며, 또한 영국 기계공들의 봉기가 실패로 끝나고 나서 사민당 의회다수파에 의해서 주장되었던 이론이기도 하다." 그녀에게서 역사이론은 공간적으로 모든 선진국가들의 예와 시간적으로 모든 시대를 통틀어서 관찰된 전체 현상들에 입각하여 제기되어야 하는 것이 아니라 어떤 한 나라에서 일시적인 반동의 움직임에 따라서 제기되어야 하는 것처럼 보인다. 그리하여 지금까지 노동운동이 이루어온 전체 업적을 결산하여 거기에 근거하는 것이 아니라 개별투쟁의 성과에 근거해야 하는 것처럼 보이는 것이다. 나뭇가지에 접붙이는 일을 그것이 사람이 나무에서 떨어질 때 무슨 도움이 되겠느냐는 생각으로 불필요하다고 생각하는 사람은 더 이상 아무것도 얘기할 여지가 없는 사람이다.

전혀 새로운 것이 아니다. 단지 여기에서 의문스러운 것은 그것이
현재의 사정을 올바로 표현하고 있는지, 혹은 그것이 어떤 다른 측
면을 가지고 있는 것은 아닌지 하는 점이다. 룩셈부르크가 그렇게
즐겨 사용하는 변증법의 법칙에 의하면 그것은 실제 사정과 일치해
야 하는데 우리는 이런 확인을 굳이 하지 않고도 온갖 형태를 취할
수 있는 각종 사정들이 신용과 마찬가지로 다양한 관계 속에서 다
양한 방식으로 작용하리라는 것을 말할 수 있을 것이다.

  무엇보다도 마르크스도 신용을 그렇게 파괴자의 관점에서만 다
루지는 않았다. 특히 그는 신용의 기능으로 '새로운 생산양식으로
의 이행형태를 형성하는 것'을 들고 이와 관련하여 '신용제도의
양면적 성격'을 명시적으로 강조하였다. 룩셈부르크는 이 해당구절
을 잘 알고 있으며 심지어 마르크스가 신용의 주요 전도사들(존 로
(John Law), 이삭 페레르(Isaak Pereire) 등)의 이중적 성격——절
반은 사기꾼으로서의 성격, 절반은 예언자로서의 성격——에 대해서
말하고 있는 것을 그대로 베끼기조차 하고 있다. 그러나 그녀는 그
것을 단지 신용제도의 파괴적 측면하고만 관련시키고 마르크스가
명시적으로 지적하였던 그것의 생산적이며 창조적인 능력에 대해서
는 한마디도 언급하지 않고 있다. '양면적 성격'에 대해서 왜 이런
삭제가, 왜 이런 이상한 묵살이 이루어지고 있는 것일까? 그녀가 신
용제도의 힘을 겨우 '하루살이'의 빛을 내는 조정수단으로만 서술
할 수 있도록 해준 그 휘황한 변증법의 불꽃은 룩셈부르크가 그렇
게 대충 지나쳐버렸던 신용제도의 다른 측면을 자세히 살펴보는 순
간 금방 연기와 안개 속으로 사라져 버리게 된다.

  그러나 그녀가 논증해 나간 어떤 문장도 이런 점을 충분히 고려
하고 있지 못하다. 즉 예를 들어 그녀는 신용에 대해서 "신용은 생
산을 극도로 확장하는 한편, 교환에서는 약간의 동요만 있어도 그
것을 정지시켜 버림으로써 생산양식과 교환양식 간의 모순을 심화

시킨다"라고 말하고 있다. 이것은 매우 잘 표현된 말이다. 그러나 애석하게도 이 문장은 우리가 원하는 방향으로 고쳐 쓰더라도 틀리지 않은 내용으로 될 수 있다. 즉 우리는 첫번째 문장에서 두 주제어만 바꾸어놓고 나머지는 그대로 두어도 이 문장은 틀린 문장이 아니며 혹은 이 문장을, 신용은 생산과 교환 간의 확대속도의 차이를 주기적으로 조정함으로써 생산양식과 교환양식 간의 대립을 지양한다라고 해도 틀리지 않은 문장으로 된다.

그녀는 계속해서 다음과 같이 말하고 있다. "신용은 많은 소자본가들의 착취를 통하여 소수의 수중에 엄청난 생산력을 집중시킴으로써 소유관계와 생산관계 사이의 모순을 심화시킨다." 만일 이 문장이 옳은 내용을 포함하고 있다면 거기에는 틀린 내용도 적지않게 함께 포함되어 있다. 만일 우리가, 신용이 다수의 소자본가들의 통합을 통해서 엄청난 생산력을 집단적 소유로 전환시킴으로써 소유관계와 생산관계 사이의 모순을 지양한다고 말한다면, 그것은 현실에서 확인된 여러 사실들 가운데 단지 한 부분만을 말하는 것이 된다. 소득의 움직임에 대해 살펴본 앞 절에서 우리는 집단적 소유의 가장 단순하고 가장 강력한 형태인 주식회사에서 바로 이런 경우를 그대로 확인한 바 있다. 만일 룩셈부르크가 이에 반대하여 앞서 언급된 마르크스의 글, 즉 사회적 부를 착취하는 소수의 수가 신용제도 때문에 갈수록 줄어든다는 그 글을 다시 인용하고자 한다면 거기에 대해서는 이런 주장을 입증할 경험적 증거를 마르크스는 어디에서도 제시한 적이 없고 또한 제시할 수도 없었으며, 오히려 이것과 모순되는 사실들을 얘기한 적은 있다는 사실을 반론으로 지적할 수 있을 것이다. 즉 마르크스가 제3권 제22절에서 이자율의 하락경향을 다루면서 램지(Ramsay)에 의해 확인된 영국에서의 기생소득자의 수가 증가하고 있는 현상을 언급하고 있는 것이 바로 그런 예이다(제3권, 1, 346쪽).

또한 마르크스가 반복적으로 법인과 자연인을 혼동하고 있긴 하
지만(바로 이런 혼동이 위에서 말한 가정을 불러일으키는 것이다),
그것 때문에 마르크스가 신용의 적극적인 경제적 힘을 착각한 적은
없었다. 이런 사실을 가장 극명하게 말해주고 있는 것은 마르크스
가 노동자 협동조합에 대해서 말하면서 그것의 대표적 유형이 바로
과거의 생산자 협동조합――그는 이것을 협동노동이라고 불렀다――
이며, 따라서 이 협동조합은 기존 제도의 모든 결함을 그대로 재생
산하고 또 재생산할 것이 틀림없다고 말하고 있는 부분에서이다.
바로 여기에서 마르크스는 다시 그럼에도 불구하고 이 협동조합이
자본주의 공장제도 내에 있는 기존의 모순을 적극적으로 지양하는 것
이라고 서술했던 것이다. 만일 이 협동조합이 자본주의적 생산에 기초
한 공장제도의 일종이라면 그것은 또한 이 자본주의적 생산에 기초한
신용제도의 일종이기도 하다. 그리고 이 신용제도 없이 그 협동조합은
발전할 수 없을 것이고 그 신용제도는 "어느 정도 국민적 규모에서 점
차 협동적 기업을 확대시켜 나가는 수단을 제공하는 것이다"(『자본』 제
3권, 1, 428쪽)라고 마르크스는 말하고 있다. 그리하여 우리는 룩셈
부르크의 주장을 뒤집는 가장 좋은 예를 지금까지 본 셈이다.
　신용제도가 투기를 쉽게 만든다는 것은 수백 년 전부터 이미 우
리가 경험하고 있는 바이며 특히 생산의 형태나 조건이 투기에 적
합할 정도로 충분히 발달해 있지 않은 경우에도 투기는 생산을 중
지시키지 않는다는 것도 또한 오랜 경험에서 확인된다. 그런데 투
기는 자신의 입장에서 알 수 있는 상황과 알 수 없는 상황 간의 관
계에 의해서 제약된다. 후자가 우세하면 투기는 점차로 극성을 피
우게 되고 후자가 전자에 비해 약화되면 투기의 기반은 위축된다.
따라서 상업적 투기가 가장 광란적으로 극성을 피우는 것은 시기적
으로는 **자본주의 시대의 여명기**이며 지리적으로는 자본주의적 발전
이 아직 덜 이루어진 나라들에서이다. 그리고 산업 영역에서는 신규

산업 부문에서 투기가 가장 왕성하게 이루어진다. 근대 산업으로서 생산 부문의 연륜이 쌓여갈수록——순수한 유행품목의 제조업 부문은 제외——그 부문에서 투기가 결정적인 역할을 수행할 만한 그런 계기는 사라진다. 그것은 시장상황과 시장의 움직임이 보다 상세히 관찰되고 따라서 보다 안정적인 계산이 이루어지기 때문이다.

그런데 이런 안정성은 언제나 단지 상대적인 것일 뿐이다. 왜냐하면 경쟁과 기술발전이 시장의 절대적 통제를 자꾸 밀어내기 때문이다. 그러므로 과잉생산은 어느 정도까지는 불가피한 것이다. 그러나 개별 산업 부문에서의 과잉생산은 아직 일반적 공황을 의미하지 않는다. 개별 산업 부문의 과잉생산이 일반적 공황으로 되기 위해서는 이 산업 부문이 다른 산업 부문 제품의 중요한 소비자라서 이 산업 부문의 침체가 다른 산업 부문의 침체로 계속 이어지거나 혹은 이 산업 부문의 과잉생산이 화폐시장을 매개로 해서, 또는 일반적 신용의 마비를 통해서 다른 부문의 생산이 계속될 수 있는 수단을 막아버리는 결과를 가져와야 한다. 그러나 나라가 점차 부유해지고 그 나라의 신용제도가 점차 발전해 나갈수록——이것을 신용에 의해 팽창되어 있는 경제와 혼동해서는 안 된다——이런 후자의 작용이 발휘될 가능성은 더욱더 적어지고 있는 것이 명백하다. 왜냐하면 여기에서는 그런 불일치를 조정해 주는 가능성도 그만큼 증가해 있기 때문이다.

내가 지금 당장 정확하게 기억하지는 못하지만 어딘가에서 마르크스는 화폐시장의 중심부에서는 주변부의 어느 곳보다 더 급속하게 신용의 위축상태가 회복된다고 얘기한 적이 있는데, 이는 실제로 무수히 많은 증거들에 의해 충분히 입증되고 있는 사실이다. 그리고 마르크스는 사실 이 말을 하면서 오늘날보다 훨씬 더 많은 제약들로 묶여 있던 당시 영국의 화폐시장을 염두에 두고 있었다. 그리하여 그는 시장의 확대와 함께 신용은 점차로 확장되며 그럼으로

써 투기적 요소가 점점 더 경제를 지배하게 된다고 얘기하고 있다
(『자본』 제3권, 제2부, 18쪽). 그러나 그 사이에 이루어진 교통수단
의 변혁은 이와 관련된 공간적인 거리의 작용을 완화시켰다.[19] 이
런 교통수단의 발달이 화폐시장의 위기를 완전히 제거할 수는 없겠
지만 여기에서 우리가 문제로 삼고 있는 바 광범위하게 확장되어
통제하기 어렵게 된 상업기업들로 말미암은 화폐시장의 경색은 상
당 부분 감소시키게 될 것이다.

  화폐공황과 상업공황 간의 관계는 아직 완전히 해명된 것이 아니
기 때문에 우리는 이들 양자가 함께 발생한 구체적인 경우에 화폐
공황을 야기시킨 것이 상업공황 내지 과잉생산이라고 직접 단정적
으로 말할 수는 없다. 그러나 대부분의 경우 화폐시장을 마비시키
고 그럼으로써 전체 경기를 압박한 것은 실제 과잉생산이라기보다
는 과잉투기였던 것이 명백하다. 이것은 마르크스가 『자본』 제3권
에서 1847년과 1857년의 공황에 대한 공식적인 연구들을 인용하면
서 알리고 있는 구체적인 내용들에서도 그대로 드러나고 있으며 또
한 헤르크너(Herkner) 교수가 『정치학 사전』에서 상업공황의 역사
에 대해 간단히 요약하면서 이들 공황과 다른 공황들에 대해 서술

---

19) 엥겔스는 수에즈 운하와 기선 등의 영향으로 아메리카와 인도가 유럽 산
　　업국가들에 70%에서 90%까지 다가섰다고 평가하였다. 그리고 그는 이에
　　덧붙여서 바로 이런 교통수단의 발달로 1825년과 1857년 공황의 진원지
　　였던 이들 두 지역이……그 폭발력의 상당 부분을 상실했다고 말하고 있
　　다(『자본』 제3권, 제1부, 45쪽). 같은 책 395쪽에서 엥겔스는 신용사기와
　　결합된 투기적 사업들——마르크스는 이 책에서 이것을 화폐시장 위기의
　　원인을 조장하는 것으로 서술하고 있다——이 해외전신의 발달에 의해 이
　　제 종말을 고했다고 단정짓고 있다. 『자본』 제3권, 제2부, 56쪽에서 엥겔스
　　가 삽입한 보유(補遺)도 신용제도의 발전에 대한 비평에서 주목할 만한
　　가치가 있는 것이다.

하고 있는 데서도 역시 확인되고 있다. 룩셈부르크는 헤르크너가 서술한 사실들에 기초하여 지금까지의 공황은 올바른 의미에서의 공황이 아니고 단지 자본주의 경제의 **소아병**에 불과하다고 하면서 그것은 자본주의 경제의 영역이 축소되면서 발생하는 현상이 아니라 오히려 **확대**되면서 발생한 부수적인 현상이며 우리는 "아직 마르크스가 말한 주기적 공황이란 명제에서 전제되고 있는 그런 완전히 자본주의적으로 성숙한 국면에 진입해 있지 않다"라고 결론을 내리고 있다. 그녀에 따르면 우리는 "공황이 자본주의의 성립을 가져오기에는 이미 지나가 있고 그렇다고 그것이 자본주의의 몰락을 가져오기에는 아직 이른 그런 국면에 있다"는 것이다. 자본주의의 몰락이 이루어지는 그런 시기는 세계시장이 대규모로 완성되고 어떤 급격한 확장에 의해서도 더 이상 그것이 팽창할 수 없는 그런 상태가 되어야만 비로소 오는 것이다. 그런 상태로 갈수록 생산력과 교환의 제약 사이의 모순은 더욱 첨예하게 되고 격렬하게 될 것이다.

주의해야 할 점은 마르크스에게서 공황이론은 미래의 그림이 아니었고 현재의 모습이었으며 단지 여기에서는 그것이 미래에 보다 첨예한 형태로 그리고 보다 확대된 모순으로 반복되리라는 것이 예측되고 있었다는 사실이다. 룩셈부르크가 마르크스 공황이론에 대해 미래에 전개될 모든 시기에 대해서 마르크스가 이 이론에 부여한 중요성을 무시하고 그것을 단지 하나의 추론으로서, 즉 아직 현실과 일치하지는 않지만 이제 비로소 맹아적인 형태로 존재하는 요소들에 기초하여 어떤 과정을 미리 논리적으로 구성한 것으로서 상정한다면, 이것은 그녀가 미래사회의 발전——그것이 공황이론에 기초해 있는 것인 한에서——에 대한 마르크스의 예언에 의문을 제기하는 것이 된다. 왜냐하면 만일 이 이론이 그것이 제기되었던 당시에도 아직 확인된 것이 아니고 그때부터 현재까지의 기간 동안에도 제대로 확인된 것이 아니라면 도대체 훨씬 더 먼 미래에는 그 이론이 어떻게 타당한 것으로 주장될 수 있겠는가? 이런 상황에서 세계시장이 대규모로 완성될 시기에 관심을 모으는 것은 일종의 피안으로의 이론적 도피이다.

세계시장이 언제 대규모로 완성될 것인지는 아직 전혀 알 수 없다. 더구나 세계시장이 외연적으로 확장될 뿐만 아니라 내포적으로도 심화되고 있으며 특히 오늘날에는 전자보다 후자가 더욱 큰 비중을 차지한다는 사실을 룩셈부르크가 모르지는 않을 것이다.

대공업국가들의 상업통계를 보면 사람들이 산 지도 오래되고 역사도 오래된 나라들로의 수출이 훨씬 중요한 역할을 하고 있다는 것을 알 수 있다. 예를 들어 영국이 오스트레일리아 전체(오스트레일리아 지역의 전체 식민지와 뉴질랜드 등)로 수출하는 액수는 프랑스로의 수출에 못 미치며 북아메리카 영국령 전체(캐나다, 브리티시 컬럼비아 등)에 대한 수출은 아직 러시아 한 나라만의 수출에도 못 미치고 있다. 또한 이미 상당한 역사를 가지고 있는 이들 두 식민지로의 수출액을 통틀어도 그것은 독일로의 수출에 못 미치고 있다. 영국의 해외무역에서 광대한 인도제국을 포함한 자신의 전체 식민지와의 무역은 나머지 다른 지역과의 무역의 3분의 1에도 채 미치지 못하고 있으며 최근 20년간의 수익을 보면 이들 식민지 지역으로의 수출은 실로 가소로울 만큼 미미한 실정이다.[20]

---

20) 여기에서 1895년의 통계를 몇 개만 들어보도록 하자. 전체 수출 가운데 75.6%는 외국——거기에서 다시 열에 아홉은 기존 국가들(신생 식민지와 구별되는 지역을 가리킴 - 옮긴이)——으로의 수출이며 24.4%는 영국 식민지로의 수출이다. 수출금액으로 보면(통과화물을 포함) 북아메리카 영국령이 660만 파운드, 러시아 1,070만 파운드, 오스트레일리아 1,930만 파운드, 프랑스 2,030만 파운드, 독일 3,270만 파운드 등이며 무려 2억 8,580만명이 거주하는 동서 아프리카 영국령 전체는 겨우 240만 파운드로서 전체 수출의 1%에도 못 미치고 있다. 1860년과 비교하면 1895년 영국령 전체에 대한 수출은 64.8%가 증가하였으며 다른 나라로의 수출

세계시장의 외연적 확장은 만일 오래 전부터 교역하던 기존의 교역국가들에서 갈수록 보다 큰 시장을 제공해 주지 않는다면 실제 생산증가를 소화해 낼 정도의 유출만큼만 매우 느리게 이루어질 것이다. 이러한 공간적 확장과 함께 진행되는 세계시장의 내포적 심화는 선천적으로 무슨 한계를 가지고 있지는 않다. 만일 일반적 공황이 자본주의적 생산에 내재하는 법칙이라면 그것은 지금 혹은 가까운 장래에 확인될 수 있어야 한다. 그러나 그렇지 않다면 그것의 불가피성에 대한 증거는 단지 허공에서 맴도는 추상적인 사유 속에만 머물러 있을 것이다.

우리는 오늘날 생산의 일반적 마비를 가져오는 신용제도의 위축이 과거에 비해 더욱 늘어난 것이 아니라 오히려 더욱 줄어들었으며 따라서 그런 한에서 그것이 공황을 발생시키는 요인으로서 그 중요성이 감소하였다는 것을 지금까지 보았다. 그러나 그것이 과잉생산을 더욱 촉진하는 수단인 이상 오늘날 많은 나라들에서는 이런 생산의 팽창에 대응하여 여러 방면에서, 심지어 국제적으로까지 점점 더 빈번하게 카르텔이나 신디케이트 혹은 트러스트 등의 기업결합을 통해서 생산을 규제하고자 노력하고 있다. 나는 이런 기업결합의 생존가능성이나 유효성에 대해서 특별한 예언을 하지는 않겠지만 이것이 시장상황에 대한 생산활동의 크기를 조절하여 공황의 위험을 줄이는 역할을 수행할 수 있다는 점은 인정한다. 그러나 룩셈부르크는 이 점도 부인하고 있다.

무엇보다도 그녀는 기업결합이 일반적으로 가능하다는 사실을 반박하고 있다. 기업결합의 궁극적인 목표와 성과는 어떤 산업 부문 내에서 경쟁을 배제하여 상품시장 전체에서 획득되는 이윤량 가운

은 77.2%가 증가하였다(1897년도 『의회연보』(*Constitutional Yearbook*) 참조).

데 자신들의 몫을 높이고자 하는 데 있을 것이다. 그런데 어떤 한 산업 부문에서 이 목표가 달성되려면 그것은 반드시 다른 산업 부문의 희생을 통해서만 가능하며, 따라서 이런 조직이 일반화되는 것은 불가능하다는 것이다. "모든 생산 부문으로 확장되면 이것은 그 작용을 아예 멈추게 된다."

이런 주장은 오래 전에 허공에서 분해된 노동조합 무용론과 완전히 똑같은 것이다. 그리고 그것의 논거는 이미 효력을 잃은 임금기금론의 논거만큼이나 한없이 취약한 것이다. 상품시장에서 고정된 이윤량만이 배분된다는 생각은 입증되지 않은 것이며, 입증가능한 것도 아닐 뿐만 아니라 오히려 오류로 입증되는 것이다. 이 주장은 특히 가격이 생산비의 움직임과는 무관하게 결정된다는 것을 가정하고 있다. 그러나 가격과 그 위에 생산의 기술조건까지 일정하게 주어진다고 하더라도 한 산업 부문의 이윤량은 다른 산업 부문의 이윤을 감소시키지 않고도 증가할 수 있다. 즉 비생산적 비용의 감축, 출혈적 경쟁의 지양, 생산조직의 개선 등등 많은 같은 요인들에 의해 얼마든지 증가될 수 있는 것이다. 여기에 기업결합도 그런 유효한 수단이라는 것이 명백한 사실이다. 이윤배분의 문제는 기업결합의 일반화를 가로막는 제일 마지막 원인이다.

룩셈부르크가 카르텔이 생산의 무정부성을 저지할 능력이 없다고 주장하는 또 다른 이유는 이 카르텔이 이윤율의 하락을 저지하고자 하는 자신의 목적을 달성하기 위하여 축적된 자본 가운데 일부분을 휴면시키고자 노력한다는 점에 근거하고 있는데 이것은 형태만 다를 뿐 바로 공황이 빚어내는 결과와 같다는 것이다. 결국 카르텔이라는 이런 치료법은 물에 물을 탄 것과 마찬가지로 질병과 구분이 되지 않는다는 것이다. 기업결합과 같은 조직을 통해서 사회화한 자본 가운데 일부분은 다시 사적 자본으로 전화하여 각자 자신의 개별적 이익을 추구한다. "그리하여 조직은 비누거품과 같이 스러지고 다시 자유경쟁이 자리를 잡는다"는 것이다.

룩셈부르크의 이런 주장은 화상을 입은 다리를 외과적 수술을 통해 절단하는 것이나 화상으로 다리를 못쓰게 된 것이나 두 경우 모두 다리를 잃는다는 점에서는 동일하므로 이것은 마치 '물에 물을 탄 것'과 마찬가지라는 생각에 기초해 있다. 그런데 자본이 공황과 같은 불가항력적인 사건에 의해 휴면상태로 되느냐 혹은 산업의 조직화에 의해 휴면상태로 되느냐 하는 것은 완전히 서로 구별되는 두 문제이다. 왜냐하면 하나는 단지 일시적인 휴면상태를 의미하지만 다른 하나는 직접적인 파괴를 의미하는 것이기 때문이다. 그러나 어떤 생산 부문에서 과잉이 된 자본이 단지 이 생산 부문 내에서만 사용될 수 있거나 사용되어야 한다는 내용은 그녀의 글 어디에서도 찾아볼 수 없다. 이런 점에 비추어볼 때 그녀는 반복적으로 생산 부문의 수를 언제나 일정하게 고정된 것으로 가정하고 있었던 것으로 보이는데, 이것은 바로 현실과 일치하지 않는 가정이다.

룩셈부르크의 마지막 반론은 약간 나은 것이다. 이 반론에서 그녀는 카르텔이 생산의 무정부성을 통제할 능력을 가지고 있지 못한 이유를 다음과 같이 설명하고 있다. 즉 카르텔로 연합한 기업가들이 국내시장에서 높은 이윤율을 올릴 수 있는 것은 이들이 국내에서 사용할 수 없는 과잉자본 부분을 이윤율이 낮은 외국에서 사용하기 때문이라는 것이다. 그 결과 무정부성은 세계시장으로 확대되고 원래 추구하던 목표와 반대되는 결과가 나타나는 것이다.

'대개' 이런 일은 카르텔이 외국에서 보복관세를 맞고도 견딜 수 있을 정도의 철저한 보호관세의 혜택을 받고 있을 경우에만 있을 수 있다. 룩셈부르크가 자신의 논지를 입증하기 위한 사례로 들고 있는 제당산업의 경우 보호관세의 강력한 형태로서 수출장려금이 있는데 이것은 그녀가 서술한 바와 같은 결과를 의미하는 것이다. 그러나 여기에서 주목해야 할 것은 이 특혜조치에 반대하는 운동이, 이런 특혜는 물론 다른 아무런 보호 없이 그런 특혜인 수출장려금과 제당 카르텔의 혜택을 보고 있는 나라들과 제당산업에서 경쟁하고 있는 나라 영국에서보다는 오히려 바로 그런 특혜조치를 누리는 나라들에서 더욱 격렬하게 일어났다는 점이다. 그리고 영국사람들은 그 이유를 잘 알고 있다. 이런 특혜조치가 있는 상황에서의 경쟁은 영국 제당업자들에게서 그들의 조생산물, 즉 조당을 수출장려금만큼 인하하여 판매하는 결과를 가져올 것이므로 영국 제당업자들로서는 사람들이 생각하는 만큼의 정도로는 아닐지라도 이런 특혜조치로 인해 상당한 손해를 입을 것이 틀림없는 일이다. 그래서 영국에서는 1864년 최초로 제조된 설탕이 424,000톤이었는데 1894년이 되어서도 623,000톤, 1896년에도 632,000톤에 머물러 있었다. 물론 그 사이에 훨씬 더 높은 생산고가 이루어진 적도 있지만(1884년에는 824,000톤이었다), 이 생산고는 오래 유지될 수 없었고 그 대신 사탕가공업(사탕과자, 사탕첨가과일, 과일잼)이 비약적인 발전을 하여 제당업의 침체를 10배나 보충하였다.

　1881년에서 1891년의 기간 동안 영국에서 제당업에 고용된 사람들의 수는 전혀 감소하지 않았는데 특히 사탕과자산업에서는 고용인구가 거의 두 배로 증가하였다.[21] 또한 강력하게 성장한 잼산업(설탕조림방식으로 제조)과 마멀레이드 산업도 이런 예에 해당되는데 이들 제품은 대중적인 소비품목으로 자리를 잡았으며 자체 내에

---

21) 센서스에 수록된 해당 통계는 다음과 같다.

	피용자	1881년	1891년	
제당산업	남자	4,285	4,685	＋ 317
	여자	122	238	＋ 116
사탕과자산업	남자	14,305	20,291	＋ 5,986
	여자	15,285	34,788	＋ 19,503

수천 명의 노동자를 고용하고 있다. 만일 대륙의 제당업자들이 누리는 사탕수출장려금과 기타 특혜조치들이 영국의 제당업 전체를 완전히 궤멸시킨다면——물론 그런 일은 없겠지만——약 5,000명의 노동자들이 일자리를 잃겠지만 그 대신 적어도〔사탕가공업 부문에서〕그보다 8배에 달하는 일자리가 생겨날 것이다. 여기에는 설탕 가격의 하락이 영국 잼과일(딸기나 포도 등과 같이 잼의 원료로 사용되는 과일 - 옮긴이)의 재배에 입히는 피해는 계산되지 않았다. 물론 수출장려금을 받은 사탕무 재배농가가 영국 식민지의 사탕수수 재배농가를 궤멸시키고 서인도제도의 사탕수수 재배농가로 하여금 힘든 비명을 지르게 한다는 얘기도 있다.

그러나 이 존경받는 식민지농업계급은 어떤 경우에든 결국 몰락하고 마는 빈농들과 비슷한 운명을 가지고 있다는 것이 분명하다. 실제로 영국은 현재 자신의 식민지로부터 사탕수수를 과거보다 더 많이 수입하고 있는데(1890년 230만 첸트너〔Zentner : 50파운드에 해당하는 무게단위 - 옮긴이〕에 달하던 영국식민지로부터의 조당수입은 1896년 310만 첸트너로 증가하였다), 이런 증가에서 서인도제도는 다른 식민지들에 비해 처지고 있다. 1882년 영국 식민지 전체의 총수출액 가운데 서인도제도가 차지하는 비중은 정확히 3분의 2였으나 1896년에는 이것이 절반 이하로 떨어졌다. 재배농가들의 이윤이 피해를 입은 것은 확실하지만 만일 이들 농가가 기존에 과도한 부채를 지고 있지 않다면 그것이 파산을 이끌 정도는 아니었다.

그런데 우리는 여기에서 직접적이고 강력한 오늘날의 보호관세제도가 미치는 나쁜 영향을 부인하려는 것이나 기업결합을 옹호하려는 것이 아니다. 카르텔 따위가 곧바로 경제발전을 의미하는 말이라거나 그것이 근대 경제생활의 모순들을 지속적으로 제거할 수 있는 능력을 가졌다거나 하는 것은 내가 주장하려고 하는 바가 아니다. 오히려 내가 확신하는 바는 근대 산업국가들에서 카르텔과 트러스트가 보호관세에 의해 지탱되고 발전한다면 그것은 사실상 해당 산업의 공황을 불러일으키는 요인으로 자라날 수밖에 없으며, 그리하여 처음에는 아니라고 하더라도 '관세장벽을 친' 그 나라에까지 결국 언제라도 공황의 요인으로 작용하게 된다는 것이다. 단지 여기에서는 과연 이 나라 국민들이 언제까지 이런 경제상태를 용인하고 있을 것인가 하는 문제가 남는다.

보호관세제도는 원래 경제적 산물이 아니라 경제적 효과를 노리고 정치권력이 경제에 개입한 결과물이다. 카르텔로 묶여진 기업결합과는 본질적으로 다른 것이다. 기업결합은 설사 그것이 보호관세에 의해 온실의 화초처럼 보호받고 있을 경우에도 애초 경제 그 자체의 토양으로부터 자라난 것이며 시장의 움직임에 따라 생산을 조절하고자 하는 본질적으로 경제적인 성격을 가진 수단이다. 그러면서 그것이 동시에 독점적 착취의 수단이거나 혹은 그럴 가능성이 있다는 사실은 여기에서 별개의 문제이다. 또한 이 기업결합이 이런 성격을 띠고서 과잉생산을 억제하고자 하는 기존의 온갖 수단들과 같은 성격의 새로운 수단일 뿐이라는 것도 여기에서는 별개의 문제이다. 기업결합은 개인기업에 비해 훨씬 적은 위험을 가지고 시장의 과잉시기에 생산을 잠정적으로 제약할 수 있다. 또한 그것은 외국의 출혈적 경쟁과 맞닥뜨렸을 때 더욱 유리한 처지에 설 수도 있다. 이것을 부인하는 것은 무정부적인 경쟁에 비해 조직화가 갖는 장점을 부인하는 것을 의미한다. 따라서 만일 카르텔이 공황의 본질과 발생빈도를 변화시키는 방향으로 작용한다는 사실을 원칙적으로 부인하는 사람은 바로 그런 장점을 부인하고 있는 것이다.

한편 카르텔의 이런 작용이 어느 정도까지 가능한가 하는 문제는 순전히 추측의 문제로만 남아 있는데, 왜냐하면 이와 관련하여 어떤 결정적인 판단을 내릴 수 있기에는 아직 충분한 경험적 자료가 없기 때문이다. 그러나 이런 상황에서도 미래의 일반적 공황을 예측하는 데 필요한 몇 가지 힌트는 주어져 있는데, 그것은 원래 마르크스와 엥겔스가 1825년, 1836년, 1847년, 1857년, 1873년의 공황이 점차로 격렬하게 반복되는 것을 보면서 생각해 낸 것이었다. 이미 오랜 기간 사회주의 진영에서 생각해 오던 바와 같이 자본집중의 증가로 인한 필연적 결과로서 산업순환이 점차로 보다 짧아진다——나선형의 모습으로 진행되는 발전과정——고 하는 사실에 대해 1894년 엥겔스는 새로운 순환의 확장이 이루어지고 있는 것은 아닌지, 즉 기존의 생각과 반대되는 현상이 일어나고 있는 것은 아닌지 의문을 제기한 바 있으며 따라서 공황이 과거의 형태대로 계속 반복될 것이 틀림없다고 하는 추상적인 결론에 경고를 보낸 바 있다.[22]

개별 산업의 역사는 이들 개별 산업에서의 공황이 이른바 일반적 공황과 결코 함께 일어나지 않는다는 것을 보여주고 있다. 『자본』 제1권과 제3권에서 마르크스가 영국 면직산업의 역사에 대해서 기술해 놓은 부분(제1권 제13절, 제3권 제6절)을 찬찬히 읽어보면 이것이 그대로 확인되고 있으며 최근의 역사에서도 마찬가지로 여러 생산영역들에서 호황과 불황의 국면들이 다른 산업 부문들에 심각한 영향을 미치는 일이 없이 진행되고 있는 것을 그대로 확인할 수 있다. 우리가 이미 본 바와 같이 마르크스는 주기적 공황의 물적 기초가 명백히 고정자본(생산도구 등)의 갱신이 가속화될 수밖에 없는 필연성에 있다고 믿었는데,[23] 바로 여기에 공황의 중요한 계기가 숨겨져 있다는 것은 사실 절대적으로 맞는 말이다. 그러나 이들

---

22) 물론 여기에서 말하는 것은 언제나 단지 공황의 경제적 기초에 대한 것만 이다. 그러나 물론 정치적 사건(전쟁이나 심각한 전쟁의 위협)의 결과로서의 공황이나 매우 넓은 지역에서의 흉작——국지적인 흉작은 이런 의미에서 아무 영향도 미치지 않는다——의 결과로서의 공황도 언제나 가능한데, 이들은 이미 붕괴논쟁에 대한 논문에서 지적한 바 있다.

갱신기간이 각 산업에서 모두 시간적으로 일치한다는 것은 사실이
아니며 더 이상 맞는 말이 아니다. 그리하여 일반적 대공황의 또 하
나의 요인이 제거되었다.

그래서 결국 다음과 같은 문제만 남는다. 즉 근대 사회에서의 생
산능력은 실제 구매력에 의해 결정되는 생산물에 대한 수요보다 훨
씬 더 강력하다. 그리고 수백만의 인민들이 누리기에 충분한 주택
과 식량, 의복을 생산할 풍부한 수단들이 존재하는데도 불구하고
이들 인민들은 불충분한 주택과 식량, 의복에 시달리고 있다. 이런
불균형 때문에 여러 생산 부문들에서는 끊임없이 과잉생산이 이루
어져서 사실상 어떤 상품들은 사용되는 것보다 더 많은 양이 생산
되고——예를 들어 현존하는 직조공들이 실제 작업할 수 있는 것보
다 더 많은 양의 면사가 생산된다——또 다른 어떤 상품은 사용되
는 것보다 더 많은 양이 생산되는 것은 아니지만 구매될 수 있는
것보다는 더 많은 양이 생산되고 있다. 그 결과 노동자들의 고용상
태는 매우 불규칙하게 되고 노동자들의 상태도 극히 불안정하게 되
어 이들을 비참한 예속상태로 몰아넣음으로써 과도한 노동과 실업
이 빈발하는 현상이 나타나게 된다.

또한 이런 폐해가 극도로 심해지는 것을 방지하기 위하여 오늘날
사용되는 여러 수단들 가운데 자본주의적 기업카르텔은, 한편으로
는 노동자들에 대하여 다른 한편으로는 다수 대중에 대하여 이들의
등을 밟고 이들의 희생을 바탕으로 다른 산업이나 다른 나라들의

---

23) 이 구절(제2권, 164쪽)에서 '물적'(materiell)이라는 말의 사용은 마르크스
    가 이 개념을 이해한 방식을 판단하는 데서 적지않게 흥미로운 일이다. 즉
    오늘날 일상적으로 사용되는 이 개념의 해석에 의하면 과소소비에 기초한
    공황의 설명이 공황의 원인을 생산과정의 변화나 도구의 변화에 있다고
    하는 설명과 마찬가지로 그것도 유물론적인(materialistisch) 것이라는 점
    이다.

비슷한 독점적 기업결합들과 투쟁을 벌이거나 혹은 국제적 협약이나 산업간 협약을 통해서 생산과 가격을 자신들의 이윤의 필요에 맞추어 자의적으로 조정하는 경향을 보이고 있다.

실제로 공황을 방지하고자 하는 자본주의적 수단들은 노동자 계급을 새롭게 보다 강력하게 예속시키고 과거 동업자 조직의 특권의 새로운 형태인 생산특권을 부활시키는 방향으로 나갈 조짐을 보이고 있다. 따라서 내가 보기에 노동자적 관점에서 보다 중요한 것은 카르텔과 트러스트의 '무능력'을 예언하는 것보다 그것의 가능성을 현재 예의 주시하는 것에 있다. 앞으로 이들 기업결합이 시간이 흘러감에 따라 원래의 목적——공황의 저지——을 달성할 수 있을지의 여부는 노동자 계급에게 부차적인 문제일 뿐이다. 그러나 물론 일반적 공황에 대한 어떤 예측이 노동자 계급의 해방운동과 관련이 될 때에는 이 문제가 매우 중요한 문제로 될 것이다. 왜냐하면 그럴 경우에는 카르텔이 공황을 저지하는 데 아무런 능력이 없다고 하는 생각이 매우 치명적인 실책이 될 수 있기 때문이다.

우리가 이 절의 서두에서 경제공황에 대한 마르크스, 엥겔스의 설명을 요약하여 인용한 부분은 지금까지 설명한 관련 사실들과 함께 공황문제란 것이 지금까지 알려져 있는 바의 몇 개의 공식에 따라 간단하게 얘기될 수 있는 문제가 아니라는 것을 인식하게 하는 데 충분할 것이다. 우리가 할 수 있는 것은 단지 근대 경제의 어떤 요인들이 공황을 불러일으키고 어떤 요인들이 공황을 억제하는지를 알아낼 수 있을 뿐이다. 이들 요인들간의 궁극적인 관계나 혹은 그것들의 발전과정을 선험적으로 판단한다는 것은 불가능한 일이다. 만일 일반적 공황이 예상할 수 없었던 **외부의 사건** 때문에 발발하는 것이 아니라면——우리가 지금까지 말한 것처럼 그것은 언제든지 예상 밖으로 발발할 수 있다——그런 돌발적인 사태를 순수하게 경제적인 원인으로부터 설명해야 할 뚜렷한 이유도 또한 없을 것이다. 국지적이고 부분적인 경기침체는 불가피한 것이지만 오늘날처럼 세계시장이 조직되고 확장되어 가는 상태에서는, 그리고 특히 **생활수단의 생산이 대규모로 확대되어** 가는 상태에서는 일반적 경기침체란 존재하지 않는다. 그리고 이 생활수단의 생산의 확대현상은 우리의 문제에서 특별한 중요성을 갖는다. 아마도 지대와 생활수단의 가격하락만큼 경제공황을 완화시키고 또 공황의 심화를 가로막는 장애요인도 없을 것이기 때문이다.

제4장

사민당의 과제와 그 수행가능성

1. 사회주의의 정치적, 경제적 전제조건

어떤 계급이나 당파에 소속되었든 상관없이 우리가 누군가에게 사회주의의 정의를 정확하게 한번 내려보라고 요구한다면 아마 그들 중 상당수는 약간 당황해할 것이다. 만일 이때 그 사람이 되는 대로 어디선가 주어들은 내용을 그대로 옮기려 하지 않는 한, 그 사람은 먼저 사회주의가 어떤 상태를 말하는지, 아니면 운동을 말하는지, 혹은 어떤 인식을 말하는지 목표를 말하는지를 분명히 해야만 할 것이다. 사회주의의 원전들을 참고해 보면 우리는, 사회주의에 대한 개념설명이 지금 얘기한 이런 범주들의 어디에 속하느냐에 따라 매우 다양하게 존재한다는 것을 보게 된다. 즉 사회주의를 법률적 개념(평등, 정의)으로부터 추론하거나, 혹은 사회과학적인 특징들을 총칭하여 정의하는 것으로부터 근대 사회에서의 노동자들의 계급투쟁과 사회주의를 동일시하거나 사회주의가 곧 협동조합적 경제를 의미한다고 하는 설명에 이르기까지 그것은 매우 다양하다.

때때로 이런 다양한 설명들은 아예 근본적으로 상이한 해석에 근거한 경우도 있지만 대부분은 동일한 사물을 단지 서로 다른 시각에서 관찰하고 서술한 데서 비롯된 결과일 뿐이다.

사회주의에 대한 엄밀한 설명들은 언제나 협동조합의 사상들과 결부되어 있는데, 이는 협동조합의 개념이 경제적이면서 동시에 법률적 관계를 함께 표현하기 때문이다. 법률적 관계의 성격이 경제양식의 성격 못지않게 중요하다는 것을 인식하는 데에는 그리 장황한 자료들이 필요하지는 않을 것이다. 법률은, 그것이 사회생활의 본원적 요소냐 아니면 부차적인 요소냐 혹은 그것이 어떤 의미에서 그러한가라는 문제와는 완전히 별개로 언제나 그 시대의 사회생활의 성격이 가장 응집되어 뭉쳐진 것이다. 우리는 사회형태의 성격을 그것의 기술적 혹은 경제적 토대에 따라서 규정하는 것이 아니라 그것의 법제도의 기본원칙에 따라서 규정한다. 우리는 석기시대, 청동기시대, 전기(電氣)시대 등의 명칭도 사용하지만 동시에 봉건적 사회제도, 자본주의적 사회제도, 부르주아적 사회제도 등의 명칭도 사용한다. 사회주의의 성격을 운동으로, 혹은 협동조합(Genossen-schaft)적 사회제도의 상태로 규정하는 것은 바로 그런 방식에 따른 것이다. 우리가 지금부터 사용하게 될 사회주의라는 말은 그 자체의 어원(socius＝Genosse)과도 부합하는 바로 이런 의미를 띤 것으로 정의해 두고자 한다.

그러면 사회주의 실현의 전제조건은 무엇인가? 사적 유물론은 무엇보다도 이 전제조건을 근대 생산의 발전에서 찾는다. 즉 공업과 농업 부문에서의 자본주의적 대경영의 확대로 인하여 사회가 사회주의로 전환하기 위한 물적 토대가 점차로 그리고 지속적으로 증대한다는 것이다. 생산은 이들 대경영 속에서 이미 사회적으로 조직되며 단지 그 관리만 개인에게 귀속된 채로 남아 있으며, 이윤은 이들 개인의 노동에 따라 배분되는 것이 아니라 그들의 자본소유지분에 따라서 배분된다. 작업을 수행하는 노동자는 그가 사용하는 생산도구들의 소유로부터 분리되어 있으며 임금관계에 예속되어 있다. 그리고 이 임금관계는 노동자의 생애 전 기간 동안 한시도 떠나지 않고 그를 지배하며 또한 그가 기업가에게 예속되어 있어서 경기상황의 변동——이것은 생산의 무정부성의 결과이다——에 따라 이 임금관계도 함께 불안정할 수밖에 없기 때문에, 이것은 항상 그를 압박한다. 생산 그 자체와 마찬가지로 생산자들의 생존조건도 노동의 사회화와 노동의 협동조합적 조직화를 향하여 몰아간다. 이런 발전이 충분하게 진전되고 나면 사회주의의 실현은 사회의 진보를 위해서 거부할 수 없는 필요성으로 자리를 잡는다. 사회주의를 실현하는 것은 계급적 당파로 조직된 프롤레타리아의 임무이며 이를 위해 프롤레타리아는 정치권력을 장악하지 않으면 안 된다.

이상의 설명에 따른다면 사회주의의 전반적 실현을 위한 첫번째 전제조건은 일정 수준의 자본주의의 발전이며, 두번째 조건은 노동자 계급정당, 즉 사민당에 의한 정치권력의 집행이다. 마르크스에 의하면 이런 권력집행의 과도기적 형태는 프롤레타리아 독재이다.

첫번째 전제조건에 관해서 본다면 이미 우리가 생산과 분배에서의 경영규모에 대해서 논의한 앞 절에서 본 바와 같이 오늘날 대경영이 산업에서 사실상의 우위를 이미 차지하고는 있지만 프로이센과 같이 비교적 발전된 나라에서조차 이들 대경영은 자신에게 예속된 경영들을 포함해도 아직 생산에 종사하는 전체 인구 가운데 겨우 절반을 차지하고 있을 뿐이다. 우리가 이 수치를 독일 전체에 대해서 적용해도 사정은 별로 다르지 않으며 유럽에서 가장 공업화가 앞서 있는 영국의 경우에도 거의 다르지 않다. 벨기에를 제외하고는 나머지 다른 나라들에서도 대경영과 중소경영에 대한 비율은 훨씬 낮다. 게다가 농업에서는 중소농이 대농에 비해서 수적 비율에서뿐만 아니라 그 생존경쟁력에서도 상당한 우위를 보이고 있는 것을 우리는 보았다. 상업과 운수업에서 이들 경영규모별 그룹들은 비슷한 양상을 보이고 있다.

나는 이미 이전에 연재 형태로 발표한 논문 「사회주의의 문제들」 속에서 각 경영규모별로 집계된 고용노동자 수는 그들 경영의 자본주의적 성질의 정도를 나타내는 정확한 지표가 전혀 아니라는 것을 분명히 지적한 바 있으며 그 당시 함께 발표된 붕괴론에 대한 논문에서도 경영규모별 통계에서 집계되어 있는 수치들이 보여주고 있는 양상은 각 항목별로 좀더 자세히 살펴보면 정정되어야 할 부분이 상당히 많다는 점을 강조하였다. 경영규모별 통계수치들에 대한 이런 나의 지적에 대해서 파르부스는 『젝시셰 아르바이터차이퉁』(Sächsische Arbeiterzeitung)에 반대하는 글을 실었는데, 그의 이러한 반론은 원칙적으로 이미 내가 앞서 반복적으로 얘기했던 것들의 범위를 전혀 벗어나 있지 않으며 그의 글에서 사실상의 쟁점이 되었던 경제적 붕괴가 실제로 임박했는지의 여부에 대한 문제에서도 전혀 내용이 없는 것으로 채워져 있다.[1]

---

1) 나는 파르부스가 내 설명에 대해서 곡해한 부분, 특히 기묘한 대비들(철도와 마부의 비교 등등)——그는 이런 대비를 이용해서 중소경영들이 갖는 경쟁력에 대한 내 지적을 웃음거리로 만들려고 하였다——에 대해 더 이상 깊이 언급하지 않으려 한다. 나는 그가 괜찮은 사람이라고 믿었기 때문에 그가 제기한 반론들에 처음에는 주의를 기울일 수 있었으나 그것들은 진지하게 반박할 만한 가치를 가진 것이 아니었다.

본문에서 언급한 이유들 때문에 나는 하인리히 쿠노(Heinrich Cunow)가 붕괴론에 대한 논문에서 나에 대한 정확한 반론이라고 생각하면서 제시했던 사실들도 내 주장에 별로 영향을 미칠 만한 것이 아니라고 얘기할 수 있다. 만일 그가 내가 수년간 은행에서 근무했던 사람이며 또한 도매상의 경험도 가진 사람이라는 것을 알았다면, 그는 자신이 이 논문에서 은행업과 중개상업에 대해서 말한 것을 이미 내가 알고 있었다는 것을 믿게 되었을 것이다. 그리고 공업 부문의 하청회사나 부속회사들에 대해서 나는 이미 지 사실 수십만의 소경영 사업체 가운데 일부가 자본주의적 성격을 띠고 있고 또 나머지 일부가 전체적으로 혹은 부분적으로 자본주의적 대경영 부류의 성격을 띠고 있다는 사실의 여부는 경영규모별 사업체 통계가 보여주는 전체적인 의미에 단지 약간의 변화만 미칠 수 있을 뿐이다. 즉 그것 때문에 사업체들의 다양성이 계속 확대되어 간다는 것과 산업 내에서 규모별 분화가 이루어진다는 사실 전체가 부인되지는 않는 것이다. 우리가 설사 전체 소경영 가운데 약 4분의 1이나 심지어 2분의 1까지를 중소경영적 성격을 띤 것으로 통계에서 제외시켜 버린다 하더라도, 독일에는 여전히 공업 부문에만 100만의 사업체가 남는다. 이들 사업체는 위로는 자본주의적 거대기업을 정점으로 아래로 갈수록 두터운 층을 이루면서 제일 아래에 수십 만의 수공업 규모의 소경영들에 이르기까지의 분포를 이루는데, 이들 소경영은 서서히 경영의 집적과정에 기여를 하고 있는 것이 사실이지만 그렇다고 해서 완전히 소멸해 버릴 정도의 기색은 전혀 보이고 있지 않다. 이와 관련하여 우리가 제3장 제2절에서 제시하였던 수치들에 부가하여 독일 **건축업** 부문의 통계를 여기에서

난 번 논문 「사회주의의 문제들」에서 다음과 같이 얘기한 바 있다. "그런 하청회사들 가운데 값비싼 기계와 적은 수의 노동자를 고용하는 회사들, 즉 매우 많은 불변자본과 매우 적은 가변자본을 사용하는 회사들은 실제 전국 통계에서는 소규모 공장이나 수공업 사업장으로 분류되지만, 이것들은 사실 내용적으로는 대공장 규모에 속한다. ……우리는 공업통계에서 수공업과 소규모 공장의 숫자가 실제보다 과도하게 부풀려 잡혀 있다는 것을 확실히 알아야만 한다"(『노이에 차이트』, XV, 1, 308쪽). 또한 농업에 대해서도 다음과 같이 얘기하였다. "면적은 매우 작지만 경영은 극히 자본주의적 방식으로 이루어지는 농가가 있을 수 있다. 공간적인 넓이에 기초하여 작성된 통계는 언제나 경제적인 성격을 전달하는 데에는 부족한 법이다"(같은 책, 380쪽). '붕괴론'에 대한 내 논문에서도 나는 상업과 운수업의 수치에 대하여 비슷한 얘기를 한 바 있다.

인용한다면 다음과 같다. 이 부문에서 1882년부터 1895년까지 자영업자의 수는 146,175명에서 177,012명으로, 피용자의 수는 580,121명에서 777,705명으로 각각 **증가**하였다. 이것은 사업체당 종업원 수는 증가(3.97명에서 4.37명으로)했지만 그것이 수공업적 경영의 쇠퇴를 의미하는 것은 전혀 아니었다는 것을 의미한다.[2]

지금까지 본 바와 같이 만일 생산과 분배의 사회화를 위한 전제조건이 집중된 경영형태를 의미한다면, 이것은 유럽의 가장 선진화된 나라에서도 아직 겨우 부분적인 현상에 불과하다. 따라서 만일 독일에서 국가가 가까운 장래에 예를 들어 20인 이상의 모든 기업을 수용하여 완전한 국유로 만들거나 혹은 부분적으로 민간에 임대를 준다 하더라도 상공업 부문에는 아직 수십만 개의 기업들에 **4백만 명 이상의 노동자들**이 민간경제 부문에 계속 남아 있게 된다. 농업 부문에서도 20헥타르 이상의 농가들을 모두 국유화하더라도──아무도 이런 경우를 생각해 보지 않겠지만──5백만 이상의 농가는 여전히 민간경제 부문에 남아 있게 되어서 결국 전체적으로 9백만 명의 경제활동인구가 남게 되는 셈이다. 또한 우리가 만일 정부가 인수할 기업체들에 고용되어 있는 노동자들, 즉 상공업 부문의 10만 개 이상의 기업에 고용된 5백만에서 6백만 명의 종업원들과 농업 부문의 30만 이상의 농가에 목을 걸고 있는 5백만 명의 노동자들을 고려한다면 위에서 언급한 이들 대규모 기업들의 인수에서 정부가 감당해야 할 과제가 얼마나 큰가에 대해서도 생각이 미치게 될 것이다. 이런 거대한 조직체를 경제적으로 통제하고 관리하기

---

2) 슈묄레(Schmöle)의 『독일의 사회민주주의적 노동조합』(*Die sozialdemo-kratischen Gewerkschaften in Deutschland*), 제1권, 제2부, 1쪽 이하를 참조할 것. 여기에는 건축업 부문의 소규모 하청업체들의 어두운 면도 서술되어 있다.

위해서만이라도 정부나 의회는 얼마나 풍부한 통찰력과 전문지식, 관리능력을 갖추어야 하겠는가?

여기에서 사람들은 아마도 오늘날의 발전을 이룩한 장본인이면서 또한 과도기에는 열정적으로 자신의 몸을 내던지는 많은 수의 지식인들이 있다는 사실을 지적하게 될 것이다. 나는 이 사회 계층이 이처럼 많이 존재하고 또한 그들이 가지고 있는 선의를 전혀 의심하지 않으며 오히려 나는 이 점을 이미 약 18년 전에 지적한 바 있다. 그러나 너무 **많**아서 문제인 바로 이 점에 위험이 도사리고 있으며 그 결과 적군의 악의가 이루지 못했던 것을 갑자기 몰려든 많은 우군들의 선의가 매우 쉽게 저질러버릴 수 있는 것이다. 선의란 보통의 경우에도 썩 달가운 고객은 아닌 법이다.

그러나 우리는 여기에서 이 문제를 잠깐 접어두고 단지 생산과 분배의 사회화를 위한 물적 조건인 경영집중의 충분한 발달이 아직 겨우 일부분에 그치고 있다는 사실만을 확인해 두고자 한다.

마르크스 이론에서 두번째 전제조건은 프롤레타리아에 의한 정치권력의 획득이다. 우리는 이 획득의 방식을 여러 가지로 생각해 볼 수 있다. 즉 선거권을 최대한 행사하고 다른 기타의 온갖 법적 조치들을 이용하는 의회주의적 투쟁의 경로도 있으며 혁명이라는 수단을 통한 폭력적 경로도 있다.[3]

이 두 가지 경로 가운데 후자를 마르크스와 엥겔스가 매우 나중까지도 거의 어디에서나 불가피한 경로로 간주하였다는 사실은 잘

---

3) 여기에서 지금 이후부터는 혁명(Revolution)이라는 말을 단지 정치적인 의미로서 **봉기** 내지는 **비합법적인** 폭력과 동일한 의미로서만 사용한다. 반면 사회제도의 근본적인 변화에 대해서는 '사회변혁'(soziale Umgestaltung)이라는 말을 사용하기로 하는데, 이 말에는 경로의 문제가 고려되지 않는다. 이렇게 용어를 구별하는 이유는 온갖 오해와 모호한 의미들을 배제하기 위해서이다.

알려진 사실이며 마르크스 이론의 많은 추종자들에게는 오늘날까지도 그것이 불가피한 것으로 간주되고 있으며 자주 지름길로 간주되고 있기도 하다.[4]

이것은 무엇보다도 노동자 계급이 수적으로 가장 다수의 계급이며 무산 계급으로서 가장 역동적인 계급이기도 하다는 생각에서 비롯된 것이다. 그리하여 이들이 일단 권력을 획득하게 되면 이들은

---

4) "그러나 노동자들이 대다수를 이루는 대도시에서 만일 이 노동자들이 공권력과 입법 및 행정에 대한 무제한적인 처분권을 일단 쟁취하게 되었다고 한다면, 이제 경제적 혁명은 단지 몇 달 혹은 몇 주 만에 이루어질 시간 문제에 불과하다는 것을 누가 의심할 수 있겠는가?"(쥘 게드(Jules Guesde), 「3월 18일 프로방스에서」, 『추쿤프트』(*Zukunft*), 1877년, 87쪽)

"우리는 선언한다. 우리에게 반년간 정부권력을 달라. 그러면 자본주의 사회는 역사 속으로 묻힐 것이다"(파르부스, 『젝시셰 아르바이터차이퉁』, 1898년 3월 6일자).

뒤의 인용문은 그의 논문의 마지막 부분인데 여기에서는 특히 사회주의 혁명정부가 전체 생산의 통제권을 장악한 후에도 **상품교환** 대신에 인위적으로 고안된 다른 교환제도를 대체한다는 것은 불가능하다고 서술되고 있다. 말하자면 진지하게 경제학을 연구한 경력을 가지고 있던 파르부스는 한편으로는 "상품교환은 경제생활의 모든 관계 속에 너무도 깊이 침투되어 있어서 인위적으로 고안된 다른 교환제도에 의해서 대체될 수 없다"는 것을 이해하고 있었으면서도, 이런 확신에도 불구하고——나도 오래전부터 이런 확신을 가지고 있었으며 이것을 이미 「공간과 수치가 갖는 사회정책적 의미」라는 논문에서 예시한 바 있으며 그후의 연재 논문 「사회주의의 문제들」에서 보다 상세하게 다룬 바 있다——사회혁명정부가 현재와 같은 경제구조 아래서 전체생산을 '통제'할 수 있고 상품생산으로부터 커나가 상품생산과 긴밀하게 결합된 자본주의 제도를 반년만에 완전히 뿌리를 뽑아버릴 수 있을 것으로 쉽게 생각하였다. 격렬한 폭력 그 자체가 파르부스만큼 교육을 받지 못한 다른 사람들에게서 어떤 종류의 정치적 소아병주의자들을 만들어낼 수 있는지를 우리는 잘 알고 있다.

기존 제도의 회복이 불가능하도록 만들 조치들을 통해서 기존 제도의 토대를 완전히 바꾸기 전까지는 결코 멈추지 않으리라는 것이다.

이미 언급한 바와 같이 마르크스와 엥겔스는 프롤레타리아 독재에 대한 그들의 이론을 정립하는 데 프랑스 혁명의 공포시대를 전형적인 예로서 염두에 두었다. 그래서 엥겔스는 『반뒤링론』에서 1802년의 공포정부를 무산자 대중의 지배로 파악한 생시몽의 인식을 대단한 천재적 발견으로 얘기하고 있다. 이것은 물론 상당히 과장된 평가이지만 그러나 그의 발견을 아무리 높이 평가한다 하더라도 그것과는 상관없이 무산자 지배의 결과는 생시몽이 본 것이나 오늘날 '속물'로 알려진 실러가 본 것이나 별로 다를 바가 없다. 1793년의 무산자 계급은 단지 남의 전투를 대행할 능력밖에 없었다. 그들은 공포가 지속될 동안만 '지배'할 수 있었다. 그러나 공포란 영원히 지속될 수 없고 언젠가 결국 끝날 수밖에 없으며 그리하여 실제로 그렇게 공포가 소멸하자 그들의 지배도 모두 끝이 났다. 마르크스와 엥겔스의 견해에 따르면 근대 프롤레타리아에게는 이런 위험이 존재하지 않는다. 그렇다면 도대체 어떤 사람이 근대 프롤레타리아인가?

만일 우리가 모든 무산자들, 즉 재산이나 어떤 특권적 지위로부터 아무런 소득도 얻지 못하는 모든 사람을 프롤레타리아로 본다면 아마도 선진화된 나라들에서는 인구의 절대 다수가 거기에 해당할 것이다. 그러나 그럴 경우 이 '프롤레타리아'는 극히 다양한 요소들의 혼합물로서 즉 1789년의 '민중'보다 더 복잡한 계층들의 혼합물에 불과할 것이다. 그리고 프롤레타리아를 구성하는 이들 다양한 계층들은 현재의 소유관계가 존립하는 한에서는 서로간에 이해가 대립되는 측면보다는 더 많은 공통점과 적어도 동질적인 측면을 가지고 있겠지만 일단 현재의 자산가들과 지배자들이 바뀌거나 제거되는 순간 곧바로 자기들간의 요구와 이해가 매우 다양하다는 사실을 깨닫게 될 것이 분명하다.

나는 언젠가 근대의 임노동자 계급이 『공산당 선언』에서 예견했던 것처럼 소유나 가족문제로부터 하나같이 구속을 받지 않는 동질의 대중들이 아니며 특히 선진화된 산업 부문들에서는 완전히 각 위계별로 노동자들이 분화되어 있어서 이들간에는 매우 옅은 연대감만이 존재할 뿐이라는 것을 지적한 적이 있다. 이런 나의 지적에 대해서 쿠노(H. Cunow)는 앞서 언급된 논문에서(190쪽의 각주를 볼 것) 내가 일반론적인 얘기를 하면서도 계속 영국의 특수한 상황을 염두에 두고 있다는 것을 입증하려고 하였다. 그러면서 그는 독일과 다른 나머지 대륙의 선진국가들에서는 영국에서처럼 처지가 나은 노동자들이 혁명적 운동으로부터 그렇게 분리되는 일이 많지 않다고 얘기하였다. 오히려 영국과는 반대로 가장 임금이 높은 노동자들이 계급투쟁의 선봉에 서 있으며 영국의 그런 분화된 계층의식은 오늘날의 사회적 분화의 결과가 아니라 과거의 춘프트(Zunft, 독일의 동업조합을 가리킴 - 옮긴이)나 길드 제도 그리고 이런 제도의 형식을 빌린 구식 노동조합 운동의 유산이라고 그는 말하였다.

나는 이제 쿠노의 주장에 대해서 재차 답변을 반복하거니와 그가 나에게 제기한 반론은 나에게는 전혀 새로운 것이 아니라는 점과 특히 그의 반론 가운데 옳은 부분은 새로운 것이 아니며 옳지 않은 부분만이 새로운 것(즉 당시에도 나는 그렇게 생각하지 않았다는 것이다)이라는 점이다. 옳지 않은 부분이라는 것은 예를 들어 결론부에서 얘기되고 있는 것이다. 즉 영국의 노동조합들을 춘프트와 결부시키는 그의 이론은 매우 취약한 토대 위에 서 있는 것이다. 그는 영국의 춘프트가 런던을 제외하고는 이미 개혁을 거치면서 특권들을 박탈당하였으며 바로 런던에서도 노동조합 운동이 어떤 특별한 힘을 발휘하려고 한 적이 없으며 바로 이런 부분에 기존의 길드가 당연히 아무런 영향력도 행사하지 않았다는 것을 간과하고 있다. 설사 영국의 노동조합 운동이 약간의 춘프트적인 특성을 가지고 있었다고 하더라도 그것은 영국보다 오히려 독일에서 매우 오랫동안 존재했던 낡은 춘프트 제도의 유산이라기보다는 앵글로색슨 사회에 고유하게 내려오는 자유의 전통적 산물일 것이다. 즉 영국 노동자들은 결사금지의 시대에도 경찰국가의 엄한 규율 아래 결코 예속되어 있지 않았던 자유의 전통을 지키고 있었던 것이다.

개성 혹은 슈티르너(Stirner)의 말을 빌리자면 고유성(Eigenheit)에 대한 감각은 자유 속에서 발전해 간다. 이 감각은 이질적인 것이나 일반적 이해를 인정하지 않는 것은 아니지만 이들이 단지 형식에서만 일면성을 보여도 즉각 완고하고 편협한 태도를 보이는 조야함의 원인이 되기도 쉽다. 물론 나는 독일 노동자들의 기분을 상하게 할 생각은 분명히 없으며 또한 예를 들어 바로 함부르크 노동자들로 하여금 노동운동의 역사에서 어디에도 비견할 수 없으리만치 훌륭한 프롤레타리아 해방투쟁의 일반적 사안을 위한 활동에 십 년 동안이나 매진하게 만든 그 이상주의를 높이 평가해야 한다는 것도 잘 알고 있다.

그러나 독일 노동운동에 대해서 내가 알고 있는 바, 그리고 직접 참여하여 경험한 바에 따르면 독일 노동운동 내에서도 이미 앞에서 얘기한 공업 부문에서의 계층분화로 인한 역작용들이 나타나고 있다. 단지 독일에서는 정치운동의 우세, 노동조합에 대한 인위적인 억압, 그리고 전반적으로 영국만큼 임금수준과 노동시간의 격차가 크지 않은 점 등의 특수한 사정으로 이런 역작용들이 눈에 띌 정도로 두드러지지는 않고 있다. 그러나 독일 노동조합 운동 조직을 주의깊게 살펴본 사람들은 누구나 내가 얘기한 것들이 사실이라는 것을 확인할 만한 사례들을 충분히 만나게 될 것이다. 나는 그런 예를 많이 알고 있으며 그 가운데에는 독일에서 내가 활동하면서 직접 알게 된 것들도 있지만 그것들을 여기에서 일일이 거명하지는 않겠다. 단지 이 문제에 대해서 나는 다음과 같이 언급해 두고자 한다.

이런 현상은 노동조합이 스스로 만들어내는 것이 아니다. 오히려 노동조합은 실제의 차이가 만들어낸 불가피한 결과로서 그런 현상을 표현하고 있는 것에 불과하다. 그것은 고용방식과 소득수준의 본질적인 차이가 결국 각기 다른 생활양식과 생활요구들을 만들어내는 것과 전혀 다르지 않다. 정밀 기계공과 석탄광부, 숙련된 실내장식가와 짐꾼, 조각가 혹은 모형제작자와 화부는 대개 완전히 서로 다른 생활과 요구를 가지고 있다. 그러나 이들이 각자의 생계를 위한 투쟁에서 서로간에 전혀 충돌을 일으키지 않는다면 이들은 그들 모두가 똑같은 임노동자들이라는 사실 때문에 이러한 생활상의 차이점들을 생각에서 지워버릴 수 있을 것이며 또한 그들이 자본에 대항하여 동일한 투쟁을 수행하고 있다는 의식 때문에 생생한 상호간의 연대의식도 갖게 될 것이다. 이런 연대의식은 영국에도 없는 것이 아니며 아무리 귀족적인 노동조합원이라 할지라도 열악한 상태에 있는 노동자들에게 이 같은 연대감을 종종 충분히 표명하고 있는데, 이는 그들 중 다수가 정책에서 비록 사회주의자는 아니지만 선량한 민주주의자들이기 때문이다.[5]

그러나 이러한 정치적, 사회정책적 공감과 경제적 연대성 사이에는 아직 상당히 큰 차이가 있는데, 이런 차이는 정치적, 경제적 압력이 강력할 때에는 어느 정도 회석될 수도 있으나 이런 압력이 줄

---

5) 영국의 사회주의 운동에서도 다른 나라와 꼭 마찬가지로 그 주력부대는 높은 임금을 받고 많이 배웠으며, 정신적으로 수준이 높은 노동자들로 이루어져 있다. 이른바 미숙련 노동자들은 사회주의 단체의 구성원 내에서 매우 적은 숫자를 이루고 있을 뿐이다.

어들게 되면 언제든지 결국은 다시 여러 가지 방식으로 되살아나게 될 것이다. 영국이 여기에서 예외라고 생각하는 것은 큰 오류이다. 프랑스에서는 오늘날 바로 이 현상이 형태만 달리해서 나타나고 있다. 스위스와 미국도 비슷하며 이미 얘기한 바와 같이 어느 정도까지는 독일의 경우도 그러하다.

그런데 설사 우리가 산업노동자 계급 내에서 이런 분화가 이루어지지 않거나 혹은 이루어진다 하더라도 그것이 이들 노동자 계급의 사고방식에 아무런 영향도 미치지 않는다고 생각한다 하더라도, 산업노동자가 어느 나라에서나 전체 인구 가운데 아직 소수일 뿐이라는 사실이 또한 남아 있다. 독일의 경우 자영업자의 수가 1900만 명인 데 반해 산업노동자의 수는 가내공업을 합쳐도 약 700만 명에 머무르고 있다. 게다가 자영업자 외에도 아직 인구구성에는 기사, 기타 사무직원, 상점 사무원, 농업노동자 등이 남아 있다.

이들 직업에서는 모두 계층분화가 더욱 현저하게 진행되었는데, 이런 계층분화의 가장 분명한 증거로는 이들 직업에서 노동조합과 같은 이해조직들이 결성되기 위한 고난에 가득찬 운동사가 이를 잘 대변해 주고 있다. 일반적으로 말해서 형식적인 상태가 비슷하다는 것을 근거로 실제 행동도 같을 것이라고 결론을 내리는 것보다 더 잘못된 추론은 없다. 상점의 사무직원과 그의 주인과의 관계는 형식적으로는 산업임노동자와 그의 고용주 간의 관계와 비슷한 상태인 것 같지만 전자는——대기업의 말단직원을 제외하고——자신의 주인과의 관계에서 후자와 그 고용주와의 관계에 비해 사회적으로 훨씬 더 가까운데 이는 종종 소득격차로는 전자가 후자보다 더욱 클 경우에도 그러하다.

또한 농촌의 경우에도 소규모농장에서는 농장주인과 예농 간에 노동이나 생활방식이 매우 유사해서, 그리고 중규모의 농장에서는 대부분 분업이나 계층분화는 매우 크지만 각 계층별로 사람 수가 너무 적어서 도시노동자들의 투쟁과 같은 의미에서의 계급투쟁이 발생할 가능성이 별로 없다. 농업노동자와 일용노동자, 목동들 사이에는 발전된 연대의 감정이란 것이 거의 존재하지 않을 것이다. 결국 기껏 남는 것이 대규모 농장이지만 이것은 우리가 이미 본 바와 같이 어느 나라에서나 농업경영 가운데 겨우 소수를 이루고 있을 뿐이며 게다가 내부의 다양한 노동계층과 그 농장경영주와의 노동관계도 각기 매우 큰 편차를 보이고 있다. 독일의 직업통계에서 지배인 등과 같은 고급관리자를 제하고 농업 부문에서 피용자로 잡혀 있는 사람 수는 560만 명 정도 되는데, 이들이 공업 부문의 노동자 계급과 같은 정도로 자신들의 이해를 보호하기 위하여 사회적 운동을 벌이고 있다고는 전혀 말할 수 없다. 단지 이들 가운데 극히 미미한 소수만이 노동조건의 개선 이상의 어떤 사회적 운동에 대해서 진지하게 이해하고 호의적인 성향을 가지고 있는 것으로 보일 뿐이다. 나머지 절대적인 대다수에게는 농업생산의 사회화라는 말이 실로 공허한 말 이상의 것이 결코 아니다. 그들의 이상은 역시 아직도 자신의 토지를 소유하는 것에 머무르고 있는 것이다.

게다가 산업노동자 계급이 사회주의적 생산을 열망한다는 것도 아직은 주로 확실한 사실이라기보다는 하나의 추측일 뿐이다. 공식 선거에서 사회주의에 대한 지지표가 증가하고 있다는 것은 사회주의 운동에 대한 추종자가 꾸준히 증가하고 있다는 사실을 말해주는데, 그렇다고 해서 사회주의자에게 투표한 모든 사람이 사회주의자라고 주장해서는 결코 안 된다. 그리고 우리가 사민당에 투표한 사람 가운데 비사회주의적이며 비프롤레타리아적인 유권자들의 수를 아직 투표권을 가질 만한 나이가 되지 못한 사회주의적 노동자들의 수와 같다고 가정하더라도 어떤 다른 나라보다도 사민당이 가장 강력한 독일에서는 공업 부문의 선거권을 가진 성인 노동자 수가 450만 명(여기에는 다시 상업 및 운수 부문의 선거권을 가진 성인 남자 노동자 50만 명이 추가된다)인 데 반해, 정작 사회주의를 지지한 노동자 수는 아직 210만 명에 머무르고 있다. 독일의 공업 노동자 가운데 절반 이상이 현재 사민당에 대해서 일부는 무관심하고 무지한 입장에 있으며 나머지 일부는 심지어 적대적인 입장을 가지고 있기도 한 것이다.

특히 사회주의에 대한 지지표는 확정된 의지의 표현이기보다는 막연한 희망의 표현이다. 그래서 사회주의 해방에 적극적으로 참여하는 사람은 노동자 계급 가운데 매우 적은 비율뿐이다. 독일의 노동조합 운동은 매우 고무적으로 성장하고 있는 운동이다. 그러나 1897년 말 현재 조직화된 노동자 수는 조직된 직종의 전체 노동자 6,165,735명 가운데 겨우 420,000명에 불과한 실정이다(『독일 노동조합 총평의회 통신문』, 1898년 8월 1일 및 8일자 참조). 여기에 히르시-둥커 노동조합(Hirsch-Dunckersche Gewerkvereine : 독일에서 좌파적인 사민당 노선의 자유노조, 우파적인 중앙당 노선의 기독교 노조와 함께 진보당과 결합되어 자유주의적인 중도적 노선을 취하던 노동조합 - 옮긴이)에 소속된 노동자 약 80,000명을 합한다 하더라도 조직된 직종들에서 조직된 노동자는 11명 가운데 1명꼴에 불과하다.[6]

독일 노동자 가운데 정치적으로 조직된 노동자의 수는 노동조합의 조합원 자격을 동시에 가진 사람을 공제하고 나면 200,000명을 넘기 어려우며 만일 우리가 자신의 의지에 반하는 어떤 다른 요인때문에 정치적인 투쟁이나 노동조합의 투쟁에 적극적으로 참여하기

---

6) 그래도 3분의 1 이상의 노동자가 조직된 직종이 5개 있었다. 즉 인쇄공은 61.8%, 조각공 55.5%, 부두하역노동자 38%, 구리세공사 33.6%, 장갑공 31.7%의 조직률을 보이고 있었다. 이들 다음으로는 석판인쇄공이 21.8%, 도자기공이 21%의 조직률을 보이고 있다.

어려운 사람들의 수를 역시 200,000명으로 가정한다고 하면 우리는 전체적으로 약 900,000명의 노동자가 자신들의 해방에 깊고 실질적인 관심을 가지고 이를 행동으로 보이고 있다고 간주할 수 있다. 이 숫자는 사민당에 대한 지지유권자 수의 약 40%에 달하는 것이다. 그런데 비사회주의적 후보자들에게 투표한 550만 명의 유권자들 가운데 4분의 1에서 약 3분의 1은 오늘날 의식화된, 즉 사민당에 대해서 적대적 계급의식을 가진 사람들로 볼 수 있으며 이는 앞의 사민당 지지자 수의 거의 두 배에 해당하는 수치이다.

나는 이상과 같은 얘기들이 매우 상대적인 증거자료일 뿐이라는 것을 매우 잘 알고 있다. 즉 이들 자료에는 예를 들어 지역적인 분포가 갖는 상당히 중요한 의미와 각 집단들의 사회정치적 중요성이 전혀 고려되고 있지 않은 것이다. 그러나 이론적으로 추정되고 있는 사회주의적 성향을 단지 우발적이고 부정확한 표현 이상의 것으로 만들어내는 그런 요소들을 양적으로 측정할 수 있는 적절한 척도를 찾아내는 것만도 중요한 일이다. 예를 들어 파르부스가 일곱 번째 논문에서 나에 대한 결정적인 반론이라고 생각했던 것은 전적으로 외형적인 특성에 따라서 작성된 사회적 투쟁세력들의 병력 현황표였는데 이 표에 대해서 우리가 할 수 있는 얘기는 도대체 무엇이겠는가? 그는 이 표에서 마치 무산자가 유산자에 비해 수적으로 상당한 우위에 있는 것처럼 집계하고 있는데, 이것은 모든 사람이 알고 있는 사실과는 다르며 완전히 새로운 역사적 사실일 것이다. 그런데도 파르부스의 계산대로 1,500만 명의 '프롤레타리아 군'에 대항하는 '자본가 군'은 고작 160만 명에 불과하다는 사실(여기에 '자본으로부터 몰락하였으나' 아직 프롤레타리아로 편입되지는 않은 소부르주아와 수공업자가 3백만 명이 있으며 또한 비교적 자본으로부터 독립된 생활을 영위하는 820,000명이 다시 존재한다)에 근거하여 사회혁명이 임박했다고 주장하는 사회주의 신문들이 있었다. 직업통계에서 농업 부문에 종사하는 것으로 집계된 560만 명의 종업원들을 '프롤레타리아 군'에 포함시킨 파르부스의 그 아시아적인 태평스런 계산법은 2백만 명의 '상업프롤레타리아'까지도[7] '프롤레타리아 군'에 포함시킴으로써 아연스러운 절정에 달하고 있다. 그러나 설사 이들 모두가 사회주의자들이 주도하는 혁명을 열렬히 환영하는 사람들이라 할지라도 그것만으로는 해결되어야 할 주된 문제들에 손톱만큼의 도움밖에 되지 못한다.

모든 생산물의 생산과 분배를 즉시 국가의 손에 넘긴다는 것은 논란 거리가 될 수 없을 뿐더러 말도 안 되는 얘기이다. 국가는 많은 중기업이나 대기업을 한꺼번에 결코 인수할 수 없다. 그보다 하위조직인 지방자치단체도 여기에는 거의 도움이 되지 않는다. 지방자치단체는 기껏해야 그 지방을 대상으로 해당 지방에서 직접 생산하거나 용역을 제공하는 그런 사업들만을 인수할 수 있을 뿐이며 그것만으로도 이미 충분한 일거리를 가지고 있다. 이런 상황에서 지금까지 대규모 시장을 대상으로 영업해 오던 기업들을 급작스럽

---

7) 직업통계에서 상업 및 운수업 부문의 수치는 다음과 같다.

자영업자 및 관리자	843,556
상업 부문 종업원	261,907
사환, 하인, 마부, 가족 종사자	1,233,045
합계	2,338,508

한편 파르부스 이전에도 이런 표를 작성한 사람이 있었다. 1877년 슈람(C. A. Schramm)은 회히베르크(Höchberg)의 『추쿤푸트』에서 위에 인용한 1876년 프로이센의 직업통계를 근거로 프로이센에서 전체 인구 가운데 '사회주의 군'이 차지하는 비율은 85%로서 460만 명에 달하고 사회주의에 반대하는 사람들의 수는 992,000명이라고 계산하고 있다(『추쿤푸트』, 186쪽 이하). 단지 슈람은 이 수치로부터 파르부스와 같은 그런 대담한 함의를 끌어내지는 않았다.

게 한꺼번에 지방자치단체로 이관할 수 있다고 어떻게 생각할 수 있겠는가?

우리가 아우크스부르크, 바르멘, 도르트문트, 하나우, 만하임 등과 같이 단지 중간규모의 공업도시들을 상정해 볼 때, 이들 도시가 정치적 위기나 혹은 다른 어떤 시기에 자기 도시 내에 있는 온갖 종류의 상공업체들을 모두 자치단체의 경영으로 인수해서 성공적으로 운영할 수 있으리라고 생각하는 그런 어리석은 사람은 아무도 없을 것이다. 이들 자치단체들은 그 사업체들을 원래의 소유주들에게 도로 넘겨주거나 아니면 이것들을 무조건 인수하려 할 경우에도 그 사업체들을 직접 경영하지는 못하고 일정한 임대조건을 붙여서 노동조합 같은 조직들에 넘겨주어야 할 것이다.

그리하여 이들 모든 경우의 문제는 사실상 **협동조합의 경제적 역량**의 문제로 귀착되게 된다.

2. 협동조합의 활동역량

마르크스주의 문헌들에서 협동조합의 활동역량 문제는 지금까지 매우 가벼운 문제로 다루어졌다. 60년대의 문헌들과 카우츠키의 몇 몇 논문들을 제외하고는 대부분의 문헌들에서 협동조합 조직에 대한 언급들은 매우 일반적이고 부정적인 것들밖에 없었다.

이 문제가 이처럼 소홀히 다루어지게 이유는 매우 가까운 곳에서 찾을 수 있다.

무엇보다도 마르크스주의적 실천은 주로 정치적인 것으로서 정치권력의 획득을 목표로 하고 있으며 그에 부수적인 것으로서 단지 노동조합 운동만이 노동자의 직접적인 계급투쟁 형태로서 원칙적인 의미를 갖는다. 협동조합에 대해서 마르크스가 초기에 가지고 있던 확신은 이것이 소규모로는 결코 제대로 된 성과를 거둘 수 없으며 기껏해야 매우 한정된 실험적 가치를 가지고 있을 뿐이라는 것이었다. 단지 사회 전체 단위의 어떤 수단을 가져야만 무엇이든 시작될 수 있으리라는 것이었다. 마르크스가 『브뤼메르 18일』에서 노동자 조합에 대해서 한 얘기는 바로 이런 의미였다.[8]

나중에 그는 협동조합에 대한 그의 이런 견해를 약간 수정하였는데, 그 증거 가운데 특히 주목할 만한 것은 인터내셔널의 제네바 대회와 로잔 대회에서 총평의회가 제안한 협동조합 조직에 대한 결의문과 에카리우스(G. Eccarius)의 『한 노동자의 반론』 가운데 마르크스가 직접 썼거나 혹은 적어도 그가 동의했다고 보이는 구절로서 여기에서는 협동조합을 미래의 선구자로서 간주하여 마치 로마 시대나 초기 중세 시대의 춘프트가 차지하던 것과 같은 중요한 역할을 거기에 부여하고 있다. 또한 이미 앞에서(90쪽) 『자본』 제3권으로부터 인용했던 구절에서도——이것은 앞의 결의문과 에카리우스의 글이 씌어진 것과 같은 시기에 집필된 것이다——협동조합의 의미를 사회주의 생산으로의 이행형태로서 강조하고 있다. 그러나 고타강령 초안에 대한 편지(1875년)에서는 다시 협동조합에 대해서 매우 회의적인 입장을 보이고 있으며 70년대 중반 이후부터 모든 마르크스주의적 사회주의 문헌에는 이런 회의론이 지배적인 경향으로 자리를 잡고 있다.

이렇게 된 이유는 부분적으로 파리코뮌 이후 전체 노동운동의 성격을 거의 정치에만 쏠리게 만든 반동의 영향 때문으로 볼 수 있다.

---

8) "부분적으로 그것(프롤레타리아)은 교환은행과 노동자 조합이라는 공상적인 실험에 뛰어듦으로써 결국 자신이 가지고 있는 거대한 사회적 수단을 가지고 기존의 낡은 세계를 변혁하는 것을 포기해 버리는 운동에 가담하고 있는 것이다"(『브뤼메르 18일』 제1판, 8쪽).

그러나 그것은 또한 도처에서 협동조합이 가져다준 암담한 경험들의 산물이기도 하였다. 영국의 협동조합 운동이 이룩한 비약적인 발전으로 말미암아 형성되었던 높은 기대가 충족되지 않았던 것이다. 60년대의 모든 사회주의자들은 생산자 조합이야말로 본래의 협동조합이며 소비 협동조합은 기껏해야 덤으로나 여겼다. 게다가 역시 지배적인 견해는 엥겔스가 주택문제에 대한 그의 논문에서 밝히고 있듯이 소비 협동조합의 일반화는 무조건 임금인하를 초래하게 되리라는 것이었다(『주택문제』, 신판, 34~35쪽). 마르크스가 기초한 제네바 대회 결의안에는 다음과 같이 서술되고 있다.

"우리는 노동자들에게 협동구판장보다는 협동생산에 참여하도록 권고한다. 전자는 현재의 경제제도의 피상적인 부분과 관련된 것일 뿐이며 후자는 그것의 뿌리를 직접 흔드는 것이다. ……협동조합이 보통의 부르주아적 합자회사로 변질되는 것을 방지하기 위해서는 여기에 고용된 모든 노동자가 주주이든 아니든 모두 똑같은 배당을 받아야 한다. 주주에 대해서 적당한 이자를 주는 것은 단지 과도적인 조치로만 허용되어야 할 것이다."

그러나 바로 60년대에 설립된 생산 협동조합들은 모두 실패했으며, 완전히 해산하거나 아니면 점점 작아져서 소멸해 버렸다. 왜냐하면 이들은 다른 회사들과 똑같은 방식으로 노동자들을 임금으로 고용하지 않고는 제대로 커나갈 수 없었기 때문이다. 또한 소비 협동조합은 사실상 단순한 소매점으로 이미 '타락했거나' 혹은 그런 것처럼 보였다. 그러므로 사회주의 진영의 사람들이 점차로 협동조합 운동으로부터 등을 돌린 것은 전혀 이상한 일이 아니다. 게다가 독일에서는 라살(Lassalle)과 슐체-델리치(Schulze-Delitzsch) 간의 대립감정이 뿌리깊어서 협동조합에 대한 이런 반감은 더욱 강해졌다. 60년대 중반 독일 사민당의 대다수(단지 라살주의자들뿐만이 아니었다)는 과도한 국가사회주의로의 편향을 심하게 보였고 이것은 자주 이 정당의 정치적 급진주의와 기묘한 대조를 이루었는데 바로 이런 경향은 상당부분 협동조합 운동에서 겪은 참담한 경험 때문이었다. 자조적 협동조합의 파산은 이제 단지 축하를 보내야 할 일로만 여겨졌다. '고타강령'과 그 초안에서도 국가의 도움을 받는 생산 협동조합의 설립요구는 아예 실현불가능한 형태로 제시되었다. 마르크스가 강령의 이 구절에 대해서 편지를 통해서 행한 비판은 그것의 기초를 이루고 있는 사상적 내용에 대한 것보다 그것의 표현방식에 대한 것이었다. 마르크스는 이 구절에 주된 책임이 있는 '베를린의 마라'(Berliner Marat), 즉 하셀만(Hasselmann)이 철처한 블랑키주의자라는 것을 몰랐던 것이다. 하셀만도 마르크스와 꼭 마찬가지로 뷔셰(Buchez)가 장려한 '아틀리에'(Atelier)의 노동자들을 반동주의자들로 불렀을 것이다.

마르크스가 협동조합에 대해 심도 있는 비판을 별로 하지 않은 이유로는 두 가지 요인을 들 수 있다. 첫째, 그는 집필 당시 어떤 판단을 내릴 만한 근거로서 다양한 형태들의 협동조합에 대한 충분한 경험을 가지고 있지 않았다. 아직 초기형태일 뿐이었던 교환시장들은 완전한 실패로 드러나 있었다. 둘째, 마르크스는 협동조합에 대한 이론적 편견으로부터 벗어나 있지 못했다. 만일 그가 이런 편견으로부터만 어느 정도 벗어나 있었더라면 그의 예리한 이론적 안목은 노동자 조합이나 소수 공업자 조합과 같은 성격규정에 만족하고 있던 당시의 평균적인 사회주의자들의 식견보다는 훨씬 더 깊은 것을 통찰해 낼 수 있었을 것이다.

그러나 이미 그가 완성했던 교의나 혹은 (내가 이렇게 감히 표현할 수 있다면) 착취의 공식이 이 문제에 대한 그의 위대한 분석력을 가로막고 있었다. 그는 협동조합을 단지 자본주의적 기업에 직접적으로 대립되는 형태의 것으로서만 그 의미를 인정하였다. 따라서 그가 노동자들에게 생산 협동조합에 몰두하도록 권장하는 것은 바로 이런 의미에서 그것이 기존의 경제체제를 '뿌리로부터 직접 흔들어대는 것이기' 때문이다. 이것은 전적으로 변증법적 의미를 가지며 생산이야말로 사회형태를 결정하는 궁극적인 요인이라고 간주하는 사회이론과도 철저하게 형식적으로 일치한다. 또한 그것은 이미 사회화되어 버린 노동과 사적 소유 간의 모순을 근대 생산양식의 근본적인 모순이며 동시에 해결하지 않으면 안 되는 절박한 모순으로 간주하는 견해와도 일치한다. 생산 협동조합은 개별 기업 단위에서 이런 모순을 해결하는 실천적 방안으로 간주된다. 바로 이런 의미에서 마르크스는 '노동자 단체가 바로 그것의 자본가이기도 한'(『자본』 제3권, 427쪽) 협동조합에 대해서 그것이 현재의 체제가 가지고 있는 모든 결함을 필연적으로 재생산하는 것이긴 하지만 그럼에도 불구하고 그것은 자본과 노동 간의 모순을 '적극적으로' 지양하고 또한 자본주의적 기업가들이 필요 없는 존재라는 것을 입증해 준다고 말했던 것이다. 그러나 지금까지 경험이 우리에게 가르쳐주고 있는 것은 바로 그렇게 만들어진 공업 부문의 생산 협동조합들이 이런 사실을 전혀 입증해 주지 못했을 뿐만 아니라 그것이 협동조합적 노동의 가장 불행한 형태라는 것과 또한 프루동이 협동조합과 관련하여 루이 블랑(Louis Blanc)에게 협동조합은 '결코 경제적 세력이 아니라고'[9] 주장했던 것이 전적으로 옳은 얘기였다는 사실이다.

지금까지 사민당의 비판은 순수한 생산 협동조합의 경제적 실패

---

9) 프루동은 때로는 협동조합의 절대적인 반대자로 때로는 옹호자로 나서기도 했는데 이런 그의 모순적인 태도는 그가 그때그때 협동조합의 형태를 다르게 생각하고 있었기 때문으로 설명된다. 즉 예를 들어 그는 상호부조적 협동조합, 말하자면 호혜제도에 바탕을 둔 협동조합에 대해서는 찬성하던 것을 독점적 협동조합에 대해서는 반대하였던 것이다. 그래서 그의 비판은 과학적이라기보다는 오히려 직관적인 것이며 또한 상당히 과장되어 있다.

의 원인을 오로지 자본, 신용, 판매의 결함에서만 찾아왔으며 또한 경제적으로 실패하지는 않았지만 대신 그 성격이 변질되어 버린 협동조합에 대해서는 협동조합을 둘러싸고 있는 자본주의 내지는 개인주의적 세계의 나쁜 영향들 때문이라고 설명해 왔다. 이런 주장은 적어도 그 내용 자체에 관한 한 모두 옳은 얘기이다.

그러나 그것은 아직 문제를 모두 해결한 것이 아니다. 재정적으로 파산했던 생산 협동조합들을 전체적으로 살펴보면 이들이 충분한 경영능력들을 가지고 있었을 뿐 아니라 평균적인 다른 기업들에 비하여 특별히 더 큰 판매상의 어려움을 겪었던 것도 아니었음을 확인할 수 있다. 그래서 만일 생산 협동조합이 실제로 이처럼 자본주의적 기업들에 비해 더 경쟁력이 우위에 있거나 혹은 적어도 동일한 경쟁력만 가지고 있다면 이들이 최소한 그다지 경영능력이 뛰어나지 않은 상태에서 출발한 많은 사적 기업들과 같은 정도로는 계속 존속하거나 혹은 성장할 수 있어야 할 것이며 또한 주변의 자본주의적 세계가 미치는 나쁜 도덕적 영향 때문에 그렇게 계속해서 힘없이 소멸하지도 않을 것이다. 경제적으로 파산하지는 않았지만 그 성격이 변질되어 버린 생산 협동조합들의 역사는 파산한 협동조합의 경우보다 오히려 더 이 '공화주의적 공장' 형태의 결점을 선명하게 드러내주고 있다. 왜냐하면 이들 파산을 면한 생산 협동조합들의 계속적인 발전은 모두가 역사에서 독점과 특권을 의미하는 것으로 드러나고 있기 때문이다. 역사가 우리에게 보여주고 있는 바는 이들 생산 협동조합이 현재의 경제제도의 뿌리를 직접 흔들기는커녕 오히려 그것이 얼마나 튼튼한지를 보여주고 있을 뿐이라는 것이다.

한편 60년대 사회주의자들이 그렇게 미미하게 평가하였던 소비 협동조합은 오히려 시간이 흘러가면서 사실상 하나의 경제적 세력으로, 즉 상당한 역량을 갖추고 발전능력이 있는 조직으로서 자리

를 잡아갔다. 순수한 생산 협동조합의 통계가 보여주는 빈약한 수
치에 비하여 노동자 소비 협동조합의 수치는 마치 지방 소도시의
예산과 비교되는 세계제국의 예산과 같은 것이다. 그리고 소비 협
동조합이 설립해서 직접 경영하는 **작업장**들에서 생산되는 상품량은
이제 순수한 생산 협동조합 내지 그와 유사한 생산 협동조합들이
생산하는 상품량에 비해 이미 백 배 이상에 달하고 있다.[10]

---

10) 후자의 유형(순수한 생산 협동조합과 유사한 유형)에 해당하는 생산 협동
    조합의 수치를 조사하기는 매우 어려운데, 이는 협동조합 부문의 생산에
    대한 정부의 통계가 이들 협동조합과 무수히 많은 생산목적의 노동자 주
    식회사들을 구별하고 있지 않기 때문이다. 영국 상무성의 자료에 따르면
    1897년 정부의 공식보고로 집계된 협동조합 부문의 연간 총생산액은 마
    르크로 환산했을 경우 다음과 같다.

소비 협동조합의 자체 소유 작업장	122,014,600
제분 협동조합	25,288,040
아일랜드 낙농 협동조합	7,164,940
생산목적의 노동자 협동조합	32,528,800

    1895, 1896년(1897년의 통계는 아직 구하지 못하였다) 현재 제분 협동
    조합의 수는 9개 조합, 조합원 수는 6,373명, 고용된 사람은 404명이며,
    아일랜드 낙농 협동조합과 생산목적의 노동자 협동조합의 수는 모두 합쳐
    서 214개 조합, 주주 수는 32,133명이며 고용된 사람의 수는 7,635명이다.
    여기에서 우리가 만일 노동자 협동조합 가운데 고용된 종업원이 단체로
    자기 조합의 자본가로 되어 있는 조합을 20분의 1로 잡는다면 이것은 매
    우 높게 잡은 것이다.
    한편 1897년 영국에서 등록된 노동자 소비 협동조합의 통계는 다음과 같다.

조합원	1,468,955명
자본금	408,174,860마르크
판매고	1,132,649,000마르크
수익	128,048,560마르크

순수한 생산 협동조합이 경제적으로나 도덕적으로 실패한 보다 깊은 원인에 대해서는 비어트리스 웹(Beatrice Webb) 부인이 미혼 시절의 포터(Potter)란 이름으로 발간한 영국 노동조합 제도에 대한 책 속에 몇 군데 다소 과장이 있긴 하지만 비교적 잘 설명되어 있다. 웹 부인도 영국의 협동조합주의자들의 대다수와 마찬가지로 고용된 노동자들 스스로가 소유하고 있는 협동조합은 사회주의적인 것도, 민주주의적인 것도 아니며 단지 개인주의적인 것이라고 간주하였다. 용어의 사용에서 다소 문제가 있을지는 모르지만 그녀의 이런 생각은 전적으로 옳은 것이다. 이런 협동조합은 사실 사회주의적인 것이 아니며 이에 대해서는 로트베르투스도 이미 얘기한 바 있다. 그것은 노동자가 배타적인 소유자라는 바로 그 점에서 이미 성격적으로 자신의 내부에 생생한 모순을 간직하고 있는 것이다. 그것은 작업장 내에서의 평등, 즉 완전한 민주주의, 공화주의를 상정하고 있다. 그러나 그것이 일정한 규모 이상——그것은 비교적 매우 적은 규모일 수도 있다——으로 커버리면 평등은 사라진다. 왜냐하면 그럴 경우 기능의 분화가 불가피하며 따라서 예속관계도 불가피하게 되기 때문이다.

그러나 만일 평등이 포기되어 버리면 그것은 건물의 주춧돌이 빠져 버리는 것을 의미하고 뒤이어 다른 돌들도 와해됨으로써 결국 보통의 기업경영과 다를 바 없이 변질되고 마는 것이다. 반대로 평등이 계속 고수된다면 그것은 성장의 가능성을 차단하게 될 것이고 결국 왜소한 조직으로만 남게 될 것이다. 이것이 순수한 생산 협동조합의 선택범위이며 이런 갈등 속에서 모든 생산 협동조합들은 소멸하거나 왜소화의 길을 밟게 된다. 이들 생산 협동조합들은 근대적 대규모생산에 맞게 자본가를 경영으로부터 배제해 가는 것이 아니라 오히려 전자본주의적 생산으로 회귀하고 있는 것이다. 이것을 그대로 보여주는 사실로서 이들 생산 협동조합이 비교적 성공을 거둔 몇 안 되는 사례들은 모두가 **수공업적** 규모의 사업장들인데, 이들 중 대다수는 노동자들이 대규모 산업의 분위기에 젖어 있는 영국이 아니라 극히 '소부르주아적'인 성향을 띠는 프랑스에 있는 것이다. 민족심리학자들은 즐겨 영국 민족에서 대해서 자유 속에서 평등을 추구하는 민족이며 프랑스는 평등 속에서 자유를 추구하는 나라라고 얘기한다. 프랑스 생산 협동조합의 역사에는 실제로 형식적인 평등을 지키기 위하여 감동적인 헌신을 통해서 큰 희생을 바친 많은 사례들이 여러 페이지를 채우고 있다. 그러나 이들 가운데 근대적 대규모 산업 부문의 순수한 생산 협동조합은 프랑스에 대규모 산업 부문이 상당히 확산되어 있었음에도 불구하고 하나도 없다.

  포터 웹 부인의 연구를 이어받아 근본적으로 확장하고 심화시킨 것은 프란츠 오펜하이머(Franz Oppenheimer)의 책 『정착촌 협동조합』(*Siedlungsgenossenschaft*, Leipzig : Duncker & Humbolt)이다. 그는 이 책의 제1장에서 각종 협동조합의 형태에 대해서 매우 일목요연하게 소상한 분석을 하고 있는데, 그의 이 분석은 그 날카로운 비판적 식견에서 거의 타의 추종을 불허한다. 오펜하이머는 협동조합의 분류에서 원칙적으로 구매 협동조합과 판매 협동조합으로 구분하고 있는데, 이런 구분을 적용하면서 그는 우리가 보기에 부분적으로 몇 군데에서 약간 과대평가한 곳도 있지만 이런 구분 자체는 전체적으로 상당히 유효한 것으로 보인다. 그리고 이런 구분에 근거할 때 비로소 순수한 생산 협동조합의 경제적, 도덕적 실패는 제대로 과학적으로 설명될 수 있어서 개인적 부채나 자본의 부족 등으로 그 실패를 설명하던 것은 이제 완전히 부차적인 것으로, 즉 개별 사례들 몇몇을 설명하는 데에만 적용될 뿐 일반적 설명으로는 될 수 없는 것으로 밀려났다. 협동조합은 본질적으로 **구매** 협동조합의 성격을 띠는 한에서만 그것의 일반적 목적과 고유한 이해에 따라 자연스럽게 확대될 수 있다.

그러나 그것이 판매 협동조합의 성격을 더 많이 띠어 갈수록, 그리고 특히 자신이 직접 생산하는 공업생산물의 판매 협동조합이 되어갈수록 (농민 협동조합의 경우에는 약간 사정이 달라지겠지만) 그것의 내부의 모순은 그만큼 더 커진다. 그것이 커 나갈수록 그것의 어려움도 더욱 커진다. 위험은 더욱 커지고 판매를 위한 투쟁은 더욱 어려워지며 신용의 조달도 역시 그만큼 더 어려워진다. 또한 이윤율을 확보하기 위한 투쟁 혹은 사회적 총이윤액에서 자신의 이윤몫을 얻어내기 위한 투쟁도 더욱 어려워진다. 따라서 이 생산 협동조합은 점점 더 배타적으로 되어갈 수밖에 없다. 이윤에 대한 그의 이해는 구매자의 이해는 물론 다른 나머지 판매자들의 이해와도 대립한다. 반면 구매 협동조합은 원칙적으로 성장과 함께 수익도 증가하며 이윤에 대한 그것의 이해는 판매자들과는 대립해 있지만 다른 나머지 구매자들과는 일치한다. 즉 구매 협동조합은 이윤율을 떨어뜨리고 생산물의 가격을 낮추기 위하여 노력하는데, 이것은 바로 사회 전체의 구매자들의 노력과 일치하는 것이다.

이들 두 유형의 협동조합들이 갖는 각각의 경제적 성질의 차이로부터 포터 웹 부인이 밝혔던 이들간의 관리방식의 차이가 발생한다. 즉 모든 순수한 구매 협동조합은 본질적으로 민주적 성격을 가지는 반면 모든 순수한 판매 협동조합은 과점적 성격을 지향하게 되는 것이다. 여기에서 유의해야 할 점은 제한된 수의 주주에게만 배당이 이루어지는 소비 협동조합을 오펜하이머가 바로 이런 원칙에 따라 판매 협동조합으로 분류했다는 사실이다. 자신의 수익을 모든 구매자들에게 똑같은 비율로 배당하는 소비 협동조합만이 비로소 순수한 구매 협동조합인 것이다.[11]

---

11) 그래서 오펜하이머는 협동조합을 '구매 협동조합'과 '판매 협동조합'으로 구분하는 것이 지금까지 통상적으로 해오던 것처럼 생산 협동조합과 분배

협동조합을 이처럼 구매 협동조합과 판매 협동조합으로 구분하는 것은 협동조합 제도 이론에서 바로 사회주의 이론과 관련하여 커다란 가치를 갖는다. 만일 '구매'와 '판매'란 말을 그것이 특별히 자본주의적 생산을 위해서 만들어진 말로 생각해서 사용하기를 거부하는 사람은 그 대신 조달(Beschaffung)과 양도(Veräußerung)를 사용할 수 있는데 그럴 경우 그는 사회에서 전자의 조달이란 말이 후자의 양도란 말보다 얼마나 더 중요한 의미를 갖는지를 알게 될 것이다. 상품의 조달은 근본적이며 일반적인 이해를 갖는다. 이것과 관련되면 모든 사회구성원은 원칙적으로 조합원이다. 소비는 모든 사람에게서 이루어지지만 생산은 모든 사람이 수행하는 것이 아니다. 따라서 아무리 최선의 생산 협동조합이라고 할지라도 그것은

협동조합으로 구분하는 것보다 더 나은 것으로 간주하면서 이는 후자의 구분이 잘못된 개념규정으로부터 출발하고 있기 때문이라고 얘기하고 있다. 즉 어떤 물건을 시장이나 구매자에게 가져오는 것을 비생산적인 행동으로 규정하는 것은 전적으로 틀렸다는 것이다. 그것은 어떤 물건(제품)을 다른 물건(원료)으로부터 만들어내는 것과 꼭 마찬가지의 '생산활동'이라는 것이다. 그런데 분배란 말은 단순히 나눈다는 것을 의미하기 때문에 다른 기능에도 사용되는 말이며 따라서 결국 극심한 개념의 혼란을 불러일으키는 원인이 된다는 것이다.

필자의 생각에도 이 말은 맞는 말이며 배달과 분배라는 서로 다른 기능에 대해서는 서로 다른 표현이 사용되어야 하리라고 생각된다. 그러나 제조기능과 배달기능을 합쳐서 '생산'이라는 동일한 개념으로 사용하는 것은 새로운 혼란을 불러일으키게 될 것으로 보인다. 현실적으로 이들 두 기능을 분리해서 생각하거나 구분하는 것이 거의 불가능하다고 해서 이들 개념을 합쳐버려서는 안 될 것이다. 어디에서나 항상 과도적인 중간형태가 존재하기 때문이다. 한편 이 두 개념을 분리시킴으로써 제조노동만을 생산적 노동으로 규정하려는 숨겨진 의도들도 있지만 그것은 다른 방식으로도 반박될 수 있다.

언제나 판매 협동조합 내지는 양도 협동조합에 불과하며 그런 점에서 언제나 전체와 암암리에 대립하고 전체와 대립되는 개별적인 이해를 갖는 것이다. 생산이나 공공서비스의 어떤 한 부문을 독자적인 계산에 따라서 운영하는 생산 협동조합은 사회 전체의 입장에서 보면 다른 자본주의적 기업들과 똑같이 사회 전체의 이해와 대립하는 점이 있을 것이며 이런 대립점을 극복하는 것이 얼마나 용이한 일일지는 전적으로 상황에 따라 달라질 것이다.

이제 협동조합 이론의 영역으로 약간 비껴나가버린 우리의 발걸음을 여기에서 다시 원래의 자리로 되돌리면, 우리는 근대적 공장이 스스로 내부에서 점점 더 협동조합적 노동으로 기울어지는 경향을 만들어낸다고 하는 가정은 전적으로 잘못된 것이라는 점을 여러모로 분명하게 알게 되었다. 우리가 협동조합 제도의 역사에서 아무리 다른 것을 찾아보려 해도 결국 찾을 수 있는 것이란 자치적으로 운영되는 협동조합이 그 자체 해결불가능한 모순적 조직체일 뿐이라는 사실과 설사 그것이 다른 모든 문제를 해결한다 하더라도 원칙의 문제에서는 결국 실패하게 되리라는 사실뿐인 것이다. 그것은 마치 공화국과 근대의 집중화된 국가제도의 경우와 동일하다. 국가가 점점 커질수록 공화주의적 관리는 점차로 어려워지는 것이다. 이와 꼭 마찬가지로 협동조합이나 기업의 규모가 점차로 커지고 그 내부의 조직이 복잡해지면 작업장 내에서의 공화주의도 그만큼 더 어려운 문제로 되는 것이다.

비상한 특단의 목표를 달성해야 할 경우 사람들은 그들의 지도자를 직접 선출하고 또한 탄핵권도 직접 갖는 것이 가능한 일이다. 그러나 날이면 날마다 또 시간시간마다 자잘한 결정들을 계속 내려야 하고 사소한 마찰들이 내부에서 끊이지 않는 개별사업장의 과제들을 관리하는 데는 그 사업장의 관리자가 바로 관리대상인 사람들의 피고용인이어서 이 관리자의 지위가 이들 관리대상인 사람들의 기분이나 선호도에 함부로 좌우되어서는 곤란할 것이다. 그리하여 이런 상태가 계속되어서는 도저히 견딜 수 없다는 것이 분명해지고 나면 결국 협동조합 사업장의 형태에는 변화가 올 수밖에 없을 것이다. 말하자면 기술발전은 공장에 집단적 생산에 맞는 **신체**를 만들어주긴 했지만 거기에 맞추어 협동조합 기업에 **영혼**을 가져다주지는 못했던 것이다. 기업을 협동조합적 경영으로 전환하고자 하는 열망은 그것이 커 갈수록 그에 상응하는 책임과 위험을 함께 키움으로써 기업의 규모와 역비례의 관계에 있다. 그리고 그 어려움은 기업의 규모와 함께 비례한다.

지금까지 얘기된 것을 한번 구체적으로 상정해 보기로 하고 대규모의 근대 산업체를 하나 생각해 보기로 하자. 즉 대규모 기계제작 공장이나 발전소, 대규모 화학공장, 혹은 근대적인 복합출판사 등을 하나 생각해 보기로 하자. 이런 종류의 모든 사업체들은 그 사업체의 소유주가 해당 종업원들이 직접 구성한 협동조합으로 되기에 매우 **적합한** 것일 수는 있지만 그러나 경영에서는 이들 종업원들이 직접 협동조합적으로 경영하기에는 매우 부적합하다. 각 부서들간에, 그리고 각기 다른 범주의 종업원들 사이에는 끊임없이 마찰이 있을 것이다. 그리고 이런 마찰을 통해서 쿠노가 주장했던 내용들이 극명하게 드러나게 될 것이다. 즉 교육수준, 생활방식 등에서 구분된 다양한 직업군들 사이의 연대감정은 매우 엷다는 사실이 드러날 것이다. 사람들이 보통 협동조합적 노동이라고 알고 있는 것은 로텐(Rotten : 단순히 패거리를 이룬 무리들을 가리키는 말로서 우리말의 '양아치'와 비슷한 의미이다 - 옮긴이)이나 아르텔(Artel : 제정러시아 시절의 노동자 자유협동조합 - 옮긴이)와 같이 아직 **계층분화가 이루어지지 않은** 노동자들이 수행하는 것으로서 본질적으로는 집단 도급노동에 해당하는 매우 단순한 공동노동의 형태를 잘못 알고 있는 것에 불과하다.[12]

그러므로 전적으로 표면적인 특징에만 의존해서 판단하는 관찰방식으로는 하나 혹은 그 이상의 자본가적 소유주를 제거함으로써 자본주의적 기업을 생명력 있는 사회주의적 모습으로 전환하기 위한 가장 중요한 계기가 만들어졌다는 사실까지만 얘기할 수 있다. 그런데 사실상 문제는 그렇게 간단하지가 않다. 이들 기업은 매우 복잡하게 구성된 유기체라서 모든 다른 기관의 원천이 되는 중추를 제거하는 것은 그것이 조직의 완전한 변형을 동반하는 것이 아니라 할지라도 그 자체만으로 곧바로 이 조직의 해체를 의미하는 것이다.

국가든 지방자치단체든 사회가 직접 스스로 처리할 수 없는 일은 바로 지금과 같은 불안정한 시기에는 기업의 수중에 그대로 내버려두는 편이 훨씬 나을 것이다. 외견상 보다 급진적으로 보이는 조치는 금방 그것이 오히려 역효과를 내는 것이라는 사실을 드러낼 것이다. 생명력 있는 협동조합이란 붕어빵 찍어내듯 만들어지는 것도 아니고 어떤 명령에 의해 금방 설립되는 것도 아니다. 그것은 혼자 힘으로 **자라나야** 하는 것이다. 그리고 그것이 그렇게 자라나는 것은 그 토양이 그것이 자라나기에 맞게 잘 다듬어진 곳에서 비로소 이루어지는 것이다.

오늘날 영국의 협동조합들은 1억 달러 이상의 **자산**을 소유하고 있는데(210쪽의 통계를 참고할 것), 이는 라살이 자신의 협동조합 계획을 실행에 옮기는 데 필요한 **국가신용**으로 충분하다고 생각했던 정도의 액수이다. 이 액수는 영국의 전체 국부와 비교하면 매우 적은 액수로서 영국 국부 가운데 외국에 투자된 자본과 이중계산된

---

12) "문제는 간단하지 않았다. 협동조합의 성공적인 운영을 위해서 필요한 동질의 대중으로 편성하는 일이 면직노동자 같은 사람들에게는 적용하기 쉽지 않았던 것이다"(「번리(Burnley) 자조 협동조합의 간추린 역사」, 『영국의 협동조합 공장』, 20쪽).

자본을 공제하면 아마도 전체 국부의 4백분의 1 가량에 해당할 것이다. 그러나 그것은 아직 영국 노동자들의 자본력에 비하면 훨씬 못 미치는 액수이며 따라서 지속적인 증가세를 보이고 있다. 1887년에서 1897년까지의 10년 동안에 그것은 거의 두 배로 증가하였고 이는 조합원 수의 증가율보다 더 높은 것이었다. 이 기간 동안 조합원 수는 851,211명에서 1,468,955명으로 증가하였으며 자산은 1,150만 파운드에서 2,040만 파운드로 증가하였던 것이다.

협동조합의 생산고는 더욱 급속하게 증가하였다. 그것은 1894년에 9,900만 마르크에 달했는데 1897년에는 이미 1억 8,700만 마르크로 거의 두 배로 증가하였다. 이 가운데 거의 3분의 2는 구매 협동조합의 자체 생산분이었으며 나머지 3분의 1은 다른 모든 종류의 협동조합들의 생산분이었는데, 이 가운데에서도 다시 상당히 큰 부분은 약간 변형된 구매 협동조합이나 혹은 그런 구매 협동조합과 관련된 생산자들의 생산분이었다. 소비 협동조합 내지는 구매 협동조합의 자체생산은 이 3년 동안에 3배 이상으로 증가하여 5,200만 마르크에서 1억 2,200만 마르크로 증가하였다.

이 수치들은 매우 놀라운 것이라서 이것을 본 사람은 저절로 도대체 이런 성장이 어디까지 계속될 것인가를 물어보지 않을 수 없게 된다. 협동조합 제도의 열렬한 신봉자들은 이 수치를 보고 만일 영국의 협동조합들이 그들의 이윤을 배당으로 지불하지 않고 축적한다면, 20년 만에 영국의 모든 주택과 공장이 딸린 토지들을 남김없이 사들일 수 있게 될 것이라고 계산하기도 하였다. 물론 이것은 첫해에 투자된 1페니가 놀라운 방식으로 이자를 붙여가는 그 유명한 복리식 이자계산법에 따라 계산된 것이다. 이 계산에서는 지대 같은 것이 존재한다는 사실을 잊고 있으며 물리적으로 불가능한 정도의 지속적인 성장률을 상정하고 있다. 여기에서는 최저 빈곤계층은 소비 협동조합에 거의 가입할 수 없다는 사실과 혹은 가입한다

하더라도 매우 점진적으로만 가입할 수 있다는 사실이 간과되고 있다. 또한 여기에서는 시골에서 소비 협동조합의 활동영역이 매우 제한적이라는 점과 소비 협동조합은 중개비용을 감소시킬 수는 있지만 완전히 없앨 수는 없기 때문에 개인기업가들이 변화된 환경에 적응할 가능성을 남길 수밖에 없으며 결국 수학적으로 계산해 보면 어느 시점부터인가는 성장이 필연적으로 둔화되는 것이 드러난다는 점을 간과하고 있다.

그러나 무엇보다도 여기에서 잊히고 있고 혹은 간과되고 있는 가장 중요한 점은 소비 협동조합이라는 것이 배당을 지불하지 않고서는 침체될 수밖에 없다는 사실이다. 왜냐하면 온갖 계층의 사람들이 소비조합에 가입하는 주된 동기가 바로 이 배당, 즉 협동조합 제도의 주창자들이 그렇게 저주를 내리고 있는 바로 그 금단의 사과이기 때문이다. 매우 과장된 것이긴 하지만 오늘날 여러 방면으로 주장되고 있는 얘기 가운데 다음과 같은 것들이 있는데 이것들은 전혀 근거 없는 얘기는 아니다. 즉 소비 협동조합의 배당이 그곳 상품가격의 값싼 정도를 나타내는 척도가 되지 못한다는 얘기와 개별 상점들에서도 대부분의 상품을 평균적으로는 소비 협동조합만큼 값싸게 공급하고 있으며 배당금이란 단지 각 품목들에 약간씩 느끼지 못할 정도로 더 붙어 있는 부분들을 합한 것에 지나지 않는다는 얘기이다. 노동자 소비 협동조합은 기생적 중개상인들의 노동자 계급에 대한 착취에 대항하는 수단으로서 노동자들이 만든 일종의 저축은행이다.[13]

---

13) 기생적이라는 말은 이 중개상업이라는 기능을 두고 하는 말이지 그것을 수행하는 사람에 대한 말이 아니다. 만일 이것을 사람에 대해서도 적용하고자 한다면 우리는 무수히 많은 이른바 '생산적' 노동자들 가운데 그들이 생산하는 것이 공동체에서 쓸모가 없고 유해한 것일 경우 그들에게 기생주의자들이란 표현을 사용해야 할 것이다.

그러나 많은 사람들에게서 저축동기란 그다지 강한 것이 아니어서 이들은 배당을 위해서 약간의 불편을 감수하기보다는 가장 가까운 상점에서 구매하는 편리함을 더욱 좋아한다. 바로 이 점이 영국에서 소비 협동조합의 확대가 잘 이루어지지 않았고 또 현재에도 잘 이루어지지 않고 있는 요인 가운데 하나이다. 영국 노동자들도 마찬가지로 특별히 저축에 강렬한 성향을 가지고 있는 것은 아니다. 만일 누군가가 영국은 원래부터 소비 협동조합에 유리한 토양을 가지고 있다고 말한다면 그것은 완전히 잘못된 얘기이다. 그것은 오히려 그 반대이다. 노동자 계급의 관습과 코티지 시스템(cottage system : 노동자들의 집단적인 사택을 가리키는 말 - 옮긴이)을 가져온 도시의 거대한 공간적 확장은 이 점과 관련하여 보다 높은 임금이 소비 협동조합의 발달에 유리하게 작용할 수 있는 이점을 완전히 상쇄해 버렸다. 영국에서 소비 협동조합이 이처럼 발달할 수 있었던 것은 무엇보다도 강인하고 대담한 조직운동의 성과였을 뿐이다.

그것은 매우 힘든 일이었고 지금도 마찬가지이다. 소비 협동조합이 중개상업 부문에서 이윤율을 하락시킴으로써 점차 그 기반을 잠식해 나가는 것 이외에 더 이상 아무것도 하지 못한다 하더라도 그것만으로도 그것은 국민경제에서 매우 유용한 일을 하는 셈이다. 그리고 그것이 이런 작용을 하고 있다는 사실에는 의심의 여지가 없다. 바로 여기에 노동자 계급이 직접적으로 존재를 파괴하고 폭력에 호소하지 않고도 사회적 부의 상당한 부분을 스스로 차지할 수 있는 방법——이것은 우리가 이미 보았듯이 그리 쉬운 일이 아

중개상업에 대해서 기생적이란 말을 쓰는 것은 주로 중개상인들의 증가가 어느 정도까지는 경쟁의 증가를 통해서 상품가격의 하락을 가져오는 것이 아니라 오히려 상품가격의 상승을 가져오기 때문이다.

니다──이 있는 것이다. 게다가 만일 이 사회적 부를 노동자 계급
이 차지하지 않고 내버려두면 그것은 유산계급을 증가시키고 그럼
으로써 유산계급을 강화시키게 될 것이다.

  이 문제와 관련된 실제 수치들을 협동조합의 통계를 통해서 살펴
보기로 하자. 1897년 영국에서는 모두 1,483개의 노동자 소비 협동
조합이 총자본 3억 6,700만 마르크를 투자하여 8억 300만 마르크
의 총판매고를 올려서 1억 2,300만 마르크의 총이윤을 올렸다.[14]
이것은 판매고에 대해서는 15.25%의 이윤율을, 투하자본에 대해서
는 33.3%의 이윤율을 올린 셈이다. 본질적으로는 역시 소비 협동조
합에 속하는 제빵 협동조합의 경우도 사정은 비슷하다.[15] 여기에서
는 모두 500만 마르크의 자본이 투자되어 850만 마르크의 판매고
를 올려 120만 마르크의 이윤을 올렸다. 그리하여 이윤율은 판매고
에 대해 14%, 투하자본에 대해서는 24%를 실현하였다. 제빵 협동
조합과 같은 사정을 보이고 있는 제분 협동조합은 투하자본에 대해
서 평균 14%의 이윤율을 올렸다.

  식품을 생산하지 않는 생산 협동조합의 평균이윤율은 훨씬 더 낮
다. 이 부문에는 모두 120개의 조합이 1,425만 마르크의 자본을 투
자하여 2,400만 마르크의 판매고와 77만 마르크의 수익을 올려서
판매고에 대해서는 3.25%, 투하자본에 대해서는 5%의 이윤율을
올렸다.

  만일 이 이윤율에 관한 수치가 산업이나 개별 판매 부문에서 전

---

14) 여기에서는 매우 적은 이윤만 붙여서 소비 협동조합에 상품을 조달하는
    두 개의 대규모 구매 협동조합을 제외하였다.
15) 이 협동조합은 모두 230개로서 전부 합쳐서 7,778명의 주주와 1,196명의
    종업원들로 이루어져 있어서 구매 협동조합의 성격을 보이고 있다. 일반
    적인 소비 협동조합 가운데 자체적으로 운영되는 제빵공장을 가진 협동조
    합은 여기에 포함되지 않았다.

형적인 것으로 간주될 수 있다면 소비자가 아닌 생산자로서 노동자가 착취당한다고 하는 명제는 매우 제한된 의미만을 갖게 될 것이다. 그리고 실제로 그것은 매우 제한된 진실만을 말해줄 뿐이다. 이것은 이미 이 명제를 받쳐주고 있는 가치론이 소매업 부문을 완전히 배제하고 있다는 점에서 비롯되고 있다. 게다가 이 가치론은 '노동력' 상품의 거래가 무한히 자유로워서 그것의 재생산비용(말하자면 노동자의 생활수단의 생산비용)의 하락은 그것의 가격(임금)하락을 동시에 가져온다고 가정하고 있다. 그러나 오늘날 대부분의 노동자들에게서 임금하락은 노동조합의 보호나 법적인 노동자 보호 그리고 여론의 힘 등에 의해서 이미 상당 부분 제한되고 있는 실정이다. 그리고 세번째로 이 가치론에서는 노동자는 기업가가 잉여생산물을 나누어 가져야 할 계급, 특히 지주가 될 가능성이 없다고 가정하고 있지만 이것도 이미 사실에 의해서 서서히 무너지기 시작하고 있다. 예를 들어 노동자가 기업조직에 편입되지 못하고 가장 하층계급으로서 입법제도와 대립해 있는 한 토지에 대한 과세와 같은 문제는 노동자들이 관심을 갖는 문제이기보다는 유산자들 사이에서의 논란거리에 불과할 것이다.[16] 그러나 이런 상태가 점차로 개선되어 가면 그에 따라 지대의 하락이 곧바로 자본이윤의 상승으로 이어지는 것이 아니라 오히려 최저복지 수준의 상승으로 이어진다는 사실이 확실해진다. 반대로 지대가 아무런 제약 없이 계속 존속하고 또한 지속적으로 상승하면 노동조합이나 협동조합 등이 노동자들의 생활수준의 상승과 관련하여 이루어낼 수 있는 대부분의 이익들은 모두 헛된 공상에 불과한 것으로 되어버린다.

---

16) 나는 여기에서 '……이기보다는'이라는 말을 사용하였는데, 이는 이 경우에도 이 사안이 노동자들에게 전혀 물적 이해를 갖지 않는 것은 아니기 때문이다.

여기에 추가할 이야기가 있다. 우리가 지금까지 살펴본 바에서 확실해진 것은 소비 협동조합이 이미 하나의 경제적 세력으로서 확고하게 중요한 위치를 차지하고 있다는 것이며, 이 점에서 대부분의 나라들이 아직 영국을 따라잡을 수준은 아니지만 그래도 독일과 프랑스, 벨기에 등에서는 소비 협동조합이 이제 상당히 확고한 입지를 확보하였으며 점차로 그런 경향은 강화되고 있다는 것이다. 나는 여기에서 일일이 수치를 인용하지는 않겠는데, 왜냐하면 이것은 잘 알려진 사실이며 수치를 인용하는 것이 사실 수고를 많이 들여야 하는 일이기 때문이다. 물론 법적인 농간으로 소비 협동조합의 확대와 그것의 내적 가능성의 완전한 실현이 저지될 수도 있으며 또한 그것의 번성이 어느 정도까지는 경제발전의 수준에 의존하는 측면도 있지만 여기에서 우리에게 특히 중요한 것은 협동조합이 도대체 무엇을 해낼 수 있느냐 하는 것을 밝히는 것이다.

만일 우리가 오늘날 알고 있는 바와 같이 협동조합이 언젠가 모든 상품의 생산과 배분을 완전하게 장악하는 것이 필요하지도 않고 또 가능하지도 않다 하더라도, 그리고 국가와 지방자치단체가 제공하는 공공서비스의 영역이 점차로 확대되어 협동조합에게 또 다른 측면에서 한계로 작용한다 하더라도, 전체적으로 보면 역시 협동조합에게는 매우 넓은 영역이 열려 있어서 앞서 언급한 협동조합의 이상향을 꿈꾸는 데까지는 가지 않더라도 우리가 협동조합에 대해서 상당히 큰 기대를 걸어도 괜찮을 것으로 보인다. 직조공 로치데일(Rochdale)이 단돈 28파운드로 시작했던 운동이 50년 약간 못 미쳐서 200만 파운드의 자본을 가진 운동으로 발전한 사실을 떠올리면 이런 성장이 결국 한계에 도달하게 될 시점이 언제인지, 그리고 앞으로 이 운동이 어떤 형태로 변화해 갈지를 예언한다는 것이 참으로 무모한 일이라는 것을 알게 된다.

많은 사회주의자들에게 소비 협동조합은 그것이 '부르주아적인'

것이라는 이유로 거의 공감을 얻지 못한다. 거기에서는 급여를 받는 관리자가 있고 임금을 받는 노동자가 고용되어 있으며 또한 이윤이 만들어지고 이자가 지불되며 배당액수를 둘러싼 논란이 벌어진다. 만일 우리가 형식만을 기준으로 삼는다면 예를 들어 초등학교가 소비 협동조합보다 훨씬 더 사회주의적인 조직이라는 것이 분명하다. 그러나 공공서비스의 성장에는 한계가 있으며 또 상당한 시간이 소요된다. 반면 소비 협동조합은 바로 그것이 '부르주아적'인 성격을 가지고 있기 때문에 노동자 계급이 가장 쉽게 접근할 수 있는 협동조합의 형태이다. 사회가 단숨에 현재의 상태에서 정반대의 조직과 생활양식으로 변화할 수 있다고 생각하는 것이 헛된 공상인 것과 마찬가지로 그런 변혁의 출발점을 협동조합 조직의 가장 어려운 형태로부터 만들려고 하는 것도 역시 헛된 공상이었으며 지금도 그것은 마찬가지다.

1881년 브뤼셀의 내 친구 루이 베르트랑(Louis Bertrand)이 쿠르(Chur) 대회에서 협동조합에 대한 강연을 하였을 때 그의 얘기를 들으면서 내가 얼마나 이론적으로 그에게 큰 공감을 가졌던지 나는 지금도 그것을 생생하게 기억한다. 그런데 다른 면에서는 그처럼 이성적인 사람이 이 수단〔협동조합의 가장 어려운 형태〕에 대해서는 왜 그렇게 과도한 기대를 하는 것일까. 그런 뒤 1883년 나는 '겐터 보뤼'(Genter Vooruit)를 찾게 되었는데 내가 보기에 그것은 제빵이 본업인 것으로 보였고 부수적으로 세탁업과 신발판매를 하고 있었지만 그것은 전혀 문제가 될 수 없었다. 그러나 '보뤼'의 관리자가 나에게 그들의 장래 계획을 얘기하는 것을 듣고는 나는 다시 이렇게 생각했다. 아이구 이 불쌍한 사람들아, 당신들은 실패하겠구려. 그러나 그들은 실패하지 않았다. 그들은 침착하게 문제가 가장 적은 길을 잘 찾아감으로써 자기 나라에 적합한 형태의 협동조합을 만들었으며 이 협동조합은 벨기에의 노동운동에서 가장 값진 성과를 보여주었고 그때까지 분산되어 있던 노동운동의 각 요소들을 응집시키는 강력한 중심을 제공하였던 것이다.

어떤 일의 가능성을 모두 검토해 보기 위해서는 그 문제를 파악하는 방법이 결정적으로 중요하다.

요컨대 협동조합적 생산은 설사 협동조합 제도에 대한 최초의 이론가들이 생각한 대로는 아니라 할지라도 약간 다른 형태로나마 결국 실현되고 말 것이다. 그러나 아직은 그것은 협동조합의 이념을 실현하기에 매우 어려운 형태에 머물러 있다. 이미 언급한 바와 같이 영국의 협동조합들은 라살이 자신의 협동조합 계획을 위해서 요구하였던 수준인 1억 탈러 이상의 자산을 벌써 운용하고 있다. 그리고 문제가 단지 재정문제에 국한된 것이라면 협동조합들은 현재와 완전히 다른 방식의 재정수단도 운용할 수 있을 것이다. 예를 들면 공제기금과 같이 협동조합들이 자신들이 모아놓은 이 기금을 어떻게 운용해야 할지 모르고 있는 것도 있다(오늘날 협동조합은 자신들의 기금을 저축은행에 예치하여 정부가 자본가들에게 지불하는 것보다 더 높은 이자를 지불받고자 정부에 이를 허가해 주도록 요구하고 있다). 그러나 문제는 재정문제가 아닌 다른 곳에 있거나 혹은 재정문제만이 아니다. 또한 그것은 이미 공급이 포화상태에 있는 시장에 새로운 공장이 신규로 진입하기 때문에 발생하는 문제도 아니며 기존에 이미 잘 갖추어진 공장을 적당한 가격에 인수할 기회가 없기 때문도 아니다. 그것은 상당 부분 **조직과 관리**의 문제로서 거기에 많은 결함이 있기 때문이다.

"우리가 필요로 하는 것이 일차적으로 자본인가?" 이것은 영국 협동조합 중앙기관지인 『코오퍼러티브 뉴스』(*Cooperative News*)에 실린 한 논문에서 제기되고 있는 물음인데 이 글의 필자는 여기에 대해서 단호하게 아니라고 답하고 있다. "알다시피 우리는 현재 협동조합적 용도에만 사용하도록 되어 있는 수천만 파운드의 자산을

226

가지고 있을 뿐만 아니라 만일 우리 운동에 유용하게 쓰일 용도만 가지고 있다면 의심할 나위 없이 다시 수천만 파운드를 즉각 더 모을 수도 있을 것이다. 그러므로 우리는 바로 지금 이 시점에 협동조합 진영에 보다 필요한 것은 더 이상의 돈이 아니라 더 많은 지적 능력과 노련한 관리능력이라는 사실——이것은 정말 사실이기 때문이다——을 숨기지 말자. 순수하게 협동조합 방식으로 생산되고 판매되는 것이 아니라면 어떤 것도 사지 않는다는 것이 가능한 일은 아니겠지만 만일 그것이 가능하다 하더라도 정말 이 이념에 따를 사람이 우리들 가운데 과연 얼마나 될까! 협동조합원들이 만든 상품을 최대한 사용하기 위하여 끝까지 노력하는 사람이 우리들 가운데 과연 몇이나 되겠는가!"(『코오퍼러티브 뉴스』, 1898년 12월 3일자)

　바꾸어 말해서 재정적 수단만으로는 협동조합적 노동의 문제가 해결되지 않는 것이다. 다른 전제는 차치하고서라도 그것은 우선 자신의 고유한 조직과 고유한 관리자를 필요로 하는데 이 둘은 즉석에서 금방 만들어지는 것이 아니다. 이 둘은 충분히 시간을 두고 신중하게 선택되고 검증되어야 하며 그렇기 때문에 평상시에도 그렇게 어려워 보이는 이 문제의 해결을 감정이 극히 격앙되어 있고 열정이 최대한 팽창해 있는 혁명과 같은 시기에 과연 요구할 수 있는가 하는 것은 매우 의심스러운 일이다. 인간적으로 판단해서 그것은 불가능한 일이 분명하다.

　충분한 자산을 가지고 설립되고 또 충분한 판매능력을 가진 영국의 대규모 구매 협동조합의 생산공장들조차도 이들의 총회에서 이루어지는 보고들과 논쟁들을 보면 이들의 생산물이 다른 개인기업들의 생산품들과 제대로 경쟁할 수 있게 되기까지는 종종 상당히 오랜 기간을 필요로 하였다는 사실을 알 수 있다.

　그렇지만 자체 생산의 수치가 증가하고 있는 현상은 또한 우리에게 이 문제가 해결될 수 있다는 것을 보여주기도 한다. 여러 생산 협동조합들까지도 그들 나름의 방식으로 이 문제를 해결하는 법을 알고 있었다. 우리가 앞서 생산 협동조합의 이윤율이 낮다고 얘기했던 것은 모든 생산 협동조합들에게 똑같이 적용되는 것은 아니다. 그렇지만 우리가 생산 협동조합 전체를 훑어보면 매우 잘 운영되는 극히 예외적인 소수의 몇몇 생산 협동조합들은 노동조합이나 소비 협동조합의 재정지원을 받으면서 주로 종업원의 이윤을 위해서가 아니라 대다수의 일반 대중을 위하여 생산하는 협동조합들이며, 종업원들이 이미 그 조합원들이거나 혹은 그들이 원하기만 하면 즉각 조합원으로 가입할 수 있는 협동조합들이라는 것을 알 수 있다. 말하자면 그것은 어쨌거나 사회주의적 사상에 근접해 있는 형태인 것이다. 이것과 관련된 몇 가지 수치를 1897년 노동자 주주 협동조합(Arbeiter-Teilhabergenossenschaft) 보고서에서 인용해 보기로 하자. 이들 수치는 1896 회계연도의 결과치들이다.

물론 이들 공장은 모두 노동조합과 합의된 임금을 지불하고 정규

협동조합 명칭	주주 수	노동자 수	출자자본 (마르크)	차입자본 (마르크)	수익	
					금액	비율
푸스티안[17) 직물 협동조합 (헵든 브리지)	797	294	528,340	129,420	96,580	14.7%
벽난로아궁이 제조 협동조합 (더들리)	71	70	40,800	31,360	23,100	32%
제화 협동조합 (케터링)	651	(210?)	97,800	75,720	40,020	23%
기성복 재단 협동조합 (케터링)	487	(50?)	79,160	35,660	28,240	24.6%
제화 협동조합 (레스터)	1,070	—	197,580	286,680	49,680	10.25%
기계 협동조합 (월솔)	87	190	52,280	48,260	22,080	9.24%
트리코[18) 협동조합 (레이체스터)	660	(250?)	360,160	246,540	56,040	22%

노동시간을 준수하고 있다. 케터링의 제화 협동조합 공장은 8시간 노동일을 지키고 있다. 이 공장은 점점 번성하면서 끊임없이 날개를 달아 지금은 가장 근대적인 요구에 맞는 공장건물을 짓기에 이르고 있다. 주주의 수에서 유의해야 할 점은 거의 모든 협동조합들에서 주주 가운데 법인(소비 협동조합, 노동조합 등)이 상당수를 차지하고 있다는 사실이다. 그래서 예를 들어 푸스티안 직물 협동조합(헵든 브리지)의 경우 주주의 구성은 다음과 같이 나누어진다. 즉 공장의 종업원이기도 한 297명의 노동자들이 147,960마르크의 자본을 출자하였으며 그 밖의 200명의 개인이 140,640마르크의 자본을, 그리고 300개의 협동조합들이 208,300마르크의 자본을 출자하였다. 차입자본은 대부분 조합원들이 찾지 않고 남겨둔 배당금으로서 5%의 이자를 붙여주고 있다. 수익의 배분은 매우 다양한 원칙에 따라 이루어진다. 몇몇 공장들에서는 주식자본에 대해서 임금액보다 더 높은 이윤율을 지불하고 있는 데 반해, 케터링의 제화 협동조합 공장 같은 곳에서는 1896년 상반기에 주주들에게는 겨우 7.5%만 배당했지만 노동자들에게는 (임금에 대해서) 40%나 배당금을 지불하였다. 고객들에게도 구매된 상품액수에 대하여 역시 같은 40% 비율의 배당이 이루어졌다(따라서 이 회사는 사실 구매 협동조합에 가까운 성격을 가지고 있다).[19]

레스터의 소규모 제화 협동조합들에서도 비슷한 배당이 이루어지고 있다. 대부분의 생산 협동조합들에서는 그들 판매고 가운데 전액은 아닐지라도 대부분의 액수를 협동조합 진영 내에서 소화하고 있다.

---

17) 우단과 비슷한 두꺼운 면직물 이름(옮긴이).

18) Trikot. 프랑스 북부의 생산지 지명을 가리키는 말로서 일종의 뜨개질용 천(옮긴이).

협동조합 제도의 다른 형태들(대부 및 신용 협동조합, 원자재 및
창고 협동조합, 낙농 협동조합 등)은 임노동 계급에게서 별로 중요
한 의미를 갖지 않기 때문에 여기에서 상세히 다루지 않기로 한다.
단지 소농 문제는 이들이 비록 직접 임금을 받는 사람들은 아니지
만 사실상 노동자 계급에 속하기도 하므로 사민당에게서 상당히 중
요하기 때문에, 그리고 수공업과 소매업은 수적으로 그 비중이 매
우 크다는 사실 때문에 이들 부문에서 협동조합 제도가 어느 정도
성공을 거두었는지에 대해서 언급해 둘 필요가 있다. 종자의 공동
구매, 농기계의 공동조달, 농산물의 공동판매, 저리의 융자가능성 등
이 갖는 장점들은 비록 이미 파산해 버린 농민들을 구할 수는 없지
만 숱한 소농들을 파산으로부터 보호해 주는 수단은 된다. 이 점에
대해서는 의심의 여지가 있을 수 없다. 경영통계가 우리에게 보여
주는 수치와는 완전히 별개로 소농경제가 영세소농으로 몰락하지
않을 만한 경쟁력과 수익성을 갖추고 있다는 데 대한 자료는 오늘
날 엄청나게 많이 널려 있다. 물론 대경영이 소경영에 비해서 우월
하게 갖는 장점들이 농업 부문에서는 공업 부문과 정반대로 작용한
다는 몇몇 사람들의 얘기는 좀 경솔한 얘기일 것이다.
　그러나 대경영과 소경영 간의 차이점이 워낙 크고 게다가 강력한
자본력과 잘 갖추어진 설비로 무장한 대경영이 소경영에 대해서 갖

---

19) 이해하기 쉽도록 여기서 수치를 들어 보겠다. 다음의 수치는 반년간의 결
　　산분이다.

주주(이자는 제외)	1,164마르크
구매자	8,325마르크
노동자	8,068마르크
관리위원회	700마르크
교육기금	525마르크
부조기금	1,050마르크

는 우월한 장점이 반드시 소경영이 협동조합 제도를 최대한 이용함으로써만 대부분 극복할 수 있을 정도로 그렇게 절대적인 것은 아니라고 얘기하는 것은 결코 지나친 얘기가 아니다. 협동조합은 기계력의 이용, 신용의 조달, 판로의 안정성 확보 등과 같은 것을 농민들에게 보다 용이하게 제공하는 것이 사실이지만, 다른 한편 이들 농민이 스스로 소농경제의 본질상 손실의 위험을 대농에 비해 더욱 손쉽게 피해가는 것도 사실인 것이다. 왜냐하면 농민들의 대다수는 전업적인 상품생산자가 아니라 상당 부분 그들 자신의 생활수단도 직접 생산하기 때문이다.

모든 선진화된 문명국가들에서는 협동조합 제도가 조직적으로나 공간적으로나 급속하게 확산되고 있다. 벨기에, 덴마크, 프랑스, 네덜란드, 그리고 최근에는 아일랜드까지도 이런 점에서 독일의 양상과 대부분 거의 같은 수준을 보이고 있다. 사민당에게 중요한 것은 소농계층의 소멸이라는 선입견으로 고착된 이론을 통계로부터 입증하는 데 있는 것이 아니라 지방에서 진행되고 있는 이 협동조합 운동의 문제와 그것의 유효성을 철저하게 연구하는 데 있다. 공매처분이나 저당부채 등에 대한 통계는 여러 가지 점에서 오해를 불러일으킨다. 오늘날 소유권의 변동이 그 어느 때보다 극심하다는 것은 의심의 여지가 없는 일이지만 이런 변동은 하나의 측면으로만 작용하는 것이 아니다. 경매로 인해 발생한 균열은 오늘날까지도 언제나 다시 메워지기 때문이다.

여기에서는 이런 일반적 지적만으로도 충분할 것으로 보인다. 나는 여기에서 어떤 구체적인 농업강령을 직접 얘기하지는 않겠다. 그러나 나는 그런 강령이 지금까지보다는 훨씬 더 농업 협동조합의 경험들과 깊은 관련을 가져야 한다고 확신하며 또한 그런 관련을 얘기하는 데서는 농업 협동조합이 소농을 지속적으로 도울 수 없다는 점을 얘기하는 것보다는 이 농업 협동조합이 어떤 방식으로 보완되고 확대되어야 할 것인지를 얘기하는 것이 훨씬 더 중요하다고 생각한다. 소농경제가 지배적인 상황에서는 협동조합이나 혹은 농업 노동자들의 다른 어떤 조직도 여러 가지 이유로 결국 키메라(사자의 머리와 양의 몸체와 뱀의 꼬리로 된 괴물 – 옮긴이) 같은 모습이 될 뿐이다. 그런 상황에서는 단지 협동조합의 형태를 확대함으로써 임금관계를 지양하는 것이 가능할 것이다.

드레스덴의 비트펠트(Wiedfeldt) 박사가 『조치알렌 프락시스』(*Sozialen Praxis*) 제8년차 제13권에서 프랑스 농업 신디케이트의 활동과 성과에 대해서 알려주고 있는 내용들은 상당히 주목할 만한 것들이다. 여기에 따르면 프랑스에는 현재 10개의 연합으로 묶여 있는 약 1,700개의 농업(농민) 신디케이트가 있으며 이들의 조합원 수는 모두 700,000명 이상에 이르고 있다. "이들 전문 협동조합들은 무엇보다도 농업용 **사료** 및 **비료**의 **공동구매** 활동을 수행하고 있고 이들의 중앙사무소(농업 협동조합)는 이미 이들 품목의 거래에서 상당한 영향력을 발휘하고 있다. 또한 이들은 **탈곡기, 제초기** 등을 공동으로 조달하고 있으며 **배수설비와 관개설비** 등을 공동으로 운영하고 있다. 게다가 이들은 **축산 협동조합, 낙농공장, 치즈공장,**[20] 제**빵공장, 제분공장, 통조림공장** 등을 세워서 자신들의 농업생산물을 이들 각 부문에서 성공적으로 판매하고 있다."

이들 조합은 이런 농산물의 성공적인 판매를 위해서 프랑스에도 이미 광범위하게 확대되어 있는 소비 협동조합들과 단순히 연계하는 방법에 만족하지 않고 더 나아가 **그들 자신이 직접** 이들 공장을 **설립**한 것이다. "라 로셸, 리옹, 디종, 아비뇽, 토르넬르 등의 협동조

---

20) 1898년 11월 15일의 '해방' 이후 프랑스에는 치즈 협동조합만 2,000개에 달하고 있는데, 이들 중 다수는 쥐라(Jura) 지역과 사보이(Savoy) 양 지역에 위치하고 있다.

합들이 바로 그러하다. 여기에는 도축업, 제분업, 제빵업 등의 협동
조합의 설립도 포함되는데, 이런 협동조합들은 **농업생산 협동조합의**
성격과 소비 **협동조합의** 성격을 각기 **반반씩** 띤 것들이다. 샤랑트 지
역지부에만 이런 제빵 협동조합이 130개가 있다. 그 밖에 이들 신
디케이트는 통조림공장과 소시지공장, 전분공장, 마카로니공장 등도
세워서 말하자면 어떤 의미에서 농업과 연계된 **산업들의 지방화를**
위해서 노력하고 있는 것이다." 신디케이트의 대다수는 **노동자들을**
조합원으로 가입시키고 있다. 카스텔노다디 신디케이트의 조합원은
1,000명 가운데 600명을 노동자가 차지하고 있다. 또한 신디케이트
는 여러 가지의 상호부조 기구들을 설립하여 운영하고 있는데, 보
험, 중재재판소, 민원봉사, 농업학교, 오락 협동조합 등이 바로 그런
것들이다.

이상이 『조치알렌 프락시스』에 실린 내용이다.

이런 내용에 대해서 먼저 제기할 수 있는 의문은 이들 협동조합
들에 소속된 노동자들이 실질적으로 어떤 권리를 갖는가 하는 점이
다. 이 글에서는 사무직 노동자와 생산직 노동자들에 대한 수익배
분에 관하여 매우 간단하게만 언급하고 있지만 이것은 매우 다양하
게 해석될 수 있는 것이다. 아무리 협동조합이 노동자를 조합원으
로 받아들인다고 하더라도 그 사실만으로는 농업결사체로서 이 협
동조합은 근본적으로 기업 신디케이트의 성격을 벗어나지 못한다.
이것은 이들 협동조합이 아무리 협동조합적 사업을 많이 수행한다
하더라도 이미 협동조합적 성격 가운데 하나로부터 멀어져 있다는
사실로부터 비롯된다. 그것은 바로 농업 그 자체, 즉 경지 및 목초
지의 경작과 본래적 의미에서의 목축업이다. 농업과 연관되거나 농
업과 직접 연결되어 있는 노동은 협동조합적으로 혹은 적어도 협동
조합에 의해서 이루어지지만 바로 이들 직접적 경작과 목축들은 모
두 협동조합적 노동으로 이루어지지 않고 있는 것이다.[21] 이런 노

동은 협동조합적 경영보다 개별경영이 더욱 유리해서일까? 아니면 농민적 토지소유구조가 이것을 방해하는 것일까?

토지가 많은 다수의 소유자들에게 분할되어 있는 농민적 토지소유가 토지의 협동조합적 경영을 방해하는 커다란 요인이라는 사실은 이미 자주 강조되고 있는 얘기이다. 그러나 그것이 유일한 장애요인인 것은 아니다. 혹은 바꾸어 말해서 그것은 그런 협동조합적 경영을 어렵게 만드는 물적 요인이기는 하나 그것이 곧바로 그런 어려움의 모든 원인인 것은 아니다. 여기에는 노동과정이 공간적으로 분리되어 이루어진다는 점과 농업활동의 대부분이 개별적 성격을 갖는다는 점도 함께 작용한다. 아마도 아직 연륜이 짧은 농민신디케이트들이 앞으로 계속 성장해 나가면서 이런 장애요인들을 완전히 극복하거나 혹은——내가 생각하기에 거의 틀림없이 그렇게 되리라고 보이는데——현재의 한계들을 한발한발씩 앞으로 밀고 나갈 수 있으리라는 것은 충분히 가능한 일이다. 그러나 아직까지 현재로서는 그것을 곧바로 생각할 수 없다.

농업생산도 협동조합에게서 아직은 해결할 수 없는 문제이다. 영국 소비 협동조합의 사업 가운데 가장 거래실적이 나쁜 것이 그들 직영농장들과의 거래이다. 영국 노동국의 제3년차 보고서(1896년)에 따르면 106개 생산 협동조합들의 평균이윤율은 8.4%이다. 그 가운데 6개의 협동조합농장과 임차농장의 평균이윤율은 겨우 2.8%였다. 토지로부터 벌어들이는 농민의 수익이 가장 높은 곳은 스코틀랜드이다. 스코틀랜드의 소맥과 귀리 등의 에이커당 수익은 영국

---

21) 예를 들어 급속하게 성장하고 있는 아일랜드 농업 협동조합의 경우를 보아도 1889년 50명의 조합원으로 이루어진 소규모조합에서 출발하였다가 1898년 3월에는 243개 조합에 조합원이 27,322명으로 늘어났는데 이 조합원들 가운데 이미 다수는 농업 노동자들이었던 것이다.

보다 훨씬 높다. 그러나 25만 마르크의 자본금으로 우수한 기계들을 갖추었던 스코틀랜드의 협동조합 농장은 대실패로 판명났다. 1894년 이 농장은 0.6%의 수익을 올렸으며 1895년에는 8.1%의 손실을 보았다. 그러나 본래적인 의미의 **농업 노동자 협동조합**은 어떻게 되어 있는가? 농업 노동자들의 생산 협동조합은 산업노동자들의 생산 협동조합보다도 다 나은 전망을 제시하고 있는가?

이 물음에 대해서는 충분한 실천적 사례가 없어서 대답하기가 매우 어렵다. 이런 유형의 협동조합의 고전적인 사례로는 유명한 랄라힌(Ralahine)의 협동조합이 있지만 이것은 너무 짧은 기간 동안만(1831년에서 1833년까지) 존속했으며, 그나마 존속기간 동안도 그 설립자인 반델레(Vandeleur)와 그의 추종자인 크레그(Craig)의 지나친 영향력 아래 있었기 때문에 이것이 농업 노동자들의 자립적인 협동조합으로서 그 생존능력을 입증해 줄 충분한 증거로 되기는 어렵다.[22] 그것은 단지 일정한 조건과 전제 아래서는 공동경제가 커다란 장점이 있다는 것만을 입증할 뿐이었다.

공산주의적 식민지의 경험도 이와 비슷하다. 이들 식민지는 매우 열악하다고 생각되는 조건 아래서 사실상의 고립이나 도덕적인 은둔주의를 지키면서 종종 상당히 오랜 기간을 견뎌냈다. 그러나 그

---

22) 이 조직의 제도는 재치가 넘치는 오언주의자 핀치(Finch)가 1838년 풍자적으로 기술하였듯이 토리주의(왕정을 지지하는 영국의 보수당 노선 - 옮긴이), 휘그주의(의회민주주의를 주장하는 영국의 민주당 노선 - 옮긴이), 급진주의에서 결점은 모두 제외하고 온갖 좋은 점만을 모두 합쳐 놓은 것이다. "그것은 토리주의를 본따서 마치 군주제도와 마찬가지로 목적과 행동에서 모든 권력을 집중시키고 통일성을 유지하고, 휘그주의를 본따서 온갖 견제장치와 공시제도, 예방조치, 주의조치 등을 갖추었으며 급진주의의 자유와 평등을 훨씬 넘어서고 있다." 반델레 씨는 '국왕'이며 재무담당과 서기 및 창고담당은 '상원'이고 노동자위원회는 '하원'이었다.

들은 보다 나은 복지상태로 발전하거나 외부세계와 보다 깊은 교류
를 하게 되면서 곧바로 급속하게 몰락하였다. 단지 강력한 종교적
결속력을 가졌거나 혹은 외부세계와 격리된 벽을 쌓고 있는 여타의
분파주의가 있을 때만 이들 식민지는 부유해졌을 때도 해체되지 않
고 유지되었다. 그러나 이런 식민지에서 인간이 행복하게 살 수 있
으려면 어떤 형태로든 약간 우둔해질 필요가 있기 때문에 이들 식
민지는 협동조합적 노동의 일반적 형태로 될 수 없었다. 사회주의
에서 이들 식민지는 순수한 공업 부문의 생산 협동조합과 같은 수
준에 있다. 그러나 이들 식민지는 공동경제의 장점을 잘 입증해 주
는 훌륭한 증거이기도 하다.

　이런 모든 사실들에 기초하여 그리고 지적인 토지 소유자들에 의
해 시도된 분익소작이나 농업 노동자들에 대한 수익배분 등의 경험
을 기초로 하여 오펜하이머는 앞서 언급된 책 속에서 농업 협동조
합의 사상을 발전시켰는데, 그는 이것을 정착촌 협동조합
(Siedlungs-genossenschaft)이라고 이름붙였다. 이 협동조합은 농
업 노동자들로 구성된 협동조합이거나 혹은 그런 형태로 출발하여
야 하며, 개인경제와 공동경제 혹은 소경영과 협동조합적 대경영을
결합하게 되는데, 이것은 오늘날 대농장들에서 하고 있는 방식과
비슷하다. 즉 그것은 농업 노동자들이 다소 높은 차지료를 물면서
소규모의 외부 분할지를 분양받는 방식인데, 이들 분할지에서는 종
종 매우 모범적인 방식으로 영농이 이루어진다. 오펜하이머는 정착
촌 협동조합에서도 이러한 방식의 토지분할을 상정하고 있는데 단
지 다른 점은 〔일반 대농장의 경우처럼〕 이런 분할이 소농들을 주
변에 모음으로써 중심농장의 노동력의 가격을 떨어뜨리고자 하는
의도를 가진 것이 아니라 단지 모든 조합원들에게 충분한 토지를
제공해서 자기 자신의 경영이라는 도덕적 성취감을 즐길 수 있는
기회를 제공하고 또한 협동조합의 중심농장에서 활용되고 남는 노

동력을 이들 경작에 투입함으로써 조합원들에게 최고의 수익을 올리도록 함은 물론 자신의 개성을 최대한 발휘하도록 한다는 점에 있다.

그 밖에도 협동조합은 근대적 대경영의 모든 장점을 이용하고 조합원들의 제반 활동을 위해서 모든 가능한 협동조합적 제도들과 상호부조제도들을 마련해야 한다. 수확된 생산물의 가공과 수공업자들의 조합가입을 허용함으로써 이 협동조합은 점점 더 농업과 공업을 결합한 정착촌으로서의 성격을 띠게 되는데 이는 바로 오언이 국내 정착촌에서 생각하던 것이나 다른 사회주의자들이 공산주의 사업으로 생각하던 것이기도 하다. 단지 오펜하이머가 이들과 다른 점은 자유 협동조합의 원칙을 강력하게 견지하려고 했던 사실에 있다. 정착촌 협동조합과 외부와의 교류는 경제적 이해에 따라서만 이루어져야 하는데, 왜냐하면 이렇게 해야만 공업 부문의 생산 협동조합들의 배타성으로부터 이들이 보호될 수 있을 것이기 때문이다. 공업 부문의 생산 협동조합과는 반대로 정착촌 협동조합은 판매 협동조합으로서의 성격만 갖는 것이 아니라 구매와 판매 협동조합의 성격을 동시에 갖는다. 그리고 이런 성격은 그들의 신용조달의 기초를 이루고 또한 오늘날 농업 부문의 자본주의적 대경영들이 겪는 충격들로부터 이들을 보호해 주기도 한다.

여기에서 오펜하이머의 제안과 거기에 기초해 있는 이론을 자세히 다룰 수는 없다. 그러나 나는 오펜하이머의 그 이론이 몇몇 당기관지에서 다루었던 것처럼 그렇게 과소평가되어도 좋을 정도는 아니라는 것을 지적해야겠다는 생각이다. 그것이 과연 오펜하이머가 얘기하였던 형태 그대로 이루어져도 좋은지, 또는 실제로 이루어지게 될 것인지에 대해서는 의심의 여지가 있을 수 있다. 그러나 그가 주장했던 근본사상은 경제형태의 과학적 분석에 기초한 것이며 또한 협동조합의 모든 실천적 경험과 일치하는 것이기 때문에 만일

농업 부문에서 제대로 된 협동조합적 경영을 실현시키게 된다면 그
것은 오펜하이머가 얘기했던 것과 근본적으로 다른 형태로 이루어
지기는 어려울 것이라고 쉽게 얘기할 수 있다.[23]

이런 제안에 대한 비판으로 대개 생각되는 대규모 수용은 결코
하룻밤 사이에 유기적 창조물로서 뚝딱 만들어질 수가 없는 것이
다. 그래서 아무리 강력한 혁명정부라 할지라도 농업 부문에서의
협동조합적 노동의 이론에 대해서 살펴보지 않을 수 없을 것이다.
바로 이 점과 관련하여 오펜하이머는 상당히 풍부한 자료들을 수집
하여 사적 유물론의 근본사상에 완전히 들어맞는 체계적이고 날카
로운 분석을 수행하였는데 그 점만 보더라도 이미 그의 정착촌 협
동조합은 연구할 만한 가치를 충분히 가졌다고 생각된다.

농업 협동조합의 주제와 관련하여 여기에서 한 가지 더 밝혀야
할 것이 있다. 정치적 당파로서 사회주의자에 속하는 사람은 누구
나 오늘날 농촌에서 도시로의 이농을 단지 만족스러운 일로서만 생
각할 것이다. 이런 이농은 노동대중을 집중시키고 생각을 개조하고
그리하여 언제나 정치적 해방을 촉진하게 될 것이다. 그러나 미래
를 생각하는 이론가로서 사회주의자는 또한 이런 이농이 계속되면
도가 지나치게 되리라는 것을 함께 말하지 않으면 안 될 것이다. 도

---

23) 최근의 영국 협동조합 총회(1898년 5월 피터버러(Peterborough))에서 맨
   체스터의 한 대의원인 그레이(J. C. Gray)는 『협동조합과 농업』에 대한 보
   고를 발표하였는데, 여기에서 그는 영국에서 이루어진 모든 경험을 객관
   적으로 검토한 후에 결론적으로 하나의 제안을 하고 있다. 그 제안은 오펜
   하이머의 구상과 매우 흡사한 것이었다. "토지는 협동조합의 소유여야 하
   며 모든 필수품의 조달과 모든 생산물의 판매도 협동조합적으로 이루어져
   야 한다. 그러나 토지의 경작에서는 개인적 이해가 배려되어야 하는데, 그
   러나 이것이 공동체의 이해와 반하는 일은 없도록 적절하게 배려되어야
   한다"(『협동조합과 농업』, 맨체스터, 1898년, 9쪽).

238

시사람을 농촌으로 끌어들여 농업노동에 적응시키는 것보다는 농촌 사람을 도시로 끌어들이는 것이 훨씬 더 쉬운 일이라는 것은 시대를 막론하고 누구나 다 잘 아는 일이다. 그래서 도시와 공업중심지로의 이농물결은 단지 현재의 지배계급의 문제만이 아니다.

예를 들어 사회주의 정당의 주도 아래 노동자 계급의 민주주의가 승리를 거둔 경우를 생각해 보기로 하자. 지금까지의 모든 경험으로 보건대 이것으로 인한 직접적 결과로서 곧바로 예상되는 사태는 무엇보다도 대도시로의 이농물결이 현저하게 증가하리라는 것인데, 그 결과 1848년 프랑스에서처럼 '영농을 위한 산업예비군들'이 기꺼이 농촌으로 보내어질 것인지는 어느 정도 의심스러운 일이다. 그러나 이런 문제는 차치하더라도 무미건조한 농촌으로부터 인구가 계속 빠져나가는 현상이 진행되면 될수록 무엇보다도 생존능력과 활동능력을 갖춘 협동조합들의 설립은 그만큼 더 어려운 과제로 되어갈 것이다. 이런 협동조합들의 모범을 존속시킴으로써 얻게 되는 장점은 그 자체 도시라는 괴물이 부풀어 오르는 속도를 늦추는 대가로서 결코 비싼 것이 아닐 것이다.[24]

---

24) 카를 카우츠키가 최근 출판한 농업문제에 대한 저작 속에서 농업 협동조합의 문제를 진지하게 연구대상으로 다룬 것은 좋은 일이라고 나는 생각한다. 협동조합이 농업 부문에서 농민적 소경영을 변화시키고자 하는 노력을 가로막는 장애요인에 대해서 그가 하고 있는 얘기는 오펜하이머가 같은 주제를 놓고 얘기하던 내용과 전적으로 일치하고 있다. 카우츠키는 이 문제의 해결책을 공업 부문과 프롤레타리아에 의한 정권획득에 기대를 걸고 있다. 사회의 발전은 오늘날 이미 농민들을 점차로 자본주의적으로 경영되는 증류소, 양조장, 제당공장, 제분소, 버터 및 치즈 공장, 포도주 저장소 등에 깊이 예속시켜 나가고 벽돌공장이나 광산 등과 같은 자본주의적 기업의 갖가지 임시노동자들로 만들어가고 있는데, 이런 기업들은 오늘날 영세농들이 그들 가계의 적자를 메우기 위해 일시적으로 노동을 제공하는 대표적인 장소이다. 이런 모든 기업들이 사회화됨으로써 농민들은

'사회적 노동자'로, 혹은 사회주의적 협동조합 기업의 임시노동자로 될 것이며 다른 한편 프롤레타리아 혁명은 오늘날 소농들의 대부분이 의존하고 있는 대규모 기업농들을 협동조합적 경영으로 변화하도록 만들 것이다. 그리하여 소농경제는 점점 더 그 존속기반을 상실하게 되고 또한 더욱더 용이하게 협동조합적 경영 속으로 통합될 것이다. 저당권의 국유화와 군국주의의 지양은 이런 발전을 더욱 쉽게 만들 것이다.

전체적으로 이 얘기는 상당히 옳은 것이다. 단지 내가 보기에 카우츠키는 그가 동조하는 방향으로 작용하는 힘들에 대해서는 상당히 과대평가하는 반면, 그 반대방향으로 작용하는 힘들에 대해서는 마찬가지로 과소평가하는 오류를 범하고 있다. 그가 들고 있는 공업 부문의 기업들 가운데 일부는 아무리 잘되어 보았자 농민경제의 지배자가 되기보다는 농업 협동조합의 부속물로 되는 것이며 그 밖에 양조업과 같은 부문의 기업들은 농민경제와의 연계가 깊지 않아서 농민경제의 변화가 이것의 경영형태에 그다지 강력한 영향을 미치지 못한다. 게다가 카우츠키는 내가 보기에 지나치게 극단적이고 강력한 단어들을 여러 곳에서 많이 사용하여 만일에 그가 그 말을 적절하게 사용하기만 하였더라면 옳게 도출되었을 결론들을 잘못 도출하고 있다. 왜냐하면 이런 단어들은 현실의 일부에만 해당되는 말이고 일반적으로 타당한 것으로는 사용될 수 없는 말들이기 때문이다. 이것을 좀더 분명하게 보기 위해서 예를 들면 카우츠키는 소농의 생활상태를 '지옥'으로 묘사하고 있다. 그것은 소농의 상당 부분에게는 맞는 말일 수 있지만 다른 일부에게는 극심한 과장에 해당한다. 또 소농을 근대의 '야만인'으로 표현하고 있는 말도 오늘날 많은 경우 그 발전 상태와는 맞지 않는 시대착오적 표현이다. 이와 비슷한 과장은 또 있는데 소농이 자신의 토지만으로 자신의 필요를 모두 충족시킬 수 없어서 인근의 다른 농장에 고용되어 수행하는 노동을 '노예노동'이라고 표현하고 있다. 이런 표현을 사용함으로써 이들 농민계급이 현실에서는 단지 예외적인 경우에만 갖게 되는 감정이나 성향을 당연한 일반적 전제로서 상정하고 있는 것이다.

그래서 나는 농민경제의 발전전망에 대한 카우츠키의 논의에 모두 동의할 수는 없으며 단지 오늘날 사회민주당이 유의해야 할 농업정책 강령에 대한 그의 기본원칙들에는 상당 부분 동의하는 바이다. 이에 대해서는 다른 곳에서 다시 논하기로 한다.

   그리고 공업 노동자들에게 협동조합은 한편으로 상업을 통한 착취를 상쇄시키고 다른 한편 여러 가지 관계에서 그들의 해방운동을 도와줄 수단들을 마련할 가능성을 제공한다. 직장폐쇄 등과 같은 위급한 상황에서 노동자들이 소비 협동조합으로부터 어떤 지원을 받을 수 있는지에 대해서는 오늘날 일반적으로 잘 알려져 있다. 직장폐쇄를 당한 광산노동자, 방적공, 기계제작공들이 영국의 대규모 소비 협동조합들로부터 지원을 받은 고전적인 예에 대해서 여기에서 지적해야 할 점은 생산 협동조합도 생활수준 향상을 위해 투쟁 중인 노동자들에게 큰 기여를 할 수 있다는 사실이다. 레스터와 케터링의 협동조합 제화공장들은 자신들의 임금수준을 그 지역 전체의 임금률 기준에 맞추어 유지하고 있다. 월솔의 협동조합 열쇠공장의 경우도 똑같은 조치를 취하고 있는데 여기에서는 사용자측의 직장폐쇄가 불가능하다. 번리(Burnley)의 방적공 및 직조공 협동조합인 "셀프 헬프"(Self Help)는 1892년에서 1893년까지의 직장폐쇄 기간 동안 쉬지 않고 작업을 하였으며 소비 협동조합과 연합하여 기업가들을 굴복시키는 데 크게 기여하였다. 요컨대 『트레이드 유니어니스트』(*Trade Unionist*) 1898년 11월 2일자에 실린 바와 같이 "이들 (생산) 협동조합이 있는 곳은 어디에서나 공장일이라는 것이 단지 이윤을 추구하기 위한 것만이 아니며, 또한 노동자가 이 공장일을 하기 위해서는 자신의 인간적 존엄성을 떼어내야 하는 것이 아니라 오히려 그 공장일을 통해서 자유와 평등권에 기초한 공동체 제도 내에서 시민정신을 만들어내는 바로 그런 자유와 친절의 감정을 가지고 움직이게 된다는 것을 익숙하게 받아들이도록 만든다."[25]

---

25) "나는 일반적으로 협동조합이 우리나라의 제빵공들에게 가장 좋은 동료라는 점을 협동조합 총회에서 여러 번 공개적으로 밝힌 바 있다. 그리고 나

그러나 지금까지 생산 협동조합은 그것이 소비 협동조합의 지원을 받거나 혹은 소비 협동조합과 유사한 형태를 갖추어야만 생존능력이 있는 것으로 확인되고 있다. 이 점은 우리가 가까운 장래에 수행해야 할 노동자 협동조합의 육성에서 최대한의 성과를 얻기 위해서는 어떤 방향으로 노력해야 할 것인지에 대해서 하나의 힌트를 제공하고 있다.

3. 민주주의와 사회주의

> 1848년 2월 24일 새로운 역사적 시대의 서광이 비쳐졌다.
> 보통선거권을 말하는 사람은 화해를 외치는 사람이다.
> • 페르디난트 라살, 『노동자 강령』

상업 부문의 이윤율과 소비 협동조합 간의 관계는 생산 부문의 이윤율과 노동조합 간의 관계와 같다. 노동조합으로 조직된 노동자들이 자신들의 생활수준을 높이기 위해서 벌이는 투쟁은 자본가들의 입장에서는 이윤율을 낮추려고 하는 임금투쟁을 의미한다. 물론 임금수준과 노동시간의 변동이 가격에 전혀 영향을 미치지 않는다는 것은 너무나도 널리 알려진 사실이다. 어떤 품목의 상품 한 단위에 사용되는 노동량은 만일 생산기술이 불변이라면 임금의 변동과는 상관없이 당연히 변하지 않는다. 그러나 노동의 가격이라는 기

는 지금도 이런 나의 견해를 굽히지 않고 있다. ……나는 내가 가입한 노동조합과의 관계만큼이나 대규모 소비조합 및 제빵공들과의 관계도 매우 밀접하게 유지하고 있으며 앞으로도 이런 관계가 지속되기를 희망한다." 젠킨스(J. Jenkins), 영국 제빵공연맹 서기(『레이버 코-파트너십』(*Labour Co-partnership*), 1898년 11월)

초가 없다면 노동량이라는 개념은 시장에서 공허한 개념에 불과하다. 왜냐하면 시장에서 중요한 것은 총생산에서의 추상적 가치가 아니라 여러 종류의 상품들 상호간의 상대적 가치이며, 이 상대적 가치에서는 임금수준이 전혀 무관한 변수가 아니기 때문이다. 만일 어떤 산업의 노동자들의 임금이 상승하면 그 산업의 생산물들의 가치도 임금상승이 없는 다른 산업들의 생산물 가치에 비해 그만큼 상승하게 될 것이다. 그리고 해당 산업의 기업가들이 만일 이런 가치상승분을 기술개선을 통해 상쇄시키지 못한다면 생산물의 가격상승은 불가피하게 될 것이고 또한 이윤율의 감소도 불가피할 것이다. 그렇지만 이런 사정은 각 산업별로 각자의 형편에 따라 상당한 차이가 있을 것이다. 생산물의 성격이나 기업조직의 독점적 특성 때문에 세계시장으로부터 상당한 자립성을 갖는 그런 산업들에서는 임금상승이 곧바로 가격상승으로 이어지는 것이 대부분이며 그 결과 이윤율이 하락할 필요도 없으며 오히려 함께 상승할 수도 있다.[26)]

반면에 세계시장에 의존적인 산업의 경우에는 각기 다른 임금으로 생산된 생산물들끼리 서로 경쟁하고 가격이 쌀수록 시장을 많이 지배하게 되는 다른 모든 산업들의 경우와 꼭 마찬가지로 임금상승은 거의 언제나 이윤율의 하락을 가져온다. 그리고 판매경쟁에서 요구되는 가격의 인하를 그만큼의 임금인하를 통해 달성하고자 하는 노력이 조직된 노동자들의 저항으로 무산될 경우에도 똑같은 결과가 나타날 것이다. 기술개선을 통한 가치상승분의 상쇄는 보통 기계나 기타 노동수단에 대한 비교적 대규모의 자본투자를 의미하

---

26) 캐리(Carey)가 특히 그의 조화론의 근거로 삼고 있는 것이 바로 여기에서 말하는 이런 부분적 진리이다. 광산업과 같은 채취산업들에서는 이와 관련된 많은 예를 보이고 있다.

는데, 이것은 또한 그만큼의 이윤율의 하락을 의미하기도 한다. 결국 노동자들의 임금투쟁에서도 실질적으로 중요한 것은, 투쟁 당사자들이 막상 그 시점에 직접 의식하지는 않는다 하더라도 단지 임금률을 희생하여 이윤율을 상승시키고자 하는 것을 저지하는 것뿐일 수도 있다.

노동시간을 둘러싼 투쟁이 다른 투쟁과 마찬가지로 이윤율을 둘러싼 투쟁과 비슷한 것이라는 사실은 여기에서 더 이상 따로 얘기할 필요가 없겠다. 만일 노동일의 단축이 직접적으로 기존의 임금으로 수행되던 노동량의 감소를 가져오는 것이라면——많은 경우 이것은 그 반대의 결과를 가져오는 것으로 알려져 있다——이것은 간접적으로 노동자들의 생활요구의 상승으로 이어질 것이며 따라서 임금의 상승을 필연적인 것으로 만들 것이다.

가격상승을 가져오는 임금상승은 일정한 조건 아래서는 사회 전체에 대해 나쁜 것이 아닐 수도 있지만 그러나 종종 이롭기보다는 해로운 방향으로 작용하기도 한다. 예를 들어 어떤 산업이 소수 기업가들만의 이익을 위해서 독점가격을 강제하거나 혹은 이 산업의 노동자들이 이같이 사회 전체로부터 강탈해 온 이익으로부터 약간의 몫을 나누어 받는 것 사이에는 공동체 전체의 입장에서 본다면 아무런 특별한 차이도 없다. 그렇기 때문에 독점가격은 평균 최저 액수 이하로 임금을 인하함으로써만 달성할 수 있는 생산물의 가격 인하만큼이나 역시 투쟁할 만한 중요성을 가진 것이다.[27]

---

27) 내가 이상의 내용을 이미 집필하고 난 다음에야 『노이에 차이트』 제14호에 실린 카를 카우츠키의 논문이 나에게 도착하였다. 카우츠키는 이 글에서 최근 영국의 중부지역들에서 등장하고 있는 직업동맹들을——나도 이전에 한 논문에서 이것에 관해서 쓴 적이 있다——'자본가 무리들과 결탁하여 대중을 약탈하는' 노동조합으로, 그리고 '노동조합운동을 훼손하

기 위한 영국 공장주들의 수단'으로 규정하고 있다. 이들 직업동맹에서 나타나고 있는 것은 자본에 대항하는 투쟁이 아니라 '자본과 굳게 연대하여 사회에 대항하는 투쟁'(『노이에 차이트』, XⅦ, 1, 421쪽)이다. 이 책에서 내가 얘기한 협동조합 제도에 대한 해석과 논술들에서 잘 드러나고 있듯이 나는 카우츠키가 여기에서 고발하고 있는 경향들을 결코 모르고 있는 것이 아니며 또한 대중의 이익에 반하는 동맹들을 그것이 자본가들의 동맹이든 노동자들의 동맹이든 상관없이 카우츠키와 마찬가지로 원칙적으로 반대한다. 그렇지만 나는 카우츠키의 비판은 과도한 것이라고 생각한다. 나는 직업동맹들에서 보이고 있는 바와 같이 물불을 가리지 않는 경쟁과 무절제한 덤핑을 방지하기 위한 그런 유형의 산업조직을 무작정 대중의 약탈을 위한 동맹이라고 판결해 버릴 수는 없다. 상당수의 트러스트들에서조차도 그런 형태의 약탈은 아직 거의 감지되지 않고 있다. 오히려 물불을 가리지 않는 경쟁 때문에 가격의 대폭적인 하락이 일어남으로써 내가 보기에 거의 믿을 수 없을 만큼 생산자에 대한 약탈이 제법 자주 나타나고 있다. 요컨대 나는 점점 확대되어 가는 경향을 보이고 있고(최근에는 유리산업과 도자기산업에 이것을 도입하려는 협의가 진행 중이다), 또한 독일에서는 협약동맹이라는 형태로 나타나고 있는 이들 직업동맹들을 물론 여기에 대한 의구심이 전혀 없는 것은 아니지만 그래도 옛날에도 있었던 것처럼(잡다한 임금위원회들이나 연동임금표 등) 공업 부문에서의 무정부 상태에 대항하는 운동의 당연한 산물로서 간주하고자 한다. 이들 직업동맹은 이제 오래 전부터 조직된 노동자들이 사용해 오던 다른 여러 가지의 노동조합 정책수단과 마찬가지로 사회 전체의 이해를 더 이상 위협하는 것들이 아닌데, 노동조합의 이런 정책수단들은 그것들이 단지 형식적으로——실질적으로는 그렇지 않더라도——자본에 대항하고 있다는 단순한 사실 때문에 사민당이 비록 지지까지는 하지 않더라도 암묵리에 인정하고 있던 것들이었다.

　게다가 카우츠키는 영국의 노동조합들이 연동임금표에 반대한다고 생각하고 있는데, 이는 틀린 생각이다. 영국 노동조합들은 단지 '하한선이 없는' 연동임금표에 반대하고 있을 뿐이다. 정상적인 생활을 영위하기에 충분한 최저임금을 '하한선'으로 설정하고 생산의 기술적 변동을 고려한 규정을 갖추고 있는 연동임금표에 대해서는 그들도 전혀 반대하고 있지 않다.

그러나 단지 이윤율에만 영향을 미치는 임금상승은 현재의 사회적 관계에서 본다면 전반적으로 사회 전체에 대해서 단지 이로운 방향으로만 작용할 것이다. 내가 말하는 것은 단지 일반적으로 그렇다는 것인데 왜냐하면 그 반대의 경우가 발생할 수도 있기 때문이다. 만일 어떤 산업 부문에서 이윤율이 일반적 최저이윤율보다 훨씬 더 아래로 하락해 버리면 이는 곧 그 산업이 이 나라에서 소멸하고 임금이 훨씬 낮고 노동조건이 훨씬 더 열악한 나라로 옮겨가게 되리라는 것을 의미할 수 있다. 세계경제의 관점에서 본다면 우리는 이것을 대단치 않은 문제로 간주할 수 있을 것이다. 왜냐하면 장기적으로는 어떤 방식으로든 균등화가 이루어질 것이기 때문이다. 그렇지만 직접적인 당사자에게는 그것은 힘없는 위로에 불과할 것이며 무엇보다도 상당한 기간 동안 그런 산업의 유출이 당사자는 물론이고 나라 전체에 대해서도 상당한 손해를 의미할 것이다.

그러나 다행히도 그처럼 극단적인 경우는 매우 드물다. 보통 노동자들은 자신들의 요구가 어느 정도까지 달성될 수 있는지를 잘 알고 있다. 그리고 이윤율도 또한 매우 큰 압력을 잘 견뎌낸다. 자본가는 자신의 기업을 포기하기 전에 먼저 임금에 대한 추가지출분을 다른 방식으로 보충하기 위한 모든 가능성들을 모색할 것이다. 여러 생산영역들간에 실제 이윤율이 매우 큰 차이를 보이고 있는 것은 일반적 평균이윤율이 이론적으로는 신속하게 형성되지만 실제로는 단지 근사치로만 실현된다는 것을 보여주고 있다. 그렇지만 가치증식을 목적으로 시장에 진입한 신규자본이 최고의 이윤율을 보이고 있는 곳에 투자하지 않고 마치 사람들이 직업을 선택하는 경우와 마찬가지로 이윤율의 크기를 부차적인 요소로만 고려하여 투자하는 경우도 드물지 않다. 그래서 이윤율을 균등화시키는 가장 강력한 요인마저도 이처럼 불규칙적으로만 작용한다.

그러나 언제나 사실상 자본의 대부분을 차지하는, 기존에 이미 투자되어 있는 자본들은 전적으로 물적인 이유 때문에 이윤율의 움직임에 따라서 어떤 생산영역에서 다른 생산영역으로 쉽게 옮겨갈 수 없다. 그리하여 결국 인간의 노동력의 가격상승은 대부분의 경우 한편으로는 기술의 개량과 산업조직의 개선을 가져오며 또 다른 한편으로는 노동수익의 보다 균등한 배분을 가져오는 결과를 낳는다. 이 두 결과는 모두 사회 전체의 복지에 유리한 방향으로 작용한다. 그래서 우리는 약간의 제한을 두고 데스튀트 드 트라시(Destutt de Tracy)의 유명한 말을 조금 바꾸어서 자본주의 국가에서는 낮은 이윤율이 인민대중의 복지수준을 가리킨다고 말할 수 있다.

사회정책적 위상과 관련하여 본다면 노동조합과 직인조합은 산업 부문의 민주주의적 요소들이다. 이들은 자본의 절대주의를 타파하고 노동자들이 산업의 관리에 직접적인 영향력을 행사할 수 있도록 해주는 경향을 갖는다. 이런 영향력을 어느 정도까지 추구할 것인지에 대해서는 당연히 다양한 의견들이 있을 것이다. 어떤 의견들에서는 노동조합이 산업 부문에서 무제한적인 결정권을 행사하지 않는다는 것이 원칙적으로 잘못된 것으로 보일 수 있다. 그러나 또 다른 의견에서는 사회주의 사회에서도 그런 권리는 잘못된 것이며 하물며 현재의 조건 아래서는 더더욱 그런 권리가 공상적인 것에 불과하다고 생각할 수도 있을 것이다. 따라서 이런 생각으로는 경제생활에서 노동조합의 지속적인 역할이 부인될 것이며 또한 노동조합은 여러 가지 불가피한 해악 가운데 아주 작은 일부로서 단지 잠정적으로만 용인되는 존재로 이해될 것이다. 또한 어떤 사회주의자의 눈에는 노동조합이 단지 정치적, 혁명적 행동 이외에 어떤 다른 행동도 쓸모가 없다는 것을 실천적으로 보여주는 대표적인 사례로만 비칠 수도 있을 것이다. 사실 협동조합은 오늘날 그리고 가까운 장래에 매우 중요한 산업정책적인 과제를 충족시켜야 하지만 이런 과제는 전혀 협동조합의 전능한 힘을 필요로 하는 것이 아니며 그런 전능한 힘으로 이룰 수 있는 것도 아니다.

　노동조합을 단지 일시적인 결사체로서가 아니라 민주주의에서 필수불가결한 조직으로 이해하게 만든 것은 상당수의 영국 저술가들 덕택이다. 이것은 노동조합이 다른 어느 곳보다 먼저 영국에서 중요한 위치를 차지하였다는 사실과 또한 영국이 금세기 60년대 후반 이후 과두적인 귀족정치에서 거의 민주주의적인 국가제도로 이행하였다는 사실을 고려할 때 별로 놀라운 일이 아니다. 이런 점과 관련하여 최근에 출판된 가장 심도 있는 저작으로 웹 부부(Sidney and Beatrice Webb)의 『영국 노동조합의 이론과 실천』을 들 수 있는데 이 책은 산업 부문에서의 민주주의에 대한 제대로 된 저술로 평가될 수 있다.

　이 저작 이전의 것으로는 작고한 로저스(Thorold Rogers)가 자신의 경제사 강의(이 강의는 유물론적 역사해석과는 거의 관련이 없으며 단지 부분적으로 몇 가지 점에서만 약간 관련되어 있을 뿐이다)에서 노동조합을 **노동자 출자조합**(Labour Partnership)이라고 부르면서 논의하고 있는 것을 들 수 있다. 그의 논의는 원칙적으로는 웹 부부의 것과 동일하지만 단지 노동조합의 기능이 민주주의 내에서 확대될 수 있는 한계를 가지고 있으며 따라서 이 한계를 넘어서면 노동조합의 기능은 민주주의 제도 내에서 더 이상 입지를 갖지 못한다는 사실을 지적하고 있다. 기업의 주체가 국가이든, 지방자치단체이든 자본가이든 상관없이 노동조합은 언제나 기업의 공동출자자로서 머무는 데 만족하는 한, 조합원들의 이해를 보호하고 동시에 사회전반의 복지를 함께 요구할 수 있다.

　만일 노동조합이 이런 공동출자자로서의 지위를 넘어서려고 하면 그것은 곧바로 독점의 매우 나쁜 성향을 갖는 배타적인 연합체로 타락할 위험에 빠지게 될 것이다. 이 점은 협동조합의 경우와 마찬가지이다. 노동조합을 전 산업영역의 지배자로 만드는 것은 과거 몇몇 사회주의자들의 이상이기도 하였는데, 이것은 현실적으로는 단지 독점적인 생산 협동조합이 되어야만 가능하다. 그리고 이것이 실제로 자신의 독점을 내세우고 독점력을 행사하게 되면 그것은 자신이 지향하는 바의 내부규정과는 상관없이 사회주의 및 민주주의와 반하는 것으로 될 것이다. 그것이 왜 사회주의와 반하는 것인지에 대해서는 더 이상 설명하지 않아도 분명한 일일 것이다. 사회 전체와 반하는 협동조합이 사회주의가 아닌 것은 과두정치적 사회에서의 국가경영이 사회주의가 아닌 것과 마찬가지이다. 그러나 그런 노동조합이 민주주와 반한다는 것은 왜 그럴까?

이 문제는 다른 문제, 즉 민주주의란 무엇인가라는 물음과 결부되어 있다.

이 물음에 대한 답은 매우 간단한 것처럼 보인다. 즉 얼핏 보아 사람들은 그것을 '인민에 의한 지배'라고 해석함으로써 답변을 끝낸 것으로 간주할 수도 있다. 그러나 조금만 더 깊이 생각해 보면 그런 답변은 전적으로 표면적이며 순수하게 형식적인 정의에 불과하고 오늘날 우리가 사용하는 민주주의라는 말은 거의 모두가 단순히 지배형태 이상의 것을 가리키고 있다는 것을 알 수 있다. 만일 우리가 부정적인 표현방법을 써서 민주주의를 계급지배가 존재하지 않는 의미로 해석한다면 그것은 어떤 계급도 사회 전체에 대해서 정치적 특권을 갖지 않은 사회상태를 나타내는 말로 되어서 한층 문제의 본질에 다가간 것으로 될 것이다. 이 말을 통해서 우리는 왜 독점적인 연합이 원칙적으로 반민주주의적인 성격을 갖는지에 대한 설명도 이미 제시한 셈이 된다. 게다가 이런 부정법에 의한 설명방식은 인민에 의한 지배라는 말보다는 다수에 의한 개인의 억압이라는, 근대적 의식이 무조건 저항하는 사상의 냄새를 덜 풍기는 장점도 가지고 있다. 우리는 오늘날 다수에 의한 소수의 억압을, 그것이 원래 인민에 의한 지배라는 말과 완전히 똑같은 간주될 수 있음에도 불구하고 '비민주적인' 것으로 생각한다.[28] 오늘날의 개념에 비

28) 블랑키주의를 철저하게 신봉하는 추종자들은 언제나 민주주의를 억압적
권력으로 해석한다. 그래서 이폴리트 카스티유(Hippolyte Castille)는 제2
공화국의 역사에 대한 그의 책 서문에서 공포정치에 대해 진심에서 우러난
최고의 찬사를 보내고 있다. "가장 완전한 사회는 전제정치가 사회 전체에
의해서 이루어지는 그런 사회일 것이다. 근본적으로 입증되고 있는 바 가
장 완전한 사회란 나쁜 의미(이것은 개인주의적이라는 의미에서이다)에서
의 자유가 최소로 존재하는 사회를 가리킨다. ……우리가 정치적 자유라
고 부르는 말은 숫자에 의한 전제정치를 정당화하기 위해 곱게 치장한 수
식어에 불과하다. 정치적 자유란 인간다운 사회나 사회적 이성, 혹은 사회
계약이라는 전제적 신을 위해서 바치는 많은 개인적 자유의 희생을 가리
키는 말일 뿐이다."──"이 시기(1793년 10월부터 1794년 4월까지의 시기
로서 지롱드파, 에베르파, 당통파들이 차례로 처형당한 시기이다)는 진실로
권위의 원칙, 즉 인간사회의 영원한 방호벽이 부활한 시기이다. 온건파와
급진파 모두로부터 벗어나서, 그리고 모든 권력투쟁으로부터 권력을 안전
하게 유지하면서, 상황에 의해 만들어진 이 공안위원회라는 정부형태는 기
존의 상태를 유지하고 프랑스를 당장의 무정부 상태의 위험으로부터 지키
기 위해서 필요한 권력과 통일성을 모두 얻었다. ……아니다, 프랑스의 제1
공화국을 파괴한 자는 행정부가 아니라 바로 테르미도르의 배신자인 의회
이다. 프랑스를 온통 뒤덮고 있던 족속들인 무정부주의적 공화파와 자유주
의적 공화파들은 쓸데없는 비방만 계속하고 있었다. 로베스피에르는 여전히
중요한 사람으로 남아 있었는데, 그것은 이미 이런 상황 아래서는 별로 중
요하지 않은 그의 재능이나 도덕적 품성 때문이 아니라 그가 가지고 있는
권위에 대한 애착 때문에, 즉 그의 권력에 대한 정치적 본능 때문이었다."

로베스피에르에 대한 이런 숭배는 제2제정 때가 되면서 더 이상 계속
될 수 없었다. 60년대 중반에 등장하여 무엇보다도 반교회주의노선을 추
종하던 블랑키주의 사회혁명가들의 신세대에게 로베스피에르는 그가 신
봉하던 이신론(Deismus : 신의 존재는 인정하나 섭리나 예배를 인정하지
않는 종교적 신조 - 옮긴이) 때문에 이미 속물주의자로 간주되었다. 그들
은 에베르(Herbert)와 아나카르시스 클로(Anacharsis Clott)를 추종하였
다. 그러나 그 밖의 점에서는 그들은 카스티유(Castille)와 마찬가지의 주
장을 가지고 있었는데, 즉 전체의 이해에 개인의 이해를 종속시켜야 한다
는 올바른 생각을 극단적으로 추구하였던 것이다.

추어본다면 민주주의라는 개념 속에는 정의의 개념이, 즉 사회구성원 모두가 동등한 권리를 갖는다는 개념이 포함되어 있다. 그리고 이런 동등한 권리의 개념에서 다수에 의한 지배——모든 구체적인 경우 바로 여기로부터 인민에 의한 지배가 비롯된다——는 그 한계를 갖는다. 이런 동등한 권리의 개념이 자리를 잡아가면서 일반적 의식으로 굳어갈수록, 민주주의는 그만큼 만인을 위한 최고의 자유라는 개념과 동일한 의미를 갖게 된다.

물론 그렇다고 해서 민주주의가 무법상태와 같은 것은 아니다. 민주주의가 다른 정치체제와 구별되는 것은 아무런 법도 존재하지 않는다는 점 때문이 아니라 재산이나 출신 그리고 학력 등에 의한 차별을 만들어내는 법이 존재하지 않는다는 점 때문이며 혹은 달리 말해서 개인의 권리를 제한하는 법이 하나도 존재하지 않기 때문이 아니라 모든 사람의 동등한 권리를 제한하는 법이 하나도 존재하지 않기 때문인 것이다. 그래서 이처럼 민주주의와 무정부 상태가 전혀 다른 것이라고 한다면 만일 어떤 사람이 민주주의가 다수결의 원리에 따라 모든 사람들에게 다수에 의해 결정된 법을 인정하도록 요구한다는 사실에 근거하여 민주주의라는 사회제도를 독재나 전제주의라고 표현한다면 그것은 구별이라는 것을 모두 상실해 버린 몰가치한 개념의 유희에 불과할 것이다. 틀림없이 민주주의는 개인들이 전제적이라고 느끼는 법률에 대항하는 절대적인 방어막이 결코 아니다.

그러나 오늘날 우리가 사는 이 시대에는 개인의 자유를 지속적으로 훼손하는 법률이 민주주의 사회의 다수에 의해 만들어지는 일이 생기지 않도록 하는 거의 확실한 보장이 주어져 있다. 왜냐하면 오늘의 다수는 언제든지 내일의 소수로 전락할 수 있으며 따라서 소수를 억압하는 모든 법률은 일시적으로 다수가 된 사람들에게도 결국 위협이 될 것이기 때문이다. 실제로 내란시기에 전제적 다수에 의해 시행된 것들은 근대 민주주의에서의 다수지배와는 근본적으로 다른 것들이다. 오히려 현실에서 이루어지는 것을 보면 근대 국가에서 정착된 민주적 제도가 오래될수록 소수의 권리에 대한 주의와 배려가 더욱 커지고 있으며 당파적 투쟁에서 증오감은 사라지고 있다.[29] 사회주의의 실현이 폭력적 행동이 없이는 불가능하다고 생각하는 사람들은 바로 이런 현상 속에서 민주주의에 반대하는 주장을 보고 있을지도 모른다. 그리고 실제로 사회주의 문헌들 속에는 그런 내용들이 적지 않다.

그러나 혁명적 파국이 계속 지연되면서 그 결과 근대 국가가 무수히 많은 제각각의 독립된 집단들로 해체되어 버릴 것이라는 공상적인 생각에 얽매이지 않는 사람이라면 그는 민주주의를 단순히 자본을 일격에 멸망시킬 수 있는 노동자 계급의 좋은 무기로서의 정치적 수단 이상의 것으로 생각하게 될 것이다. 민주주의는 수단이자 동시에 목적이기도 하다. 그것은 사회주의 투쟁의 수단이면서 동시에 사회주의의 실현형태이기도 하다. 그렇다, 그것은 기적을 일으킬 수 있는 것이 결코 아니다. 그것은 스위스같이 산업 프롤레타

---

29) 이런 관점에서 본다면 다음과 같은 사실은 특기할 만하다. 즉 프롤레타리아 독재의 이념에 대한 나의 반론에 대해서 가장 격렬하게 공격한 사람들은 유럽에서 가장 전제주의적인 통치형태를 보이고 있는 나라인 러시아 사람들이며 반대로 내 얘기에 가장 큰 공감을 보인 것은 작센 지방 사람들이었는데 작센 정부는 사회질서의 유지를 위해서 제법 민주적인 형식을 갖춘 지방의회 선거권을 3급선거(Dreiklassenwahl : 프로이센의 지방의회 선거제도로서 경제적 지위에 따라 선거권과 비선거권이 차별적으로 주어지는 차별 선거제도 - 옮긴이)의 부당성 때문에 철폐해 버린 바로 그 나라라는 사실이다. 그리고 보다 민주적인 나라의 사회주의자들일수록 위의 내 논문에 대해서 전폭적인 찬성을 보이거나 폭넓게 그 타당성을 인정하는 경향을 보였다.

리아가 인구의 소수(200만 명의 전체 성인 가운데 아직 절반에 미치지 못하고 있다)를 이루고 있는 나라에서는 프롤레타리아가 정권을 장악할 수 있는 수단이 되지 못한다. 그것은 또한 프롤레타리아가 인구의 최대 다수를 이루고 있는 영국 같은 나라에서도 만일 이 프롤레타리아가 산업의 주인이 되겠다는 성향을 보이지 않고 또 그러기 위해서 필요한 과제를 충분히 느끼지 못하고 있는 상태에서 억지로 프롤레타리아를 산업의 주인으로 되게 할 수도 없다. 그러나 스위스나 영국, 혹은 프랑스, 미국, 스칸디나비아 제국 등 어느 나라에서나 민주주의는 그것이 사회진보의 강력한 지렛대라는 것을 보여주었다.

만일 표지보다는 내용에 더 주의를 기울이는 사람이라면 그 사람은 도시 노동자들에게 선거권을 부여한 1867년 선거개혁 이후 이루어진 영국의 입법들이 비록 그 자체 사회주의는 아니지만 사회주의를 지향하는 방향으로 괄목할 만한 진보가 있었다는 것을 알 수 있을 것이다. 이전까지만 해도 사립학교와 교회학교뿐이던 것이 이 시기 이후에는 공립 초등학교가 전국 초등학교의 4분의 3을 차지하게 되었다. 취학자 수는 1865년 전체 인구의 4.38%이던 것이 1896년에는 14.2%로 늘어났으며 초등학교에 매년 투자되는 정부의 예산규모도 1872년 1,500만 마르크이던 것이 1896년에는 1억 2,700만 마르크로 늘어났다. 개인영지나 지방자치단체에서의 교육제도 및 구빈제도를 위한 행정제도는 자산가나 특권계층의 독점물로부터 벗어났으며 이 문제에 대해서 노동자 대중은 대지주나 대자본가들과 꼭 마찬가지의 동등한 투표권을 행사하게 되었다. 간접세는 지속적으로 인하되었고 직접세가 지속적으로 인상되었다(1866년에 약 1억 2,000만 마르크이던 소득세는 1898년에 약 3억 3,000만 마르크로 증가하였는데, 이에 대하여 증여세는 적어도 8,000만 마르크에서 1억 마르크가 더 늘어났다). 농업입법은 토지소유자의 소유권 절대주의에 대한 소극적 입장을 거부하고 지금까지 교통 및 위생목적을 위해서만 인정되던 강제수용권을 원칙적으로 경제변화의 목적을 위해서도 요구할 수 있도록 만들었다.

직접적으로나 간접적으로 국가에 고용된 노동자들에 대하여 국가의 정책이 근본적으로 변화된 것은 잘 알려진 사실이며, 1870년 이후 공장법의 적용범위가 확대된 것도 역시 잘 알려진 사실이다. 이런 모든 것들과 이것들을 본받아서 유럽 각국에서 다소의 정도의 차이를 보이면서 진행되고 있는 것들은 비록 전적으로 그렇다고 할 수는 없겠지만 근본적으로는 이들 나라에서 실현하고 있는 민주주의, 혹은 민주주의적 성과 덕택이다. 그리고 개개의 문제들에서 정치적으로 선진적인 나라에서의 입법이 비교적 정치적으로 후진적인 나라들에서 공명심이 많은 군주나 대신들의 영향으로 가끔 이루어지는 입법보다 더 신속하게 진행되지 못하는 경우가 있다 하더라도 그것 때문에 이들 선진국들에서 뿌리를 내린 민주주의가 후퇴하는 일은 없을 것이다.

민주주의는 비록 그것이 곧바로 계급의 철폐에 이르고 있는 것은 아니지만 원칙적으로는 역시 계급지배의 철폐이다. 사람들이 민주주의의 보수적인 성격에 대해서 이야기하는 것은 어떤 의미에서는 옳은 측면이 있다. 절대주의와 반(半)절대주의는 자신의 능력의 크기에 대해서 자신의 지지자와 자신의 반대자 모두를 속이고 있다. 그래서 이것이 지배하고 있는 나라나 이것의 전통이 아직 남아 있는 나라에서는 현실성 없는 과도한 계획이나 현실과 맞지 않는 말, 일관성 없는 정책, 혁명에 대한 공포와 억압에 대한 희망 등이 존재한다. 그러나 민주주의에서는 각 당파와 그들을 뒤에서 지지하는 계급들이 각기 자신들의 힘의 한계를 인식하고 그래서 어떤 경우에나 항상 그들이 상황에 따라 이성적으로 희망할 수 있는 것만을 달성하려고 생각하게 된다. 설사 그들이 불가피한 타협과정——민주주의는 타협의 대학이다——에서 양보할 생각으로 처음부터 내심 생각하던 것보다 그들의 요구를 약간 높게 제출한 경우에도 그것은 역시 너무 과도하지 않은 범위에서만 이루어지는 것이다. 그래서 민주주의에서는 아무리 극단적인 좌파도 대부분 보수적인 색채를 띠게 되며 개혁도 그것이 균등하게 진행되기 때문에 실제 현실의 상태보다는 느리게 진행된다.

그러나 그럼에도 불구하고 그 방향은 명료하게 드러난다. 민주주의의 선거권은 그 유권자들을 잠재적으로 사회공동체에의 참여자로 만들며 이런 잠재적인 참여는 시간이 흘러가면서 사실상의 참여로 발전할 수밖에 없다. 숫자로 보나 교육수준으로 보나 아직 낮은 수준에 머물러 있는 노동자들에게는 보통선거권이란 것이 오랫동안 '도살자'를 스스로 선택하는 정도의 권리로만 생각되었다. 그러나 노동자들의 수가 증가하고 인식수준도 높아지면서 그것은 민중의 대표자를 지배자로부터 참된 민중의 봉사자로 바꾸는 도구로 될 것이다. 그래서 설사 영국 노동자들이 의회선거에서 기존의 구정당 입후보자에게 투표를 하고 따라서 형식적으로 볼 때 부르주아 정당의 꽁무니를 쫓는 것처럼 보인다고 하더라도, 사실상 이것은 이들 공업지역 선거구에서 꽁무니가 거꾸로 머리를 흔들어대는 것을 의미한다. 또한 1884년 지방의회 선거개혁과 함께 이루어진 선거권 확대가 영국 사민당에게 정당으로서의 시민권을 부여하였다는 사실은 여기에서 논외로 하기로 한다.

그런데 다른 나라에서는 본질적으로 사정이 이와 다른가? 독일에서 보통선거권은 일시적으로 비스마르크에게 도구로 이용되기도 하였으나 결국은 비스마르크가 그것의 도구로 되도록 만들었다. 그것은 잠깐 동안 동엘베 지역의 융커들에게 이로운 것일 수 있었으나 머지 않아서 곧 이들 융커들의 공포의 대상이 되었다. 그것은 비스마르크에게 1878년 사회주의자 탄압법이라는 무기를 안겨주기도 하였지만 또한 이 무기를 무디게 하여 못쓰게 만들어버리기도 하였으며 결국 이 무기를 그 조력자인 비스마르크와 함께 파괴해 버렸다. 만일 비스마르크가 1878년 당시 자신이 장악하고 있던 다수를 이용하여 이런 보안법 대신에 노동자들의 선거권을 다시 박탈해 버리는 정치적 특별법을 제정하였다면 그는 상당 기간 동안 사민당에게 사회주의자 탄압법보다 더 깊은 타격을 주었을 것이다. 물론 만일 그가 그랬다면 그것은 다른 사람들에게도 타격이 되었을 것이다. 보통선거권은 변혁의 대안으로서 양면성을 가지고 있었던 것이다.

보통선거권은 민주주의의 한 요소에 불과하지만 그것은 마치 자석이 흩어진 쇠조각들을 끌어모으는 것과 마찬가지로 시간이 흘러감에 따라 민주주의의 다른 요소들을 자신에게로 끌어들이는 힘을 가지고 있다. 그것은 많은 사람들이 바라는 것보다 느리게 진행되지만 그럼에도 불구하고 계속 작동한다. 그리고 사민당이 이것의 작동을 촉진하는 가장 좋은 방법은, 지속적으로 자신의 교의를 보통선거권의 토대인 민주주의 위에 세우는 것은 물론 자신의 전술을 그것과 일관성 있게 맞추어 채택하는 것이다.

실천에서, 즉 행동에서 사민당은 결과적으로 언제나 그렇게 해왔다. 그러나 막상 말에서는 사민당의 대표적 문필가들은 종종 이것과 반대되는 얘기를 해왔으며 지금도 종종 그런 반대의 말을 하고 있다. 유럽 도처에서 소유의 특권이 무제한적으로 지배하던 시기에 씌어진 이런 글들은 그 당시의 상황에서는 설명력을 가지고 있었고 어느 정도까지는 옳은 것이기도 하였지만 오늘날에는 이미 생명력을 잃은 얘기들에 불과하다. 그럼에도 불구하고 이런 글들은 아직도 그것이 마치 운동의 진보를 위해서 무엇이 필요하고 무엇이 가능한지를 결정하는 생명력 있는 인식인 양 존경스러운 것으로 대접을 받고 있다. 만일 그렇지 않다면 예를 들어 거의 대부분의 지역에서 사민당이 의회주의 운동의 토대 위에, 즉 독재와는 서로 모순되는 적당한 수의 인민대표와 인민입법의 토대 위에 서 있는 그런 시기에 프롤레타리아 독재라는 말을 고집하는 것이 무슨 의미가 있겠는가?[30] 이 말은 오늘날 너무도 시대에 뒤떨어진 말이 되어 버렸기 때문에 이제 현실과 부합하는 말로 되기 위해서는 그 독재라는 말에서 그것의 실질적인 의미를 떼어내어버리고 거기에 매우 약화된 어떤 의미를 부여함으로써만 가능하게 되었다.

사민당의 모든 실천적 활동은 급작스런 폭발적 사태 없이 근대 사회제도를 보다 발전된 사회제도로 이행하도록 하기 위한 상태들과 전제조건들을 만들어내는 것으로 귀착된다. 사민당원들은 보다 발전된 문명을 개척하는 선구자가 된다는 의식을 통해서 끊임없이 열정과 격려를 얻으며 그들이 추구하는 사회적 수용의 윤리적 권리도 궁극적으로는 바로 여기에 근거하고 있다. 그러나 계급독재는 보다 저급한 문명에 속하는 것이다. 게다가 그것의 합목적성이나 실현가능성은 차치하고서라도 만일 그것이 자본주의 사회에서 사회주의 사회로의 이행방법으로 법률을 통과시키고 선포하는 등의 현대적인 방법을 전혀 사용할 수 없고 혹은 사용하더라도 매우 불완전한 형태로만 사용할 수밖에 없으며 또 이런 방법을 사용할 수 있는 제대로 된 기구도 존재하지 않는 그런 시대의 발전형태에 따라야 한다는 생각을 새삼 일깨우는 것이라면, 그것은 단지 하나의 재발적 증상으로, 즉 정치적 복고주의로서만 간주되어야 할 것이다.

나는 분명히 자본주의 사회에서 사회주의 사회로의 이행이라고

---

30) 예를 들어 지방의회에서 비사회주의 소수파들에 대해서 행한 폭행을 비난하는 오펜바흐 사회주의자들의 주장과 이들의 주장에 동조하는 브란덴부르크 주 의회사회주의자 의원총회를 참조하라(『포어베르츠』, 1898년 9월 28일자).

말하고 있으며 오늘날 흔히 사용하는 '부르주아적 사회'라고 말하고 있는 것이 아니다. 이 '부르주아적'이라고 하는 말의 사용은 역시 복고주의적 성격을 띠고 있을 뿐만 아니라 또한 매우 모호한 말이기도 해서 독일 사민당이 사용하는 말투 가운데 나쁜 예에 속하는 것으로서 적과 아군이 동시에 오해를 하게 만드는 교묘한 것이기도 하다. 이 말의 이런 모호성은 부분적으로 독일어 자체에 그 책임이 있는데, 즉 독일어에는 한 사회공동체 내에서 특권을 가진 부르주아(Bürger)와 구분되는 동등한 권리를 가진 부르주아(시민)라는 개념을 가진 고유한 단어가 없기 때문이다. 전자나 후자의 개념에 대해 특별하게 표현할 수 있는 말을 만들어서 그것을 관용어로 도입하고자 하였던 모든 시도가 지금까지 수포로 돌아갔던 점을 감안하건대 내가 보기에 특권적 부르주아 및 그와 관련된 말에 대해서는 이 말을 굳이 독일어로 번역하여 'Bürger'(부르주아, 시민)니 'bürgerlich'(부르주아적, 시민적)니 해서 온갖 오해를 불러일으키기보다는 차라리 Bourgeois라는 원래의 외래어를 그대로 사용하는 것이 낫다고 생각된다.

오늘날 부르주아에 대한 투쟁이나 부르주아 사회의 철폐라는 말에 대해서 그것이 무슨 말인지는 누구나 다 잘 알고 있다. 그런데 부르주아 사회에 대한 투쟁이나 그것의 철폐라는 것이 무엇을 의미하는 것인가? 특히 부르주아적 발전을 방해하는 봉건제도의 대부분을 제거하는 것이 아직도 당면의 최대 현안이 되어 있는 나라, 즉 독일 연방에서 가장 크고 또한 가장 주도적인 위치에 있는 나라인 프로이센에서 이것은 어떤 의미를 갖는 것일까? 어떤 사람도 문명 수준이 제도적으로 높게 갖추어진 사회로서의 부르주아 사회를 궤멸시키겠다고 생각하는 사람은 없을 것이다. 오히려 그것은 그 반대일 것이다. 사민당은 이 사회를 해체하여 모든 사회구성원들을 하나도 남김없이 프롤레타리아로 만들려고 하는 것이 아니라 오히

려 노동자들을 프롤레타리아의 사회적 지위로부터 부르주아의 사회
적 지위로 높이기 위해서 부단히 노력하고자 하며 그리하여 부르주
아 계급 또는 부르주아로서의 지위를 사회 내에서 일반화시키고자
노력한다. 사민당은 부르주아 사회 대신에 프롤레타리아 사회를 만
들려고 하는 것이 아니라 바로 자본주의적 사회제도 대신에 사회주
의적 사회제도를 만들려고 하는 것이다.

여기에서 우리는 전자의 모호한 용어를 사용하지 않고 그 대신
후자의 완전히 명료한 용어를 사용하는 것이 훨씬 낫다는 것을 알
수 있다. 그럴 경우 우리는 우리의 적들이 사민당의 말과 실제 행동
간에 전적으로 잘못된 모순이 존재한다고 주장하는 그 부분에 대해
서도 상당 부분 짐을 덜 수 있을 것이다. 오늘날 몇몇 사회주의 신
문들에서는 매우 극단적인 반부르주아적 얘기를 함부로 내뱉고 있
는데 이런 얘기는 은둔거사처럼 숨어서 산다면 해도 괜찮은 얘기일
지 모르겠으나 오늘날처럼 개인의 사생활이 아무리 '부르주아적'으
로 이루어지고 있다고 할지라도 그것이 결코 사회주의적 감정과 배
치되는 것으로 얘기될 수 없는 그런 시대에는 매우 불합리한 얘기
에 해당한다.[31]

---

31) 이 점에서 라살은 오늘날의 우리들보다 훨씬 더 논리적이었다. 물론 그가
부르주아 개념을 정치적인 특권과 관련된 것으로만 추론하고 동시에 그것
을 경제권력의 지위와 관련해서 추론하지 않았던 것은 상당히 일면적인
것이었다. 그러나 그 밖의 점에서는 그는 충분히 현실주의자여서 위에서
얘기한 불합리한 생각으로부터 처음부터 벗어나 있었다. 즉 그는 『농업강
령』에서 다음과 같이 얘기하고 있었다. "독일어에서 Bourgeois라는 말은
Bürgertum이란 말로 번역되어야 할 것이다. 그러나 내가 보기에는 이 두
말의 의미는 서로 다르다. 우리 모두는 시민(Bürger)이다. 즉 노동자, 소부
르주아, 대부르주아 모두가 시민인 것이다. 그러나 부르주아(Bourgeois)
라는 말은 역사발전과정에서 일정한 정치적 노선을 가리키는 의미를 갖

마지막으로 '자유주의'에 대한 선전포고에서 약간 절도를 지키는
것이 또한 필요하다고 생각된다. 근대의 커다란 자유주의 운동의
물결이 무엇보다도 부르주아 자본가들에게 이익을 안겨주었으며 자
유주의라는 이름을 내건 모든 당파가 순전히 처음부터 자본주의의
근위병들이거나 아니면 시간이 지나면서 근위병으로 되어갔다는 것
은 모두 분명한 사실이다. 따라서 이들 당파들과 사민당 사이에는
당연히 적대적 관계가 지배한다. 그러나 자유주의를 세계사적 운동
의 관점에서 본다면 사회주의는 시기적으로도 그것의 뒤를 계승하
는 것일 뿐만 아니라 정신적인 내용에서도 그것의 적법한 상속자이
기도 하다. 그리고 이 점은 사민당이 자신의 입장을 정해야 하는 원
칙적인 문제에서 언제나 실천적으로 드러났던 사실이다. 즉 사회주
의 강령 가운데 들어 있는 어떤 경제적 요구가 자유의 발전을 심각
하게 위협하는 방식이나 그런 조건 아래서만 달성될 수 있는 것일
경우 사민당은 주저하지 않고 그런 요구에 반대하는 입장을 취했던
것이다.

사민당에서 시민적 자유의 보장은 어떤 경제적 요구의 달성보다
도 항상 더 중요한 위치를 차지하였다. 자유로운 인성의 형성과 보
장은 모든 사회주의적 수단의 목적이며, 설사 그 수단이 외견상 강
제성을 띠고 있는 경우에도 그것은 마찬가지였다. 그런 강제적 수

는다"(『전집』 II, 27쪽). 이어서 라살은 공화주의의 왜곡된 논리에 대해서
도 얘기하고 있는데 그것은 특히 천박한 통속작가들에게 얘기할 만한 것
으로서, 이들은 부르주아 계급에 대해서 카페에서 '입으로만' 연구하는 사
람들이며 마치 근대 노동자의 전형이 술주정뱅이들 속에 있다고 생각하는
그런 방식으로 모든 계급을 그것의 극히 피상적인 외형적 양상으로만 규
정하는 작자들이다. 나는 부르주아 계급이——독일도 예외가 아니다——대
체로 보아 경제적으로는 물론 윤리적으로도 아직 상당히 건전하다는 것을
주저하지 않고 말할 수 있다.

단을 자세히 살펴보면 언제나 그것이 막상 자유를 제한하는 것보다
는 항상 더 많고 더 넓은 자유를 제공함으로써 사회 전체적으로 자
유의 총량을 증가시킨다는 사실을 알 수 있는 것이다. 예를 들어 법
정 최대 노동일은 사실상 최저 자유의 규정이다. 즉 그것은 노동력
판매의 자유를 매일 일정 크기의 시간 이상으로 판매할 수 없도록
제한하는 일종의 금지규정이다. 그러나 그것은 본질적으로는 모든
자유주의자들이 허용하는 금지, 즉 인신의 예속상태를 지속적으로
판매하는 것을 금지하는 것과 같은 토대 위에 서 있다. 그런 점에서
본다면 최대 노동일을 시행한 최초의 나라가 바로 유럽에서 가장
민주주의가 앞서 있는 사회인 스위스라는 사실과 민주주의가 정치
적으로는 단지 자유주의적인 형태를 띨 뿐이라는 사실은 결코 우연
이 아니다.

원래 자유주의는 외부적으로 강제된 제도나, 혹은 단지 전통에 의
해서만 정당화되고 있는 그런 제도에 민중을 종속시키는 것을 반대
하는 운동이기 때문에 그것의 실현을 위해서 무엇보다도 시대와 민
중의 주권을 실현하는 것을 원칙으로 추구하였는데, 이 두 원칙은
17세기와 18세기에 끊임없이 국가 법철학 논쟁을 불러일으키다 이
윽고 루소에 이르러 그의 『사회계약론』에서 모든 헌법의 합법성을
판가름하는 근본조건으로서 정립되었으며 프랑스 대혁명에서는——
1793년 루소의 정신에 따라 만들어진 민주주의 헌법 속에서 표현
된 바대로——양도불능의 인권으로 선언되기에 이르렀다.[32]

1793년 헌법은 그 시대의 자유주의 사상이 그대로 표현된 것이

---

32) "주권은 인민에게 있다. 주권은 분할될 수 없고 시효가 없으며 또한 양도
할 수도 없다"(제25조) ; "인민은 언제라도 자신의 헌법을 수정하고 개정
하고 변경할 수 있는 권리를 갖는다. 어떤 세대도 다른 세대에게 자신의
법을 강요할 수 없다"(제28조).

다. 그리고 그것이 과거에도 현재에도 사회주의를 방해하는 장애물
이 아니라는 것은 그 내용을 잠깐만 훑어보면 금방 드러나는 일이
다. 바뵈프와 '평등주의자들'은 바로 이 헌법 속에서 그들의 공산주
의 운동목표의 실현을 위한 탁월한 단초를 찾았고 따라서 제1의 요
구로 1793년 헌법의 복원을 내세웠던 것이다. 나중에 정치적 자유
주의라고 얘기된 것은 구체제를 붕괴시키고 나서 부르주아 자본가
들의 필요에 따라 이 헌법정신이 희석되고 약화된 것들이다. 이는
마치 맨체스터 학파가 경제적 자유주의라고 할 수 있는 고전파가
세워놓은 원리들을 희석시키고 일면적으로만 서술한 것과 마찬가지
이다.

실제로 자유주의 사상 가운데 사회주의의 이념적 내용에 속하지
않는 것은 하나도 없다. 외견상 맨체스터 학파의 이론인 것처럼 보
이는 경제적 자주성의 원리도 내가 보기에 사회주의에서 이론적으
로도 부정되는 것이 아니며 어떤 가능한 경우에든 실천적으로도 그
효력이 사라지는 것이 아니다. 책임 없는 자유란 없다. 이론적으로
볼 때 우리는 인간의 행동의 자유에 대해서 우리 마음대로 생각할
수 있지만 실천적으로는 자유주의를 도덕률의 토대로 삼아야 한다.
왜냐하면 그래야만 사회적 윤리가 존재할 수 있기 때문이다. 마찬
가지로 수백만 명의 사람들이 나라들 사이를 왕래하는 오늘날과 같
은 시대에 만일 노동능력이 있는 모든 사람들의 경제적 책임성이
전제되지 않는다면 건강한 사회적 생활이란 있을 수 없을 것이기
때문이다. 경제적 책임성을 승인하는 것은 개인이 사회로부터 받은
이익에 대해서 사회에 되돌려주는 개인의 반대급부이다.

나는 여기에서 앞서 언급한 논문 「공간과 숫자의 사회정책적 의
의」 가운데 몇 구절을 인용하고자 한다.

"노동능력이 있는 사람이 져야 할 경제적 **책임성**은 가까운 장래
에도 단지 **조금씩만** 변화할 것이다. 지금보다 노동통계는 훨씬 더

잘 다듬어지고 직업소개도 더욱 완벽해질 것이며 **직업변경**은 보다 손쉬워지고 노동권도 더욱 잘 다듬어져서 개인들에게는 생활보장과 직업선택의 기회가 훨씬 더 쉽게 주어질 것이다. 가장 선진적인 경제적 자조기구(대규모 노동조합)는 이미 이런 방향으로의 발전경로를 설정하고 있다. ……만일 오늘날 이미 강력해진 노동조합이 노동능력이 있는 조합원들에게 고용에 대한 일정한 권리를 보장한다면 노동조합 조합원들을 충분한 이유 없이, 그리고 노동조합의 승인 없이 함부로 해고하는 것은 매우 잘못된 일이라는 것을 기업가들에게 인식시킬 수 있을 것이다. 그리고 또 만일 노동조합이 직업소개를 통해서 구인과 구직을 잘 결합시킨다면 거기에는 이미 민주적 노동권의 발전에 대한 지침이 주어져 있는 것이다"(『노이에 차이트』, XV, 2, 141쪽). 이런 발전에 대한 지침들은 오늘날 노동재판소, 노동자 회의소 등과 같은 여러 기구들에서도 엿보이고 있는데 이들 기구들에서는 비록 완벽하지는 않지만 민주적인 자주관리의 형태가 나타나고 있다.

다른 한편 공공서비스의 분명한 확대, 특히 교육제도와 (보험 등과 같은) 상호부조제도의 확대도 경제적 책임성을 강화하는 데 상당한 기여를 하게 될 것이다. 그러나 국가가 각 직업별로 모든 고용을 보장한다는 의미에서의 노동권은 가까운 장래에는 거의 기대할 수 없으며 또 결코 바람직한 것도 아니다. 그런 완벽한 노동권을 지지하는 사람들이 바라는 대로 되어서 사회 전체에 이익이 될 수 있으려면 위에서 얘기한 온갖 다양한 기구들이 결합되는 방법 이외에는 없을 것이다. 일반적 노동의무가 실현될 수 있는 방법도 또한 죽어가는 관료제도의 도움을 받지 않는다면 그런 방식으로만 가능할 것이다. 우리가 오늘날 살고 있는 근대 문명국가와 그곳의 공업중심지들에서와 같이 그렇게 거대하고 복잡한 기구들이 있는 곳에서는 절대적 노동권이란 단지 분열을 불러일으킬 뿐이며 그것은 '단지 혐오스러운 방종과 끊임없는 분란의 근원이 될 뿐'이다(같은 책, 같은 곳).

자유주의는 중세의 예속적 경제와 그에 상응하는 법제도가 사회의 지속적인 발전을 가로막고 있던 그 질곡을 파괴하는 역사적 과제를 가지고 있었다. 처음에 그것은 부르주아 자유주의라는 경직된 형태를 띠고 있었지만 그렇다고 해서 그것이 사회주의의 완성으로까지 이어지게 될 훨씬 더 풍부한 일반적 사회원리를 표현하지 못하도록 방해하는 것은 아니었다. 사회주의는 어떤 형태의 새로운 속박도 만들어내려 하지 않는다. 개인은 자유로워야 하는데 이 자유는 형이상학적 의미, 즉 무정부주의자들이 꿈꾸는 바 사회에 대한 모든 의무로부터 자유롭다는 의미에서가 아니라 운동이나 직업 선택에 대해서 가해지는 모든 경제적 강제로부터 자유로워야 한다는 의미에서이다. 그런 자유는 모든 사람들에게 조직이라는 수단을 통해서만 가능하다. 이런 의미에서 우리는 사회주의를 조직적 자유주의라고 부를 수도 있는데 왜냐하면 만일 우리가 사회주의를 지향하는 조직이나 사회주의가 목표로 하는 조직을 자세히 살펴보면 이들 조직이 외견상 비슷해 보이는 봉건적 제도들과 구별되는 결정적인 점이 바로 그 자유주의라는 사실, 즉 그것의 민주주의적 규약과 개방적 성격이라는 사실을 알게 되기 때문이다. 그러므로 춘프트적인 폐쇄성을 지향하는 노동조합이 사회주의자에게는 노동시장을 과잉상태로 만드는 자본주의적 경향에 대항하는 대응수단으로 용인되는 것이긴 하지만, 동시에 바로 그것의 폐쇄성 때문에, 그리고 그런 폐쇄성이 지배하는 한에서 비사회주의적인 조직체로서 간주된다. 그리고 바로 이것은 한 생산 부문 전체를 장악한 노동조합에게도 그대로 적용된다. 왜냐하면 이런 노동조합은 '순수한' 생산 협동조합의 경우와 마찬가지로 필연적으로 배타성을 지향할 수밖에 없기 때문이다.[33]

이와 관련하여 라살의 『기득권의 체계』의 한 구절을 인용하고자 하는데, 이것은 내가 항상 이 문제에 대하여 적절한 지침이 될 것으로 생각하는 구절이다. "우리 시대의 도도한 흐름을 거스르면서 거기에 아직도 장애요인이 되고 있는 것은 개별성(Individuellen)이라는 계기가 아니라——오히려 이것은 일반성(Allgemeinen)의 계기와 동일한 맥락에서 그런 흐름과 같은 편에 서 있다——중세 시대로부터 전해져서 아직도 우리 피부에 돋아 있는 특수성(Besonderheit)이라는 혹이다"(『체계』, 제2판, 제1부, 221쪽). 이것을 우리의 논의대상으로 옮겨서 말한다면 조직은 개인과 사회를 분리하는 것이 아니라 결합하는 것이어야 한다. 라살은 인용된 구절이 있는 그곳에서 자유주의가 주장하는 권리가 개인 그 자체를 위한 것이 아니라 특수한 지위에 있는 개인만을 위한 것이라고 비난을 하고 있는데, 이런 그의 비난은 이미 그의 문장 속에도 표현되고 있듯이 당시의 자유당, 즉 '우리가 보통 말하는 바의 이른바 자유주의'에 대한 것이지 이론적 자유주의에 대한 것은 아니다.

지금까지의 설명에서 제기한 문제는 결코 단순한 것이 아니라 오히려 그 속에 숱한 암초를 품고 있는 것이다. 대도시를 중심으로 하는 그런 사회의 건전한 발전을 보장하는 데 정치적 평등 하나만으로 충분하다고 입증된 곳은 지금까지 어디에도 없다. 정치적 평등

---

33) 내가 보기에 위에서 언급한 기준은 오늘날 활발하게 논의되고 있는 의료보험에서의 자유로운 의사선택 문제를 판단하는 데도 적용되어야 한다고 생각된다. 의료보험이 아무리 지리적인 사정 때문에 의사선택을 제한하게 된다 하더라도 원칙적으로 그런 제한은 틀림없이 비사회주의적인 것이다. 의사는 폐쇄된 조직의 직원이 아니라 사회 전체의 직원이어야 하며 만일 그렇지 않다면 우리는 『공산당 선언』에 있는 문구, 즉 "부르주아는 의사, 변호사, 과학자를 모두 자신의 임금을 지불받는 임노동자로 만들었다"라는 문구를 완전히 다른 내용으로 바꾸도록 해야 할 것이다.

은 프랑스나 미국에서 볼 수 있듯이 온갖 종류의 사회적인 기생과 부패의 만연에 대한 완전무결한 처방이 아니다. 만일 프랑스 국민의 대다수가 그렇게 뛰어나게 착실한 본성을 갖추지 못하고 있고 또 그 나라가 지리적으로 그렇게 좋은 여건을 갖추고 있지 못하다면, 프랑스는 오늘날 그렇게 깊게 뿌리내린 관료제도의 해악으로 이미 오래 전에 멸망하고 말았을 것이다. 이런 해악은 프랑스 사람들의 높은 정신적 민활성에도 불구하고 프랑스가 왜 이웃나라들에 비해 계속 산업발전이 뒤지고 있는지를 설명해 주는 원인의 하나이다. 그래서 만일 민주주의가 관료들이 안주해 있는 중앙집권적 절대주의를 당장 타파할 수 없다면 그 민주주의는 매우 세분화된 자치조직들 위에서 건설되어야 하며 이들 자치조직들의 모든 행정단위는 성인 국민들 개개인이 지는 것과 마찬가지의 경제적 책임을 갖도록 해야 할 것이다.

　민주주의의 건전한 발전을 위해서는 강요된 획일주의나 지나친 보호주의보다 더 해로운 것이 없다. 이런 것들은 자생력이 있는 제도와 기생적인 제도를 구별할 수 있는 모든 합리성을 가로막거나 방해한다. 만일 국가가 한편으로 생산자들의 조직을 가로막는 모든 법률적 장애요인을 제거하고 직업별 조합들에게 그것들이 독점적 조합으로 타락하는 것을 예방할 수 있는 일정한 장치 아래서 산업통제의 전권을 부여함으로써 임금인하와 과도한 노동을 막을 수 있는 보장을 완벽하게 해준다면, 그리고 또 다른 한편으로 앞서 간단하게 언급된 제도들을 통하여 어떤 사람도 극도의 빈곤 때문에 자신의 노동을 터무니없이 열악한 조건으로 판매하는 일이 없도록 배려한다면, 이럴 경우에는 공공기업과 협동조합적 기업과 함께 개인이 자신의 사적 이익을 위해서 경영하는 기업이 함께 존재하더라도 그것은 사회 전체의 입장에서는 아무 상관이 없는 일일 것이다. 왜냐하면 그런 사적 기업은 시간이 지나가면서 아주 자연스럽게 협동조합적 성격을 갖게 될 것이기 때문이다.

지금까지 얘기된 제도들을 새로 만들어내고 또 계속 발전시켜 나가는 일은 우리가 생산의 사회화라고 부르는 것의 필수불가결한 전제조건이다. 그런 제도들 없이는 이른바 생산수단의 사회적 소유는 아마도 생산력의 엄청난 황폐화, 무의미한 실험들, 목적 없는 폭력 행위 등과 같은 것만을 빚어낼 것이며 노동자 계급의 정치적 지배는 사실상 혁명가 클럽의 폭력적 독재에 의해 지탱되는 혁명적 중앙권력의 독재형태를 통해서만 달성될 수 있을 것이다. 이것이 바로 블랑키주의자들이 꿈꾸던 것이며 또한 『공산당 선언』에서, 그리고 이 책의 저자가 같은 시대에 출판한 책들 속에서 상정하고 있던 바로 그것이기도 하다. 그러나 "2월혁명의 실천적 경험에 비추어볼 때, 그리고 더 나아가 프롤레타리아가 최초로 2개월 동안 정치권력을 장악하였던 파리코뮌의 경험에 비추어볼 때," 『공산당 선언』에서 제시하였던 혁명강령은 "몇 가지 점에서 시대에 뒤떨어져 버렸다." "특히 코뮌은 노동자 계급이 국가기구를 그냥 점령하기만 해서는 그것을 자신의 목적을 위해 움직일 수 없다는 것을 보여주었다."

마르크스와 엥겔스는 『공산당 선언』의 1872년 신판 서문에서 이같이 말하였다. 그리고 그들은 『프랑스 내전』에서 이 점을 보다 자세히 논하고 있다고 밝히고 있다. 그런데 우리가 이 저작을 펼쳐서 해당되는 절(제3절)을 자세히 읽어보면 우리는 거기에서 논의되고 있는 강령이 그 정치적 내용에서 프루동의 연방주의(Föderalismus)와 매우 흡사한 본질적 성격을 갖고 있다는 것을 알게 된다.

"국민의 통일은 그 국가권력을 폐기시킴으로써 파괴되는 것이 아니라 오히려 반대로 조직화된다. 왜냐하면 국가권력은 흔히 국민적 통일의 화신으로 불리지만 실은 바로 그 국민으로부터 독립해서 그것을 뛰어넘으려고 하는 존재로서 바로 그 국민의 몸에 붙어 기생하는 암적 존재와 같은 것에 불과하기 때문이다. 그러므로 낡은 정부권력 가운데 단지 억압적이기만 한 기구들을 제거하는 것은 옳지만, 반면 그것의 정당한 기능들은 사회의 머리 위에 앉아 군림하고자 하는 권력으로부터 빼앗아 사회의 책임 있는 봉사자들에게 넘겨주어야만 할 것이다. 보통선거권을 통해서 3년에서 6년마다 한번씩 지배계급 가운데 누구를 의회에 보내고 누구를 갈아치울 것인지를 인민이 결정하게 하는 방식 대신에 코뮌을 구성한 인민들이 마치 모든 개별 사용자가 자신의 사업에 사용할 노동자와 감독자, 서기 등을 개별적 결정권으로 선발하듯이 그렇게 보통선거권을 사용하게 해야 할 것이다.”

“국가권력에 대한 코뮌의 대립은 과잉집중에 대항하는 낡은 투쟁의 과도한 형태로 간주되어 왔다. …… 반대로 코뮌제도는 지금까지 사회에 붙어 있으면서 그것의 자유로운 운동을 방해하던 암적 존재인 ‘국가’가 차지하고 있던 모든 권력을 사회의 실체에게 도로 돌려주게 될 것이었다. 이런 행동을 통해서만 코뮌조직은 프랑스를 새롭게 거듭나도록 만들 것이었다.”

이것이 마르크스가 『프랑스 내전』에서 썼던 내용이다.

그러면 이제 우리는 프루동의 얘기를 살펴보기로 하자. 나는 연방주의에 대한 그의 책을 입수하지 못해서 그가 노동자 계급의 정치적 역량에 대해서 쓴 책 가운데 몇 구절을 여기에서 인용하고자 하는데, 이 글에서 그는 노동자들이 독자적인 정당을 건설해야 한다고 함께 주장하고 있기도 하다.

“인민주권의 참된 개념에 따라서, 즉 계약권의 원칙에 따라 조직된 민주주의에서는 중앙권력이 국민을 억압하거나 매수하는 행위가 불가능하게 되어 있다. 단지 그렇게 생각하는 것만으로도 이미 잘못된 것이다.”

“왜 그런가?”

"왜냐하면 우선 참으로 자유로운 민주주의에서는 중앙권력이 대의원들의 모임, 즉 각 지역적 이해들을 합의 조정하기 위해 함께 모인 자연스런 기구와 다를 것이 없기 때문이다. 그리고 모든 대의원들은 무엇보다도 그들이 대표하고 있는 지역의 사람들로서 그 지역의 사절이자 그 지역의 시민이며 또한 그 지역의 특수한 이해를 옹호하고 그것을 대법원(국가)에서 가능한 한 일반적 이해와 일치시키도록 임무를 부여받은 특별 전권대리인이기 때문이다. 게다가 이렇게 모인 대의원들이 그들 가운데에서 중앙집행위원회를 선출할 경우 이들 중앙집행위원들은 그들 대의원들과 특별한 구분이 되지 않을 뿐 아니라 그들과 갈등을 불러일으킬 상급자가 될 수 없을 것이기 때문이다."

"어중간한 중간형태란 없다. 코뮌은 최고의 것이거나 아니면 〔국가의〕 부속물에 불과하다. 즉 전부이거나 아니면 아무것도 아닌 것이다. 코뮌에 대해서 그것이 원하는 바의 아무리 좋은 것을 준다고 하더라도 그것이 자신의 권리를 스스로 만들지 못하고 자신보다 더 지위가 높은 법률을 승인해야 한다면 그리고 그것보다 상위에 있는 어느 대규모 단체가 코뮌의 지배자임을 선포하고 그것과의 연맹적 관계를 단절해 버린다면 바로 그 순간부터 이 단체와 코뮌은 어느새 서로 대립적인 관계에 서서 싸우지 않을 수 없게 될 것이다." 그러나 그럴 경우 권력과 논리는 중앙권력의 편에 서게 될 것이다. "복종과 집중의 원리가 지배하는 그런 단체에 의해 국가권력이 제한되어야 한다는 이념은 비록 모순이라고까지는 하지 않더라도 앞뒤가 맞지 않는 불합리한 것이다." 부르주아 자유주의의 지방자치 원칙이 바로 그럴 것이다.

반면 "프랑스 연방은 자립성의 이념을 표방하고 그 최초의 행동이 각 코뮌들에게 각자의 완전한 자립성을 부여하고 각 주에 자결권을 부여하는 그런 체제이다."——바로 이것이야말로 노동자 계급이 자신의 깃발 위에 써야 할 지방자치의 원리일 것이다(『노동자 계급의 정치적 능력』(*Capacité Politique des Classes Ouvrières*, 224~225, 231, 235쪽). 그리고 『프랑스 내전』에서 "생산자들의 정치적 지배는 그들의 사회적 예속상태가 지속되는 한 그것과 함께 존속될 수는 없다"라고 했던 부분과 관련하여 『노동자 계급의 정치적 능력』에서는 다음과 같이 말하고 있다. "보통선거권이 시행됨으로써 일단 정치적 평등이 주어지고 나면 다음으로 국민은 경제적 평등으로 향하는 경향을 보인다. 노동자 대표들은 바로 그 점을 잘 알고 있다. 그러나 이것은 바로 그들의 경쟁자인 부르주아 대표자들이 원하지 않는 것이기도 하다"(같은 책, 214쪽). 요컨대 마르크스와 '소부르주아' 프루동의 사고방식은 여타의 많은 차이점들에도 불구하고 이런 점에서는 매우 근접해 있는 것이다.

근대 사회의 일반적 발전경향이 지방자치단체의 과제를 끊임없이 증가시키는 방향으로 이루어져 왔으며 또한 코뮌이 사회적 해방의 지렛대로서 점점 더 중요해지고 있다는 사실은 이제 더 이상 의심의 여지가 없을 뿐만 아니라 지금까지 이미 다양하게 실천적으로 입증되어 온 것이기도 하다. 물론 마르크스와 프루동이 얘기했던 것과 같은 그러한 근대 국가제도의 해체와 그 조직의 전환(코뮌의 대의원들로 지역의회 혹은 지방의회를 구성하고 다시 이들 지방의회 대의원들로 국민의회를 구성하는 방식으로의 전환)이 과연 민주주의의 일차적 과업이어야 하는지, 그래서 국민의회가 기존의 형태에서 완전히 바뀌어야 하는 것인지에 대해서는 나는 의심스럽게 본다. 근대의 발전은 너무도 많은 제도들을 만들어내었고 이들 제도의 통제범위는 자치단체나 지방 및 지역들까지도 그들의 통제범위를 넘어서버려 이들 지방 및 지역단체들의 조직이 변화하기까지는 중앙정부의 통제가 없어서는 곤란한 지경이 되어 있다.

또한 내가 보기에는 자치단체들이 절대적 주권을 갖는 것이 이상적이지도 않다. 자치단체는 국민을 구성하는 주요한 한 부분이며 그것이 국민에 대해서 갖는 권리 못지않게 그만큼의 의무도 가지고 있다. 예를 들어 개인과 마찬가지로 자치단체에 대해서도 토지에 관한 무조건적이고 배타적인 권리를 인정할 수 없다. 가치가 많은 지상권인 산림권, 하천권 등은 궁극적으로 그것의 수혜자일 뿐이기도 한 자치단체나 지방정부에 속해서는 안 되고 국민에게 속해야 한다. 그래서 과도기에는 지방이나 지역의 이해를 앞세우거나 혹은 그런 이해를 대변하는 것을 일차적인 임무로 하기보다는 국민적 이해를 앞세우는 그런 대의기구가 반드시 필요할 것으로 보인다. 그러나 이런 점에도 불구하고 지방의회나 지역 대의기구의 중요성은 점점 더 커져서 그 결과 혁명이 있든 없든 상관없이 중앙대의기구의 기능은 점차로 축소될 것이고 그에 따라 중앙대의기구나 정부가 민주주의에 끼칠 수 있는 위험도 점차 감소하게 될 것이다. 선진국들에서는 이미 그것이 매우 감소해 있다.

그러나 여기에서 우리가 주로 관심을 갖는 것은 그 강령의 개별 항목들에 대한 것보다는 이 강령 속에서 자치라는 것이 사회적 해방의 전제조건으로 얼마나 강조되고 있는지, 그리고 아래로부터의 민주적 조직이 사회주의의 실현을 위한 방법으로서 어떻게 얘기되고 있는지, 또한 서로 적대적 관계에 있는 프루동과 마르크스가 자유주의에서 어떻게 다시 만나고 있는지를 강조하는 것이다.

지방자치단체나 나머지 자치기구들이 완전한 민주주의 아래서 얼마나 자신들의 과제를 수행할 수 있을지, 그리고 그들이 이런 과제를 어느 정도까지 충실히 이행하게 될 것인지는 미래가 우리에게 가르쳐주게 될 것이다. 그러나 적어도 다음과 같은 점은 분명할 것이다. 즉 이들 자치기구들이 그들의 자유를 갑자기 얻게 되면 될수록 그들의 실험도 급박하게 이루어질 것이고 따라서 그만큼 더 시행착오도 커질 것이다. 또한 노동자 민주주의가 자치라는 학습을 보다 많이 거치면 거칠수록 이들 자치기구도 그만큼 더 사려깊고 현실적으로 되어갈 것이며 사회 전체의 복지에도 더욱 많은 주의를 기울이게 될 것이다.

　민주주의는 얼핏보아 매우 단순한 것처럼 보이지만 오늘날과 같이 복잡한 사회에서는 그 문제가 그렇게 쉽게 해결되는 것이 아니다. 웹 부부가 노동조합 이론에 대해 쓴 책만 읽어보아도 영국의 노동조합들이 관리체계와 지도체계를 제대로 형성하기까지 얼마나 많은 실험을 거쳐야 했고 또 거쳤는지, 그리고 노동조합에게서 이런 조직문제가 얼마나 중요한 문제였는지를 알 수 있다. 영국 노동조합들은 이 점과 관련하여 무려 70년 이상 매우 자유로운 발전을 해나갈 수 있었다. 그들은 자치의 가장 기본적인 형태로부터 시작하여 실천을 거치면서 이 형태가 가장 기본적인 조직단위, 즉 매우 소규모의 지방조합들에게나 적합한 것이라는 사실을 알게 되었다. 그들은 점차 성장해 나가면서 교조적인 민주주의 이론에서 즐겨 애호하는 이념들(엄격한 위임제도, 무급 직원제도, 아무런 권력도 없는 중앙 대의기구)을 그들의 본격적인 발전을 가로막는 요인으로 규정하고 차츰차츰 포기해 갔으며 그 대신 대의적 의회, 유급 직원, 그리고 충분한 권력을 행사하는 중앙지도부 등을 갖춘 실행력 있는 민주주의가 만들어져야 한다는 것을 배워갔다.

　'산업민주주의' 발전의 역사에서 한 부분을 차지하는 이 얘기는 매우 교훈적인 내용을 담고 있다. 물론 노동조합에 적용되는 모든 사항들이 국민적 관리기구의 단위들에 그대로 해당되지는 않겠지만 그들 가운데 상당히 많은 사항들은 국민적 단위들에도 해당된다. 웹 부부의 책 가운데 이 부분은 민주적 관리이론에 관한 장인데, 이것은 카우츠키가 직접적 인민입법에 대해서 쓴 그의 책에서 내리고 있는 결론들과 많은 점에서 일치하고 있다. 노동조합의 발전역사에서 우리는 중앙행정관리기구(정부)가 순전히 조직의 공간적 확대와 구성원 수의 증가로 인해 필요하게 된 분업의 결과로서 만들어지는 과정을 보게 된다. 물론 사회가 사회주의적으로 발전하게 되면 이런 집중화가 나중에는 다시 필요 없게 될 수도 있다. 그러나 얼마 동안은 그것은 민주주의에서도 없어서는 안 될 것이다.

이 장의 제1절 끝부분에서 이미 얘기했듯이 대규모 도시나 공업 중심도시들의 자치단체들이 자기 지역의 모든 생산기업과 상업기업들을 그들의 직영기업으로 인수하는 것은 불가능한 일이다. 또한 이들 자치단체들이 혁명적 봉기가 일어난 시기에 그런 기업들을 하나도 남김없이 즉각적으로 '강제수용'한다는 것도 마찬가지의 실천적 이유 때문에 있을 수 없다(그렇게 말하는 근거의 타당성에 대해서는 여기에서 더 이상 논하지 않는다). 그리고 설사 그들이 그렇게 한다 하더라도(이 경우 그들이 손에 넣는 기업들은 대부분의 경우 속이 빈 껍질뿐인 기업들일 것이다), 그들은 대부분의 사업을 협동조합들——그것이 개별 협동조합이든, 자체 협동조합 사업체를 가진 노동조합이든——에 임대할 수밖에 없을 것이다.[34]

이상과 같은 모든 경우에서 언제나 개별 직종들의 일반적 이해는 지방자치단체의 직영기업에 대해서나 국민적 직영기업에 대해서나 모두 주의깊게 고려되어야 할 것이며 따라서 노동조합이 이를 감시해야 할 여지는 여전히 남게 될 것이다. 특히 과도기에는 기존의 기구들이 다양하게 존재하는 것이 매우 중요한 가치를 지니게 될 것이다.

그러나 아직 우리는 미래의 상을 얘기할 만큼 발전해 있지 못하며 내 의도 또한 그런 것이 아니다. 내가 생각하고 있는 것은 먼 미

---

34) 물론 이 경우 매우 까다로운 문제들이 생길 것이다. 오늘날 온갖 종류의 직종을 가진 종업원들을 고용하고 있는 기업 연합체들을 생각해 보면 그것은 충분히 짐작될 수 있을 것이다.

래에 무엇이 일어날 것인지가 아니라 지금 그리고 바로 당장의 미
래에 무엇이 벌어질 수 있으며 무엇이 진행되어야 하는지에 대한
것이다. 그래서 이 글의 결론은 민주주의의 쟁취, 정치적 경제적 민
주주의 기구들의 완성이 바로 사회주의의 실현을 위해서 반드시 필
요한 전제조건이라는 매우 평범한 명제이다.

그러나 이에 대해 만일 정치적 파국 없이 이런 것들을 달성할 가
능성이 독일에서는 거의 없다고 해도 좋을 만큼 극히 희박하며 독
일의 시민계급은 점점 더 보수적으로 되어가고 있지 않느냐고 반박
하는 사람이 있다면, 그의 말은 아마도 지금 당장에는 설사 많은 반
대현상이 있긴 하지만 맞는 말일지도 모른다. 그러나 그것이 계속
해서 맞는 말일 수는 없다. 우리가 시민계급이라고 부르는 것은 상
당히 복합적인 계급으로서 매우 다양하고 서로 다른 이해를 가진
온갖 종류의 계층들로 구성되어 있다. 그러므로 이들 계층은 그들
이 똑같이 억압받고 똑같이 위협당한다고 보일 때에만 지속적으로
뭉쳐져 있다. 위의 반론에서 말하고 있는 경우는 물론 바로 이 후자
의 경우에 해당될 수 있다. 즉 시민계급의 구성원 모두는 사민당으
로부터 한편으로는 물적 이해에서 또 다른 한편으로는 이데올로기
적 이해——폭력적인 혁명의 공포로부터 나라를 지키고자 하는 그
들의 종교, 그들의 애국심, 그들의 희망——에서 똑같이 위협당하고
있다고 느끼기 때문에 통일된 반동세력으로 뭉쳐져 있는 것이다.

그런데 이것은 반드시 그런 것이 아니다. 왜냐하면 사민당은 그들
을 모두 똑같이 위협하는 것이 아닐 뿐더러 그들을 개인으로서 위
협하는 것도 결코 아니며 또한 무엇보다도 사민당 스스로가 비프롤
레타리아 세계 전체에 대한 폭력적 혁명에 전혀 골몰하고 있지도
않기 때문이다. 그러므로 이런 점들을 보다 분명하게 얘기하고 그
근거들을 보다 분명하게 제시한다면 그런 시민계급의 공통된 공포
심은 그만큼 약해질 것이다. 왜냐하면 시민계급 가운데 상당수의

구성원들은 사민당이 아닌 다른 곳으로부터 압력을 받고 있는 것을 느끼고 있으며 따라서 노동자 계급에 대항하는 전선을 형성하기보다는 오히려 노동자 계급에게도 똑같은 압력을 행사하고 있는 이들에 대항하고자 하며 이들보다는 차라리 노동자들을 동지로 삼고자 할 것이기 때문이다. 물론 이들은 믿을 수 없는 동지들일지도 모른다. 그러나 우리가 만일 이들에게 우리는 당신들을 도와서 적을 쳐부수고자 하며 그 다음에는 당신들을 쳐부수려고 한다라고 말한다면 그것은 동지를 적으로 만드는 일일 것이다. 우리가 의도하고 있는 것은 결코 일반적이며 동시적이고 폭력적이기도 한 그런 강제수용이 아니라 조직과 법률을 통한 점진적인 이행이기 때문에 사실상 이제 진부한 것이 되어버린 폭력혁명이란 표현을 문구들 속에서 지워버린다 하더라도 그것이 민주주의의 발전을 가로막는 것은 틀림없이 아닐 것이다.

완고한 신분제도로 이루어져 있던 봉건제도는 거의 어디에서나 폭력에 의해 폐기되어야 했다. 근대 사회의 자유주의 제도는 그것이 유연해서 변화가능하고 또한 발전가능한 것이라는 바로 그 점에서 봉건제도와 구별된다. 따라서 자유주의 제도는 폐기될 필요가 없으며 단지 계속 발전시킬 필요가 있을 뿐이다. 이런 발전을 위해서는 조직과 정력적인 활동이 필요하지만 혁명적 독재는 거기에 반드시 필요한 것이 아니다. 얼마 전(1897년 10월) 스위스의 한 사민당 기관지인 바젤(Basel) 판 『포어베르츠』에는 다음과 같은 글이 실렸다. "계급투쟁은 계급차별 일반을 철폐하는 목표를 가지고 있으므로 논리적으로 볼 때 이 목표, 즉 이 이념이 실현되기 시작하는 어떤 시기를 상정하고 있어야만 한다. 그런데 이 시기가 이미 시작되었고 그를 뒤이은 시기들이 이어지고 있다는 것은 이미 우리들의 민주주의적 발전과정에서 입증되었으며 이런 민주주의의 발전은 우리로 하여금 계급투쟁을 사회적 민주주의로 대체하고 그 속으로 흡수하도록 도와주고 있다."

그리고 스페인의 사회주의자 파블로 이글레시아스(Pablo Iglesias)는 최근 다음과 같은 얘기를 한 바 있다. "부르주아들은 그들이 어떤 색깔을 띠고 있든 상관없이 우리가 권력이 한때 사용하였던 것과 같은 수단, 즉 폭력행위와 유혈사태를 통해서 권력을 획득하려고 하는 것이 아니라 문명에 적합한 합법적인 수단을 통해서 권력을 획득하려고 한다는 사실을 명심해야 한다"(『포어베르츠』, 1898년 10월 16일자). 이와 비슷한 맥락에서 영국 독립노동당의 대표적 기관지인 『레이버 리더』(Labour Leader)는 파리 코뮌에 대한 폴마어의 견해에 두말 없이 동의를 보내고 있다. 그러나 그렇다고 해서 누구도 이 신문에 대해 그것이 자본주의와 자본가적 당파들에 대한 투쟁에서 온건하다고 비난하지는 못할 것이다. 사회주의적 경향을 띤 영국 노동민주당의 또 다른 기관지 『클래리언』(Clarion)은 붕괴이론에 대한 내 논문의 일부를 발췌, 게재하여 그것에 찬성의 사를 표명하면서 다음과 같은 주석을 덧붙이고 있다.

"참된 민주주의의 완성,――이것이 내가 확신하는 바 우리가 수행해야 할 가장 당면의 본질적 과제이다. 그것은 우리의 십 년 동안의 사회주의 투쟁이 가르쳐준 교훈이다. 그것은 내가 가진 모든 정치적 지식과 경험으로부터 얻어진 이론이다. 사회주의가 실현되기 위해서는 먼저 민주주의 국민이 만들어져야 하는 것이다."

4. 사민당의 당면 과제

> 그리하여 그녀의 현실 그대로가 그녀에게 드러나리라.
> • 실러, 『마리아 슈튜아르트』(Maria Stuart)

한 정당의 과제는 많은 요인들에 의해서 결정된다. 즉 그것이 활동하는 영역에서의 경제적, 정치적, 지적, 도덕적 발전의 일반적 수준, 그리고 자신과 같은 편 혹은 반대 편에서 움직이는 다른 정당들의 성격, 자신의 의도대로 사용할 수 있는 수단들의 성격, 또 특히 자신의 일반적 목표와 그런 목표에 도달하기 위한 최선의 방법에 대한 자신의 견해와 관련된 주관적 이데올로기적 요인들 등이 바로 그런 것들이다. 첫번째 요인에서 각 나라들간의 차이가 얼마나 큰지에 대해서는 이미 잘 알려져 있다. 산업발전의 수준이 거의 비슷한 나라들 사이에서도 우리는 매우 현저한 정치적 차이와 일반대중의 정신적 성향에서의 커다란 상이점들을 발견하게 된다. 지리적 위치의 특수성, 대중의 생활에 깊이 뿌리를 내리고 있는 관습들, 전래되고 있는 제도들과 온갖 종류의 전통 등이 이데올로기의 차이를 만들어내는데, 이 이데올로기는 산업발전의 영향을 매우 느리게 받는다. 사회주의 정당들이 아무리 처음에 똑같은 조건에서 활동을 시작한다 하더라도 시간이 흘러가면 이들은 불가피하게 그들의 활동을 그 나라의 특수한 조건들에 맞추어나가게 될 것이다. 따라서 어떤 시점에 우리는 모든 나라에 적용하도록 요구하는 사민당 정책의 일반적 원칙을 세울 수는 있지만 모든 나라에 똑같이 적용될 수 있는 행동강령을 만들 수는 없다.

앞 절에서 얘기한 바와 같이 민주주의는 여러 모로 생각되고 있는 것보다 훨씬 더 중요한 사회주의의 전제이다. 그것은 단지 수단일 뿐만 아니라 실체이기도 한 것이다. 일정 수준의 민주적 제도와 전통이 없었다면 오늘날의 사회주의 이론도 있을 수 없었을 것이며 노동운동은 있어도 사민당은 존재할 수 없었을 것이다. 근대 사회주의 운동과 그 이론적 내용은 사실상 프랑스 대혁명을 통해서 보편적 타당성을 획득하게 된 법률개념이 산업 노동자들의 임금 및 노동시간 운동에 미친 영향의 산물이라고 할 수 있다. 물론 그런 법률개념이 아직 존재하기도 전에 원시 기독교와 결합된 인민공산주의(Volkskommunismus)[35]가 있었던 것처럼 이런 권리의 개념 없이도 노동자들의 운동은 있을 수 있을 것이다.

그러나 이 인민공산주의는 매우 모호한 것이었고 반쯤 신비적인 것이었으며 노동운동도 그런 법률제도와 법률개념——그런데 이것들은 적어도 대부분이 자본주의 발전의 필연적인 부산물이다——의 토대가 없다면 내용이 없는 것으로 되어버릴 것이다. 이것과 거의 유사한 모습을 보여주고 있는 것이 오늘날 동양의 여러 나라들의 경우이다. 이들 나라에서 정치적인 권리를 갖지 못한 채로 미신과 부족한 교육 속에서 자라난 노동자 계급들은 일시적으로 폭동을 일으키기도 하고 소규모로 저항집단을 형성하기도 하지만 그러나 결코 사회주의 운동을 발전시키지는 못할 것이다. 일시적으로 폭동을 일으키는 노동자들을 사회주의자들로 만들기 위해서는 상당한 정도의 안목과 매우 발전된 권리의식이 필요하다. 그래서 정치적인 권리와 학습은 어디에서나 사회주의 행동강령에서 중요한 자리를 차지한다.

지금까지 얘기한 것은 완전히 일반적인 것들이다. 왜냐하면 사회주의 행동강령의 각 개별 항목들을 일일이 평가하는 것은 이 책의 계획에 포함되어 있지 않기 때문이다. 특히 독일 사민당의 '에어푸르트 강령'에서 제시하고 있는 당면 요구들과 관련하여 나는 이 강령의 개정을 특별히 제안할 생각이 전혀 없다. 어떤 사민당원이라도 마찬가지이겠지만 나도 모든 것을 똑같이 중요하다고 생각하거

---

35) 옛날에 내가 반복적으로 겪은 일(아마도 다른 사람들도 틀림없이 겪었을 것이다)로서 다음과 같은 일이 있었다. 즉 선동집회가 끝날 무렵이면 사회주의 얘기를 처음 들은 노동자나 수공업자가 나에게 다가와서 내가 말한 것이 모두 성서에 있는 얘기라고 하면서 그 구절까지 하나하나 지적해 주기도 했던 것이다.

나 똑같이 합목적적이라고 생각하지는 않는다. 예를 들어 내가 보기에 오늘날과 같은 조건 아래서 재판이나 법률구조를 무보수로 하는 것은 단지 제한적인 범위 내에서만 권장될 필요가 있다고 생각된다. 물론 돈이 없는 사람들이 자신들의 권리를 추구할 수 있도록 하는 예방적인 장치들은 갖추어져야 하겠지만 오늘날 소유와 관련된 그 많은 소송들을 모두 국가의 비용으로 떠넘기고 변호사들을 완전히 국가가 책임지는 것까지는 당장 필요한 사안이 전혀 아니라고 생각된다. 그러나 오늘날 입법하는 사람들이 제각기 다른 여러 가지 이유로 그런 예방장치들에 대해서 전혀 알려고 하지 않기 때문에, 그리고 사회주의적 입법은 법률제도의 완전한 개혁이나 새로운 법률기구(예를 들어 공업재판소)의 설립에 의해서만 이루어질 수 있을 것이기 때문에, 앞으로 추구되어야 할 발전의 지침으로서 위에서 말한 법률 부문의 무보수화에 대한 요구는 그대로 강령 속에 남겨두어도 좋을 것이다.

현재와 같은 형태의 강령의 요구가 과연 합목적성을 갖는지에 대한 의구심을 나는 이미 1891년 당시 토론에 부쳐졌던 강령초안에 대한 내 논문 속에서 분명하게 밝힌 바 있으며 거기에서 나는 어느 어느 구절들이 '과도하거나 부족하다'(『노이에 차이트』, IX, 2, 821쪽)라고 구체적으로 설명한 바 있다. 이 논문은 당시 카우츠키와 내가 강령 문제에 대한 공동작업으로서 작성한 일련의 논문들에 속하는 것으로 이들 일련의 논문 가운데 처음 3편의 논문은 거의 전적으로 카우츠키의 작업으로 이루어진 것이고 네번째 논문이 나에 의해서 작성된 것이다. 여기에서 나는 이 논문 가운데 당시 사민당의 실천과 관련하여 내가 주장하던 입장을 잘 보여주는 두 문장을 여기에서 인용하고자 한다. 이 문장들은 그 이후 내 견해가 어느 정도 바뀌었는지, 혹은 바뀌지 않았는지를 아마도 보여줄 수 있을 것이다.

"모든 실업자의 생계를 정부의 재정으로 책임지도록 요구하는 것은 일자리를 찾을 수 없는 사람뿐만 아니라 아예 일자리를 찾으려 하지 않는 사람들에게도 정부의 금고를 비워주는 것을 의미한다. ……모든 것을 영원히 국가의 책임으로 미루어버리는 것이 능사가 아니라는 것을 아는 데에는 굳이 무정부주의자가 되지 않아도 된다. ……우리는 근대 프롤레타리아가 비록 가난하기는 하지만 그러나 빈민은 아니라는 기본원칙을 분명히 해 두고자 한다. 바로 이 차이점 속에 모든 세계가 존재하며 우리 투쟁의 본질과 우리의 승리의 희망이 존재한다."

"'인민군을 상비군으로 대체'하는 모형 대신에 '상비군을 인민군으로 대체'하는 모형을 우리가 제안하는 이유는 다음과 같다. 즉 이 모형은 목표를 분명히 하고 있으면서 동시에 상비군의 해체가 전혀 불가능한 현재의 조건 아래서 사민당이 군대와 인민 사이의 대립을 가능한 한 최소화할 수 있는 일련의 조치들, 즉 예를 들어 특별 군법회의의 폐지나 병역기간의 단축 등과 같은 조치들을 자유롭게 요구할 수 있도록 해주기 때문이다"(819, 824~825쪽).

상비군이냐 인민군이냐 하는 문제는 최근에 다시 활발한 논쟁의 대상이 되고 있으므로 여기에서 이 문제에 대하여 몇 가지 점을 짚어두고자 한다.

우선 내가 보기에 이 문제는 위에서 표현하고 있는 개념들로 제기되는 것이 잘못된 것이라고 생각된다. 그것은 정부군이냐 인민군이냐로 표현되어야 한다. 그렇게 표현되어야 이 문제의 정치적 측면이 처음부터 명확하게 드러나는 것이다. 즉 군대가 지배계급의 도구인지 아니면 국민의 무장보호막인지, 그리고 군대가 최종명령을 왕으로부터 받는지 아니면 인민의 대표들로부터 받는지, 또 군대가 선서를 국민의 꼭대기에 앉아 있는 사람에게 해야 하는 것인지 아니면 헌법과 인민의 대표에게 해야 하는 것인지가 명확하게 드러나는 것이다. 모든 사민당원들이 이 물음에 대해 어떤 답을 할지는 의심의 여지가 없이 명확하다. 물론 인민의 대표기구가 사회주의적이지도 않고 헌법이 민주적이지도 않아서 인민의 대표에게 복종하는 군대가 때때로 소수파를, 혹은 실제로는 다수이지만 의회 내에서만 소수를 차지한 사람들을 억압하는 데 동원될 수도 있을 것이다.

그러나 무장하고 있는 사람들이 바로 국민의 일부라는 점을 감안할 때 그런 가능성을 완전히 배제할 수 있는 특별히 좋은 방안은 존재하지 않는다. 이른바 '전체 인민의 무장'이라는 방법도 내가 생각하기에는 오늘날과 같은 기술조건 아래서 조직적으로 무장된 군사력에 대항하기에는 비현실적인 방어장치에 불과하다. 또한 바로 그런 군사력을 구성하는 데 이미 인민이 자유로운 의사를 행사할 수 없다면——이것은 이미 오늘날 일반적 병역의무제도로 인해 실제 그렇게 되고 있다——언제나 양 측면 모두로부터, 즉 억압하는 군대나 억압받는 인민 모두로부터, 애꿎은 희생이 발생할 수밖에 없는 것이다. 만일 오늘날 전체 인민의 무장이 필요하다면, 그것은 정치적 이유 때문에 결코 승인되지 않을 것이며 만일 그것이 승인될 수 있다면 이미 그것이 쓸모 없게 되었기 때문일 것이다. 그래서 나는 강력하고 용감한 사람들을 키워내는 것을 매우 바라긴 하지만 전체 인민의 무장은 내가 사회주의적으로 바라는 바가 결코 아니다. 다행히 우리는 무력을 사용하지 않고 정치적 차별을 해소해 나가는 방법에 점차로 익숙해지고 있다.

지금까지 얘기한 것이 문제의 정치적인 측면이다. (군사훈련, 복무기간 등) 기술적인 측면에 관해서는 나는 완전한 판단을 내릴 만큼 충분한 전문가가 아니라는 점을 밝혀두고자 한다. (혁명전쟁이나 해방전쟁과 관련하여) 급조된 군대들을 두고 얘기했던 지난날의 예들은 조건이 완전히 바뀌어버린 오늘날과 같은 전쟁들에서는 그대로 적용될 수 없으며 최근 그리스-터키 간의 전쟁이나 스페인-

미국 간의 전쟁에서 의용군들을 통해서 얻어진 새로운 경험들도 마찬가지로 독일의 경우에 곧바로 적용하기에는 내가 보기에 별로 가능성이 없어 보인다. 왜냐하면 설사 내가 우리나라에 대한 '러시아의 위험'이 대개 과장된 것이며 그 위험이 매우 적은 것임에도 불구하고 사람들이 굳이 그것을 계속 찾으려 한다는 생각을 가지고 있다 할지라도 나는 인구의 대다수가 정치적으로 무능하고 매우 무지한 농민들로 이루어진 그런 나라가 이웃나라에 대해서 언제나 하나의 위험일 수 있다는 사실을 인정하기 때문이다. 그러므로 위에서 말한 전쟁들의 경우 전쟁은 될 수 있는 한 신속하게 적국으로 옮겨서 거기에서 치러야 한다는 것을 의미한다. 왜냐하면 근대 국가에서 전쟁을 자기 나라 안에서 치른다는 것은 이미 절반은 패배한 것이기 때문이다. 그래서 문제는 의용군이 전쟁을 그렇게 치를 수 있을 만큼의 전투준비와 경계태세 그리고 단결력 등을 제대로 갖추고 있는지 혹은 그렇게 되기 위해서 얼마만큼의 훈련기간을 필요로 하는지에 달려 있는 것이다.

이 점과 관련하여 우선 내가 분명하게 말할 수 있는 것은 젊은이들에게 적절한 군사교육을 실시하고 획일적인 군사문화의 잔재와 유습을 제거하는 데 국방력에 조금의 손상도 주지 않으면서 군복무기간을 현저하게 단축하는 것이 틀림없이 가능하다는 사실이다. 물론 그러기 위해서는 이때 군수뇌부를 구성하고 있는 사람들의 호의가 중요하게 작용하겠지만 이런 호의에 대해서도 이미 인민의 대표기구는 군사비에 대한 압력을 행사함으로써 그런 호의를 끌어낼 수 있게 되어 있다. 공장입법의 경우와 마찬가지로 이 경우에도 복무기간의 단축을 강행하게 되면 낡은 사고방식을 가진 사람들이나 특수한 이해에 얽매인 사람들이 현재 '불가능하다'고 얘기하고 있는 많은 것들이 비로소 가능하게 될 것이다. 따라서 만일 우리가 공격과 방어 모두에 대비할 수 있는 국방력이 중요하다고 생각하는 한 군대의 정치적 지위를 반드시 변화시키는 것과 함께 가장 중요한 문제는 인민군이냐 아니냐 하는 문제가 아니라 독일이 그 주변 국가들에 비하여 국방력이 크게 뒤지는 일이 없게 하면서 복무기간을 처음에 그리고 단계적으로 나중에는 어느 정도로 단축시킬 수 있을 것인가 하는 문제인 것이다.

그런데 사민당은 노동자 정당으로서 그리고 평화주의 정당으로서 국방력의 유지에 대해 어떤 이해관계를 가지고 있는가? 여러 관점에서 보건대 이 물음에 대해서 아니라고 대답하려는 경향이 있다는 점은 분명하다. 특히『공산당 선언』에 있는 "프롤레타리아에게는 조국이 없다"라는 구절을 떠올리면 그것은 더욱 그러하다. 그러나 이 구절은 아무런 권리도 없이 공공생활로부터 완전히 배제되어 있던 1840년대의 노동자들에게 해당하는 말이며 사민당의 영향으로 노동자들이 갈수록 프롤레타리아에서 점차 시민으로 되어가는 오늘날에는 비록 국민들간의 상호교류가 엄청나게 확대되긴 했으나 오히려 대부분 그 타당성을 이미 잃었거나 혹은 점차로 잃어가고 있다. 노동자들은 그들이 국가와 지방자치단체 내에서 똑같은 권리를 가진 유권자들로 되고 그렇기 때문에 국민적 공동재산의 공동소유자들로 되며, 또한 그들의 어린이를 사회가 교육시키고 그들의 건강을 사회가 지켜주며, 그들에 대한 부당한 대우로부터 사회가 그들을 보호해 줌에 따라서 그들은 조국을 가지게 될 것이며 세계시민으로 되지는 않게 될 것이다. 이는 마치 각 국민들이 서로 아무리 가깝게 교류한다 하더라도 각자의 독자적인 생활을 계속 꾸려나갈 수밖에 없는 것과 마찬가지이다. 만일 어느 날 모든 사람이 똑같이 하나의 언어로만 말하게 된다면 매우 편리할 것처럼 보일 것이다. 하지만 그렇게 되면 어떤 자극이나 어떤 정신적 즐거움의 원천도 함께 인간의 미래에서 사라져버릴 것이다. 각 국민들의 구분이 완전히 없어지는 것은 결코 아름다운 꿈이 아니며 인간의 미래에 실현되리라고 기대할 수 있는 것도 아니다. 그러나 어떤 다른 거대한 문명국가가 그 자립성을 잃는 것이 바람직하지 않은 것과 마찬가지로 국민적 문화를 형성하는 데 상당한 역할을 수행해 왔고 또 지금도 수행하고 있는 독일 국민이 세계 인민공동체 속에서 사라져버린다는 문제도 사민당에게 전혀 무관심한 일이 될 수는 없는 것이다.

오늘날 우리는 사민당에 의한 정치권력의 획득을 흔히들 말하고 있으며 현재 독일에서 사민당이 도달해 있는 세력 수준을 감안한다면 적어도 가까운 장래의 어떤 정치적 사건을 통해서 사민당이 결정적인 역할을 수행할 수 있으리라는 것도 결코 불가능한 일이 아니다. 그러나 바로 그렇게 되었을 때 이웃나라 국민들이 아직 그렇게 정권을 획득하지 못하고 있는 상황에서 만일 그들이 그들의 권력을 유지하기 위해서는, 즉 그들이 계급이해와 국민적 이해를 함께 확실히 지켜내는 과제를 달성할 수 있을 만큼 성장해 있다는 것을 보여줌으로써 그들이 주도적인 정당 내지는 주도적인 계급이 될 수 있다는 능력을 입증하기 위해서는 사민당은 영국의 독립당이나 프랑스 혁명에서의 자코뱅당과 마찬가지로 민족(국민)주의적으로 되어야만 할 것이다.

나는 조금도 국수주의적인 감정 없이 이 말을 하고 있으며 실제로 그런 감정을 가질 동기도 이유도 가지고 있지 않다. 오히려 나는 단지 사민당이 그런 상황에서 깨닫고 있어야 할 의무에 대한 객관적인 연구의 입장에서 이 얘기를 하고 있다. 내가 보기에 오늘날 국제주의는 그 어느 때보다도 고양되어 있으며 그것이 위에서 내가 얘기한 논지들에 의해서 어떤 방식으로든 부인되고 있는 것은 아니라고 생각한다. 사민당은 교의적인 선전이나 사회주의적 실험문제에 국한해서만 비로소 민족주의 정책 문제에 대해 완전히 비판적 입장을 견지할 수 있게 될 것이다.

그러나 정치적 행동이란 이미 그 자체 비사회주의 세계와의 타협이며 따라서 처음부터 사회주의적 성격을 갖지 않은 조치들을 필요로 한다. 그러다가 시간이 흘러감에 따라서 국민적(민족주의적)인 것은 사회주의적인 것으로 되어가는데, 이는 지방자치제도의 경우에서도 우리가 이미 보았던 바이다. 그래서 오늘날 민주적 국가의 사회주의자들은 스스로를 즐겨 민족주의자라고 부르며 또 사회화라는 표현에 매이지 않고 토지의 국유화라는 등등의 말을 주저 없이 하고 있는 것이다. 그리고 사실 사회화란 말은 국유화란 말보다 훨씬 더 모호한 말이며 국유화보다 더 나은 말이라기보다는 그것의 임시변통에 가까운 말이기도 하다.

지금까지 나는 사민당이 현재의 조건 아래서 **대외정책** 문제에 관하여 취해야 할 입장에 대해서 원칙적인 부분을 밝힌 셈이다. 노동자들은 아직 완전한 권리를 가진 시민은 아니지만 국민적 이해와 무관할 정도로 그렇게 아무런 권리도 없는 것은 아니다. 그리고 사민당도 아직 권력을 획득한 것은 아니지만 이미 일정한 정도의 의무를 져야 할 정도의 권력적 지위에는 이미 도달해 있다. 그래서 사민당이 내뱉는 말들은 매우 신중하게 취급받는다. 현재의 군대 사병들의 구성과 무력사용에 대한 도덕적 평가가 전혀 불확실하다는 점을 감안하건대 연방정부가 만일 사민당을 직접적인 적으로 삼아 전쟁을 벌이려고 한다면, 그는 전쟁을 벌이기 전에 적어도 열 번은 신중하게 생각을 거듭할 것이다.

사민당은 그 유명한 총파업을 벌이지 않고도 평화를 위하여 비록 결정적이지는 않더라도 매우 중요한 성명을 발표할 수 있으며 인터내셔널의 지난번 결의에 따라 이런 그의 행동이 필요하고 또 가능할 때마다 언제든지 힘 있게 실행할 것이다. 사민당은 또한 자신의 강령에 따라 독일과 다른 나라와의 분쟁이 발생하여 쌍방간에 직접적인 타협의 여지가 없을 때 양국간의 견해 차이를 해소하기 위한 중재 역할에 나설 수도 있다. 그러나 만일 영국이나 프랑스 혹은 러시아의 국수주의자들이 이런 중재조치들을 거부한다면 사민당도 장래나 혹은 현재의 독일의 이해를 지키는 것을 포기하는 편에 서게 되지는 않을 것이다. 독일의 입장에서 국민 전체의 복지와 무관하고 오히려 거기에 해롭기만 한 개별 집단들의 특수한 편향이나 이해와 관련된 것만 아니라면, 그리고 사실상 중요한 국민적 이해가 걸린 문제일 경우라면 단지 국제주의 때문에 사민당이 외국의 이해당사자들의 요구에 순순히 따를 이유가 전혀 없을 것이다.

이것은 전혀 새로운 견해가 아니며 마르크스와 엥겔스, 라살이 대외정책 문제에 대하여 썼던 거의 모든 글들의 기초가 되고 있는 생각들을 단지 요약한 것에 지나지 않는다. 그리고 이것은 결코 평화를 위협하는 태도를 권장하고 있는 것도 아니다. 오늘날 각 나라들은 그렇게 쉽게 전쟁에 참가하지 못하며 또 단호한 입장을 취하는 것이 경우에 따라서는 지속적인 순종보다는 오히려 평화에 더 이로울 수도 있다.

유럽의 세력균형론은 오늘날 많은 사람들에게 이미 한물 간 것으로 생각되고 있으며 옛날 형태 그대로는 사실 맞는 말이기도 하다. 그러나 내용을 약간 바꾸면 세력균형은 여전히 국제분쟁 문제를 해결하는 데 중요한 역할을 수행한다. 아직도 때때로 어떤 조치를 둘러싸고 그 조치의 실행을 위해서 혹은 그 실행을 저지하기 위해서 열강들간에 강력한 연합이 이루어지는 것이 문제로 떠오르기도 한다. 그런 경우에 대해 발언권을 확보하는 것은 내가 보기에 독일 연방정책의 정당한 과제로 생각되며 이에 상응한 조치를 원칙적으로 반대하는 것은 사민당의 과제범위를 넘어서는 것으로 생각된다.

하나의 예를 들어보기로 하자. 교주만(膠州灣)의 조차(租借)는 당시 독일 사회주의 신문들에게 매우 나쁜 비판을 받고 있었다. 이 비판 가운데 조차가 이루어진 조건들과 관련된 부분은 사민당 신문들의 당연한 권리이자 의무이기도 했다. 그리고 중국을 분할하는 정책을 도입하거나 촉진하려는 것에 단호히 반대하는 것도 정당한 일이었다. 왜냐하면 중국의 분할은 독일의 이해와 아무런 관계도 없는 것이기 때문이었다. 그러나 몇몇 신문들이 여기에서 더 나아가 당이 어떤 일이 있더라도 그리고 끝까지 교주만의 조차를 반대해야만 한다고 주장한 데 대해서는 나는 전혀 찬성을 보낼 수 없다.

독일 국민들은 중국이 분할되고 독일이 중국의 일부를 할양받는 것에 아무런 이해도 가지고 있지 않다. 그러나 독일 국민들은 중국이 다른 나라들의 약탈대상이 되지 않는다는 것에는 커다란 이해관계를 가지고 있으며 중국의 무역정책이 어떤 한 열강세력이나 여러 열강들의 연합세력의 이해에 종속되지 않는 것에도 커다란 이해를 가지고 있다. 말하자면 중국과 관련된 모든 문제에 독일이 결정적인 발언권을 가지느냐에 대해서는 커다란 이해를 가지고 있는 것이다. 중국과 독일 간의 무역은 이러한 이의제기권을 필요로 한다. 그런데 교주만의 조차가 독일에게 바로 그런 이의제기권을 보장하고 강화해 주는 수단이라면——그리고 조차가 바로 그런 이의제기권의 확보에 도움이 된다는 사실에 대해서는 반론을 제기하기 어려울 것이다——내가 보기에 사민당이 이에 끝까지 반대해야 할 이유는 없다고 생각된다. 조차가 이루어진 방법과 그 과정에서 수반된 미사여구들을 제하고는 이것이 독일의 외교정책에서 그렇게 나쁜 예는 아니었던 것이다.

여기에서 중요한 것은 중국 내에서 그리고 중국과의 자유무역의 확보문제였다. 왜냐하면 교주만의 조차가 이루어지지 않았더라도 중국은 점차 자본주의 경제에 더 깊이 끌려들어갔을 것이며 러시아도 자신의 부동항 확보정책을 계속하여 결국 만주지방의 항구들을 점령해 나갔을 것이 틀림없기 때문이다. 따라서 문제는 여러 사건들이 연달아서 하나씩 결말을 지어감으로써 중국이 점차 러시아에 예속되어 가는 것을 독일이 그냥 조용히 앉아서 보고만 있어야 하는 것인지, 아니면 사후적으로 사태를 비난하는 것에 만족하지 않고 평상시에도 언제나 중국에서 일어나는 일들에 자신의 영향력을 발휘할 수 있는 지위를 확보해 둘 것인지의 선택에 있었던 것이다. 그런 점에서 교주만 조차는 그것에 대한 성명이 어떻게 발표되었든 실질적으로는 중국에서의 독일의 미래의 이해를 위한 시민권의 획득을 의미하는 것이었으며 그런 점에서 사민당도 자신의 원칙을 조금도 훼손하지 않고 그것을 승인할 수 있는 것이었다.

그러나 사민당이 독일의 외교정책 결정에서 아무런 책임도 없는 경우에는 정책에 대한 적극적인 지지는 전혀 문제가 될 수 없을 것이며 단지 소극적인 입장의 근거에 대한 정당성만이 문제로 될 것이다. 교주만 조차와 같은 그런 정책이 인민 대표기구의 심의도 거치지 않고 원래 얘기되던 것과는 다른 목적으로 사용되지 않는다는 보장이 없다면, 다시 말해서 장래의 큰 이익을 포기하고 목전의 조그만 이익을 얻기 위한 수단으로 사용되지 않는다는 보장이 없다면, 그리고 앞서 말했던 중국에 대한 독일의 외교적인 시민권이 보장되지 않는다면 사민당은 정부의 외교정책 조치에 대한 책임을 나누어질 수 없을 것이다.

이처럼 외교정책 문제에 대하여 사민당이 취해야 할 입장과 관련하여 여기에서 지금까지 논의한 준칙들은 기존에 사민당이 실제로 보여왔던 행동들과 그대로 일치한다. 그렇지만 이런 준칙들이 근본적인 현실적 전제조건들 속에서 당내에 지배적으로 만연해 있는 사고방식들과 어느 정도 일치하고 있는지는 여기에서 자세하게 설명할 수 없다.

전체적으로 볼 때 이런 문제들에서는 전통이 우리가 생각하는 것보다 훨씬 더 큰 역할을 수행한다. 이미 달성된 변화에 대해서는 매우 적은 비중만을 두는 것이 진보적인 정당들의 속성이다. 이들의 주안점은 아직 변화가 이루어지지 않은 것들에 향하고 있는데 이것은 일정한 목적(목표의 설정)을 위해서는 전적으로 정당하며 유용한 경향이다. 그러나 이런 경향에 지나치게 집착하게 되면 그런 정당들은 이미 그 전제들이 크게 변화해서 더 이상 유효하지 않게 된 전통적인 판단들을 필요 이상으로 오랫동안 고집하는 관습에 쉽게 빠져버린다. 그들은 이런 변화들을 아예 지나치거나 과소평가해 버리며 관련된 사실들 전체에 근거하여 그 판단이 이제는 잘못된 판단이 되어버린 것은 아닌지에 대한 의문을 제기하기보다는 어떻게든 그런 판단이 옳게 보이는 사실들만을 열심히 찾아내는 데에 더욱 주력한다.

이런 정치적 선험주의는 식민지 문제를 다루는 데서도 종종 그 모습을 드러내고 있는 것으로 보인다.

원칙적으로 사회주의나 노동운동에서 새로운 식민지를 얻느냐 못 얻느냐 하는 문제는 오늘날 전혀 상관없는 문제이다. 식민지를 확대하는 것이 사회주의의 실현을 가로막는다는 생각은 궁극적으로 사회주의의 실현이 전체 유산자들의 숫자가 점차 줄어들고 대중의 빈곤이 증가함으로써 이루어진다고 생각하던 완전히 낡아빠진 옛날 이론에 근거해 있다. 전자의 경향이 동화 속의 일이 되어버렸다는 것은 이미 앞 절에서 얘기되었으며 후자의 빈곤화 이론도 이제는 상당히 일반적으로 포기되었다. 그것은 온갖 논리적 추론을 거치지 않더라도, 즉 대충의 해석만 하더라도 알 수 있는 일이다.[36] 그러나

---

36) 이런 대충의 해석의 예로 쿠노의 붕괴론에 대한 논문을 들 수 있다. 마르크스가 『자본』 제1권의 끝부분에서 자본주의적 생산이 진행되면서 '대중의 빈곤이 증가한다'라고 말하고 있는 것에 대해서 쿠노는 이것을 '그냥 노동자들의 경제적 상태가 절대적으로 후퇴하는 것으로' 이해해서는 안 되며, "지속적인 문화적 발전에 비하여 노동자들의 사회 전체의 경제적 상태가 후퇴한다는 뜻으로만, 즉 일반적인 문화적 욕구의 증가와 생산성의 향상에 비해서 상대적으로 후퇴한다"는 뜻으로 이해해야 한다고 말하고 있

설사 그런 생각이 옳다고 하더라도 오늘날 독일과 관련된 식민지들은 혹시 일어날지도 모를 붕괴를 단 1년이라도 저지시킬 수 있을 만큼 본국의 사회적 상태에 곧바로 영향을 미칠 수 있는 그런 상태에 있지 못하다. 그런 점에서 독일 사민당은 독일 제국의 식민지 정책에 대해서 조금도 두려워할 필요가 없을 것이다. 바로 그렇기 때문에, 즉 독일이 획득한 식민지들이 (그리고 앞으로 획득될 가능성

다. 말하자면 빈곤의 개념은 고정된 것이 아니라는 것이다. "'고용주'보다 훨씬 교육수준이 낮은 어떤 범주에 속한 노동자에게 이상적인 상태라고 생각되는 것이 정신적으로 '고용주'보다 아마도 우월한 다른 범주의 고학력 노동자에게는 그가 분노하면서 반항해야 할 정도의 '빈곤과 억압'으로 비쳐질 수도 있는 것이다"(『노이에 차이트』, XVII, 1, 402~403쪽).

그러나 유감스럽게도 마르크스는 이 구절에서 단지 대중의 빈곤과 억압이 증가한다고 얘기했을 뿐만 아니라 '노예상태와 타락, 그리고 착취'도 함께 증가한다고 얘기하였다. 우리는 이 뒷부분의 얘기들도 모두 위에서 해석했던 것과 같은 의미로——단지 상대적인 의미로만——그렇게 이해해야 하는 것일까? 도대체 일반적인 품위의 상승에 비해 단지 상대적으로만 타락한다는 의미에서의 노동자의 타락이란 것이 어떤 것일까? 나는 그런 개념에 동의할 수 없으며 그것은 쿠노도 아마 그럴 것이다. 아니다, 마르크스는 이 구절을 완전히 적극적인 개념으로 표현하고 있다. 즉 자본주의의 운동과정에서 발생하는 **모든** 이익을 '**탈취**'하는 '자본가 부호들의 수는 **지속적으로 감소**'하고 '대중의 빈곤과 억압'은 증가한다(『자본』, 제1권, 제24장, 7). 붕괴론은 이런 대립적 개념에 기초할 수는 있으나 아무 사무실이나 아무 위계적인 조직에서나 흔히 볼 수 있는 정신적으로 열등한 상사에 대한 도덕적인 빈곤에 기초할 수는 없는 일이다.

사족을 하나 든다면 내가 보기에 그나마 괜찮다고 생각되는 부분은 쿠노가 여기에서 갑자기 완전히 서로 다른 사회적 개념을 가진 상이한 범주의 노동자들을 등장시킴으로써 붕괴론의 기초가 되는 그 문장을 그래도 현실과 어느 정도 화해시킬 수 있었다는 점일 것이다. 그것이 바로 '영국 노동자'들이 아닌가?

이 있는 식민지들도 포함하여) 발전하기까지는 상당히 오랜 시간이 요구되고 따라서 이들 식민지가 독일의 사회적 관계에 중요한 영향을 미치리라는 것은 앞으로 상당 기간 동안은 불가능할 것이라는 바로 그런 이유 때문에 독일 사민당은 식민지 문제를 아무런 선입견 없이 다룰 수 있게 된 것이다.

식민지의 영유가 독일의 정치적 관계에 미치는 영향도 마찬가지로 별로 문제가 되지 않는다. 예를 들어 해양 국수주의는 의심의 여지가 없이 식민지 국수주의와 밀접한 관련이 있으며 그것으로부터 어느 정도 도움을 받고 있기도 하다. 그러나 독일이 식민지의 획득을 생각하기 훨씬 오래 전에 이미 자체 해군을 갖추고 있었던 것에서 알 수 있듯이 식민지 국수주의가 없이도 해양국수주의는 존립할 수 있다. 그렇지만 어쨌든 이런 양자간의 관련성이 식민정책에 대한 근본적인 투쟁을 정당화하는 데 가장 중요한 근거가 된다는 점은 인정해야만 한다.

만일 그렇지 않다면 식민지의 획득에서 언제나 그 가치와 전망이 엄격하게 검토되어야 하고 또 원주민에 대한 보상과 대우 그리고 기타의 행정문제들을 예민하게 통제해야 할 이유는 있겠지만 그런 획득 자체를 처음부터 기피해야 할 것으로 간주할 이유는 없을 것이다. 현재의 정부 체계로부터 주어진 자신의 정치적 지위 때문에 사민당은 이 문제에서 비판적 입장 이외의 다른 입장을 취할 수 없다. 그리고 독일이 오늘날 식민지를 필요로 하는가에 대한 문제에서는 대체로 앞으로 더 획득하게 될 식민지에 관한 한 사민당은 당연히 부정적인 입장을 취하게 될 것이다. 그러나 미래도 우리에게 자신의 권리를 가지고 있다. 만일 우리가 현재 독일이 매년 상당히 많은 양의 식민지 생산물들을 수입하고 있다는 점을 고려한다면 우리는 언젠가 적어도 이들 생산물의 일부를 독일의 자체 식민지로부터 수입하는 것이 바람직하다고 생각되는 시기가 올 수 있다는 점도 말해야만 할 것이다. 우리는 독일의 발전속도가 매우 빠르다고 생각할 수도 있지만 다른 대부분의 나라들이 사회주의로 이행하기까지에는 아직도 매우 오랜 시간이 필요하리라는 사실을 부인할 수 없을 것이다. 그리고 만일 열대 농산물을 즐기는 것이 비난받아야할 일이 아니라면 그런 작물을 경작하는 일도 비난받을 수 없을 것이다.

여기에서 결정적으로 중요한 것은 할 것인가 말 것인가의 여부가 아니라 어떻게 할 것인지의 방법에 대한 것이다. 유럽인들에 의한 열대지방 나라들의 점령이 반드시 원주민들의 생활의 즐거움을 침해하는 것이 될 필요는 없으며 지금까지 대체로 그런 경우도 별로 없었다. 게다가 야만인들이 스스로 점유하고 있는 토지에 대해 가지고 있는 권리는 매우 제한된 것으로만 인정될 수도 있다. 여기에서는 최악의 경우에도 보다 고급의 문화가 보다 높은 권리도 갖는다. 토지의 이용권에 대하여 역사적으로 주어진 이름은 토지의 정복이 아니라 토지의 경작이다.[37]

지금까지 얘기한 것이 내가 보기에 식민지 정책에 대해 사민당이 취해야 할 입장으로 적당하다고 생각되는 기본적인 시각이다. 그런데 사민당이 이런 시각을 갖는다 하더라도 그것이 사민당의 득표에 실질적으로 눈에 띌 만큼의 변화를 가져오지는 못할 것이다. 그렇지만 다시 반복해서 얘기하건대, 여기에서 중요한 것은 어떤 경우에 어디에 투표를 하였는가만이 중요한 것이 아니라 이런 투표의

---

[37] "하나의 사회 전체, 하나의 국민 전체, 그리고 같은 시기에 존재하는 모든 사회들을 하나로 합쳐서 생각하더라도 이들 중 어느 누구도 토지의 소유자는 아니다. 이들은 단지 토지의 점유자들이며 또한 토지를 이용하는 자들일 뿐이며 그들은 훌륭한 가장으로서 토지를 개량하여 다음 세대에 물려주어야만 한다"(마르크스, 『자본』 제3권, 2부, 309쪽).

근거가 무엇인가 하는 점이다.

사민당 내에는 국민적 이해를 옹호하는 어떤 입장도 모두 국수주의로 간주하여 그것을 프롤레타리아 국제주의와 그 계급정책을 훼손시키는 것으로 간주하는 사람들이 있다. 일찍이 도멜라 니벤호이스(Domela Nieuwenhuis)가 베벨의 그 유명한 선언, 즉 러시아측으로부터 침략이 있을 경우 사민당은 독일을 수호하기 위하여 자신의 당원들을 동원할 것이라고 했던 그 말을 국수주의로 규정하였던 것처럼 최근 벨포르 박스(Belfort Bax)도 베벨과 비슷한 말을 했던 하인드먼(H. M. Hyndman)을 무분별한 애국주의라고 비난하였다.[38] 자기 나라의 이해를 어디까지 옹호해야 정당하고 어느 정도를 넘어서면 그것이 사이비 애국주의로 되어버리는지 그 경계선을 정하는 것이 언제나 쉬운 일이 아니라는 점은 인정되어야 한다. 그러나 이 경계선의 한쪽 측면에 대한 과장을 막는 수단이 다른 측면을 보다 더 과장하는 것이 아니라는 것은 틀림없다. 오히려 그것을 위해서는 문명국가들의 민주주의에 대한 여러 생각들을 서로 활발하게 교환하도록 하고 평화를 위해서 활동하는 모든 요소들과 조직들을 지원하는 것이 더 나을 것이다.

여기서 우리는 다시 당강령의 당면의 요구문제로 돌아가도록 하자. 이들 요구 가운데 당의 선동활동과 의회주의 활동에 관련된 몇몇 부분은 지금까지 아예 의사일정에 잡히지도 않거나 잡힐 경우에

---

38) 하인드먼은 영국이 자신의 식량수송을 보호하기 위하여 어떤 적들의 연합에도 이길 수 있는 강력한 함대를 필요로 한다는 점을 단호하게 주장하였다. "우리가 자유로운 국민으로 생존할 수 있을지의 여부는 우리가 해상권을 장악할 수 있느냐에 달려 있다. 이것은 오늘날 어떤 다른 국민들도 얘기해 줄 수 없는 우리 자신들만의 문제이다. 우리 사회주의자들은 군비확대에 대해 당연한 반대자들이긴 하지만 이 사실은 인정하지 않을 수 없다"(『저스티스』(Justice), 1898년 12월 31일자).

도 단지 부분적인 개정의 형태로만 잡혀왔는 데 반해, 다른 부분들은 강령에서 요구된 목표보다 훨씬 더 앞서 나아가고 있다. 예를 들어 강령에서는 14세 이하의 아동에 대해서는 생계노동을 금지하고 있는데 1897년의 취리히 노동자보호대회에서는 아동의 생계노동 금지 최저연령을 15세로 명시하고 있으며 많은 사회주의자들은 그것도 아직 모자란다고 생각하고 있다.

그러나 현재와 같은 조건 아래서 이런 강령내용의 확장을 하나의 개선으로 간주할 수는 없다고 나는 확신한다. 만일 청소년의 육체에 무리가 가지 않게 충분한 시간을 놀이와 오락과 교육에 할애할 수 있을 만큼의 범위에서 노동시간을 제한한다면 청소년에 대한 생산적 노동의 최저연령을 14세로 낮춘다 하더라도 그것이 그렇게 나쁠 이유가 없으며 따라서 그것을 일반적으로 반대해야 할 필요도 없을 것이다. 단지 이때 문제가 되는 것은 전적으로 노동의 성격과 조건이 될 것인데 그것은 오늘날 법률에서 이미 원칙적으로 어떤 산업 부문에서는 청소년의 고용을 완전히 금하고 또 다른 어떤 산업 부문에서는 허용되는 일일 노동시간을 엄격하게 규정하는 방식으로 이미 승인하고 있다. 나는 청소년 보호의 합리적인 발전을 이런 법률의 정비와 교육제도의 완성으로 간주하며 단순히 산업노동에 대한 제한연령의 기계적인 상승으로는 보지 않는다.

이 문제가 교육 문제와 관련이 있다는 것은 일반적으로 인정되고 있는 일이다. 청소년 노동 문제는 그것이 충분한 성과를 얻으려면 학교로부터 출발하고 또 학교 문제와 결부되어 다루어져야만 한다.[39] 만일 산업노동이 건강유지와 학교교육의 정신적 윤리적 과제

---

39) 『어떻게 이룰 수 있을 것인가』라는 책 속에서 영국의 엔지니어이자 사민당 연합의 회원인 존 리처드슨(John Richardson)은 사회주의 실현을 위한 한 계획을 밝히고 있다. 그 계획에 따르면 21세까지는 의무교육이 실시되고

를 해칠 경우에는 금지되어야 하겠지만 의무교육연령을 벗어난 사람들에 대한 온갖 산업노동과 관련된 금지조항들은 단연 반대되어야 할 것이다. 이 문제에 생산의 제한이나 노동자들간의 경쟁과 같은 경제적인 고려사항을 개입시키는 것은 완전히 잘못된 일이다. 반대로 생산적 노동, 혹은 좀더 분명하게 표현해서, 사회적으로 유용한 노동은 교육적으로 매우 높은 가치를 가지고 있으며 따라서 이미 그 자체만으로는 투쟁대상으로 간주하기 어렵다는 생각을 오늘날 갖는 것은 상당히 맞는 얘기이다.

오늘날 이미 강령 속에 들어 있는 요구들을 더 높이는 일보다 훨씬 더 중요한 일은 당강령을 **보충**하는 일이다. 이 점과 관련하여 실제로 많은 문제들이 의사일정에 상정되어 왔는데, 이 문제들은 강

이 교육기간중 학생들의 생활비는 완전히 무상으로 되어 있다. 단 학생들은 14세부터는 매일 4시간씩, 19세부터는 매일 6시간씩의 생산노동에 종사하도록 되어 있다. 이것과 그 밖의 몇 가지 점에서도 드러나고 있듯이 이 계획은 언제나 철저하게 합리적인 원칙들에 입각해 있어서 각 사안들의 경제적인 난점들에 대해서는 상당히 과소평가하고 있다. 저자는 이렇게 말하고 있다. "하나의 사회개혁이 성공을 거두기 위해서는 다음과 같은 조건들을 지켜야 한다. 첫째, 그것은 가능한 것이어야 한다. 즉 그것은 인간의 본성을 현재의 상태 그대로 감안해야 하며 그것의 바람직한 미래의 형태를 감안해서는 안 된다. 둘째, 그것은 사회제도의 폭력적이며 급격한 변화를 시도해서는 안 된다. 셋째, 실행은 점진적으로 이루어져야 하지만 그 결과는 언제나 직접적이며 확실한 것이어야 한다. 넷째, 일단 도입되고 나면 그것의 효과는 지속되어야 하며 자동적으로 작동해야만 한다. 다섯째, 그것이 실시되는 과정이 정당한 원칙 아래서 이루어져야 하며 그것의 실현이 형평성의 원리와 어긋나서는 안 된다. 여섯째, 그것은 신축적이어야 한다. 즉 끊임없이 확대되고 변형되고 보완되어야 한다"(『어떻게 이룰 수 있을 것인가, 혹은 건설적 사회주의』(*How it can be done, or Constructive Socialism*)[London, The Twentieth Century Press]).

령을 작성할 당시 일부는 사민당이 특별하게 다루기에는 아직 지나치게 먼 장래의 문제로 간주되었던 것들이며 또 일부는 그 유효성이 그다지 크지 않다고 생각되었던 것들이다. 이런 문제에 해당되는 것이 바로 **농업 문제**, **지방자치단체 정책 문제**, **협동조합 문제** 그리고 여러 가지 **산업법률 문제** 등이다. 그러나 에어푸르트 강령이 발표된 이후 8년 동안 사민당이 이룩한 급속한 성장과 독일 국내정치에 미치는 사민당의 영향력, 그리고 다른 나라들에서의 경험들 등을 감안할 때 이들 모든 문제는 이제 좀더 적극적으로 연구될 필요가 있게 되었으며 그럼으로써 강령작성 당시에 이들 문제와 관련하여 지배적이던 많은 견해들은 근본적으로 수정을 받게 되었다.

먼저 **농업 문제**에 대해서 살펴본다면 농민경제를 몰락이 예정된 것으로 간주하는 사람들까지도 이런 몰락이 이루어지기까지 소요되는 시간에 대한 견해를 대폭 바꾸었다. 사민당이 지켜야 할 농업정책을 둘러싸고 진행된 최근의 논쟁에서는 이 시간 문제에 대해서 아직도 상당히 큰 의견의 차이가 그대로 드러나기는 했지만 그러나 원칙적으로 논쟁은 사민당이 농민 그 자체에 대하여, 즉 자립적인 농업 기업가로서의 농민에 대하여 이들이 자본주의에 대항하도록 과연 후원자 역할을 해줄 것인지의 여부와 만일 한다면 어느 정도까지 할 것인지로 좁혀져 있다.

이 문제는 제기하기는 쉽지만 대답하기는 쉬운 것이 아니다. 대다수의 농민들은 비록 임노동자는 아니지만 그럼에도 불구하고 노동하는 계급에 속한다는 사실, 즉 이들의 생존은 단지 소유권 증서나 출생의 특권으로부터 지켜지는 것이 아니라는 사실 때문에 처음부터 임노동자 계층에 가까이 서 있다. 또한 이들은 독일 내에서 인구의 상당히 많은 부분을 차지하고 있어서 매우 많은 선거구에서는 이들의 투표에 의해 자본가 정당과 사회주의 정당 간의 승리가 결정되고 있다. 만일 사민당이 본질적으로 단지 노동조합 운동을 정

치적으로 보완하기만 하는 그런 의미에서의 노동자 정당으로 남고
자 하지 않았고 또 지금도 그렇지 않다면 적어도 대부분의 농민들
이 자기 후보자들의 승리에 관심을 갖도록 주의를 기울여야 할 것
이다. 이처럼 농민들의 관심을 끌기 위해서는 대다수 소농들의 경
우 그들에게 가까운 장래에 그들의 상태를 개선시킬 수 있다는 전
망을 보여주고 그들의 어려움을 직접적으로 덜어줄 수 있는 조치들
을 위해서 노력함으로써만 비로소 지속적으로 가능할 것이다. 그러
나 이런 목표를 지향하는 조치들의 입법은 많은 경우 소농과 중농
사이의 차별을 둘 수 없을 뿐만 아니라 적어도 간접적으로나마 '기
업가'로서의 그들에 대한 지원과 시민이자 노동자로서의 농민에 대
한 지원을 구분해서 실시할 수가 없다.

　이 점은 특히 카우츠키가 『농민계층의 중립화』(*Die Neutralisierung
der Bauernschaft*)라는 제목으로 출판한 농업 문제와 관련된 자신
의 저서 말미에서 간단하게 요약하고 있는 사회주의 농업정책 강령
에서 잘 드러나고 있다. 카우츠키는 사민당이 정권을 획득하고 난
이후에도 농민 소유지의 폐지를 서둘러 추진해야 할 이유가 전혀
없다고 분명하게 지적하고 있지만, 그러면서도 기업가로서의 농민
을 의도적으로 유지시킨다는 의미에서 '농민보호'를 목표로 하는
그런 정책을 지지하거나 그런 요구를 제안하는 데는 단호하게 반대
하고 있다. 그는 농업공동체의 부담을 낮추고 그것의 수입원을 증
가시킬 수 있는 각종 개혁안을 제안하고 그런 개혁안을 지지해야
한다고 주장하고 있다.

　그런데 이런 개혁안은 일차적으로 어떤 계급에게 이익이 되는 것
일까? 카우츠키 자신의 설명에 따르면 그것은 바로 농민이다. 왜냐
하면 카우츠키가 자신의 책 다른 곳에서 강조하고 있듯이 농촌에서
는 아무리 보통선거권이 주어진다고 해도 농업 프롤레타리아가 자
치단체의 업무에 상당한 영향력을 행사하기는 어렵기 때문이다. 그

렇게 하기에는 농업 프롤레타리아는 너무 고립되어 있고 너무 낙후되어 있으며 또한 그들을 통제하는 소수의 고용주들에게 너무 예속되어 있다. "거기에서는 지주들의 이해를 반영하는 것 이외의 자치단체 정책이란 생각할 수도 없는 것이다." 또한 "자치단체가 운영하는 근대적인 농업이나 마을공동체가 경영하는 대규모 농업 협동조합도 생각할 수 없다"(『농업문제』, 337~338쪽). 만일 카우츠키의 이 말이 맞다면 '대지주의 수렵장을 농업공동체에 편입'시키고 '교육, 빈민구제, 도로건설 등에 들어가는 비용들을 국비화'하는 것 등의 조치들은 명백히 농민들의 경제적 상태를 개선하게 될 것이고 따라서 그들의 소유를 보장하는 것이 됨으로써 실질적으로 농민 보호조치로서 작용하게 될 것이다.

이런 농민 보호조치들은 내가 보기에 두 가지 전제만 갖추어진다면 주저할 필요가 없이 도입해도 된다고 생각된다. 첫째 조건은 그것과 함께 농업 노동자에 대한 강력한 보호조치를 취하는 것이고, 둘째 조건은 바로 첫째 조건의 실현을 위한 예비조건이기도 한 것으로 정부와 지방자치단체에 민주주의가 확립되어 있는 것이다.[40]

---

40) 여기에서 나는 이 문제와 관련된 행정상의 기술적인 문제들은 감안하지 않고 있다. 이들 단체 가운데 한 단체(국가)에는 이들 조치에 대한 재원조달의 의무를 부과하고 다른 한 단체(지방자치단체)에는 그 조치들에 대한 무제한의 처분권을 부여한다면 그것은 분명히 불합리한 일일 것이다. 정책의 재원을 조달하는 기관인 국가는 지방자치단체의 지출에 대한 재정적인 통제권을 상당 부분 행사하여야 할 것이며 또는 지방자치단체가 제시된 목적을 달성하기 위한 비용 가운데 적어도 일부분을 스스로 부담함으로써 지출이 정해진 목적과 달리 사용될 경우 자치단체도 그 부담을 나누어 지도록 해야 할 것이다. 내 견해로는 이런 문제들에서 국가는 재정적으로 단지 부수적으로만 책임을 지고 주된 재원조달의 책임은 지지 않아야 한다고 생각된다.

카우츠키도 이 두 가지를 모두 상정하고 있다. 그러나 카우츠키는 민주화된 농촌 공동체에서의 농업 노동자들의 중요성을 과소평가하고 있다. 농업 노동자들이 그가 앞의 책에서 말한 것처럼 그렇게 무력한 경우는 완전히 외부와 교류가 없는 그런 공동체들에 속해 있을 때뿐인데, 이런 공동체들은 그 수가 갈수록 줄어들고 있다. 일반적으로 말해서 농업 노동자들은 오늘날 이미 자신의 이해를 상당히 자각하고 있으며 이런 경향은 앞으로 보통선거권이 주어진 상태하에서 더욱더 그러할 것으로 생각되는데, 이에 대해서는 카우츠키도 많은 자료들을 제시하고 있다.

그 밖에 많은 자치단체들에서는 농민들 사이에서도 갖가지 이해 대립이 있으며 또한 촌락공동체들에 속해 있는 수공업자들과 소규모 상인들은 많은 사안들에서 농민 귀족들보다는 농업 노동자들과 이해를 같이하고 있다. 이런 모든 점을 감안하건대 농업 노동자들이 그들만의 힘으로 나름대로 결속되어 있는 '반동적 대중'들과 대적하게 되는 일은 극히 드문 경우일 것이다. 그것보다는 오히려 시간이 지나감에 따라 농촌 공동체에서도 민주주의를 통해서 사회주의의 내용이 실현되어 나갈 것임에 틀림없을 것이다. 나는 민주주의가 교통수단의 대변혁이 일으키는 영향과 결부되어 농민경제의 기술적 변화는 물론 농업 노동자의 해방을 위한 강력한 원동력이 될 것이라고 생각한다.

사실 카우츠키의 강령이 주안점을 두고 있는 것은 농업 노동자들에 대한 보호규정을 확대 강화함으로써 부르주아 민주주의적 요구를 농업 부문에 그대로 적용하고자 하는 것이다. 앞서 미리 말해 두었듯이 이것은 내가 그를 비난하려는 말이 결코 아니다. 또한 나는 카우츠키가 직접 명시적으로 표현하지 않은 것은 하나도 말하지 않고 있다. 카우츠키는 자신의 강령에 대해서 사민당의 농업강령이라는 제목을 붙여서는 안 된다고 말하면서 그 이유를 다음과 같이 밝히고 있다. 즉 농업 자치단체들에서의 농업 노동자들을 위해 그가 제시한 요구들은 한편으로 이미 사민당의 노동자 보호요구들과 당면한 정치적 요구들 속에 근본적으로 포함된 것이며 또 다른 한편으로 임야와 수자원 관리를 국유화하자는 요구를 제외하고는 그 요구들 모두가 '단지 사소한 조치들'에 불과한 것으로서 이미 다른 나라들에서는 부분적으로 실시하고 있는 것들이며 이들 조치들에 대한 사민당의 입장이 다른 정당들과 구별되는 점이라곤 사적 소유에 대항하는 사회 전체의 일반적 이해를 고려하고 있다는 점뿐이기 때문이라는 것이다.

그러나 어떤 강령을 사민주의적인 것이라고 할 수 있느냐 없느냐 하는 것은 각 개별 요구들의 효과에 의해서 결정되는 것이 아니라 이들 요구의 전체적인 성격과 효과에 의해서 결정된다. 사민당이 제시할 수 있는 당면의 요구들은 무엇보다도 현재의 조건에 맞는 것이어야 하고 또한 그 요구 속에 사민당이 추구하는 사회제도의 방향으로 계속 발전할 수 있는 단초가 들어 있어야 한다는 것을 조건으로 하고 있다. 하지만 이런 종류의 요구들 가운데 사민주의 노선에 있지 않은 다른 정당들이 제시할 수 없거나 제시하지 않을 그런 요구들은 하나도 없다. 이 사실만 보더라도 모든 부르주아 정당들이 반드시 원칙적으로 반대할 그런 요구란 현실적으로 있을 수 없는 것이다. 다른 한편 사민당은 현재의 경제관계나 권력관계 아래서는 현재의 소유관계와 권력관계를 해체시키는 것이 아니라 더욱 공고하게 만드는 그런 요구를 그것이 다른 조건 아래서는, 즉 보다 앞으로 선진화된 단계로 접어들면 생산을 사회주의적으로 전환할 수 있는 원동력이 될 수 있으리라는 이유로 제시할 수는 없다. 이런 요구 가운데 카우츠키가 조심스럽게 검토한 후에 포기해 버린 것으로 예를 들어 저당토지의 국유화 요구가 있다. 그것은 오늘날 사민당에게 전혀 문제가 되고 있지 않다.

　나는 이미 얘기했듯이 카우츠키의 강령에 대해서 원칙적으로 완전히 동의하기 때문에 그것의 개별적인 사항들을 모두 시시콜콜 다룰 생각은 없다. 그러나 이런 개별적인 사항들과 관련하여 몇 가지 점은 그냥 넘어가기 어려운 부분이 있다고 생각한다. 이미 앞에서 얘기한 것이지만 내가 보기에 사민당이 오늘날 농촌 주민들에게 충족시켜야 할 주요과제들은 크게 세 가지 범주로 나누어진다.

　첫째는 아직도 남아 있는 봉건적 토지소유의 잔재들과 그것들의 지지기반들에 대한 투쟁과 지방자치단체들에서의 민주주의를 위한 투쟁이다. 그것은 카우츠키가 말했던 신탁유증(Fideikommisse), 개인영지, 수렵특권 등의 폐지를 위한 투쟁과 같은 것을 의미한다. 카우츠키가 쓴 「지역자치구들에서의 최대한의 완전한 자치의 실시를 통하여」라는 글 가운데 '최대한의 완전한'이라는 단어는 내가 보기에 적절하게 선택된 단어가 아닌 것 같으며 차리리 '민주적'이라는 말로 바꾸어 쓰는 것이 좋을 것이다. 우선 최상급의 표현은 거의 언제나 오해를 불러일으키는 법이다. '최대한의 완전한 자치'란 **모든 구성원**이 참여하는 집단에 해당되는 말이며 그것이 말하고자 하는 바를 표현하기에는 오히려 민주적 자치라는 말이 더욱 어울리는 것이다. 게다가 그것은 명령권을 포함하는 말이기도 한데, 이런 명령권은 자치단체의 절대주의를 의미하는 것으로서 결코 필요한 것도 아니고 건전한 민주주의를 위한 요구와 결부될 수도 없는 것이다. 자치단체 위에 서서 자치단체에게 특수한 기능을 부여하고 자치단체의 특수한 이해에 대하여 사회 전체의 일반적 이해를 대변하는 것이 필요하며 그것이 바로 국민적 단위의 일반적 입법이다.

　둘째는 농업 부문의 노동계급에 대한 **보호와 부담경감**이다. 이 항목에 해당되는 것은 좁은 의미에서의 노동자 보호이다. 피용자수칙법의 폐지, 여러 범주의 임노동자들에 대한 노동시간의 제한, 위생경찰, 교육제도, 그리고 소농들의 조세부담을 경감시키는 여러 조치

등이 바로 그런 것들이다. 노동자 보호와 관련하여 청소년 노동자들의 노동시간을 저녁 7시부터 다음날 아침 7시까지 금지시키자는 카우츠키의 제안은 내 생각에는 적절하지 않은 것 같다. 이것은 여름철에 시원한 아침시간의 노동을 가장 더운 한낮의 노동시간으로 옮기는 것을 의미하는데, 현재 이 한낮의 노동시간은 노동을 피하고 휴식하는 시간으로 대개 운용되고 있기 때문이다. 농촌에서는 일반적으로 여름에 일찍 일어나며 특히 수확기의 어떤 노동은 일찍 일을 시작하지 않으면 안 되는 것들도 있다.[41] 농촌에서는 공업 부문에서와 같은 방식으로 규정 작업시간이 지켜지지 않는다. 규정 작업시간이 지켜질 수 있는 유일한 방법은 카우츠키가 얘기했던 것처럼 1년 동안의 전체적인 작업순서가 확정되어 있는 일종의 작업계획을 수립하는 일인데, 이 작업계획은 날씨 등과 같은 다양한 요인들에 영향을 받는 계절노동의 특성을 고려해야 할 것이고 청소년노동은 물론 성인노동에 대해서도 허용가능한 최대노동시간의 평균을 기초로 해서 작성되어야 할 것이다. 그럴 경우 성인에 대해서는 8시간의 규정노동시간이 청소년에 대해서는 6시간의 규정노동시간이 적용되어야 할 것이다.

셋째는 소유권 절대주의에 대한 투쟁과 협동조합 제도의 촉진이다. 여기에 해당하는 요구로는 다음과 같은 것들이 있다. '(1) 토지의 분할과 토지의 겸병 금지, (2) 토지개량, (3) 전염병의 예방 등을 촉진하기 위한 토지소유권의 제한'(카우츠키), '이런 목적을 위해

---

41) 목초를 건조시키는 일이 바로 그런 일인데 여기에서 청소년 노동자들의 임무는 베어놓은 풀을 펼쳐 놓아서 낮 동안에 햇빛에 쪼여서 건조시키는 일이다. 우리가 만일 이들 청소년 노동자들에게 이 목초를 뒤집고 쌓는 노동 자체를 금지시키려고 하지 않는 한 그들에게 이 작업을 더운 여름철에는 대략 오전 6시에서 10시까지와 오후 4시에서 8시까지 하도록 허락하지 않을 수 없을 것이다.

설치된 재판소에 의한 과도한 임차료의 인하'(카우츠키), 자치단체에 의한 위생적이고 쾌적한 노동자주택의 건축. '입법에 의한 협동조합 결성의 간소화'(카우츠키), 강제수용에 의해 토지를 매수하여 이를 노동자 및 노동자 협동조합들에게 낮은 임차료로 임대할 수 있는 권한을 자치단체에 부여.[42)]

이 마지막 요구는 **협동조합** 문제로 이어진다. 그런데 이 문제에 대해서는 앞에서 협동조합의 경제적 가능성을 다룬 장에서 이미 얘기한 바 있으므로 여기에서는 짤막하게만 얘기해도 되겠다. 오늘날 중요한 것은 이미 협동조합이 있어야 되느냐 마느냐의 문제는 더 이상 아니다. 그것은 사민당의 희망과는 무관하게 이미 존재하고 있으며 앞으로도 존재할 것이다. 물론 사민당은 노동자 계급에 대한 자신의 영향력을 통하여 노동자 협동조합의 확산을 지연시킬 수 있을 것이다. 그러나 그렇게 하는 것이 사민당 자신은 물론 노동자 계급에 대해서도 아무런 도움이 되지는 않을 것이다. 게다가 당내에서 협동조합 운동에 공공연히 반대하면서 자본주의 사회 내에서는 사회주의적 협동조합이 존재할 수 없다고 주장하는 완고한 맨체스터 학파의 추종자들도 여기에 찬성하지 않을 것이다. 그래서 차라리 사민당이 권장해야 할 협동조합은 어떤 것이며 자신의 도덕적인 기준에서 볼 때 사민당이 지지해야 할 협동조합의 정책들은 어떤 것인지에 대해서 일정한 입장을 취하고 그것을 밝히는 것이 더 필요할 것이다.

그런 점에서 볼 때 이미 1892년 베를린 당대회에서 채택된 협동

---

42) 물론 많은 단서조항들이 있긴 하지만 영국의 새 지방행정법 속에는 이와 비슷한 조항이 포함되어 있다. 이 법률은 1894년 자유당 정부가 제안했던 원래의 초안에서는 매우 급진적이었지만 상원을 등에 업은 보수당의 반대에 부딪쳐 매우 후퇴해야만 하였다.

조합 제도에 대한 결의안은 불충분한 것이다. 왜냐하면 이 결의안에서 주목하고 있는 협동조합 형태는 공업 부문의 생산 협동조합뿐이며 그마나도 자본주의적 공장들에 대항하는 자립적인 경쟁기업으로만 간주하고 있기 때문에 이런 협동조합에 대해서는 당연히 매우 경직된 입장을 취할 수밖에 없기 때문이다. 그리고 그것의 경제적 가능성에 대한 얘기도 다른 형태의 협동조합적 기업에는 적용되지 않는다. 즉 그것은 소비 협동조합이나 소비 협동조합과 연계된 생산공장들에는 적용되지 않는 것이다. 마찬가지로 그것이 농업 협동조합에 대해서도 적용이 가능한지는 의문의 여지가 있다.

우리는 이미 모든 근대 국가의 농촌주민들 사이에서 신용 협동조합, 구매 협동조합, 낙농 협동조합, 작업 협동조합, 판매 협동조합 등이 얼마나 비약적으로 발전하고 있는지를 알고 있다. 그런데 독일에서는 이런 협동조합들이 대개 농촌에서의 '중산층 운동'을 대표하는 농민 협동조합들이다. 이들 농민 협동조합이, 자본축적이 가속화되는 것을 도와주는 이자율을 낮추는 기능을 수행함으로써 사실상 대규모 기업농에 대항하여 농민경영이 경쟁력을 갖추도록 도와주는 데 크게 기여하고 있다는 점은 부인할 수 없는 사실이다. 그러나 또한 이 농민 협동조합은 대부분의 경우 소부르주아적 자유주의자나 성직자, 반유태주의자 등과 같은 반사회주의 분자들의 온상이 되고 있기도 하다. 사민당은 오늘날 다른 정당보다는 사민당을 더 지지하는 많은 소농들이 이들 조합에 가입해 있음에도 불구하고 거의 어디에서도 이 조합에 별로 관심을 기울이지 않고 있다. 이들 조합의 입장은 주로 중농들에 의해서 좌우된다. 만일 사민당이 언젠가 협동조합 정책을 통해서 이들 소농과 중농계층에 대하여 강력한 영향력을 행사하고자 하는 희망을 가지고 있다면 사민당은 바로 그 기회를 놓치고 있는 것이다.

현재 사민당이 관심을 기울이고 있는 것은 농업 노동자나 영세

소농들의 협동조합뿐이지만 이런 형태의 협동조합은 아직 존재한 적도 없었고 아직 한 번도 시험된 적도 없다. 그러나 만일 우리가 존속가능한 농업 노동자들의 협동조합 조직이 이것의 결성을 방해할 만한 피용자수칙법이나 단결금지법 등이 전혀 없는 영국 같은 나라에서도 아직 가능하지 않다는 사실을 감안한다면, 그래서 우리 나라에서 앞으로 그것이 이루어질 전망은 매우 적은 반면 지대농지(Rentengüter : 정액지대를 납부하면 소유권이 부여되는 농지 - 옮긴이)나 기타 그와 비슷한 형태의 제도들을 통해서 농업 노동자들을 토지에 묶어두려는 온갖 가능한 수단들이 현재 사용되고 있다는 점을 감안한다면 우리는 사민당이 적어도 농업 노동자들에게 그들 자신의 힘으로 협동조합 제도를 이용할 수 있는 방법을 제시해야 하는 과제를 안고 있다고 말하지 않을 수 없다. 그것을 위해서 가장 중요한 요구는 바로 충분한 토지와 판로의 개척이다. 내가 보기에 첫번째 요구와 관련된 것이 바로 위에서 정식화시켰던 요구, 즉 공동체가 강제수용을 통해서 토지를 획득하고 값싼 조건에 그 토지를 노동자 협동조합에 임대하도록 하는 요구인데, 이는 민주주의의 발전을 통해서 가장 먼저 달성될 수 있는 것이다. 그리고 두번째 요구인 판로의 개척은 농업 노동자 협동조합이 자본가들의 불매운동과 싸워야 한다는 점을 감안한다면 도시 노동자들의 소비 협동조합이 이를 도와줄 수 있을 것이다.

그러나 농업 노동자 협동조합에 대한 이런 얘기도 아직은 탁상공론에 불과하다. 왜냐하면 민주주의가 아직 획득된 것이 아니라 앞으로 획득되어야 할 것이기 때문이다. 여기에서 오펜하이머가 제안했던 것과 같이 자조기금이나 개인자산에 의해 이 협동조합을 설립하는 것을 생각해 볼 수도 있겠다. 그러나 이것은 소비 협동조합의 설립과 마찬가지로 정당으로서의 사민당에게는 자신의 과제의 범위를 벗어나는 문제이다. 사민당은 정치적 투쟁정당이지 경제적인 실험을 수행하는 조직은 아니기 때문이다. 사민당의 과제는 노동자들의 협동조합 운동을 방해하는 법률적 장애요인들을 제거하고 이 운동을 실질적으로 촉진할 사명을 부여받은 그런 행정기구들을 바로 그런 목적에 맞게 개편하도록 투쟁하는 데 있다.

그렇지만 정당으로서의 사민당이 소비 협동조합을 설립하는 과제를 부여받지 않았다고 해서 이것이 사민당은 거기에 대해서 아무런 관심도 가져서는 안 된다는 것을 의미하는 것은 아니다. 걸핏하면 즐겨 얘기되는 바와 같이 소비조합은 결코 사회주의 기업이 아니다라고 하는 말은 오랫동안 노동조합에 대해서 그것이 비사회주의적인 것이라고 주장하는 데 사용되어 오다가 지금은 정반대로 그것을 사회주의적이라고 주장하는 데 사용되기 시작하는 바로 그 형식론에 기초해 있다.

어떤 노동조합이나 노동자 소비조합이 사회주의적이냐 아니냐 하는 것은 그것의 형식에 매달린 문제가 아니라 그것의 본질, 즉 거기에 불어넣어진 정신에 걸려 있는 문제이다. 이들 협동조합은 틀림없이 숲은 아니고 나무에 불과하지만 이 나무들은 실제로 그 숲을 이루고 그 숲의 매우 유용한 부분을 이루는 것들이다. 거칠게 얘기해서 그것은 **사회주의**가 아니다. 그러나 그것은 노동자 조직으로서 사회주의적 요소를 충분히 그 속에 간직하고 있어서 사회주의 해방을 위해서 매우 중요하고 반드시 필요한 원동력으로 발전할 수 있다. 그것은 만일 자신의 조직과 관리를 완전히 자기 수중에 장악하기만 하면 자신의 경제적 과제를 틀림없이 잘 해낼 수 있을 것이다. 많은 사회주의자들이 초기에 노동조합 운동에 대해서 느끼고 있던 부정적이고 심지어 적대적이기까지 하던 그 감정이 점차로 우호적인 중립감정으로 그런 다음에는 동질적 감정으로 변화해 갔던 것과 마찬가지로 소비조합도 아마 그렇게 될 것이며 부분적으로는 이미 그렇게 되어가고 있다. 여기에서도 역시 실천이야말로 가장 앞선 선구자이다.

혁명운동뿐만 아니라 모든 노동해방운동의 적들이 노동자 협동조합에 대해 선전포고를 함으로써 사민당은 이제 정당으로서 이들 협동조합을 돕기 위해 나서지 않을 수 없게 되었다. 그리고 협동조합이 정치적 노동자 운동으로부터 지적인 면이나 혹은 다른 면에서 힘을 빼앗아버릴지도 모른다는 두려움은 경험적으로 보아 전혀 근거가 없다는 것이 밝혀졌다. 일부 어떤 곳에서는 한때 이것이 그렇게 나타난 경우도 있었지만 장기적으로 보면 어디에서나 이것은 그 반대의 사실로 나타났다. 사민당은 노동자 소비 협동조합의 설립을 그 경제적 법률적 전제조건이 갖추어져 있을 경우에는 전혀 우려할 필요 없이 방관해도 되며 그들에게 충분한 호의를 베풀어서 그들의 발전을 촉진시키는 것도 좋을 것이다.[43]

단 하나의 관점에서만은 노동자 소비 협동조합은 원칙적으로 우려스러운 것으로 보일 수도 있다. 그것은 더 나은 것을 방해하는 것으로 간주될 수도 있는데, 이때 더 나은 것이란 거의 모든 사회주의 제도에서 얘기되고 있는 것과 같이 자치단체에 의해 재화의 생산과 배분이 이루어지는 조직을 말한다. 그러나 첫째, 민주적인 소비 협동조합은 해당 자치단체에 포함되는 모든 지역 구성원들을 포괄하기 위해서 별도의 근본적인 개편을 해야 할 필요가 없으며 단지 자신의 조직을 확대하기만 하면 되는데, 이는 바로 자신의 본래적인 경향과도 전적으로 일치하는 것이다(몇몇 소규모 지역들에서는 오늘날 소비 협동조합이 해당 자치단체의 주민 거의 모두를 조합원으로 가입시킨 경우가 이미 드러나고 있다).

둘째, 그런 생각이 실현된다는 것은 아직 먼 훗날의 이야기일 뿐

---

43) 그러나 보통 소비 협동조합에 대해서 상품가치를 인하하도록 허용하는 등의 촉진정책은 여기에 포함되어서는 안 될 것이다.

더러 거기까지 가기에는 아직 상당히 많은 정치적 경제적 변화와 중간 발전단계를 전제로 하고 있으므로 이것 때문에 노동자들이 소비 협동조합을 통해서 얻을 수 있는 당장의 이익들을 포기해 버린다는 것은 매우 불합리한 일일 것이다. 정치적인 자치단체에 한정해서 본다면 오늘날 중요한 것은 이 자치단체를 통해서 완전히 일반적인 사회 전체의 욕구를 어떻게 충족시킬 것인지에 대한 문제뿐이다.

그리하여 이제 우리는 마지막으로 사민당의 자치단체 정책 문제에 도달하였다. 이 문제도 오랫동안 사회주의 운동에서는 의붓자식 취급을 받아왔다. 예를 들어 한때 폐간되기도 했지만 매우 똑똑한 사람들에 의해서 편집되던 외국의 한 사회주의 신문에서 지방자치단체를 사회주의 개혁작업의 원동력으로 이용해야 하며 의회주의 활동에 영향을 미치지 않고도 자방자치단체를 통해서 사회주의적 요구를 실현시켜 나갈 수 있다고 주장하는 생각을 소부르주아적인 것이라고 비웃었던 일이 그렇게 오래된 일이 아니다. 그런데 그 신문의 주필이 지방사회주의를 배경으로 해서야 겨우 그 나라의 의회로 진출할 수 있었던 것은 참으로 운명의 장난이라고 할 수 있겠다. 이와 비슷하게 영국에서도 사민당은 지방자치단체라는 비옥한 토지에서 많은 성과를 올리고 난 후에야 자신의 대표자들을 의회에 진출시킬 수 있었다.

독일의 경우는 이와 좀 달라서 여기에서는 사민당이 지방자치단체에서 상당한 수의 대표자들을 확보하기 오래 전에 이미 의회에서 시민권을 획득하고 있었다. 그런데 사민당이 확대 발전해 감에 따라 지방자치단체 선거에서도 사민당은 점차로 성공을 거두어서 점점 사회주의적 지방자치단체 강령을 만들어야 할 필요성이 높아졌으며 그 결과 몇몇 주나 지방에서는 이미 그런 강령이 채택되고 있기도 하다. 가장 최근의 예로는 1898년 12월 27일과 28일 양일간에 걸쳐 브란덴부르크 지방의 자치단체 사회주의 대표자회의에서는 자치단체 선거를 위한 강령이 채택되었는데, 이 강령은 선거목적에 전적으로 부합하는 것이었고 어떤 점에서도 원칙적으로 비판받을 만한 부분은 하나도 없었다.

그러나 이 강령의 요구들은 실천강령에서도 마찬가지로 드러나고 있듯이 현재 자치단체에 부여되어 있는 권한의 범위 내에서만 가능한 것들로 제한되어 있으며 사회주의적 개념에 입각하여 자치단체가 마땅히 가져야 할 권리나 과제들을 둘러싸고 원칙적으로 입장표명을 하고 있지는 못하다는 한계를 가지고 있다. 그렇지만 이 문제에 대해서는 사민당이 일반적 지방자치강령을 통해서 몇 마디 언급해야 했을 것이다. 사민당은 자치단체를 **위하여** 무엇을 요구할 것인가, 그리고 사민당은 자치단체에 **대하여** 무엇을 기대하고 있는가?

'에어푸르트 강령'은 이 점과 관련하여 단지 다음과 같이 말하고 있다. 즉 강령은 '제국, 지방국가, 주, 자치단체 등에서의 인민의 자결 및 자치, 인민에 의한 행정관리의 선임'과 모든 선거에서 모든 성인들의 보통, 평등, 직접 선거권을 요구하고 있다. 그러나 이들 열거된 행정기구들간의 법률적 관계에 대해서는 강령은 언급하지 않고 있다. 의심의 여지가 없이 대다수의 대표자들은 필자와 마찬가지로 당시 이들 기구들이 열거되는 순서가 바로 그들의 법적 서열을 나타내는 것이며 따라서 분쟁이 발생하면 제국의 법률이 지방국가의 법률 위에 있다는 등의 방식으로 이해하고 있었을 것이 틀림없다. 그래서 이렇게 될 경우에는 예를 들어 자치단체에서의 인민의 자결권이라는 것이 부분적으로 유보되거나 제한될 수도 있게 될 것이다. 위에서 약간 자세히 언급되었던 것처럼 나는 지금도 사실상 국민적 단위의 법률이나 결정이 사회 내에서 최고의 판결을 이루어야 한다고 생각한다. 그러나 그것은 지방국가와 자치단체 간의 권리와 권한의 제약이 지금의 상태 그대로여야 한다는 것을 말하는 것은 아니다.

예를 들어 현재의 자치단체의 수용권은 상당히 제한되어 있어서 경제정책적 성격을 띤 모든 조치들은 지주들의 반대나 과도한 요구 때문에 시행되기 어려운 경우가 많다. 따라서 수용권의 확대는 지방자치 사회주의에서 가장 시급한 요구일 것이다. 그러나 절대적이고 완전히 무제한적인 수용권을 요구할 필요는 없다. 자치단체는 언제나 수용권을 발동할 때 다수의 무작위인 전횡으로부터 개인을 보호할 일반적 권리의 규정을 지켜야 할 의무를 져야 할 것이다. 보통법(allgemeine Gesetz)이 허용하는 소유권은 그것이 허용되는 경우와 허용되는 정도의 범위 내에서 어떤 자치단체도 이를 침해해서는 안 된다. 허용된 소유권을 아무 배상 없이 박탈하는 것이 몰수인데, 이것은 비상시의 조건(전쟁, 전염병)에서만 인정될 수 있다.[44]

---

44) 나는 이 생각을 이미 몇 년 전에 라살이 쓴 『기득권의 체계』의 발췌본에 대한 나의 서문에서 역설한 적이 있는데, 이 라살의 책은 그가 혁명적 법률을 실정법과 연계시키고자 해설한 것으로서 말하자면 혁명적 법률이 실정법을 충족시킨다는 것을 주장할 목적으로 쓴 책이다. 속물적인 생각이라고 비난받을 위험을 무릅쓰고 내가 단연코 얘기하고 싶은 것은 수용에 대한 생각은 그것이 단지 법률의 옷을 입었을 뿐인 사실상의 약탈이기 때문에——수용에 대해서 바레르(Barères)가 내리고 있는 규정을 인용할 필요도 없이——전적으로 비난받아야 할 것으로 보인다는 것이며 더욱이 그런 약탈은 순전히 경제학적으로 공리주의적인 관점에서도 비난받아야 마땅하다는 것이다. "이 경우——사회주의 사회로의 이행기——에는 기존의 소유특권에 대해 아무리 광범위한 침해가 이루어지는 것을 전제한다 하더라도, 그것은 마구잡이로 행사되는 무자비한 폭력이 아니라 비록 새롭고 초보적이라 할지라도 일정한 타당성을 갖는 법적 이념의 표현으로 나타나게 된다"(『라살 전집』, 제3권, 791쪽). 사회주의의 본래적인 법적 원리에 가장 맞는 수탈자에 대한 수탈이라는 형태는 조직과 제도에 의한 해체라는 형태를 가리킨다.

    따라서 사회주의적 자치단체 정책을 실현시키려면 사민당은 자치
단체를 위하여 선거권의 민주화와 더불어 자치단체의 수용권(이것
은 독일의 각 지방국가들에서 상당히 제한되어 있다)의 확대를 요
구해야 할 것이다. 그 밖에 행정권의 완전한 독립, 특히 국가권력으
로부터 독립된 경찰권을 요구해야만 한다. 사민당이 자치단체에 대
하여 요구해야 할 것은 **조세정책**이나 교육정책과 관련하여 본질적
으로는 이미 당의 일반강령에서 제시하고 있으며 브란덴부르크 강
령에는 몇 가지 부분에서 조금 확대되어 있는 정도이다(학교 급식
소의 설치, 학교 의사의 배치 등). 그리고 **자치단체가 운영하는 기업
과 공공서비스 부문을 완비해야 한다는 요구**와 자치단체의 **노동자 정
책**과 관련된 요구들은 오늘날 당연히 강령의 전면에 부각시킬 필요
가 있다. 전자의 사항과 관련하여 원칙적인 요구로 제시되어야 할
것으로는 자치단체주민 모두의 일반적 필요와 관련되어 있고 독점
적 성격을 갖는 모든 기업들은 자치단체가 직접 운영하도록 하고
그 밖의 자치단체는 자신의 주민들을 위한 활동의 범위를 지속적으
로 확대하는 방향으로 노력한다는 것이다.

    노동자 정책과 관련하여 자치단체에 대하여 요구되어야 할 사항으
로는 자치단체가 노동자들의 고용주로서 그 노동자들을 자신이 직
접 고용하였든 청부형태로 고용하였든 상관없이 해당 노동자들의
조직이 승인하는 임금 및 노동시간의 조건을 최소조건으로서 준수
하고 이 노동자들의 단결권을 보장한다는 것이다. 그러나 여기에서
지적해야 할 점은 설사 자치단체가 노동자들의 고용주로서 다른 민
간 기업에 비해 노동조건과 복지시설에 관해서 좋은 모범을 만들어
나가는 것이 옳긴 하지만 그렇다고 해서 사민당이 자치단체의 노동
자들을 위해서 과도하게 높은 조건을 요구해서 이들 자치단체 노동
자들이 같은 직종의 동료노동자들에 비해 지나치게 특권계층과 같
은 상태를 누리고, 자치단체가 민간기업에 비해 너무 비싼 생산비

용을 부담하게 하는 것은 근시안적인 정책일 것이다. 그것은 장기적인 관점에서 보면 자치단체의 이념을 부패시키고 약화시키는 결과를 가져올 것이다.

　근대 사회의 발전은 자치단체에 대해서 새로운 과제를 부여하고 있는데, 그것은 바로 지역 의료보험의 설치와 감독이다. 그리고 아마 여기에는 멀지 않은 장래에 폐질보험의 담당이 추가될 것으로 보이며 직업소개소와 노동법원의 설립도 부가될 것이다. 직업소개소와 관련하여 사민당은 최소한의 요구로서 그것이 노사 동수로 구성될 것을 보장하도록 요구하며 노동법원과 관련해서는 그것의 강제적인 도입과 그 권한의 확대를 요구한다.

　자치단체의 실업보험을 도입하려는 시도에 대해서는 사민당이 이를 정면으로 반대하지는 않겠지만 여전히 의심스러운 부분인데, 왜냐하면 사민당 내에서는 이 보험이 노동조합의 과제로서 더욱 적합하고 노동조합이 이를 더 잘 운영할 수 있다고 하는 생각이 지배적이기 때문이다. 그러나 이런 생각은 노동조합이 매우 잘 조직된 산업 부문에나 적용될 수 있는 얘기인데 불행히도 이런 산업은 아직 노동자 계급이 소수에 불과한 실정이다. 노동자 계급의 대다수는 아직 미조직 상태이며 또한 자치단체의 실업보험이 노동조합의 개입에 의해서 잘 조직되어 노동조합의 본래적인 기능을 손상시키지 않고도 이 실업보험을 촉진시킬 수 있게 될지는 의문스러운 일이다. 그러나 어쨌든 자치단체의 사민당 대표자들의 과제는 만일 그런 보험이 실시될 경우에는 모든 힘을 다해서 노동조합을 끌어들이도록 하는 데 있을 것이다.

　이처럼 지방자치사회주의는 전적으로 자신의 본질에 따라 우리가 앞 절에서 민주적 노동법이라고 얘기했던 그것을 만들거나 완전히 실현하기 위해서 반드시 필요한 원동력이다. 그러나 자치단체의 선거권이 계급선거권이라면 이런 지방자치사회주의는 온전한 것이 아닌 넝마조각에 불과할 것이며 또 그럴 수밖에 없을 것이다. 그런데 독일의 4분의 3 이상은 바로 이런 실정에 놓여 있다. 따라서 결국 자치단체가 크게 의존하고 있는 지방의회의 경우와 마찬가지로 다른 자치기구들(군, 주)의 경우에도 역시 우리가 당면하고 있는 문제는 사민당이 자치단체에 대해 적용되고 있는 계급선거제도를 철폐하고 그것의 민주화를 위해서 어떻게 투쟁할 것인지로 모아지는 것이다.

최근 사민당은 독일에서 언론과 출판을 통한 선전수단 이외에도 제국의회 선거권을 자신의 요구를 관철시키는 데 매우 유효한 수단으로 삼고 있다. 이 선거권의 영향력은 매우 커서 재산세 선거권이나 계급선거제도 때문에 노동자 계급이 접근하기 어려운 지방의회에도 영향력을 미치고 있는데, 이는 그 지방의회의 당파들도 제국의회 선거의 유권자들을 고려하지 않을 수 없기 때문이다. 만일 제국의회 선거권이 어떤 것으로부터도 침해받지 않고 안전하게 보호된다면 다른 자치단체에 대한 선거권 문제는 그것을 너무 가볍게 보는 것은 좀 잘못된 것이긴 하지만 그래도 종속적인 것으로 간주해도 무방할 것이다.

그러나 제국의회 선거권은 결코 안전한 것이 아니다. 물론 정부와 집권당들이 쉽게 선거권을 변경시키려고 결심하는 일은 없을 것이다. 왜냐하면 그들 스스로도 이미 얘기하고 있듯이 그런 조치는 독일 노동자 대중에게 증오와 분노를 불러일으킬 것이 틀림없으며 이 노동자들은 적당한 기회에 다양한 방식으로 이 감정을 그들에게 매우 불쾌하게 드러낼 것이기 때문이다. 독일에서 사회주의 운동은 매우 강력하고 독일 노동자들의 정치적 자의식은 매우 발전해 있기 때문에 사람들은 이들을 매우 정중하게 다루지 않으면 안 될 정도이다. 또한 보통선거권의 원칙적인 반대론자들의 대다수에게도 민중으로부터 그렇게 권리를 박탈해 버리는 것은 도덕적으로 약간 껄

끄러운 일이라고 생각될 것이다.

하지만 정상적인 조건 아래서 선거권의 축소가 혁명적 긴장과 함께 정부에 대한 온갖 위험을 불러일으킨다는 점을 감안할 때 다른 한편으로 독자적인 사회주의 입후보자의 당선이 매우 예외적으로만 가능할 수 있도록 선거법을 개정하는 것도 기술적으로 매우 큰 어려움을 불러일으키리라는 것은 두말할 필요가 없을 것이다. 여기에서 사태에 가장 결정적인 영향을 미치는 것은 단지 정치적 고려일 뿐이다. 그러나 이런 우려가 바람 앞의 먼지처럼 금방 날아가버릴 수 있는 상황도 존재한다는 점은 여기에서 자세하게 설명할 필요가 없는 것이며, 그런 사태가 발생했을 때 그것을 저지할 힘이 사민당 내에는 없다는 사실도 더욱이 말할 필요조차 없는 일이다. 물론 사민당은 어떤 돌발사태가 오더라도 절대 폭력적 충돌에 휩쓸리지 않겠다고 스스로에게 굳게 결심할 수도 있을 것이다. 그러나 사민당은 정치적으로 조직화되지 못한 대중을 어떤 조건 아래서나 그런 충돌로부터 통제할 수 있는 힘을 가지고 있지 못하다.

이런 이유는 물론 기타 다른 이유로 보더라도 사민당의 정책이 제국의회 선거권의 조건과 가능성에 대해서만 얽매여 있는 것은 별로 바람직한 일로 보이지 않는다. 그리고 이 문제도 사실 1890년과 1893년 선거에서 우리가 거두었던 승리만큼 그렇게 빠른 속도로 진전되는 것이 아니라는 것을 우리는 이미 위에서 살펴보았다. 사회주의를 지지하는 유권자들의 수는 1887년에서 1890년의 3년 동안에 87%가 증가하였고 1890년에서 1893년의 3년 동안에는 25%가 증가한 반면 1893년에서 1898년의 5년 동안에는 겨우 18%만 증가하였을 뿐이다. 물론 그 자체로 본다면 이것도 상당한 증가이긴 하지만 그것은 가까운 장래에 비약적인 증가를 예상할 만한 그런 증가는 결코 아닌 것이다.

그런데 사민당은 단지 선거권과 의회활동에만 의지하고 있는 것이 아니다. 사민당에게는 의회 바깥에도 매우 크고 풍부한 활동영역이 있다. 사회주의 노동운동은 비록 의회가 자기에게 닫혀 있다 하더라도 여전히 존재할 것이다. 이런 점을 가장 잘 보여주는 것이 바로 러시아 노동계의 활기찬 움직임이다. 그러나 만일 독일 노동운동에서 의회로의 진출이 봉쇄되어 버린다면 오늘날 노동운동 내의 다양한 조직들을 연결해 주고 있는 상당히 깊은 내적 관련들이 끊어져버릴 것이다. 그 결과 독일 노동운동은 무정부적인 혼돈상태로 빠져들어갈 것이며 중단 없이 꾸준하고 굳건하게 전진하는 대신에 필연적인 반동과 후퇴를 수반하면서 불연속적으로만 전진하는 운동으로 될 것이다.

독일 노동운동이 이렇게 발전해 가는 것은 노동자 계급의 이해에는 물론 사민당의 적들에게도 바람직한 것으로 보이지 않는다. 물론 사민당의 적들이 이런 생각을 할 수 있으려면 그들이 현재의 사회제도가 처음부터 영원히 변하지 않는 것으로서 만들어진 것이 아니라 변화의 법칙을 따르는 것이며 온갖 공포와 파괴를 동반하는 파국적인 발전을 피할 수 있으려면 단지 정치적 권리 속에 생산관계와 유통관계 및 계급진화에서의 변화를 담아냄으로써만 가능하다는 인식에 도달해 있어야 할 것이다. 그런데 이런 생각을 하는 사람들의 숫자는 꾸준히 늘어가고만 있다. 만일 사민당이 이제는 사실상 시대에 뒤져버린 낡은 수사학으로부터 벗어나서 그것이 오늘날 있는 그대로의 모습이면서 동시에 그렇게 되고자 원하고 있는 모습이기도 한 민주사회주의 개혁정당이라는 것을 밝힐 용기를 보여준다면 사민당의 영향력은 현재의 상태보다 훨씬 더 강력해질 것이다.

이 말은 이른바 혁명에 대한 권리를 포기한다는 것과는 관계가 없는 말이다. 왜냐하면 혁명에 대한 권리는 순수하게 추상적인 권리이며 어떤 헌법에도 명시적으로 기재되어 있지는 않지만 그렇다고 해서 세계의 어떤 법전에서도 금지할 수 없는 권리로서 우리가 숨쉬는 권리를 포기함으로써 자연법이 우리에게 죽음을 강요하는 순간까지 존속하게 될 권리이다. 성문화되어 있지도 않고 명시적으로 금지되어 있지도 않은 이 권리는 우리가 개량주의를 취한다고 해서 없어지는 것이 아니다. 이는 마치 우리가 인신 및 소유권 분쟁에 대한 법률을 제정한다고 해서 정당방위권이 없어질 수 없는 것과 마찬가지이다.

　그런데 현재의 사민당은 민주적이고 경제적인 개혁수단을 통해서 사회를 사회주의적으로 변혁시키려고 노력하는 바로 그런 정당과는 좀 다른 정당인가? 슈투트가르트 당대회에서 나에게 제기된 반론들에 따르면 그것은 아마도 그런 것 같다. 그렇지만 슈투트가르트에서 사람들은 내가 그 당대회에 보낸 서한을 사민당이 블랑키주의의 방향으로 흘러가는 데 대한 비판으로 해석했지만 사실 그 서한은 블랑키주의적 어조로 나에게 반론을 펴고 당대회가 나를 반대하는 결의를 하도록 부추긴 단지 몇몇 사람들만을 겨냥한 것이었다. 나는 이들 가운데 몇몇 사람들이 다른 일에는 매우 점잖고 또 객관적인 사람들이라 이들이 단지 나의 논문이 내 의도나 희망과는 전혀 엉뚱하게 불러일으킨 그 소요사태 때문에 일시적으로 호도되어 나에게 반론을 제기하고 그 파문 주장자들에게 동조했을 것으로 생각되어 이런 동조의 흐름이 극히 일시적인 현상으로 끝날 것으로 생각하였다. 특히 붕괴론에 대한 나의 반론에 대해서 쿠노가 제기한 반박문에 대해서는 그것이 일시적인 기분으로 씌어진 것으로밖에 달리 어떻게 간주할 수 있겠는가? 그는 1897년 봄에 이렇게 쓰고 있다.

　"우리는 아직 자본주의 발전의 최종목표에 도달하기에는 매우 먼 곳에 서 있다. 상업과 공업의 중심지에 살면서 생산의 엄청난 증가와 자유주의 시민계급의 몰락을 지켜보고 있는 우리는 아직 최종목표에 도달하기까지 남아 있는 거리와 거기까지 가는 것을 가로막고 있는 장애물들을 너무 마음대로 과소평가하고 있다. 자본주의가 너무 발전해서 스스로 파산할 지경에까지 도달함으로써 드디어 사회주의 경제형태를 위해서 충분히 성숙했다고 간주될 수 있을 만큼의 그런 발전수준에 도달한 나라가 도대체 어디에 있단 말인가? 영국? 아니다. 독일과 프랑스? 그것은 더더욱 아니다"(쿠노, 「동아시아에서의 우리의 이해」, 『노이에 차이트』, ⅩⅤ, 1, 806쪽).

슈투트가르트 당대회가 내 견해에 대한 반론을 아무리 적극적으로 채택하였다 하더라도 독일 사민당의 대다수는 블랑키주의적 도발의 영향을 받지 않으리라는 나의 확신은 변화시킬 수 없을 것이다. 오인하우젠(Oeynhausen)의 발언을 통해서 나는 당대회가 실제로 취했던 그런 태도 이외의 다른 태도를 취하리라고 기대할 수 없다는 사실을 알고 있었으며 이 점도 이미 나는 서한 속에서 분명하게 밝혔다.

오인하우젠의 발언은 상식을 벗어난 다른 많은 사람들의 발언과 마찬가지의 운명을 밟아나가서 어느 정도 공공연하게 정정되면서 구름을 보고 족제비라고 하는 식으로 되어갔다. 그러면 사민당은 슈투트가르트 당대회 이후 어떤 내용의 얘기를 하고 있는가? 베벨은 암살에 대한 자신의 강연에서 사민당이 폭력정책을 옹호하고 있다는 비난에 강력하게 반대하였는데, 모든 사민당 기관지들은 그의 이 연설에 박수를 보냈으며 어느 곳에서도 그에 대한 반대는 없었다. 카우츠키는 농업문제에 대한 자신의 글 속에서 사민당 농업정책의 기조를 논의하고 있는데 그의 논지는 민주적 개혁강령의 성격을 띠고서 브란덴부르크에서 결의되었던 자치단체강령과 마찬가지의 민주개혁의 성격을 띠고 있는 것이었다.

제국의회에서 사민당은 산업중재재판소의 도입을 강제화하고 이 재판소의 권한을 확대하는 데 찬성하였는데, 이 기구는 바로 산업

평화를 촉진하는 기구이다. 제국의회 내에서 사민당의원들의 모든
발언은 개혁의 색깔을 담고 있다. 클라라 체트킨(Klara Zetkin)이
'베른슈타인파'의 명맥을 완전히 끊어버렸다고 표현했던 바로 그
슈투트가르트에서 총회가 끝난 직후 이 지역 사민당은 부르주아 민
주당과 지방의회 선거를 위한 선거동맹을 맺었으며 뷔르템베르크의
다른 도시들에서도 슈투트가르트의 예를 뒤따랐다.

　노동조합 운동에서는 노동조합들이 줄을 이어서 실업구제제도의
도입으로 나아가고 있는데, 이 제도는 실천적으로 볼 때 완전한 단
결권의 후퇴를 의미하는 것이다. 또한 노동조합들은 사용자와 노동
자가 노사동수로 참여하는 자치단체 단위의 직업소개소의 설립을
찬성하고 있으며 다른 한편 여러 대도시들(함부르크, 엘버펠트)에
서는 사회주의자들과 노동조합원들이 소비조합의 설립을 추진하고
있다. 도처에서 이처럼 개혁을 위한 운동, 사회적 진보를 위한 운동,
민주주의를 쟁취하기 위한 운동이 벌어지고 있다. "사람들은 일상
적인 문제들을 하나하나 자세히 연구하고 이것의 토대 위에서 사회
발전을 사회주의의 방향으로 조금씩 전진시킬 수 있는 원동력과 그
출발점을 모색한다."――나는 바로 1년 전에 이 같은 글을 썼는데,[45]
이 말 가운데 한마디라도 고쳐야 할 만한 새로운 사실을 아직 발견
하지 못하였다.

　반복해서 말하거니와 만일 사민당이 현재의 자기 모습을 있는 그
대로 보이고자 결심하기만 한다면 사민당이 정치적 개혁을 달성할
수 있는 가능성은 그만큼 더욱 커질 것이다. 공포는 틀림없이 정책
의 한 중요한 요소이긴 하지만 공포의 촉발을 통해서 모든 것을 달
성할 수 있으리라고 생각하는 것은 틀린 생각이다. 영국 노동자들
이 선거권을 획득한 것은 차티스트 운동이 가장 혁명적이었던 때가

---

45)「사민당의 투쟁과 사회의 혁명」,『노이에 차이트』, ⅩⅥ, 451쪽.

아니라 혁명적인 슬로건을 내리고 급진적 부르주아들과 개혁을 쟁취하기 위하여 연대를 했을 때였다. 영국과 같은 일이 독일에서는 불가능하다고 내 말에 반대하고자 하는 사람에 대해서는 나는 그가 15년이나 20년쯤 전에 자유당 신문들이 노동조합의 투쟁과 노동자 입법들에 대해서 어떻게 썼으며 제국의회에서 이들 자유당 의원들이 이런 문제들에 대하여 어떤 발언을 하고 어떻게 투표하였는지를 살펴보도록 권하고 싶다. 그러고 나면 그는 정치적 반동이란 것이 부르주아 독일에서만 있는 특별한 현상이 전혀 아니라는 점을 인정하게 될 것이다.

최종목표와 운동

칸트(Kant) 대 캔트(Cant)

사실의 판단과 이념에서 전통이란 것이 사민당에서도 역시 상당한 영향력을 행사한다는 것을 나는 이 책의 여러 곳에서 지적하였다. 나는 방금 '사민당에서도'라고 표현하였는데, 이는 이 전통의 힘이 매우 광범위한 현상으로서, 어떤 정당이나 문학, 어떤 예술적 경향도 이로부터 자유롭지 못하며 심지어 대부분의 과학에서도 이것은 강력하게 작용하기 때문이다. 그것은 또한 앞으로도 거의 언제나 결코 완전히 소멸하는 일이 없을 것이다. 사람들이 지나온 현실이 전통과 일치하지 않는다는 것을 깨닫고 전통으로부터 완전히 벗어나서 행동할 수 있기까지는 언제나 상당한 기간이 경과해야만 할 것이다. 이렇게 되기 전까지는, 즉 어떤 사안에서 돌발사태가 발생하기 전까지는 전통은 아무리 강력하고 지속적으로 작용하는 이해나 극도의 압력으로도 결합시킬 수 없는 것들을 결합시켜 주는 가장 일상적이고 강력한 수단을 이룰 것이다. 그래서 운동을 하는 사람들은 누구나 자신의 목표가 아무리 혁명적이라고 하더라도 전통에 대해서는 본능적으로 그것을 선호하는 감정을 가지고 있다. "냇물을 건너는 동안에는 결코 말(馬)을 바꾸지 말라"——링컨이 남긴 이 말은 '자유주의의 불평정신,' 즉 '개별화된 의견과 아는 체하고자 하는 욕구의 병폐'에 대한 라살의 그 유명한 저주와 같은 생각에서 유래한 것이다. 전통이란 본질적으로 현상유지적인 것인 반면 비판은 언제나 파괴적인 법이다. 그러므로 중요한 행동이 이루어지는 시점에는 아무리 올바른 비판도 해악이 될 수 있으며 따라서 비난받아야 할 것일 수도 있다.

물론 이런 점을 승인한다고 해서 그것이 곧 전통을 신성시하고 비판을 터부시하는 것을 의미하는 것은 아니다. 정당들은 언제나 모든 주의를 단 하나의 과제에만 집중시켜야 할 그런 급류의 한복판에 있는 것이 아니다. 현실의 발전과 보조를 맞추고자 하는 정당에게 비판은 반드시 필요한 것이며 따라서 전통은 무거운 짐으로, 즉 동력을 가로막는 족쇄로 될 수도 있는 것이다.

그러나 사람들이 그들 전통의 전제들에서 일어난 변화의 영향들을 모두 고려하는 경우는 극히 드물다. 사람들은 보통 거부할 수 없는 사실들을 인정해야 할 경우에만 마지못해 그런 변화를 고려하려는 경향이 있으며 이때도 그것을 가능한 한 전통적인 표어들과 조화를 이루게 하고자 노력한다. 그런 방법은 사태의 왜곡을 의미하며 이런 식의 말투가 빚어내는 결과를 통상 캔트(Cant)라고 한다.

캔트라는 말은 영어로서 청교도들의 찬송가 가사의 한 표현으로 16세기에 처음 사용되었다고 한다. 일반적 의미에서 그것은 아무 생각 없이 그냥 중얼거리는 말이거나 의식적으로 내뱉는 말이거나 모두 어떤 목적, 즉 그것이 종교든, 정치든, 무미건조한 이론이든, 새로운 삶에 대한 것이든 상관없이 그런 목적을 위해 거짓으로 사용되는 거짓말투를 나타낸다. 이런 광범위한 의미에서 캔트는 매우 유래가 오래된 것으로서——후기 고대 사회의 그리스인들만큼 캔트에 탐닉했던 사람들도 없다——오늘날 우리의 전체 문화생활 곳곳에 무수히 많은 형태로 침투해 있다. 모든 국민, 모든 계급 그리고 교의나 이해를 통해서 뭉쳐진 모든 집단마다 자신들만의 고유한 캔트를 가지고 있다. 부분적으로 캔트는 순수하게 관용적인 단순한 형태로 굳어져서 아무도 이것의 공허한 내용에 속아 넘어가는 일은 없으며, 이것의 내용을 다투는 일은 참으로 할 일 없는 일로 간주되고 있다. 그러나 이것은 과학의 옷을 입고 나타나는 캔트와 캔트로 변해버린 정치적 표어에는 해당되지 않는다.

"대개 사람들이 사회주의의 최종목표라고 부르는 것은 나에게 아무것도 아니며 운동이야말로 나의 전부이다"라고 한 내 말은 종종 사회주의 운동의 일정한 목표를 모두 부정하는 말로서 해석되고 있다. 그리고 플레하노프(Georgi Plechanow)는 내가 이 '유명한 구절'을 게르하르트 폰 슐체-게버니츠(Gerhard von Schulze-Gävernitz)의 책 『사회적 평화를 위하여』로부터 찾아낸 것이라고 알아내기까지 하였다.[1] 즉 이 책에는 모든 생산수단의 국유화를 최종목표로

---

1) 이 내용은 1898년 『젝시셰 아르바이터차이퉁』(Sächsische ArbeiterZeitung)의 253호부터 255호까지 연재되었던 「우리는 그에게 무엇을 감사해야 하는가. 카를 카우츠키에 대한 공개서한」이라는 플레하노프의 논문 속에 실려 있다. 카우츠키는 슈투트가르트 당대회에서 비록 사민당이 나의 견해에 따를 수는 없다 할지라도 내가 논문을 통해서 당의 주의를 환기시킨 점들에 대해서는 당이 나에게 감사해야 할 것이라고 말했다. 그것이 플레하노프의 눈에는 너무 온건한 비판으로 비쳐졌던 것이다. 그에게는 내가 그의 생각처럼 슈투트가르트에서 당대회 대의원들의 압도적인 다수에 의해 거부당하는 것만으로는 부족하였다. 그래서 그는 내가 '형편없이 생각이 모자라는' 무지한 사람이며, 또한 부르주아적 개혁을 '아무 비판 없이 추종하는 사람'인 데다, '사회주의 이론에 정면으로 도전한 사람으로서——의식적으로 그랬든 무의식적으로 그랬든 그것은 여기에서 중요하지 않은데——사회주의 이론

322

삼는 것은 혁명적 사회주의에게는 반드시 필요한 것이지만 장기적인 목표보다 당장의 목표를 중시하는 현실정치적 사회주의에게는 그렇지 않다는 구절이 있다는 것이다. 그래서 여기에서는 어떤 종류의 최종목표가 당장의 실천적 목표에 불필요한 것으로 상정되고 있으며 나도 또한 어떤 종류의 최종목표에 대해서는 관심을 보이지 않고 있기 때문에 나는 슐체-게버니츠의 '무비판적인 추종자'라는

을 '반동연합 진영'의 웃음거리로 매장하려 하였기" 때문에 정의의 편에 서 있는 모든 사람들의 단체로부터 추방당해야 한다고, 즉 플레하노프 자신의 의도대로 표현한다면, '사민당으로부터 매장당해야 한다'고 생각하였다.

나는 여기에서 플레하노프처럼 그렇게 사형집행인 같은 말투의 표현은 사용하고 싶지 않다. 사람은 누구나 자신의 고유한 성질을 가지고 있으며 공작새에게서 아름다운 목소리를 기대해서는 안 되는 법이다. 그러나 내가 나의 그 살인적인 작품을 '반동연합 진영'의 '웃음거리'로 만들기 위해서 그랬다는 구절에 대해서는 여기에서 짤막하게나마 언급해 두어야 할 필요가 있다.

나는 이 책의 다른 곳에서 내 결론을 수용하거나 내가 표현한 것과 거의 비슷한 표현을 사용한 몇몇 사회주의 신문들을 인용하였다. 이런 인용부분들을 모두 열거하자면 그것은 상당한 분량이 될 것이다. 물론 나는 내 주장이 나와 생각이 같은 사람들의 외관상의 숫자가 많다고 해서 더욱 강화되는 것은 아니라고 생각한다. 그러나 나는 플레하노프의 투쟁방식을 바로 잡기 위해서 다음의 얘기를 언급해 두고자 한다. 즉 러시아에서 활동하는 사민주의자들 가운데 대부분은 아니더라도 상당수는——그 가운데에는 러시아 노동자 신문의 편집장도 포함되는데——나와 매우 비슷한 입장을 지지한다고 표명하였으며 그런 맥락에서 내가 쓴 '내용이 없는' 그 논문들이 여러 편 러시아어로 번역되었으며 별쇄본으로 배포되기도 하였다. 이들이 플레하노프가 얘기했듯이 내 글들을 '웃음거리'로 만들기 위해서 그랬던 것은 아닐 것이다. 그도 잘 아는 바로 이런 상황을 감안한다면 반동연합 진영이라는 얘기는 얼마나 우스꽝스러운 얘기이겠는가. 덧붙여서 말하자면 그런 표현은 마르크스와 엥겔스가 늘상 반동 진영에 대해서 표현하던 말을 열배는 더 잘못 표현한 말일 것이다.

것이다. 그러나 이런 것을 입증하기 위해서는 매우 풍부한 생각을 갖추고 있어야 한다는 점을 인정해야만 한다.

8년 전 슐체-게버니츠의 책에 대한 논평을 할 때 나는, 비록 당시의 내 논평이 지금은 내가 더 이상 지지하지 않는 여러 조건들에 의해 강하게 영향을 받긴 했지만, 최종목표와 당장의 개혁활동 간의 원칙적인 구분을 별로 중요하지 않은 것으로 논외로 했으며 또한 슐체-게버니츠가 전망했던 것과 같은 계속적인 평화적 발전이 적어도 영국에서는 불가능한 일이 아니라는 것을 아무런 저항 없이 인정하였다. 그리고 나는 영국 노동자 계급이 자유로운 발전을 계속하면서 그들의 요구를 증대시켜 나가긴 하겠지만 언제든 필연적이고 실현가능성이 의심스러운 것은 결코 요구하지 않으리라는 것을 확신한다고 밝혔다.

이것은 근본적으로 지금 내가 말하고 있는 것과 전혀 다르지 않다. 그리고 만일 그 동안 영국에서 사민당이 이룩한 진보를 근거로 나에게 반론을 제기하고자 하는 사람이 있다면 나는 그에게 다음과 같은 반론을 다시 얘기해 주고 싶다. 즉 영국 사민당은 이런 확대와 발전을 거치면서 엥겔스가 반복적으로 지적했던 것처럼 공상적 혁명 분파로부터 하나의 실천적 개혁정당으로 발전해 왔으며 또한 그런 변신을 통해서야 비로소 그런 발전이 가능하기도 하였다는 점이다. 건전한 상식을 가진 사회주의자라면 누구나 오늘날 영국에서 대규모 파국에 의한 사회주의의 승리가 임박했다고 생각하지 않을 것이며 혁명적 프롤레타리아에 의한 의회의 점령이 곧 이루어지리라고 생각하지도 않을 것이다. 그 대신 사람들은 점차로 자치단체 기구들에서의 활동으로 옮겨가고 있으며, 옛날에는 매우 과소평가하던 노동조합 운동과 협동조합 운동까지도 여러 곳에서 보다 밀접한 관계들을 맺어가고 있다.

그렇다면 최종목표는 어떻게 되는가? 그것은 여전히 최종목표 그대로 남아 있다. "노동자 계급은……인민의 결정을 통해서 도입할 어떤 형태의 이미 만들어진 고정된 형태의 이상향도 가지고 있지 않다. 그들은 자신들의 해방과 자신들의 보다 높은 생활형태——현재의 사회는 고유한 경제적 발전을 통해서 바로 그런 방향으로 불가피하게 흘러가고 있기도 하다——를 쟁취하기 위해서는 그들 노동자 계급이 오랜 투쟁, 즉 인간은 물론 사회적 조건들도 완전히 바꾸는 그런 일련의 역사적 과정을 수행해야 한다는 것을 알고 있다. 그들은 실현해야 할 어떤 이념도 가지고 있지 않다. 그들은 단지 이미 붕괴하는 부르주아 사회의 품속에서 자라나고 있는 새로운 사회의 요소들을 자유롭게 해방시켜야 할 뿐이다." 마르크스는 『프랑스 내전』에서 이렇게 쓰고 있다.

내가 최종목표에 관한 글을 쓰면서 염두에 두었던 것은 바로 이 문장이었는데, 특히 이 문장의 모든 부분보다는 그것의 근본사상을 염두에 둔 것이었다. 왜냐하면 마르크스가 말하고 있는 것은 바로 다름 아닌 운동, 즉 일련의 과정 그 자체야말로 중요한 것이며 그에 반해 미리 상세하게 정해진 최종목표란 것은 부수적인 것에 지나지 않는다는 것이기 때문이다. 당시 나는 이미 명제의 형태로 된 최종목표가, 만일 원칙으로 정형화시킨 노동운동의 일반적 목표를 모두 무가치한 것으로 선언하는 그런 해석을 수용하는 것이라면, 그런 명제를 기꺼이 받아들이겠다고 얘기한 바 있다. 그러나 운동의 원칙적인 방향과 성격을 결정하는 그런 일반적 목표 이상의 운동목표를 다루는 이론들은 필연적으로 언제나 공상론으로 빠져들어갈 수밖에 없으며 언젠가는 사실상 운동의 이론적 실천적 진보를 방해하는 장애물로 되어버릴 것이다.

사민당의 역사에 대해서 단지 조금밖에 모르는 사람도 당이 바로 그런 이론에 지속적으로 거슬러 행동하고 또 그런 이론에 입각해서 채택된 결의들을 계속 위반함으로써 성장해 왔다는 사실을 알고 있

을 것이다. 엥겔스가 『프랑스 내전』 신판 서문에서 코뮌 내의 블랑
키주의자와 프루동주의자에 대해서 얘기하였던 부분, 즉 이들 양자
모두가 실천 속에서 자신들의 교의를 거슬러 행동할 수밖에 없었다
는 점은 아직도 종종 형태를 바꾸어서 반복적으로 얘기되고 있다.
어떤 발전단계에서든 노동자 계급의 당면이해를 충분히 고려하지
못하는 이론이나 성명은 언제나 폐기되게 마련인데, 이는 사소한
개혁정책이나 우호적인 부르주아 정당의 지지에 대한 온갖 맹세들
이 끊임없이 반복해서 잊하는 것과 마찬가지이다. 그리고 당대회
때마다 끊임없이 반복해서 들리는 불평이 도처의 선거전에서 사회
주의의 최종목표가 충분히 부각되지 못하고 있다는 것이기도 하다.

플레하노프가 나에게 반론으로 들이밀었던 슐체-게버니츠의 인용
문에서는 (근대 사회에서의) 노동자들의 상태가 절망적이라는 주장
을 포기하면 사회주의는 자신의 혁명적 전의를 상실하고 입법적 요
구를 관철하는 데 몰입하게 되리라고 말하고 있다. 이런 대비로부
터 명백하게 드러나는 것은 슐체-게버니츠가 혁명적이라는 말을
언제나 폭력에 의한 전복을 지향하는 행동이라는 의미로 사용하였
다는 것이다. 플레하노프는 그 내용을 뒤집어서 내가 노동자들의
상태를 절망적인 것으로 상정하지 않고 있다는 이유로, 그리고 내
가 부르주아 경제학자들이 주장하고 있는 노동자들의 상태에 대한
개선가능성이나 다른 여러 가지 사실들을 인정한다는 이유로 나를
'과학적 사회주의의 배신자'라고 비난하였다.

'과학적 사회주의.' 사실 그렇다. 만일 과학이란 말이 순수한 캔
트(Cant)로 타락하였다면 그것은 맞는 말이다. 노동자들의 상태가
'절망적'이라는 명제는 50년도 더 이전에 제기되었던 것이다. 그
명제는 30년대와 40년대에 모든 급진적 사회주의 문헌들을 풍미하
였고 확인된 많은 사실들은 그 명제가 옳다는 것을 입증해 주는 것
처럼 보였다. 그래서 마르크스가 『철학의 빈곤』에서 최저 생계비를

자연임금으로 설명했던 것이나 『공산당 선언』에서 범주적으로 설명하였던 "근대 노동자들은 산업의 발전에 따라서 함께 향상되어 가는 것이 아니라 오히려 그 반대로 자신의 계급조건 이하로 점점 더 깊이 하락한다. 노동자들은 빈민으로 되어가며 이들 빈민이 증가하는 속도는 인구와 부가 증가하는 속도보다 더 **빠르다**"라는 말이나 또 『프랑스 내전』에서 노동자 계급의 상태가 조금이라도 개선되리라는 희망은 "부르주아 공화국 내에서는 한갓 **공상**에 머무를 것이다"라고 했던 말이나 모두가 충분히 납득이 가능한 말들이다. 그래서 오늘날 노동자들의 상태가 아직도 그렇게 절망적이라면 당연히 이 명제도 아직 타당한 것이다. 플레하노프의 비난은 바로 뒤의 말을 암시하고 있는 것이다. 그에 따르면 노동자들의 상태가 절망적이라는 것은 '과학적 사회주의'의 흔들리지 않는 공리이다. 이 공리를 거스르는 사실들을 인정한다는 것은 그에게는 바로 이런 사실들을 찾아내는 부르주아 경제학자들을 추종하는 것이다. 그러므로 카우츠키가 나에게 한 감사는 바로 이들 부르주아 경제학자들에게 돌려져야 하는 것이었다. "우리는 그 감사를 바로 경제적 **조화론**의 모든 추종자와 숭배자들에게, 그리고 무엇보다도 당연히 **불후의 바스티아**(Frédéric Bastiat : 19세기 초반 프랑스의 경제학자로서 자본주의 계급이해의 조화론을 주장한 사람 - 옮긴이)에게 돌리도록 하자!"

영국의 위대한 유머작가 디킨스는 그의 한 소설 속에서 이런 종류의 논의를 매우 잘 묘사하고 있다. "우리 딸이 거지와 결혼을 했어요." 가난하게 살고 있지만 약간 자존심이 강한 한 부인이 그의 남편에게 이렇게 말했다. 남편이 그녀에게 새 사위는 그렇게 거지가 아닌 것 같다고 되받자 그녀는 곧장 무시하는 투로 빈정대면서 다음과 같이 대답하였다. "그래요? 나는 그가 그렇게 큰 부동산을 가진 줄 몰랐군요." 이처럼 어떤 하나의 극단적인 표현은 그것과 정반대의 극단적인 표현을 의미하게도 되는 것이다.

이런 말장난에 감동하는 순진한 사람들은 도처에 널려 있다. 부르주아 경제학자들이 사회주의의 전제들에 대항하여 제기한 반론들을 어느 정도 인정한다는 것, 이것은 얼마나 잘못된 행동인가? 그러나 나는 윌퍼 부인(Mrs. Wilfer)의 그 빈정거림을 유치한 일로 가볍게 받아넘길 수 있을 만큼 충분한 냉정함을 가지고 있다. 오류가 마르크스와 엥겔스가 한때 범한 것이라고 해서 그것을 계속 견지해야 할 이유는 없으며 반면에 진리의 중요성이 그것이 반사회주의 경제학자나 완전히 사회주의적이지 않은 경제학자가 먼저 발견하거나 서술했다고 해서 사라지는 것은 아니다. 과학의 영역에서 경향이라는 것은 어떤 특권증서나 추방명령서를 발행해 주는 것이 아니다.

슐체-게버니츠의 근대 영국의 발전역사에 대한 서술이 편파적이라는 것은 나도 이미 당시에 충분히 명확하게 지적한 바 있었지만 그렇다고 해서 그가 쓴 『사회적 평화를 위하여』나 또 그의 집중 연구저작인 『대경영. 하나의 경제적 사회적 진보』 등에서 확인되고 있는 사실들이 현대의 경제발전을 인식하는 데 매우 큰 가치를 갖는다는 점이 사라지는 것은 아니다. 그리고 나는 그 속에서 비난해야 할 점을 발견하기보다는 오히려 브렌타노 학파 출신의 경제학자들(헤르크너(Herkner), 진츠하이머(Sinzheimer))로부터 배웠던 것처럼 슐체-게버니츠로부터도 이전까지 내가 별로 중요하게 생각하지 않았던 많은 사실들에 대해 주의를 환기하도록 가르침을 받았다는 사실을 기꺼이 인정하고자 한다. 또한 나는 율리우스 볼프(Julius Wolff : 사민당의 슈투트가르트 당대회에서 베른슈타인을 가장 격렬하게 탄핵했던 사람 - 옮긴이)의 『사회주의와 사회주의적 사회제도』로부터도 배울 점이 몇 가지 있었다는 것을 아무 부끄럼 없이 인정하고자 한다.

플레하노프는 이것을 '부르주아 경제학과 〔과학적 사회주의 간의] 절충주의적 혼합물'이라고 이름붙였다. 그러나 이것은 마치 과학적 사회주의의 내용 가운데 10분의 9가 바로 '부르주아 경제학'에서 물려받은 것이라는 사실을 부인하는 것처럼 얘기하는 것이며 도대체 당의 고유한 과학이란 것이 마치 따로 있는 것처럼 얘기하는 것이다.[2]

---

2) 나와 매우 가까운 견해를 가진 러시아 사회주의자 프로코포비치(S. Proko-powitsch)는 벨기에 사민당 평론지에 게재한 슈투트가르트 당대회에 관한 그의 논문 속에서 과학을 당의 것으로 만들려고 하는 어리석은 짓거리에 대항하려 했던 나의 투쟁이 철저하지 못했다고 매우 신랄하게 비난하였다. 그는 내가 이론이 당의 전술에 미치는 영향을 인정함으로써 내 스스로 바로 이런 점에서 당내에 만연해 있는 혼란을 더욱 부추겼다고 지적하였다. 그는 이렇게 말하고 있다. "당의 전술은 이론적 지식보다는 훨씬 더 실질적인 사회적 관계에 의해서 결정되는 것이다. 이론적 지식이 당의 전술에 영향을 미치는 것이 아니라 오히려 그 반대로 당의 전술이 당내에 유포되어 있는 이론들에 영향을 미치는 것은 부인할 수 없는 사실인 것이다. 근대의 대중운동에서는 언제나 폴마어가 베른슈타인을 앞서 있다. ……과학이 '당의 것'으로 되는 것은 언제나 운동하는 사람들이 경제발전을 어떻게 해석하느냐에 따라서 당의 전술이 영향을 받을 수 있다는 생각을 확고하게 가지고 있을 경우이다. 과학이 당의 목표를 위해서 **봉사**를 해야지 당을 **규정**하려 해서는 안 된다는 생각을 사람들이 가지고 있을 때에만 과학은 비로소 해방될 것이다." 말하자면 그는 당의 전술이 내가 틀렸다고 생각한 교의에 종속되어 있다고 얘기할 것이 아니라 바로 그 전술이 어떤 사회발전 이론에 종속되어 있다고 얘기했어야 한다는 것이었다(『사회의 미래』(*Avenir Sociale*), 1899년 제1권, 15~16쪽).

나는 지금까지의 프로코포비치의 얘기에 거의 대부분 주저없이 동의한다. 나는 바로 그런 내용을 이미 제1장에서 절충론의 역할을 설명하면서 이미 암시적으로 얘기했는데, 내가 프로코포비치의 논문을 받았을 때에는 이미 제1장은 인쇄가 끝난 뒤였다. 교의가 지배자로 군림하고 있는 곳에서는 절충론이란 것이 자유로운 과학을 위한 반역자로서 돌파구를 제공하는 것이다. 그렇지만 내가 보기에 집단적 믿음 없이 지속되는 집단적 의지란 있을 플레하노프의 과학적 사회주의에게는 불행한 일이지만 앞서 이미 인용한 바 있던 노동자 상태의 절망적 성격이라는 마르크스의 명제는『자본. 정치경제학 비판』이라는 제목의 책 속에서 이미 버려지고 있다. 거기에서는 1847년 공장법의 발효를 통해서 랭커셔 직물노동자들이 '육체적으로 도덕적으로 새롭게 태어나는 과정'이 생생하게 서술되고 있어서 '아무리 눈이 나쁜 사람도 그것을 볼 수' 있게 되어 있다. 따라서 대다수 노동자들의 상태를 개선하는 데 반드시 부르주아 공화제가 필요한 것도 아니었던 것이다. 같은 책 속에서는 또한 현재의 사회가 단단하게 고정된 결정체가 아니라 변화가 가능한 것으로서 지속적으로 변화의 과정 속에 있는 것으로 파악되는 유기체이며, 이 사회를 공식적으로 옹호하는 사람들의 입장에서 경제문제를 다룰 때에도 '진보는 너무도 명백한 것'이라고 쓰고 있다. 게다가 마르크스는 영국의 공장입법의 각종 성과들을 서술하는 데 책 속의 상당히 많은 부분을 할애하여 대륙의 여러 나라들에서 이

수 없다고 생각되는데, 그러한 집단적 믿음이란 그것이 완전한 형태를 갖추기까지는 많은 이해들도 작용해야 하겠지만 동시에 일반적으로 바람직하고 실행가능한 것들에 대해 광범위하게 유포된 견해나 인식에도 상당 부분 의존하는 것이다. 따라서 바로 그런 집단적 확신 없이는 줄기찬 집단적 행동도 있을 수 없다. 이런 사실은 프로코포비치가 비난했던 내 논문이 그것을 얘기해 주고 있다. "(전술적 문제를 결정하는 데서) 두번째 계기는 지적 성격, 즉 사회상태에 대한 인식수준, 사회조직 및 그 구성요소들의 성질과 발전법칙에 대한 관찰수준이다"(『노이에 차이트』, XVI, 1, 485쪽). 나는 이런 점을 사실로 인정하는 견해에 입각하여 전술적 문제를 논의하는 데서 이론적 인식을 끌어들이는 것을 아예 반대하는 것이 아니라 오히려 사람들이 과학 그 자체를 당의 바깥에 있는 어떤 별개의 존재로 다루는 것만을 반대하는 것이다. 게다가 사실 어떤 것에 봉사한다는 것은 동시에 어떤 것에 영향을 미친다는 것을 의미한다. 그래서 메피스토펠레스는 이렇게 말하고 있다. "결국 우리는 우리가 만들어낸 것들에 의존한다."

를 모범삼아 추진하도록 하고 있으며, 그럼으로써 사회의 변화과정이 점차 보다 인간적인 형태로 이루어지도록 하고 있다(서문 참조).

이 모든 것은 노동자들의 상태가 절망적이라는 것을 말하고 있는 것이 아니라 그것의 개선가능성을 말하고 있다. 그리고 이 책이 씌어진 1866년 이후 앞서 말한 공장입법은 후퇴한 것이 아니라 오히려 개선되고 일반화되었으며 이것과 같은 목적을 가진 다른 입법이나 제도들에 의해 더욱 보완됨으로써 오늘날 노동자들의 상태가 절망적이라고 하는 명제는 당시보다 훨씬 더 무의미해져 버렸다. 만일 이런 사실을 확실하게 말하는 행동이 '불후의 바스티아'를 추종하는 행동이라고 한다면 이 자유주의 경제학자를 추종하는 사람 가운데 1등으로 손꼽힐 사람은 바로 카를 마르크스일 것이다.

플레하노프는 슈투트가르트 당대회에서의 리프크네히트의 다음과 같은 발언을 대단히 만족해 하면서 인용하고 있다. "마르크스와 같은 정신을 가진 사람은 『자본』을 집필하기 위해서 영국에 있지 않으면 안 되었다. 그러나 베른슈타인은 영국 부르주아의 거대한 발전에 감탄을 금하지 못하고 있다." 그런데 그는 이 말이 나에게 지나치게 큰 호의를 보이고 있는 것이라고 생각한다. 영국에서 과학적 사회주의(마르크스와 엥겔스가 말하는 의미에서)를 충실하게 신봉하고 있기 위해서 우리는 반드시 마르크스가 되어야 할 필요는 없다. 나의 탈선은 오히려 내가 이 사회주의를 '충실히 신봉하지 못하는 데'서 유래하는 것이다.

물론 나로서는 이 문제를 놓고 과학이란 것을 대변혁이 이루어질 때까지는 어떤 일이 있어도 노동자들의 상태를 절망적인 것으로만 설명해야 하는 것으로 생각하는 사람과 논쟁을 벌일 생각이 없다. 그러나 리프크네히트의 경우는 다르다. 내가 그의 발언을 올바로 이해하였다면 그는 나에게 정상참작의 여지를 제공해 준 셈이다. 나는 그의 이 점을 기꺼이 인정하긴 하지만 그가 제공한 정상참작의 여지를 내가 받아들일 수 없다는 점을 설명해야만 하겠다. 물론 내가 마르크스와 같은 사상가와 비교된다는 것은 터무니없는 일이다. 그러나 여기에서 중요한 것은 내가 마르크스에 비해서 어느 정도 못 미치는가 하는 부분이 아니다. 지식이나 정신에서 마르크스의 발끝에도 미치지 못하는 사람도 마르크스에 비해서 옳은 부분을 가지고 있을 수는 있다. 그래서 문제는 내가 얘기한 사실들이 옳은 것들인지의 여부와 바로 그런 사실들로부터 내가 추론해 낸 것들이 올바른 것인지의 여부인 것이다. 위에서 서술한 내용으로부터 드러나고 있듯이 마르크스만한 정신을 가진 사람도 영국에 대해서 그가 가졌던 편파적인 견해들을 상당히 수정할 수밖에 없는 운명에 처했으며 그가 영국에 올 때 가지고 있던 견해들을 버릴 수밖에 없었다.

혹시 나에게 다음과 같이 반론을 제기하는 사람이 있을지도 모른다. 즉 마르크스는 자신의 견해를 그처럼 수정했던 사실을 스스로 분명히 인정하고 있으며 그럼에도 불구하고 이런 부분적인 수정이 그의 근본적인 견해에는 거의 영향을 미치지 못했는데, 그것을 보여주는 좋은 증거가 바로 『자본』 제1권의 마지막 부분에 있는 자본주의적 축적의 역사적 경향에 관한 장이라는 것이다. 그러나 만일 그 주장이 옳다면 이 장은 앞의 그 장에 대한 반론이지 나에 대한 반론은 아니라는 것을 나는 되받고자 한다.

자주 인용되는 이 장은 사실 매우 다양한 의미로 해석될 수 있다. 나는 이 장이 자본주의 발전경향의 특징을 총괄적으로 반복해서 표현하고 있으며 이런 경향은 자본주의적 축적에 내재해 있는 것이긴 하지만 실제에서는 순수한 형태로 관철되는 것이 아니며 따라서 거기에서 묘사되고 있는 것처럼 그렇게 모순이 첨예화되는 방향으로 나아갈 필요가 없는 경향이라고 그것을 해석하였는데, 이렇게 해석한 사람은 아마도 내가 처음일 것이다. 엥겔스는 이런 나의 해석에 대해 한 번도 반론을 제기한 적이 없으며 그런 내 해석이 틀린 것이라고 말이나 글로 발표한 적도 없다. 그는 1891년 내가 슐체-게버니츠의 책에 대한 논평에서 이 문제와 관련하여 다음과 같이 썼을 때에도 나에게 한마디의 반론도 제기하지 않았다. 거기에서 나는 "입법과 같이 사회의 계획적이고 의식적인 행동이 제대로 개입하게 되면 경제발전 경향의 작용은 방해를 받게 되고 경우에 따라서는 아예 소멸될 수도 있다. 마르크스와 엥겔스는 그것을 결코 부정한 것이 아니며 오히려 반대로 그것을 언제나 강조하였다"(『노이에 차이트』, IX, 1, 736쪽).

이런 견해를 가지고 앞에서 얘기한 장을 자세히 읽어보면 우리는 거기에 있는 각각의 문장들에 암묵리에 '경향'이란 말을 부가하게 될 것이며 그럼으로써 의미를 자의적으로 왜곡시켜 해석하여 현실과 억지로 일치시키려고 할 필요가 없어질 것이다. 그러나 그렇게 되면 그 장 자체는 현실의 발전과정이 진행되어 갈수록 점점 더 그 의미를 상실해 갈 것이다. 왜냐하면 그것의 이론적 의미는 마르크스보다 훨씬 전에 부르주아 경제학자들과 사회주의자들이 이미 밝혀놓았던 자본주의적 집적과 축적의 일반적 경향을 확정하는 데 있는 것이 아니라 그런 경향이 보다 발전된 단계에서 실현되는 조건과 형태, 그리고 그런 경향이 만들어내는 결과들을 마르크스의 고유한 서술형태로 나타내었다는 점에 있다. 그러나 이 점과 관련하여 현실의 발전은 언제나 새로운 제도와 세력 그리고 새로운 사실들을 만들어내기 때문에 이런 것들을 감안하면 그 장의 서술은 불충분한 것으로 보이고 또 그런 만큼 다가올 발전을 보여줄 능력도 상실하게 되는 것이다. 이상이 바로 나의 해석이다.

그런데 이 장은 이와 다르게 해석될 수도 있다. 즉 지금까지 얘기된 모든 것과 아직도 계속 진행되고 있는 개선들이 자본주의의 몰락의 경향을 단지 일시적으로만 막아주는 구제수단에 불과하며 그런 변화는 마르크스가 얘기하였던 모순의 심화를 완화시키는 데 근본적으로 계속 작용하지 못하는 보잘것없는 변화에 불과하다고 해석할 수 있는 것이다. 그리하여 결국 이런 모순의 심화는——비록 씌어진 그대로는 아니지만 본질적으로는 그렇게——거기에서 얘기되고 있는 방식으로 진행되어서 묵시적으로 파국적인 변혁으로 나아간다고 해석하게 되는 것이다. 이런 해석은 그 근거로서 우선 이 장의 결론부에 있는 요약된 견해를 제시할 것이며 그런 다음 부정의 부정이라는 헤겔의 명제를 원용하여 자본주의적 생산양식에 의해 부정된 사적 소유를 새로운 토대 위에 재정립한다는 명제를 들이대고 마지막에는 결국 다시 『공산당 선언』을 들이대면서 상당히 힘을 얻을 수 있을 것이다.

  내 견해로는 단지 어떤 한 해석만을 옳다고 하고 다른 해석은 무조건 틀렸다고 주장하는 것은 있을 수 없는 일이라고 생각된다. 오히려 내가 보기에 그 장은 이 기념비적인 마르크스의 저작 전체를 관통하고 있는 이원론(Dualismus)을 가장 잘 보여주고 있는 장으로서, 그 이원론은 이 장 이외의 다른 곳에서도 몇 군데 함축적인 방식으로 표현되고 있다. 마르크스의 이원론은 이 저작이 과학적 연구라는 점과 그럼에도 불구하고 그것이 연구를 시작하기 전에 이미 세워진 명제를 입증하려 한다는 점, 즉 저작의 토대를 이루고 있는 이론적 틀이 나중에 발전이 진행되고 나서야 만들어질 결과를 이미 사전에 확정해 놓고 있다는 점의 이중적 성격으로 이루어져 있다.

  한편 여기에서 『공산당 선언』을 들이댄다는 것은 마르크스 체계의 공상주의적 잔재를 아직 그대로 남기고 있다는 것을 사실상 보여주는 것이다. 마르크스는 공상적 사회주의자들의 해결책을 본질적으로 받아들이긴 했지만 그들의 수단과 근거들은 불충분한 것으로 인식하였다. 그래서 그는 그것을 수정하고자 하였으며 특히 열

성을 다해서, 그리고 비판적인 날카로움과 과학적 천재성을 갖춘
진리에 대한 사랑을 가지고 그렇게 하였다. 그는 모든 중요한 사실
들을 하나도 감추지 않았으며 연구의 대상이 논증하고자 하는 틀의
최종목표와 직접적인 관련이 없는 한 이 사실들의 유효성을 결코
억지로 축소시키려 하지 않았다. 여기까지는 그의 저작은 과학성을
훼손시키는 모든 경향으로부터 자유롭게 남아 있었다.[3] 왜냐하면
노동계급의 해방을 위한 노력에 일반적 동정심을 갖는다는 것 자체
가 과학성을 방해하는 것은 아니기 때문이다.

그러나 마르크스는 그 최종목표를 진지하게 문제로 삼는 지점에
다가가게 되면서 갑자기 불안정하고 불확실하게 된다. 즉 그는 앞
에서 얘기한 책 가운데 특히 근대 사회에서의 소득운동을 다룬 절
에서 보이고 있는 것과 같은 그런 모순에 봉착하게 되는데, 거기에
서 이 위대한 과학적 정신이 결국 교의의 포로였음을 보여주는 것
이다. 이것을 비유적으로 표현한다면 그는 미리 만들어져 있던 무
대받침 위에 튼튼한 건물을 세운 셈인데, 그는 이 건축과정에서 과
학적 건축기술의 규칙이 무대받침의 구조가 그에게 요구하는 조건
에 저촉되지 않는 한에서는 그 건축기술 규칙을 엄격하게 지켰지
만, 무대받침이 너무 좁아서 그런 건축기술 규칙을 준수하기 어려
울 경우에는 그 규칙을 등한시하거나 아예 회피해 버렸다. 무대받
침이 건물에 방해가 되고 건물 때문에 무대받침이 그대로 지탱되기
어려운 경우 그는 무대받침을 부수는 대신에 건물 그 자체를 무대
받침에 맞게 변경시킴으로써 건물을 무대받침에 곧바로 종속시켰던
것이다.

마르크스가 그 저작을 완성하기보다는 끊임없이 그것의 각 부분

---

3) 물론 여기에서 나는 인물을 다루고 사건들을 기술하면서 표현된 경향이나
   경제발전과 아무런 필연적 관련이 없는 경향들은 제외시키고 있다.

부분의 내용들을 고쳐나갔던 것은 이런 불합리한 문제를 의식하고 있었기 때문이었을까? 어쨌거나 내가 확신하는 바로는 건물을 올바로 세우기 위해서는 그 이원론이 나타날 경우 언제나 무대받침을 무너뜨려야 한다는 사실이다. 마르크스로부터 계승해야 할 만한 가치를 가진 것은 건물에 있는 것이지 무대받침에 있는 것은 아니다.

 이런 해석이 옳다는 것은 아직 그 저작의 변증법적 틀——이것이 바로 위에서 말한 무대받침이다——로부터 벗어나지 못한 마르크스주의자들이 『자본』에서 서술된 부분 가운데 현실에 맞지 않는 부분을 계속 고수하고자 하면서 드러내는 고민들에서 더없이 분명하게 확인되고 있다. 최소한 이런 부분이라도 확인이 되어야 다른 사실들에는 그렇게 솔직한 카우츠키 같은 사람이 슈투트가르트 당대회에서 유산자 계급의 수가 감소하는 것이 아니라 증가하고 있는 엄연한 사실에 대해 반대하는 얘기를 나에게 어떻게 할 수 있었던지가 설명될 수 있을 것이다. 카우츠키는 거기에서 다음과 같이 말했던 것이다. "만일 그것이 옳다면 우리의 승리의 순간은 단지 훨씬 연기될 뿐만 아니라 결국 목표에 도달하지 못하게 될 것이다. 만일 자본가가 증가하고 무산자는 증가하지 않는다면 우리는 목표로부터 점점 더 멀어질 것이며 사회가 발전해 갈수록 자본주의는 더욱 공고해질 것이며 사회주의는 그렇지 못할 것이다."

 카우츠키가 자신의 입으로 했던 이 말은 물론 플레하노프가 아주 '훌륭하다'고 얘기하기도 했지만 사실 마르크스의 논증방식과 관련시켜 보지 않으면 이해할 수 없는 말이다. 이와 비슷한 해석을 나는 이미 앞에서 언급한 바 있는 로자 룩셈부르크의 논문에서 보았는데, 이 논문은 나에게 반론을 제기한 방법에서 가장 뛰어난 논문이다. 그 반론은 내 해석방식에 따르면 사회주의는 더 이상 객관적인 역사적 필연이 아닐 뿐만 아니라 이제 관념론적 토대 위에 서게 된다는 것이었다. 그녀의 논증방식은 몇 군데 현기증을 일으키는 논리적 비약을 보이기도 하고 또 관념론과 공상주의를 멋대로 동일시하고 있기도 하지만 그럼에도 불구하고 그것은 문제의 핵심에 다가서 있는데, 즉 그녀는 내가 사실상 사회주의의 승리를 '경제적인 내적 필연성'에 달려 있는 것으로 간주하지 않고 오히려 사회주의에 순수한 유물론적 토대를 제공하는 것이 불가능할 뿐더러 필요하지도 않다는 점을 정확하게 지적하였던 것이다.

유산자의 수가 감소하는 것이 아니라 증가한다는 사실은 조화론적 부르주아 경제학자들에 의해 발견된 것이 아니라 세무서에 의해서 당사자들의 짜증을 불러일으키면서까지 조사된 결과인데, 이것은 오늘날 더 이상 아무도 의심할 수 없는 사실이다. 그런데 이 사실이 사회주의의 승리에 대해서 무엇을 얘기해 주고 있는가? 사회주의의 실현은 왜 이 사실 내지는 이 사실의 부정에 의존해야 하는가? 그 이유는 단지 변증법적 규범이 바로 그렇게 써놓고 있기 때문이다. 즉 사회적 잉여생산물을 탈취하는 유산계급의 수가 감소하는 것이 아니라 증가한다는 사실을 우리가 인정하게 된다면 건물의 기둥이 무대받침 바깥으로 빠져나가버릴 위험이 있기 때문인 것이다. 그러나 이 문제가 관계하는 것은 단지 추상적인 교의일 뿐이며 노동자들의 실질적인 투쟁은 거기에서 전혀 부수적인 문제일 뿐이다. 정치적 민주주의를 위한 투쟁과 산업 민주주의를 위한 투쟁은 이것과 상관이 없는 일이다. 그 투쟁의 전망은 점점 그 수가 줄어드는 소수 대자본가들의 수중에 자본이 집적된다는 건물기둥의 명제에 의존하는 것이 아니며 그렇다고 변증법적인 무대받침에 의존하는 것은 더더욱 아니다. 오히려 그것은 일반적 사회의 진보, 특히 노동자 계급 자신의 지적, 도덕적 성숙과 결합된 사회적 부의 증대 내지는 사회적 생산력의 증대에 의존한다.

만일 사회주의의 승리가 지속적인 자본가 부호들의 수의 감소에 의존한다면, 이때 사민당의 올바른 행동은 자본이 소수의 수중에 집적되는 것을 온갖 수단으로 지지하지는 못한다 하더라도 최소한 이런 집적을 가로막는 일은 하지 말아야 할 것이다. 그러나 실제에서 사민당은 종종 이와 반대로 행동하고 있다. 조세정책 문제에 대한 당의 표결이 문제로 되었을 경우가 바로 그러하다. 붕괴론의 시각에서 보면 당의 실천적 행동의 대부분은 페넬로페(Penelope : 그리스의 왕 오디세우스의 아내로서 정절의 표상으로 종종 인용됨 - 옮긴이)의 행동(자신을 배반하는 그녀의 비극적 행동을 가리킴 - 옮긴이)일 것이다. 그러나 이 점과 관련하여 잘못하고 있는 것은 사민당이 아니다. 잘못된 것은 바로 교의이다. 즉 진보가 사회적 상태의 악화에 의존한다고 생각하게 하는 그 교의가 잘못된 것이다.

카우츠키는 자신의 『농업 문제』 서문에서 마르크스주의를 극복해야 할 필요성에 대해서 말하는 사람들을 반박하고 있다. 그는 여기에서 이들이 제기하는 마르크스주의에 대한 회의와 의구심을 인정하긴 하지만 그런 의구심만으로는 그것이 기존에 이룩한 발전 이상의 어떤 발전을 의미한다고 얘기하기는 어렵다는 것이었다.

이런 회의와 의구심이 아직 적극적인 반대가 아닌 한에서는 카우츠키의 이 말은 옳다. 그러나 이런 의구심은 바로 그런 반대의 출발점이 될 수 있다. 그런데 여기에서 문제의 핵심이 도대체 마르크스주의의 극복에 있는 것일까 아니면 오히려 마르크스주의에 남아 있는 그 공상주의의 잔재를 털어내는 데 있는 것일까? 바로 그 공상주의야말로 마르크스주의의 옆구리에 붙어다니면서 우리가 찾고 있는 이론과 실천 간의 모순의 원천을 이루기도 하며 또한 마르크스주의의 비판가들이 이미 그런 원천으로 찾아냈던 것이기도 하지 않은가?

이 책은 이미 예정되었던 분량을 넘어버렸고 따라서 나는 이 점과 관련된 모든 상세한 논의를 여기에서 중단할 수밖에 없다. 그러나 여기에서 조금만 더 지면을 빌려 다음의 사실을 밝혀두는 것은 나의 의무라고 생각한다. 즉 나는 마르크스 이론의 세부적인 내용들에 대하여 그것들과 다른 측면에서 제기된 반론들 전체에 대해서 마르크스주의 진영에서 아직 제대로 된 논박이 없었다고 생각하며 그들 반론 가운데 몇몇 반론들은 논박하기 어려운 명백한 사실인 것들도 있다고 생각한다는 것이다. 그리고 나는 사실 이런 반론들이 사민당의 운동에는 전혀 중요한 것이 아니라고 생각하기 때문에 이런 말을 거리낌 없이 할 수 있는 것이다.

우리는 이런 점에서 약간 덜 예민해질 필요가 있을 것이다. 마르크스주의자들 사이에서는 어떤 세부적인 내용을 놓고 각자가 그것을 정반대의 입장에서 마르크스 이론과 모순되는 것이라고 생각해서 격렬하게 논쟁을 벌이다가 결국 나중에는 그들이 모순이라고 생각했던 것들이 대부분 사실은 아예 존재하지도 않았다는 것을 발견하게 되는 그런 일이 반복적으로 일어나곤 했다. 특히 그런 경우에 해당되는 것으로서 작고한 슈티블링 박사(Dr. Stiebling)가 자본의 집적이 착취율에 미치는 영향에 대해서 연구한 내용을 놓고 벌어졌던 논쟁을 주목할 수 있다. 슈티블링은, 표현방식은 물론 계산내용에서도 큰 오류를 범하였는데, 이것을 발견한 것은 주로 카우츠키의 공로로 돌릴 수 있다.

그런데 이에 반하여 『자본』제3권에서는 슈티블링 저작의 근본사상인 자본집적이 증가하면 착취율은 하락한다라는 그 명제가——비록 현상에 대한 논증방식이 마르크스와 다르긴 하지만——우리가 오늘날 대부분 생각하는 만큼 그럴 정도로 마르크스 이론과 모순되고 있지는 않다는 사실을 보여주고 있다. 그러나 당시 슈티블링은 만일 그의 얘기가 옳다면 현재의 노동운동의 이론적 기초가 되어 있는 마르크스 이론은 틀린 것이 된다는 얘기를 들어야만 했다. 그리고 사실 그렇게 말한 사람들은 또 그 말의 근거를 마르크스의 글 가운데 여러 곳에서 찾아낼 수 있었다. 슈티블링의 논문과 관련된

이 논쟁의 분석은 가치론의 여러 모순들을 보여주는 매우 좋은 예가 될 수 있을 것이다.[4]

역사에서 경제와 권력 간의 관계를 평가하는 데서도 이와 비슷한 모순이 나타나며 또 그것과 대비되는 모순을 노동운동에서의 실천적 과제와 가능성의 판단에서도 엿볼 수 있는데 이것은 이미 다른 곳에서 얘기되었던 것이다. 그렇지만 이 점은 여기에서 다시 한번 되짚고 넘어갈 필요가 있다. 그리고 이때 여기에서 연구되어야 할 점은 권력이 원래 역사의 오랜 과정에서 어느 정도까지 경제를 규정하였는가, 그리고 반대로 경제는 권력을 어느 정도까지 규정하였는가 하는 것이 아니라 기존의 사회 내에서 권력이 갖는 창조적인 힘에 관한 문제이다. 옛날 한때 마르크스주의자들은 창조적인 힘과

---

4) 나는 이것과 관련하여 1887년 『노이에 차이트』에 'Lxbg.'라는 익명의 필자가 게재한 슈티블링의 저작에 대한 한 논문을 주목하고자 하는데, 이 논문에서는 특히 이윤율 문제의 해법이 제시되어 있다. 내가 모르는 이 논문의 필자는 잉여가치율에 대해서 내가 이 책의 가치론 부분에서 얘기했던 것과 실질적으로 똑같은 얘기를 하고 있다. 즉 그는 "잉여가치율, 즉 총임금에 대한 총이윤의 비율은 개별생산 부문에서는 적용될 수 없는 개념이다"(129쪽)라고 말했던 것이다. 이에 대한 당시 카우츠키의 반론은 그때까지 출판되어 있던 『자본』(당시까지는 제2권까지만 출판되어 있었다 – 옮긴이)을 근거로 했을 때 최상의 것이었으며 그 익명의 필자 Lxbg.가 자신의 생각을 담았던 것과 같은 형태를 취하고 있기도 하였다. 왜냐하면 잉여가치율의 개념은 의심의 여지가 없이 개별생산 부문에 적용할 수 있는 것이기 때문이다. 그러나 Lxbg.가 실제로 생각하고 있던 것은 옳은 것이었다. 잉여가치율은 경제 전체를 계산단위로 했을 때에만 측정가능한 크기를 갖는다. 따라서 사회 전체의 잉여가치율이 계산되지 않는 한 개별생산 부문에서의 잉여가치는 확정될 수가 없는 것이다. 적어도 노동가치를 임금과 직접 관련시키지 않는 한 확정될 수 없는 것이다. 달리 말해서 개별생산 부문의 잉여가치율은 어떤 현실적 크기도 갖지 않는 것이다.

관련하여 권력에 대해 부정적인 시각만을 가지고 있었던 데 반해, 오늘날에는 또 지나치게 그 반대방향으로 시각이 편중되어 권력은 이제 거의 창조적인 전능으로 간주되어 정치활동의 강조가 곧바로 '과학적 사회주의'——혹은 좀 새로 유행되는 말로서 논리적으로는 별로 나아진 것이 없지만 표현에서는 어느 정도 개선된 '과학적 공산주의'——의 정수인 양 되어버렸다.

그렇다고 이제 여기에서 정치권력의 능력에 대한 옛날 세대들의 편견으로 도로 돌아가는 무의미한 일일 것이다. 왜냐하면 그것은 다시 그보다 더욱 과거로 소급해야 하는 것을 의미하기 때문이다. 예를 들어 공상주의자들이 이 점과 관련하여 품고 있던 편견은 그것을 우리가 편견이라고 부르기 어려울 정도의 충분한 근거를 가지고 있었다. 왜냐하면 그런 편견은 당시 노동계급의 현실적인 미성숙에서 비롯된 것으로서 이런 미성숙 때문에 당시로서는 얼마 지속될 수 없는 천민정치나 계급적 과두정치로의 복귀만이 가능했기 때문이다. 이런 상황에서는 정치에 관심을 기울이는 것이 당면의 급박한 과제를 회피하는 것으로 간주될 것이 틀림없을 것이다. 오늘날 이런 조건 가운데 일부는 극복되었으며 따라서 상식을 가진 사람이라면 오늘날 이 옛날의 주장을 가지고 정치적 행동을 비판하려 하지는 않을 것이다.

우리가 이미 보았듯이 마르크스주의는 최근에 이르러 입장을 바꾸어 산업 프롤레타리아의 잠재적인 능력을 지적하면서 정치활동을 운동의 최우선 과제로 역설하였다. 그러나 여기에서 마르크스주의는 커다란 모순에 빠져들어갔다. 즉 마르크스주의는 노동자 계급이 그들의 해방을 이룩할 정도로 아직 성숙한 것이 아니며 그런 해방을 위한 경제적 전제조건도 아직 주어져 있지 않다는 사실을 인식하고 있었으며 그런 점에서 다른 대중선동 정당들과는 구별되었던 것이다. 그럼에도 불구하고 마르크스주의는 이들 두 전제조건이 거의 충족된 것으로 간주되는 전술을 계속해서 추구하였다. 우리는 마르크스주의 문헌들 가운데 어떤 것들에서는 초기 사회주의자들의 교의와 거의 구별되지 않을 만큼 노동자 계급의 미성숙성을 강조하고 있는 것을 보게 되는 반면, 바로 그 뒤의 다른 것들에서는 또 문명과 온갖 지성, 온갖 도덕성이 오로지 노동자 계급에게만 있으며 따라서 아무리 극단적인 사회혁명가나 폭력적 무정부주의자까지도 그들을 옳지 않다고 볼 이유를 찾을 수 없게 만들고 있다. 그에 따라 정치적 행동은 언제나 곧 닥쳐올 혁명적 파국을 향한 것이어야 하며, 이에 반해 입법활동이란 것은 아주 일시적인 미봉책에 불과한 것으로만 간주된다. 그리고 우리는 입법활동으로부터는 무엇을 얻을 수 있으며 혁명적 활동으로부터는 무엇을 얻을 수 있을지 그런 문제에 대해서는 어떤 원칙적인 논의도 아예 하지 않게 된다.

이 마지막 문제와 관련하여 이들 사이에 매우 큰 차이가 존재한다는 것은 얼핏 보아도 매우 명백한 일이다. 그러나 이 차이는 보통 단지 법률이나 입법개혁의 방법이 점진적인 데 반해, 폭력혁명의 방법은 매우 급진적이며 신속한 것이라는 정도로만 얘기된다.[5] 그렇지만 이것은 어디까지나 조건부로만 타당한 얘기이다. 입법적 방법과 혁명적 방법 가운데 어떤 것이 더 바람직한 방법일지는 전적으로 여기에 사용되는 수단들의 성질과 그 수단들이 각 계급들 및 각 민족들의 관습들과 어떤 관계에 있는지에 따라 달라질 것이다.

이런 관점에서 볼 때 헌법에 입각한 입법은 보통 시간이 오래 걸

---

5) 이런 의미에서 마르크스는 『자본』의 노동일에 관한 장에서 '프랑스식 혁명적 방법의 고유한 장점'에 대해서 얘기하고 있는데, 이 방법이란 1848년 프랑스에서의 12시간 노동법 도입에서 보여주었던 것이다. 그것은 모든 노동자와 모든 공장에 아무런 차별 없이 똑같은 노동일을 강제로 부과했던 것이다. 그것은 옳은 방법이다. 그러나 이 급진적인 법이 한 세대 이상이나 완전히 사문화되어 있었던 법이라는 점은 확인해 두어야 할 것이다.

린다. 이 방법은 대개 타협적인 것이며 기득권의 철폐가 아니라 그
것의 배상을 통해서 이루어진다. 그러나 그것은 다수 대중의 시각
이 편협해서 사회적 진보가 방해를 받고 있는 경우에는 혁명보다
더 강력한 수단이 된다. 그리고 그것은 지속적으로 존속가능한 경
제제도를 만들고자 할 경우, 즉 달리 말해서 적극적인 사회정책 활
동을 수행하는 데에는 매우 큰 장점을 가지고 있다.

입법에서 평온한 시기에는 지성이 감성을 지배하며 혁명의 시기
에는 감성이 지성을 지배한다. 그러나 감성이란 지배자는 종종 많
은 결함을 가지고 있는 반면, 지성은 또한 추진력이 부족하다. 혁명
은 너무 서둘러서 과오를 범하지만 평상시의 입법은 또 너무 지체
하는 바람에 과오를 범한다. 입법은 계획적인 힘으로서 작용하지만
혁명은 원초적인 힘으로서 작용한다.

한 국민의 정치적 상태가 사회적 진보를 심각하게 방해하고 있는
소수 유산계급의 권리를 폐지하게 되는 단계에 도달하면, 그리하여
정치활동의 과제가 소극적인 것보다 적극적인 것이 전면에 나서게
되는 단계에 도달하게 되면, 그때에는 이제 폭력적 혁명에 호소한
다는 것이 무의미한 일로 되어버린다.[6] 우리는 정부, 즉 특권적 소
수를 전복시킬 수는 있으나 민중을 전복시킬 수는 없다.

무력에 의해 지지되는 온갖 권위를 행사할 수 있는 법률도 종종
뿌리깊은 관습이나 민중의 편견 앞에서는 무력할 경우가 있다. 현
재의 이탈리아의 재정적 어려움은 그 궁극적인 원인이 사보이 가
(家)의 악의 때문이거나 혹은 그것의 선의가 부족한 데 있는 것이
아니다. 전통으로 굳어져버린 관료들의 부패와 인민대중의 경솔한
생활태도가 아무리 좋은 내용의 법률이나 규정도 쓸모없게 만들어

---

6) "다행히도 우리나라에서는 혁명주의가 단지 겉치레 정도 이상의 아무것도
   아니게 되었다"(『영국 독립노동당 월보』, 1899년 1월호).

버렸기 때문이었다. 스페인과 그리스도 이와 비슷한 사정이며 동양에서는 그 정도가 더욱 심한 실정이다. 프랑스처럼 국민적 진보를 위해 대공화제를 이룩한 나라에서도 국민생활의 암적 요소들은 완전히 근절되지 않았으며 오히려 더욱 증가하였다. 부르주아 군주제 아래서는 전대미문의 부패로 보였던 것이 오늘날에는 너무나 흔해서 별로 위험하지도 않은 사소한 짓거리 정도로 방치되고 있다. 국민이나 인민이라고 하는 것은 단지 개념적 단위일 뿐이며 법적으로 선포된 인민의 주권이라고 하는 것도 아직 그것을 현실에서 실제로 무슨 영향력을 발휘하는 요소로 만들지는 못하고 있다. 게다가 인민의 주권은 그것이 마땅히 복속시켜야 할 관리나 직업적 정치가, 언론의 소유주 같은 사람들이 오히려 정부를 지배하도록 만들어버릴 수도 있다. 그리고 이것은 입헌적 정부뿐만 아니라 혁명적 정부에도 그대로 해당되는 얘기이다.

노동자 계급이 아직 강력한 자신의 경제적 조직을 소유하고 있지 못하고 자치단체에서의 훈련을 통해서 높은 수준의 정신적 자립성에 도달해 있지 못한 경우의 프롤레타리아 독재란 클럽 연설가들과 문필가들의 독재를 의미한다. 나는 노동자 조직을 억압하거나 탄압하고 입법과 행정으로부터 노동자들을 배제시키는 것을 최고의 통치기술이라고 생각하는 사람들에게 언젠가 이런 차별을 그들이 직접 경험하기를 바라는 사람이 아니다. 나는 그것이 노동운동을 위해서도 바람직하지 않다고 생각한다.

마르크스와 엥겔스가 집필을 한 이후로 노동자 계급은 지적인 면에서나 정치적인 면에서나 산업적인 면에서나 모두 커다란 진보를 이루긴 했지만 나는 지금 아직도 노동자 계급이 정치권력을 넘겨받을 수 있을 만큼 그렇게 충분히 발전했다고는 생각하지 않는다. 나는 바로 이 점과 관련하여 사회주의 문헌에 캔트(Cant)가 슬며시 끼여들어와 모든 이성적인 판단을 억압하려 하고 있기 때문에 더더욱 이 얘기를 공개적으로 해야 한다고 생각한다. 그리고 나는 내 얘기에 객관적인 비판을 가할 수 있는 사람은 자신의 계급해방투쟁의 전위를 이루고 있는 노동자들 이외에 어디에도 없으리라는 것을 잘 알고 있다. 나와 함께 사회주의 문제에 대해서 얘기를 나눈 노동자들 가운데 이 점과 관련하여 근본적으로 다른 견해를 제기하는 사람을 한 사람도 본 적이 없다. 단지 현실의 노동운동과 긴밀한 관계를 전혀 맺지 않고 있는 몇몇 문필가들만이 이 점과 관련하여 다른 견해를 보였을 뿐이었다. 따라서 플레하노프의 우스꽝스러운——너무 신랄하게 표현할 필요도 없이——분노의 대상이 되고 있는 사회주의자란 처음부터 프롤레타리아 계급 전체에게 마땅히 부여해야 할 역사적 사명이 무엇인지도 제대로 모르고, 또 이미 해결된 문제가 무엇인지도 제대로 모르는 그런 사회주의자들인 것이다. 왜냐하면 나는 바로 그 프롤레타리아이기 때문이다! 플레하노프처럼 운동에 대한 생각이 그렇게 없는 사람은 모두가 학자들이나 고루한 속물들이다. 그의 얘기는 낡아빠진 노래이며 동시에 세월이 흘러가도 전혀 달라지지 않는 그런 노래이다.

만일 누군가가 미래에 이루어져야 할 사항을 추상적인 형태로 현재로 옮겨놓거나 현재의 사실인 양 꾸며댄다면 그는 아직도 공상주의를 극복하지 못한 사람이다. 우리는 노동자를 있는 그대로 파악해야만 한다. 노동자들은 『공산당 선언』에서 예견하고 있는 것처럼 그렇게 일반적으로 빈곤해 있지도 않으며 그 숭배자들이 우리에게 믿게 하려고 애쓰는 것처럼 그렇게 편견이나 약점으로부터 벗어나 있지도 않다. 노동자들은 그들의 생활을 지배하고 있는 경제적 사회적 조건들의 좋은 점과 나쁜 점을 모두 가지고 있는 것이다. 이런 조건이나 그것의 작용들은 하루 아침에 모두 없어질 수 있는 것이 아니다.

아무리 폭력적인 혁명이라 할지라도 한 나라 국민들 대다수의 일반적 수준을 변화시키는 것은 매우 서서히 할 수 있을 뿐이다. 물론 소득의 균등한 배분으로는 다수 대중의 소득을 거의 변화시키기 어렵다는 그 멋진 계산을 근거로 사회주의를 반대하는 사람들에게는 그런 균등한 배분이란 것이 사회주의가 실현시키고자 하는 것 가운데 극히 일부분에 지나지 않는다는 것을 얘기해 주는 것이 전적으로 맞는 일일 것이다. 그러나 우리는 다른 문제, 즉 생산의 증가라는 것은 그렇게 쉽게 이루어지는 일이 아니라는 것을 잊어서는 안 된다. "계급차별의 철폐가 실질적인 진전을 이루고 사회적 생산양식의 정체나 후퇴 없이도 이런 철폐가 지속적으로 이루어질 수 있을 정도로 생산이 증가하기 위해서는 현재의 우리 수준에서 보더라도 상당히 높은 생산력 수준에 도달해야만 비로소 가능할 것이다." 어떤 고루한 속물, 어떤 학자 나부랭이가 이런 글을 썼는지 아십니까, 플레하노프씨? 그것은 다름 아닌 프리드리히 엥겔스랍니다.[7]

우리는 계급철폐를 이룰 수 있을 정도의 생산력 발전 수준에 이미 도달해 있는 것일까? 이 물음과 관련하여 이전에 제시되었던 수치들은 특히 경기가 좋은 산업의 발전상태를 일반화시킨 것이어서 현실과 동떨어진 것이므로 최근의 사회주의 저술가들은 이런 수치 대신에 세심하고 정교한 계산을 통하여 사회주의 사회가 되는 데 적합한 생산수준을 찾아내려고 노력하고 있으며 그렇게 계산된 수치들은 앞의 수치들과 상당히 큰 차이를 보이고 있다.[8] 사회 전반

---

7) 『러시아의 사회문제』(*Soziales aus Rußland*), 포어베르츠 판, 50쪽.

8) 아틀란티쿠스(Atlanticus), 『미래국가에 대한 조망, 사회국가에서의 생산과 소비』(슈투트가르트 : 디츠 출판사)와 페르노슈토르퍼(Pernostorfer)의 『도이체 보르트』(*Deutsche Worte*) 1897~1898년에 실린 요제프 리터 폰 노이파우어(Josef Ritter von Neupauer) 박사의 논문 「집단주의 고찰」을 참조. 이 두 글은 이론의 여지가 없는 것은 아니지만 위에서 말한 문제에 대해서 연구하고 싶은 사람들에게는 매우 적극적으로 추천할 만한 글들이다. 노이

에 걸쳐서 노동시간을 매일 4시간에서 5시간 혹은 그렇게까지는 아니더라도 2시간에서 3시간 줄이는 것은 이미 상식적인 수준에서 볼 때 전반적인 생활수준을 현저하게 떨어뜨리지 않는다면 가까운 장래에는 불가능한 일이다. 아무리 생산이 집단적 노동조직으로 이루어진다 하더라도 만일 8시간 이하의 노동만으로 동일한 생산 및 서비스량을 유지하기 위해서는 노동은 매우 어린 나이로부터 시작되어 매우 고령이 될 때까지 계속되어야 할 것이다.

말하자면 이삼 년의 짧은 기간 동안에 노동계급 전체를 현재 그들이 살고 있는 상태와는 매우 근본적으로 차이가 나는 그런 상태로 바꿀 수는 없는 것이다. 이것은 특히 유산계급에 대한 무산계급의 수적 비율을 쉽게 극단적으로 과장하는 그런 사람들이 알아두어야 할 사실이다. 그러나 어떤 점에서 불합리한 생각을 하는 사람은 보통 다른 점에서도 그렇게 불합리한 생각을 한다. 그래서 노동자 계급의 상태가 그렇게 절망적이지는 않다고 보는 견해에 대해 분노를 터뜨리는 바로 그 플레하노프가, 가까운 장래에는 노동능력이 있는 사람들의 경제적 자기책임 원칙이 포기될 가능성이 없다고 하는 나의 설명에 대해 '속물적'이라는 극단적인 비난을 가한 것이 나에게는 조금도 놀라운 일이 아니다. 무책임한 철학자가 되는 것도 그냥 되는 것은 아닌 것이다.

그러나 현실의 노동운동을 찬찬히 살펴보면 여기에서는 부르주아 계급 출신으로서 프롤레타리아인 척하는 사람의 눈에 속물적이라고 비치는 것으로부터 벗어나는 일이 별로 중요하지 않은 일로 여겨지고 있으며 또한 여기에서는 도덕적인 프롤레타리아가 우대받기는커녕 오히려 '속물'로 배척당하고 있는 것을 보게 된다. 끊임없이 불

파우어는 만일 모든 기계의 능률을 평균해서 계산해 보면 기계는 인간의 노동력을 간신히 3분의 1 정도 절약해 줄 뿐이라고 말하고 있다.

안정한 생활과 고향도 가족도 없는 프롤레타리아에게 지속적이고 견고한 노동조합 운동이란 불가능한 일이다. 그것은 부르주아적 편견이 아니라 수십 년간의 조직활동을 통해서 얻어진 확신이며 바로 이 확신에 따라 많은 영국 노동지도자들——사회주의자이든 아니든——은 점진적 운동의 열렬한 신봉자로 되었던 것이다.[9] 사회주의 노동자들은 자기 계급의 결점을 알고 있으며 그래서 그들 가운데 성실한 사람들은 그 결점을 찬양하는 것이 아니라 그것을 없애기 위해서 전력을 다해 노력한다.

여기에서 나는 내가 영국 부르주아들의 눈부신 발전에 감탄을 금치 못했다고 했던 리프크네히트의 말을 다시 한번 살펴보아야겠다. 이 말은 단지 내가 과거에 우리 사회주의 문헌들에 널리 퍼져 있던 부정확한 통계에 근거하여 중간계급이 소멸한다는 명제를 틀렸다고 확신했다는 부분에서는 옳은 말이다. 그러나 그것만으로는 사회주의로의 진화속도와 그것의 본질에 대한 내 견해를 수정하기에는 충분하지 않다. 나에게 그보다 훨씬 더 중요한 것은 최근의 모범적인 노동운동들을 자세히 알게 되면서 배운 교훈들이었다. 그리고 나는 이 교훈들을 아무 비판 없이 그냥 일반화시킨 것이 아니었으며 대륙에서도 원칙적으로 영국의 경우와 사정이 다르지 않다는 것을 내 스스로 확신하고 여러 측면으로부터 확인을 거쳤다. 여기에서 중요한 것은 국민적 특성을 가진 현상이 아니라 사회적 현상인 것이다.

우리는 대다수가 좁은 집에서 살고 있고 교육수준이 낮으며 또 매우 불안정하고 부족한 소득에 시달리고 있는 그런 계급에 대해서 사회주의 사회를 건설하고 존립시키는 데 필요한 높은 수준의 지적

---

9) 독립사회주의 노동당 지도부도 최근 각 지역 지부에 보내는 회람을 통해서 각 지역 클럽에 알코올 음료의 반입을 금지하도록 간곡하게 지시하였다.

도덕적 상태를 요구할 수 없다. 따라서 우리는 그들에게 그들이 그런 수준에 도달했다고 지어내서 얘기하려 하지 않는다. 물론 우리는 근대 노동운동이 스스로 드러내거나 혹은 새롭게 만들어내기도 하였던 지성과 결단력, 그리고 실행력의 그 거대한 업적들에 대해서 찬사를 보내긴 하지만 (수적으로 수십만 명에 불과한) 엘리트들에게나 적용되는 것을 무비판적으로 대중에게, 즉 수백만 명에게 그냥 적용하지는 않는다.

나는 여기에서 이 점과 관련하여 노동자들이 나에게 말이나 글로 얘기해 주었던 것을 다시 반복해서 옮기고 싶지는 않으며 분별력을 가진 사람들 앞에서 나에 대한 오해, 즉 내가 바리새인 같은 위선자라거나 유식한 체하는 오만한 사람이라거나 하는 오해에 대해서도 변명할 필요를 느끼지 않는다. 그러나 나는 내가 여기에서 두 가지의 척도를 가지고 모든 것을 평가하고 있다는 사실은 기꺼이 인정한다. 나는 노동자 계급에 대해 큰 기대를 가진 사람이고 바로 그렇기 때문에 그들의 도덕적 판단을 부패시키는 모든 것에 대해서 엘리트 계층이 하고 있는 비판보다 훨씬 더 엄중한 비판을 하는 것이며, 혼란만 불러일으켜서 결국은 부패를 야기하고 마는 문학적인 데카당스(퇴폐주의)가 노동자 신문의 곳곳에 만연해 있는 것을 큰 우려를 가지고 지켜보고 있다.

투쟁을 위해 노력하는 계급에게 건전한 도덕은 필요로 하지만 나태한 퇴폐주의는 필요하지 않다. 이들이 머릿속에 그려진 최종목표를 가지고 있느냐 없느냐 하는 것은 그들이 전력을 다해 당면의 목표를 향해 노력하고 있는 한 결국 부차적인 것이다. 중요한 것은 이들 당면의 목표가 일정한 원칙에 의해서 달성되고 있는가 하는 점에 있으며, 이 원칙이 전체 사회생활과 경제의 보다 높은 수준을 반영하고 따라서 이들 목표에 문화의 발전에서 하나의 진보를, 즉 보다 높은 도덕과 권리의 개념을 표시해 주는 사회적 견해가 관통하고 있는가 하는 것이다.

이런 관점에서 나는 "노동자는 어떤 이상도 실현할 수 없다"고 하는 명제에 동의할 수 없다. 오히려 나는 이 명제가 만일 필자의 단순한 말장난이 아니라면 바로 자기기만의 산물이라는 것을 본다. 그리고 이런 의미에서 나는 당시 헤겔의 변증법을 피난처로 삼아 노동운동에 뿌리를 내리려고 하던 캔트(Cant)에 대항하여 위대한 쾨니히스베르크 철학자의 정신, 즉 순수이성의 비판정신에 호소했던 것이다. 이것 때문에 플레하노프는 나에게 분노를 터뜨렸지만 그것은 단지 나에게 사민당이 전통적 교의를 신랄하게 비판적으로 꿰뚫으면서 고발할 한 사람의 칸트(Kant)를 필요로 하고 있다는 확신만 더욱 강화시켜 주었을 뿐이었다. 그리하여 이 칸트는 그 교의에서 비추고 있는 유물론이 최고의, 따라서 가장 쉽게 오류로 이끄는 이데올로기로 작용하여 관념을 경시하고 물적 요소를 온갖 발전의 전능한 힘으로 치켜세울 경우 그것이 바로 자기기만이라는 것을 보여주고 이런 내막이 바로 그 유물론을 얘기한 사람 자신의 행동에 의해 온갖 기회를 통해서 이미 밝혀졌으며 또 앞으로도 계속 밝혀지리라는 것을 보여주었던 것이다.

또한 우리의 위대한 선구적 투사들[마르크스, 엥겔스]의 저작 가운데 무엇이 계승할 만한 것이며 또 계승되어야 할 것인지, 그리고 무엇이 버려져야 하는 것이며 버려질 수 있는 것인지를 확실하게 가려줄 바로 그 정신은, 비록 출발점은 오늘날 우리가 보기에 바람직한 것으로 보이지 않지만 그 목표는 사민당이 무엇을 위해서 싸워야 하는지를 정확하게 보여주는 그런 일들에 대해서 우리가 편견 없는 판단을 내릴 수 있도록 도와줄 것이다. 이 점에서 사회주의적 비판이 매우 큰 잘못을 자주 저지르고 있으며 모방과 아류의 온갖 어두운 부분을 다 드러내고 있다는 것은 중립적인 생각을 가진 사람이라면 누구도 부인하지 않을 것이다. 나는 지금까지 이런 방향으로 나의 온갖 성의를 다 바쳤으며 따라서 아무도 나에게 돌을 던지지는 못할 것이다.

그렇지만 나는 내가 바로 학자에 속하는 사람이기 때문에 개혁의 필요성을 글로 나타낼 자격을 가지고 있다고 생각한다. 만일 내가 잘못 이해되는 것을 두려워할 필요가 없다면(물론 나는 잘못 이해되는 경우를 각오하고 있다) 나는 "칸트로 돌아가라"라는 말을 "랑게(Lange)로 돌아가라"라고 바꾸려고 한다. 왜냐하면 전자의 모토를 내세우는 철학자와 자연과학자들에게 쾨니히스베르크의 철학자가 써놓은 문장으로 돌아가는 것이 중요한 것이 아니라 그가 행한 비판의 기본원리만이 중요한 것인 것과 마찬가지로 사민당에게도 후자의 모토가 프리드리히 알베르트 랑게(Friedrich Albert Lange)의 모든 사회정치적 견해나 판단으로 돌아가자는 것을 의미하는 것일 수는 없기 때문이다.

내가 랑게를 주목하는 까닭은, 그에게는 노동자 계급의 해방투쟁을 위한 솔직하고 대담한 당파성이 오류를 간파하고 새로운 진리를 인정할 준비가 항상 되어 있는 높은 과학적 공정성과 잘 결합되어 있다는 점 때문이다. 아마도 랑게의 글들에서 보이는 바와 같은 그런 넓은 관대함은 마르크스와 같이 독창적인 정신을 가지고 있으면서 그로부터 유래되는 날카롭고 예리한 성질을 갖춘 사람에게서는 발견하기 어려울 것이다.

그러나 마르크스와 같은 사람은 아무 시대에나 나타나는 것이 아니다. 그리고 설사 그만한 천재가 다시 나타난다 하더라도 오늘날의 노동운동은 너무나 커져서 마르크스가 역사에서 차지하고 있는 만큼의 그런 지위를 그런 천재가 다시 차지하게 되지는 못할 것이다. 오늘날 노동운동이 필요로 하는 사람은 용감하고 조직적이며 총괄적인 정신을 가진 사람으로서 밀알에서 겨를 가려낼 수 있을 만큼 높은 식별력을 갖추고 있어야 하며 자기 묘판이 아닌 다른 곳에서 자라난 식물도 감싸안을 수 있을 만큼 생각이 넓어야 하며 사회주의 사상의 영역에서 아마도 왕이기보다는 따뜻한 마음씨를 가진 공화주의자이어야 할 것이다.

지난 20세기에서 마르크스주의는 몸부림치며 살아왔던 모든 사람들에게 숙명과도 같은 것이었다. 그것을 추종하고 실현하기 위해서든 아니면 그것에 대항하기 위해서든 모든 사람은 마르크스주의로부터 벗어날 수 없었던 것이다. 이제 그런 세기가 끝나가고 있다. 마르크스주의의 실현을 선언했던 현실 사회주의가 붕괴하고 자본주의의 전일적 체제가 '신자유주의'의 옷을 입고 한껏 자태를 뽐내고 있다. 그리하여 이제 새롭게 열릴 세기는 이 마르크스주의라는 '유령'의 그림자로부터 완전히 벗어날 수 있을 것처럼 보인다.

그러나 기나긴 인류의 역사가 우리에게 가르쳐주고 있듯이 대항 기제가 소멸한 체제는 그때부터 몰락의 길을 걷기 시작한다. 그리고 무엇보다 현재의 체제가 충족시켜 주지 못하는 인간의 욕망은 언제나 대안을 찾게 마련이다. 자본주의가 만들어낸 실업의 그늘에서 출구 없는 좌절에 빠진 많은 사람들은 물론 심지어 '신자유주의'의 우상, 소로스조차 새로운 체제를 얘기하고 있지 않은가? 그렇다면 그 대안은 어디에서 시작될 것인가?

나는 바로 이런 바노주의에 대한 대안 모색의 지평 위에 마르크스주의의 유령이 아직 그림자를 남겨두고 있다고 생각한다. 특히 '실향'의 아픔과 '통일'의 염원으로 마르크스주의의 숙명이 지금도 엄연한 '현실'로 남아 있는 우리에게는 더더욱 그것은 아직 청산하기에는 때이른 유산으로 존재한다. 그러나 그렇다고 해서 그것이 지난 세기 동안 현실의 관료제적 사회주의와 결합한 형태의 그런 모습으로 남아 있기는 어려울 것으로 보인다. 그렇다면 그 유산은 현실 사회주의와는 다른 어딘가에서 찾아야 하는 것이 아닐까?

베른슈타인의 '수정주의'는 그런 점에서 지금의 세기말에 한번쯤 우리가 돌아볼 만한 가치를 지니고 있는 마르크스주의의 유산이라는 생각이 든다. 지난 세기말 마르크스주의는 당시에도 역시 지배 체제였던 자본주의에 대해 가장 강력한 대안이었다. 그리고 이 대안의 내부에서 베른슈타인은 그것의 변화와 '수정'을 요구하였고 나중에 관료제적 현실 사회주의로 발전하는 흐름과 첨예한 대립을 이루었다. 따라서 현실 사회주의의 바깥에서 마르크스주의의 유산을 찾아야 한다면 베른슈타인의 수정주의는 가장 가까운 곳에 자리하고 있는 것이다. 여기에 번역한 책은 바로 그 '수정주의'의 고전에 해당하는 것이다.

그러나 베른슈타인의 수정주의는 그것의 실현이나 성공을 통해서 우리에게 현실적 함의를 남기고 있지는 못하다. 독일 사회주의 노동운동은 그의 주장을 받아들이지 않았고 그의 희망적 기대에도 불구하고 결국은 그의 사망 직후 국가사회주의의 광기 아래 무릎을 꿇고 치명적인 해체를 자초하였던 것이다. 이 점과 관련하여 나는 이 책을 읽는 데 독자들이 참고했으면 하는 한 가지 바람을 가지고 있다. 그것은 이 책이 베른슈타인 스스로도 밝히고 있듯이 엄격한 이론적 정밀성을 갖춘 책이 아니기 때문에 이 책을 곧바로 마르크스주의의 한 이론적 대안으로 간주하는 것은 이 책의 가치를 올바로 평가하는 데 방해가 되리라는 점이다. 이 책은 사회주의 노동운동의 실천에 대한 고민의 한 반영으로 간주되어야 하며 그런 점에서 이 책의 초점이 "마르크스주의 이론에서 무엇이 틀렸느냐"에 있기보다는 "사회주의 노동운동이 지금 무엇을 새롭게 실천해야 하는가"에 있다는 점을 독자들이 놓치지 말았으면 하는 것이다.

옳고 그름을 따지는 이념논쟁은 운동이 정당성을 위협받는 시기에는 중요한 것이지만 운동이 합법화되고 그것이 공개적인 대중운동으로 자리잡은 시기에는 그에 못지않게 운동의 '현실적 능력'이 중요한 법이다. 지난 세기말 베른슈타인의 고민은 바로 여기에 있었던 것으로 보이며 이것은 한 세기나 지난 지금 우리나라 노동운동에서도 전혀 멀지 않은 얘기이자 교훈이기도 하다. 최근 어려운 여건을 맞이한 우리 노동운동 내에서 '현실적 능력'에 대한 논의보다 이념논쟁이 더욱 풍성해 보이는 것이 혹시 지난 세기 독일 노동운동의 시대착오적인 과오를 되풀이하는 것은 아닐지 우려스러운 것도 바로 여기에 있다. 그래서 이 책의 소개가 우리나라에서 실천에 대한 고민을 환기시키는 데 조금이나마 기여할 수 있다면, 그것은 실로 나에게 더없는 기쁨이 될 것이다.

마르크스의 『자본』을 우리나라에서 처음 번역하는 데 참여하였던 나로서는 베른슈타인의 이 책을 다시 소개할 수 있는 기회를 얻은 것이 개인적으로 흔치 않은 우연이라고 생각한다. 그러나 이런 우연에도 불구하고 번역상의 잘못이나 오역은 내가 완전히 피할 수 있는 것이 아닐 것이다. 그것은 모두 나의 책임이며 따라서 독자들의 지적에 따른 번역의 수정은 언제나 나에게 열려 있는 의무라는 점을 고백하고자 한다.

언제나 그 노고가 과소평가되는 번역작업을 내가 강행할 수 있었던 데에는 내가 몸담고 있는 동아대학교의 재정적인 지원도 크게 작용하였다. 그리고 내가 외국에 나가 있는 동안 편집작업을 수행하느라 고충이 컸을 한길사 편집부 여러분께 이 자리를 빌려 감사

드리고 특히 출판과 관련된 여러 가지 나의 고충을 해결해 주느라
수고를 아끼지 않았던 김경애 과장에게 개인적인 감사를 드린다.

1999년 5월
독일 사르브뤼켄에서 강신준

1850년 6월 1일 베를린에서 유태인 기관사 집안의 일곱번째 아이로 출생하였다.

1866년 재정적인 문제로 김나지움을 중퇴하고 견습 은행원으로 취직하였다.

그의 공식 교육경력은 여기에서 끝나고 이후 그의 모든 공부는 독학에 의존하게 된다.

1869~1878년 수습을 마치고 베를린의 은행에 정식으로 취직하여 1878년 독일을 떠날 때까지 여기에서 근무하였다.

1872년 2월 베벨과 리프크네히트가 이끌던 사회민주노동자당(Sozialdemokratische Arbeiterpartei, 일명 아이제나허 분파)에 입당하여 대중연설가로 활동을 시작하였다. 사민주의자로의 첫발을 디디게 된다. 라살(F. Lassalle)의 『바스티아 슐체 씨』(*Herr Bastiat Schulze von Delitzsch*)와 뒤링(E. Dühring)의 『국민경제학과 사회주의의 역사 비판』(*Kritische Geschichte der Nationalökonomie und des Sozialismus*)을 읽고 그들에게 심취하였다.

1875년 5월 아이제나허 분파와 독일 노동자연맹(Allgemeiner Deutscher Arbeiterverein, 일명 라살 분파) 간의 고타(Gotha) 통합 당대회에 대의원으로 참석하였다. 통합된 정당은 이제 독일 사회주의 노동자당(Sozialistische Arbeiterpartei Deutschland, 보통 줄여서 사민당으로 부른다)이 되었다.

1877년 당의 반교권주의 방침에 따라 형식적으로 유대교 교단으로부터 탈퇴하였다.

1878년 회히베르크(K. Höchberg), 슈람(C. Schramm) 등과 함께 토론모 임인 모렌클럽(Mohrenklub, 당근클럽이란 뜻)을 설립하고 이 클 럽에서 개설한 야간 노동자 교실에서 부기과목을 가르쳤다.

1878년 9월 비스마르크에 의해 사회주의자 탄압법(Sozialistengesetz)이 발효되었다.

1878년 10월 회히베르크의 개인비서로 취직하여 스위스의 루가노를 거쳐 취리히로 이주하였다.

1879년 엥겔스의 『반뒤링론』(*Anti-Dühring*)을 읽고 라살 및 뒤링과 결별 하고 마르크스주의에 경도되면서, 마르크스주의자가 된다. 9월부터 망명중이던 사민당의 유일한 공식기관지 『조치알데모크 라트』(*Der Sozialdemokrat*, 사회민주주의자라는 뜻)에 기고자로 참여하기 시작하였다.

1880년 '카노사(Canossa)순례' 여행길을 떠난 베벨을 따라 런던의 마르 크스와 엥겔스를 방문하였다. 방문은 비교적 성공적이었다.

1881년 런던 방문의 성공적인 결과에 힘입어 『조치알데모크라트』의 편집 장이 되었고 이후 편집장으로서 뛰어난 능력을 발휘하였다.

1883년 코펜하겐에서 개최된 지하 당대회에 참석하였다.

1884년 런던의 엥겔스를 방문하였다. 엥겔스와의 친교가 날로 두터워져 갔다.

1886년 두 명의 자식을 거느리고 있던 미망인 레기나(Regina)와 경제적 인 불안정 때문에 오랫동안 망설여오던 결혼을 결행하였다.

1888년 5월 프로이센 정부의 압력에 의해 스위스 정부로부터 추방당하여 런던으로 이주하였다. 추방의 이유는 『조치알데모크라트』의 비판 적 논조였다. 이후 프로이센 정부의 고발장 및 체포장의 발부로 그는 1901년까지 망명상태를 지속해야만 하였다.

1890년 사회주의자 탄압법이 폐지되고 『조치알데모크라트』가 국내로 돌 아감에 따라 편집장으로서의 그의 역할도 끝났다. 대신 그는 베 를린에서 발간되던 『포어베르츠』(*Vorwärts*, 전진이라는 뜻)의 런 던통신원으로 그리고 카우츠키가 발행하던 이론지 『노이에 차이

트』(*Die Neue Zeit*, 새로운 시대라는 뜻)에 정규기고자로 활동하
게 되었다.

1891년 합법화된 당의 에어푸르트 강령 실천강령 부분을 기초하였다.

1891~1893년 라살 저작집의 출판작업을 수행하였다. 「사민당에서 라살
과 그의 의미」(Lassalle und seine Bedeutung in der Sozial-
demokratie)라는 비교적 긴 분량의 편집서문을 썼는데, 이것은
아직 라살에 상당히 비판적인 그의 입장을 보여주고 있었다.

1891~1900년 저명한 영국 사회주의자들(특히 페이비언 사회주의자들)과
교우관계를 쌓아갔다.

1895년 카우츠키와의 교우관계가 잠시 냉각기에 빠져들었다.
엥겔스가 사망하였다. 그에 대한 엥겔스의 신뢰를 반영하여 유언
집행인 세 사람 가운데 한 사람이 되었으며 베벨과 함께 유고(遺
稿)에 대한 집행권을 행사하였다.

1896~1898년 『노이에 차이트』에 연재 논문 「사회주의의 문제들」(Pro-
bleme des Sozialismus)을 게재하였다. 수정주의자로서의 첫걸음
이었다.

1898년 슈투트가르트 당대회에서 그의 글에 대한 토론이 의제로 상정되었
고 이를 계기로 당내에서 이른바 '베른슈타인 논쟁'이 시작되었다.

1899년 카우츠키의 제안에 따라 『사회주의의 전제와 사민당의 과제』를
집필, 출판하였다.
베벨이 하노버 당대회에서 베른슈타인에 반대하는 연설을 하였다.

1900년 고발장 및 체포장의 기각을 위한 국가기관과 동료들 간의 협상이
성공적으로 마무리되었다. 그의 귀국조건이 마련된 것이다.
점차 가열되어 가고 있는 논쟁 속에서 『노이에 차이트』 상임기고
자에서 탈퇴하여 개량주의 노선의 『조치알리스티셰 모나츠헤프
테』(*Sozialistische Monatshefte*, 사회주의 월보라는 뜻)의 기고자
로 참여하였다.

1901년 망명생활을 청산하고 베를린으로 귀국하였다.
뤼베크 당대회에서 직접 자신의 입장을 밝혔고 베벨은 다시 그를
비판하는 연설을 하였다.

1902~1918년 브레슬라우-베스트(Breslau-West) 선거구의 제국의회 의
원으로 당선되어 현실정치가로서 활동하였다.

1905년 '대중파업 논쟁'에서 정치적 목표를 달성하기 위한 수단으로서의
총파업에 찬성하였다.

1906~1913년 역사연구 작업에 주로 몰두하면서 자유노조 총평의회의 초
청을 받아 산하 노동조합학교에서 강사로 활동하였다.

1913년 제국의회에서 급진파와 연합하여 군비법안에 반대하는 표결을 수
행하였다.
베벨과 공동으로 마르크스-엥겔스 서한집을 출판하였다. 편집서
문을 쓰고자 희망하였으나 그의 '이단행위'를 문제삼은 마르크스
의 딸 라우라(Laura)의 반대로 좌절되었다.

1914년 8월 제국의회 사민당 의원모임에서 다수파와 함께 1차 전쟁국채
발행에 찬성하였다.

1914년 9월 이 결정이 문제가 있다는 글의 게재를 『조치알리스티셰 모나
츠헤프테』가 거절하자 이 잡지에 대한 기고자 생활을 끝내었다.

1914년 12월 2차 전쟁국채 발행에 당의 다수파 의견에 따라 다시 찬성하
였다. 카를 리프크네히트만이 유일하게 반대표를 던졌다.

1915년 2월 제국의회 사민당 의원모임에서 리프크네히트의 항명에 대하
여 그를 변호하는 입장을 밝혔다.

1915년 3월 3차 전쟁국채 발행에 기권하였다.

1915년 6월 카우츠키 및 하제(Haase)와 함께 '시대의 요청'(Das Gebot
der Stunde)을 선언하였다.

1915년 8월 4차 전쟁국채 발행에 다시 기권하였다.

1915년 12월 5차 전쟁국채 발행에 28명의 다른 의원들과 함께 반대표를
던졌다.

1916년 3월 전쟁을 반대하는 하제의 제명이 있고 나서 제국의회 사민당
의원모임에서 탈퇴하였다.
카우츠키 및 하제와 함께 사민당을 탈당하여 '사회민주노동동맹'
(Sozialdemokratischen Arbeitsgemeinschaft)을 결성하였다.

1917년 4월 사회민주노동동맹이 사민당으로부터 분당(分黨)하는 데 반대
하였지만 막상 이것이 독립사민당(USPD)으로 분당하고 나자 여
기에 가입하였다.

1918년 11월 혁명 이후 국가평의회 재무부차관을 지냈으며(1919년 2월까
지), 사민당의 재통합을 위한 선전활동에 주력하였다.

1919년 재통합의 모든 노력이 수포로 돌아간 후 독립사민당을 탈당하여 사민당(SPD)에 재가입하였다.

사민당의 바이마르 당대회에서 도발적으로 베르사유 조약 및 독일의 전쟁배상금에 찬성하였다.

1920~1928년 제국의회 의원으로 다시 활동하였다.

1921년 사민당의 괴를리츠(Görlitz) 강령의 작성에 참여하였다.

베를린 대학에서 객원강의 활동을 하면서 주로 후진 양성에 힘을 쏟았다.

1923년 10월 아내가 사망하였다.

1925년 엥겔스가 자신에게 보냈던 편지들을 서한집으로 출판하였다.

1932년 12월 18일. 베를린에서 사망하였다.

• 참고문헌

P. Angel, *Eduard Bernstein et l' évolution du socialisme allemand*, Paris, 1961.

E. Bernstein, "Die preussischen Landtagswahlen und die Sozial-demokratie," *Neue Zeit*, Bd. 11(1892, 93).

———, *Die Voraussetzungen des Sozialismus und die Aufgaben der Sozialdemokratie*, Stuttgart, 1899.

———, *Evolutionary Socialism*, New York, 1970.

F. Engels, "Die Bauernfrage in Frankreich und Deutschland," *MEW*, Bd. 22.

———, "Engels an Bebel 1885. 6. 22," *MEW*, Bd. 36, S. 336.

B. Gustafsson, *Marxismus und Revisionismus*, Frankfurt, 1972.

R. Luxemburg, "Sozialreform oder Revolution?," *Gesammelte Werke*, Bd. 1, Berlin(O), 1971.

K. Kautsky, *Bernstein und das sozialdemokratische Programm. Eine Anti-Kritik*, Berlin-Bonn, 1976.

P. Gay, *The Dilemma of Democratic Socialism. Bernstein's Challange to Marx*, New York, 1952.

L. Heritier, *Geschichte der französischen Revolution von 1848*, Stuttgart, 1895.

H. Hesselbart, *Revolutionäre Sozialdemokraten, Opportunisten und die Bauern am Vorabend des Imperialismus*, Berlin, 1968.

L. Kolakowski, *Main Currents of Marxism*, vol. 2, New York, 1978.

J. Kuczynski, *Die Bewegung der deutschen Wirtschaft von 1800 bis 1946*, Berlin-Leipzig(o. J.).

H. G. Lehmann, *Die Agrarfrage in der Theorie und Praxis der deutschen und internationalen Sozialdemokratie*, Tübingen, 1970.

V. I. Lenin, *Imperialism*, New York, 1933.

K. Marx, "Die Klassenkämpfe in Frankreich 1848~1850," *MEW*, Bd. 7.

A. Weiss, *Die Diskussion über den Historischen Materialismus in der deutschen Sozialdemokratie 1891~1918*, Wiesbaden, 1965.

F. Zimmermann, "Friedrich Engels' Hilfe für die deutsche Sozialdemokratie im Kampf gegen Opportunismus in der Bauernfrage in den 90er Jahren des 19 Jahrehunderts," *Beiträge zur Geschichte der Arbeiterbewegung*, Berlin, 1961, Sonderheft.

• 찾아보기

GB
한길그레이트북스

한길 그레이트북스 037

사회주의의 전제와 사민당의 과제

지은이 에두아르트 베른슈타인
옮긴이 강신준
펴낸이 김언호
펴낸곳 (주)도서출판 한길사

등록 • 1976년 12월 24일 제74호
주소 • 413-756 경기도 파주시 문발동 파주북시티 520-11
www.hangilsa.co.kr
E-mail: hangilsa@hangilsa.co.kr
전화 • 031-955-2000~3 팩스 • 031-955-2005

제1판 제1쇄 1999년 6월 30일
제1판 제3쇄 2012년 10월 30일

*Die Voraussetzungen des Sozialismus
und die Aufgaben der Sozialdemokratie*
by Eduard Berstein
Translated by Gang Shin-joon
Published by Hangilsa Publishing Co., Ltd., Korea

값 23,000원
ISBN 978-89-356-5198-6 94300
● 잘못 만들어진 책은 구입하신 서점에서 바꿔드립니다.

● 한길그레이트북스는 계속 간행됩니다.